多维度的风险管理与危机预警研究

王伟 著

西北工业大学出版社

西安

图书在版编目（CIP）数据

多维度的风险管理与危机预警研究 ／ 王伟著.—西安：西北工业大学出版社，2020.2
ISBN 978-7-5612-6671-7

Ⅰ.①多… Ⅱ.①王… Ⅲ.①中国经济-风险管理-研究 Ⅳ.①F123

中国版本图书馆CIP数据核字（2019）第274500号

DUOWEIDU DE FENGXIANGUANLI YU WEIJIYUJING YANJIU

多维度的风险管理与危机预警研究

责任编辑：付高明	策划编辑：付高明
责任校对：隋秀娟	装帧设计：李　飞

出版发行：西北工业大学出版社
通信地址：西安市友谊西路127号　　邮编：710072
电　　话：（029）88491757，88493844
网　　址：www.nwpup.com
印 刷 者：陕西向阳印务有限公司
开　　本：787 mm×1 092 mm　　1/16
印　　张：18.125
字　　数：436千字
版　　次：2020年2月第1版　　2020年2月第1次印刷
定　　价：90.00元

如有印装问题请与出版社联系调换

前言

"聪者听于无声，明者见于无形"。本书以近十年来中国经济发展的宏伟蓝图为背景，以风险管理和危机预警为主线，从银行、企业、区域经济和地方财政四个维度切入，系统论述了后金融危机时代商业银行危机预警系统的构建、新常态下重点税源企业经营绩效变化趋势与风险管控措施，以及营改增、房地产税改革等对地方经济社会的影响和传导机制，最后聚焦于新时代下地方财政的风险评价、压力测试和危机预警。

本书主要包括四大模块：第一部分为银行风险与危机预警，主要包括：银行危机预警的相关理论概述、基于平衡计分卡构建商业银行危机预警系统、商业银行危机预警系统的实证检验、我国商业银行信用风险现状及发展趋势分析、后金融危机时代我国A股上市银行的警情分析、我国商业银行风险评级体系构建与监测分析；第二部分为企业风险与危机预警，主要包括：基于平衡计分卡的企业预警模型探索、新常态下重点税源企业营运资金管理绩效分析、新常态下重点税源企业经营绩效变化趋势分析、新常态下重点税源企业财务绩效变化趋势分析、新常态下重点税源企业税负水平及影响因素分析、新常态下重点税源企业生产经营问题及对策研究、新常态下上市公司股利分配政策及其影响因素分析、新常态下上市公司财务危机预警模型构建与实证分析、新常态下上市公司财务风险的四重判断、新常态下旅游类上市公司抗风险能力评价研究；第三部分为区域经济与风险管理，主要包括：金融危机对广西承接产业转移的理论分析与现实影响、广西梧州市承接东部产业转移的有效模式、梧州人工宝石产业集群竞争力的GEM分析、梧州重振"百年商埠"的历史机遇和战略分析、梧州乡村振兴典型案例：交村白玉兰产业发展战略分析、营改增全面实施对梧州税收与社会经济的影响；第四部分为财政风险与危机预警，主要包括：新常态下广西市级地方财政现状分析、新常态下广西地方财政承压能力测试及预警研究、新常态下高校财政支出绩效评价研究、新常态下旅游扶贫财政支出绩效评价研究、新常态下房地产税改革对地方财政的影响。

本书主要的受众是经济学、会计学、金融学及财务管理等相关专业的学生和老师，以及对财税金融领域的风险管理和危机预警感兴趣的读者。本书是2019年度广西高校中青年教师科研基础能力提升项目《实施乡村振兴破解广西发展不平衡不充分的问题研究》（项目编号：2019KY0838）及桂林旅游学院2017年科研项目重点项目《民族地区旅游类上市公司风险评价及预警系统构建研究》（项目编号：2017B006）的阶段性研究成果，并受到广西"旅游管理"一流学科（培育）（桂教科研〔2018〕12号）建设经费的资助，谨致谢忱。

由于作者水平有限，本书还存在诸多不足之处，敬请各位专家、同行和广大读者批评指正。

编者
2019年6月6日

第一篇 银行风险与危机预警

第一章 绪论 ………………………………………………………… 3
  第一节 选题背景与研究意义 ……………………………………… 3
  第二节 文献综述 …………………………………………………… 4
  第三节 研究思路与结构安排 ……………………………………… 8

第二章 银行危机预警的相关理论概述 ………………………… 9
  第一节 银行危机的内涵 …………………………………………… 9
  第二节 有关银行危机的理论分析 ………………………………… 10
  第三节 银行危机的预警特征分析 ………………………………… 13
  第四节 平衡计分卡应用于商业银行危机预警的理论探析 ……… 18

第三章 基于平衡计分卡构建商业银行危机预警系统 ………… 21
  第一节 基于平衡计分卡的银行危机预警系统的基本结构 ……… 21
  第二节 基于平衡计分卡的银行危机预警系统的指标体系设计 … 22
  第三节 基于平衡计分卡的银行危机预警系统各层次指标权重的确定 … 31
  第四节 基于平衡计分卡的银行危机预警系统综合预警风险的度量 … 39

第四章 商业银行危机预警系统的实证检验 …………………… 43
  第一节 样本及相关指标的选取 …………………………………… 43
  第二节 中国工商银行发生危机的警情计算 ……………………… 45
  第三节 中国工商银行风险状况的综合分析 ……………………… 48
  第四节 结论 ………………………………………………………… 50

第五章 我国商业银行信用风险现状及发展趋势分析 ………… 53
  第一节 商业银行信用风险概述 …………………………………… 53
  第二节 我国商业银行信用风险现状及趋势分析 ………………… 53

第三节　加强我国商业银行信用风险管理的相关建议……………………56

第六章　后金融危机时代我国 A 股上市银行的警情分析……………………58
　　第一节　银行危机：影响因素及预警指标……………………………………58
　　第二节　银行危机预警：指标赋权与警情确定………………………………60
　　第三节　基于 A 股上市银行的警情计算与分析………………………………63

第七章　我国商业银行风险评级体系构建与检测分析…………………………66
　　第一节　问题的提出……………………………………………………………66
　　第二节　构建基于 CAMELS 的银行评级指标体系……………………………66
　　第三节　运用 AHP 合理确定各层次指标的权重………………………………68
　　第四节　运用 ECM 对银行风险状况进行综合评级……………………………70

第一篇　主要参考文献……………………………………………………………73

第二篇　企业风险与危机预警

第八章　基于平衡计分卡的企业预警模型探索…………………………………79
　　第一节　企业预警模型的基本结构……………………………………………79
　　第二节　企业预警模型中财务指标的设计……………………………………80
　　第三节　企业预警模型中非财务指标的设计…………………………………81
　　第四节　功效系数法在企业预警体系中的应用………………………………82

第九章　新常态下重点税源企业营运资金管理绩效分析………………………85
　　第一节　营运资金管理的核心内容与评价指标………………………………85
　　第二节　基于要素视角的中恒集团营运资金管理绩效分析…………………86
　　第三节　基于渠道视角的中恒集团营运资金管理绩效分析…………………87
　　第四节　提升中恒集团营运资金管理绩效的策略分析………………………89

第十章　新常态下重点税源企业经营绩效变化趋势分析………………………91
　　第一节　产品结构与市场竞争力分析…………………………………………91
　　第二节　营销模式与现金能力分析……………………………………………93
　　第三节　研发创新与可持续发展能力分析……………………………………96
　　第四节　结束语…………………………………………………………………97

第十一章　新常态下重点税源企业财务绩效变化趋势分析……………………98
　　第一节　资产规模与股东权益分析……………………………………………99
　　第二节　资本运作与财务战略分析……………………………………………100

第三节　营运效率与盈利能力分析 ·· 101

第十二章　新常态下重点税源企业税负水平及影响因素分析 ·············· 104
　　第一节　增值税税负水平及其影响因素分析 ································ 105
　　第二节　企业所得税税负水平及其影响因素分析 ························· 106
　　第三节　总体税负水平及其影响因素分析 ··································· 107
　　第四节　税源预测分析 ·· 109

第十三章　新常态下重点税源企业生产经营问题及对策研究 ·············· 111
　　第一节　新常态下中药制造企业生产经营存在的问题 ··················· 111
　　第二节　促进中药制造企业加快适应新常态的对策建议 ················ 112

第十四章　新常态下上市公司股利分配政策及其影响因素分析 ··········· 114
　　第一节　广西上市公司股利分配现状分析 ·································· 114
　　第二节　广西上市公司股利分配政策的影响因素分析 ··················· 115
　　第三节　广西上市公司股利分配政策存在的问题 ························· 117
　　第四节　完善广西上市公司股利分配政策的对策建议 ··················· 118

第十五章　新常态下上市公司财务危机预警模型构建与实证分析 ········ 119
　　第一节　上司公司财务危机预警的相关文献回顾 ························· 119
　　第二节　新常态下基础化学行业上市公司财务危机的影响因素 ······· 120
　　第三节　基础化学行业上市公司样本数据和预警指标的确定 ·········· 120
　　第四节　基础化学行业上市公司财务预警的实证分析 ··················· 124

第十六章　新常态下上市公司财务风险的四重判断 ···························· 130
　　第一节　第一重判断：看规模 ·· 130
　　第二节　第二重判断：看弹性 ·· 132
　　第三节　第三重判断：看效益 ·· 134
　　第四节　第四重判断：看流动性 ··· 137
　　第五节　上市公司财务风险的综合判断 ······································ 139

第十七章　新常态下旅游类上市公司抗风险能力评价研究 ·················· 141
　　第一节　问题的提出 ··· 141
　　第二节　企业抗风险能力及其影响因素：文献回顾与分析 ············· 141
　　第三节　中国A股旅游类上市公司抗风险能力影响因素的实证分析 ·· 143
　　第四节　中国A股旅游类上市公司抗风险能力评价及应对措施 ········ 146
　　第五节　结束语 ··· 148

第二篇　主要参考文献 ··· 149

第三篇 区域经济与风险管理

第十八章 金融危机对广西承接产业转移的理论分析与现实影响 ············ 155
    第一节 金融危机对中国承接国际产业转移的影响 ························ 155
    第二节 金融危机对广西承接东部产业转移的影响 ························ 156
    第三节 金融危机对广西经济消极影响的现实考证 ························ 157

第十九章 广西梧州市承接东部产业转移的有效模式 ······················ 160
    第一节 产业转移的内涵及其实现的理论条件 ···························· 160
    第二节 梧州市承接东部产业转移的优势条件分析 ························ 160
    第三节 梧州市承接东部产业转移的有效途径及模式选择 ·················· 161

第二十章 梧州人工宝石产业集群竞争力的 GEM 分析 ····················· 164
    第一节 产业集群竞争力评价模型介绍 ·································· 164
    第二节 梧州人工宝石产业集群竞争力的 GEM 分析 ······················ 165
    第三节 GEM 模型的赋值及量化分析 ·································· 169

第二十一章 梧州重振"百年商埠"的历史机遇和战略分析 ················ 171
    第一节 梧州百年商埠形成的关键性因素 ································ 171
    第二节 梧州在区域经济中的战略定位 ·································· 172
    第三节 梧州的优势及比较优势 ·· 173
    第四节 制约梧州经济社会发展的关键性约束因素 ························ 175
    第五节 梧州重振百年商埠的历史机遇 ·································· 176
    第六节 梧州突破瓶颈的战略措施 ······································ 177
    第七节 梧州率先崛起的政策建议 ······································ 178

第二十二章 梧州乡村振兴典型案例:交村白玉兰产业发展战略分析 ········ 181
    第一节 交村白玉兰产业发展概况 ······································ 181
    第二节 交村叶脉产业链现状及其价值链分析 ···························· 184
    第三节 交村叶脉产业链延伸方向及其价值链分析 ························ 186
    第四节 交村叶脉产业链扩展领域及其价值链分析 ························ 199
    第五节 交村白玉兰产业做大做强的路径选择及政策建议 ·················· 207

第二十三章 营改增全面实施对梧州税收与社会经济的影响 ················ 212
    第一节 营改增全面实施的背景、影响及梧州产业结构的现状 ·············· 212
    第二节 营改增全面实施对梧州税收收入及总体财政收入的影响 ············ 216
    第三节 营改增全面实施对梧州产业、行业及企业的影响 ·················· 224
    第四节 全面营改增背景下促进经济发展完善财税体系的对策建议 ·········· 229

第三篇 主要参考文献 ········· 231

第四篇 财政风险与危机预警

第二十四章 新常态下广西市级地方财政现状分析 ········· 235
第一节 新常态下广西市级地方财政自给水平分析 ········· 235
第二节 新常态下广西市级地方财政可支配收入结构分析 ········· 236
第三节 新常态下广西市级地方财政支出结构分析 ········· 238
第四节 新常态下防范广西市级地方财政风险的建议 ········· 240

第二十五章 新常态下广西地方财政承压能力测试及预警研究 ········· 242
第一节 文献回顾与评述 ········· 242
第二节 新常态下基于风险源的地方财政承压指数的构建 ········· 244
第三节 新常态下广西各市地方财政承压指数的实证分析 ········· 249

第二十六章 新常态下高校财政支出绩效评价研究 ········· 252
第一节 高校财政支出绩效评价的研究现状 ········· 252
第二节 基于分类管理的高校财政支出绩效评价指标体系的构建 ········· 253
第三节 基于AHP的高校财政支出绩效评价指标体系的权重确定 ········· 254
第四节 基于功效系数法的高校财政支出绩效评价的综合度量 ········· 255

第二十七章 新常态下旅游扶贫财政支出绩效评价研究 ········· 257
第一节 选题的背景和意义 ········· 257
第二节 文献回顾与评述 ········· 258
第三节 广西旅游扶贫财政资金投入情况的现状分析 ········· 261
第四节 广西旅游扶贫财政资金效率评估指标体系的构建 ········· 265
第五节 提高广西旅游扶贫财政资金效率的政策建议 ········· 269

第二十八章 新常态下房地产税改革对地方财政的影响 ········· 270
第一节 房地产税的国际经验借鉴 ········· 270
第二节 我国房地产税改革的关键要素制度设计 ········· 271
第三节 房地产税改革对珠江-西江经济带地方财政影响的比较分析 ········· 273

第四篇 主要参考文献 ········· 278

第一篇　银行风险与危机预警

第一章 绪 论

第一节 选题背景与研究意义

一、选题背景

金融危机给全球经济带来了巨大的损失和严峻的挑战。当我们梳理造成金融危机的原因时不难发现,过去的十多年资产证券化及无数新的衍生金融工具在金融机构中被广泛应用,特别是美国金融衍生品,越搞越复杂,监管又没跟上,给房地产市场的泡沫推波助澜,直接引爆了2008年的金融危机。这些金融创新在规避风险、提高金融市场经营效果的同时,也对金融监管机构和传统的会计理论提出了新的挑战。它以契约形式表现的"零和交易"具有以小博大的杠杆效应,其高风险性可使投机者一夜之间倾家荡产。金融创新带来的巨大风险,直接冲击了各国的金融体系,而目前的金融和会计制度并未做到有效监管,特别是从会计角度,衍生金融工具品种的多样性和不断创新使风险表现出的非线性以及其风险传递的高速性和传递过程的复杂性,都使得现有的会计披露体系难以将衍生金融工具交易业务囊括于表内加以正确及时反映,会计信息披露不足。会计的反映、预测、监督职能在衍生金融工具风险面前,显得苍白无力。

后金融危机时代,世界银行业的竞争格局开始了彻底的重新洗牌,发达国家很多著名银行资产严重缩水,而中资银行由于在营运模式上跟西方存在很大的差异,以信贷经营为主而混业经营较少,所以受金融危机的影响并不大,此消彼长之下,世界银行业的竞争格局发生了深刻的变革。在全球银行市值排行榜上,有四家中资银行进入了前十名,而中国工商银行更是雄踞榜首。然而,我们应该清醒地看到,中国的银行在很多方面跟世界先进银行相比仍有很多欠缺,公司治理及内部控制制度不完善、汇率风险及利率风险的驾驭能力不足、内部流程优化和员工培训的力度不够等。特别是当前,在应对金融危机的过程中,积极的财政政策和适度宽松的货币政策,导致财政赤字、货币供应量持续攀升,大规模的经济刺激措施一方面助推了固定资产投资的增长,另一方面加剧了经济发展的结构性矛盾,并直接导致了国内信贷的快速急增。与此同时,通货膨胀及人民币汇率升值的压力也不断加大,房地产等资产价格一定范围内的泡沫性膨胀也不容忽视。这些都使我国银行业在一片繁荣的背后潜伏和积累了较大的风险。

面对金融危机巨大的破坏性以及金融、会计监管的低效率,如何才能有效保障我国金融体系的安全成为理论界和实务界关注的热点问题。银行是最重要的金融机构,在整个金融体系中具有举足轻重的地位,若能成功预警银行危机,时刻监控银行的健康水平及风险状态,则对避免整个金融体系的恶化、防范金融危机的发生将起到至关重要作用。

二、研究意义

古语曰,"聪者听于无声,明者见于无形"。因此,在当前我国银行业高速成长一片繁荣的背景下,吸取此次西方国家金融危机的经验教训,加强风险防范,尽快建立和完善具有实效的银行危机预警系统具有重大的现实意义。然而,引发银行危机的因素很多,现有的银行危机预警体系未能把导致银行危机的全部因素都考虑进去,而且更多只是关注了银行静态的、可量化的各项金融、财务指标及相关风险因素,对动态的、非财务指标的风险控制和过程预警关注不够。因此,建立和完善我国的银行危机预警系统并没有现成的模式可以照搬,需要我们跳出传统思维,另辟蹊径。本书尝试以平衡计分卡为罗盘,在其框架下从多维度对我国商业银行构建危机预警系统进行研究,并结合我国上市银行披露的信息和实地调研资料,对预警系统进行实证检验,从而为我国商业银行建立有效的危机预警机制提出相关对策和建议。这对提高我国银行的风险防范能力,进而强化我国金融体系的稳定性,具有重要的现实意义和较强的理论创新性。

第二节 文献综述

建立商业银行的危机预警系统,对稳定金融体系、防范金融危机具有重要作用。20世纪70年代以来,国内外尤其是国外学者对银行危机的研究主要集中在以下两个方面:一是对银行危机发生的原理进行研究,分析银行危机的成因;二是对银行危机进行预警研究,提出防范措施。下面着重从这两个方面进行文献综述。

一、银行危机:影响因素及相关文献

导致银行危机的因素很多,既有银行自身脆弱性的内在原因,也有宏观经济波动等带来的外部冲击,此外还和银行危机的传染机制及具体国家的经济、金融制度安排有关。以下是国内外学者从不同角度分析的银行危机的成因。

1. 银行自身脆弱性

费雪(Fish,1939)在债务—通货膨胀理论中指出,经济扩张会刺激信贷膨胀进而引起物价上涨和"过度负债",从而导致银行体系内在的脆弱性。Diamond and Dybvig (1983)在银行挤兑模型中指出:银行作为一种金融中介机构,基本的功能是将其流动性负债转化为非流动性资产,正是这种功能本身使得银行容易遭受挤兑,而且,"囚徒"博弈(Prisoners'Dilemma)和"羊群效应"(Herd Behavior)加剧了这种挤兑[1]。Jacklin and Bhattacharya(1988)也提出,银行部门的一些固有的特征,如有效期的不对称、信息不对称,以及由此产生的道德风险(moral hazard)和逆向选择(adverse selection),使银行很容易在负面冲击下产生崩溃。Diamond and Rajian(2001)则研究了银行内在脆弱性的具体表现。总之,与其他经济主体相比,银行性金融机构特别容易受到由于信息不完全引起的风险因素的影响,从而出现资产质量下降、流动性不足、盈利下降,甚至挤提蔓延的多米诺骨牌效应和支付体系紊乱。银行具有的内在脆弱性及其积累构成了银行危机形成的一个主要方面。

2. 国内宏观经济金融环境

一国的经济金融环境是否健康是影响银行安全的重要因素。Sundararajan and Balino（1991）提出，宏观经济变量如产出或利率的变化对银行的影响较大。尤其在金融自由化的时期，这两个因素的变化会给银行创造出过度借贷的环境。银行借贷的快速增长可能意味着银行在过度从事风险业务，而产出增长的放慢又会导致银行坏账的增加，从而增加银行危机发生的可能性[2]。Demirguc-Kunt and Detargiache（1998）的研究表明，低 GDP 增长率、过高的真实利率和高通货膨胀率都增加了金融危机发生的可能性[3]。Kaminsky（1999）的研究认为，银行危机往往和经济衰退、贸易条件恶化、国内信贷的快速增长以及真实利率上升联系在一起；同时，高的通货膨胀率也预示着银行危机的可能性增大[4]。不过应该注意的是，Evans, Leone, Gill and Hilbers（2000）的研究表明，如果通货膨胀突然下降会导致更低的名义收入和现金流，同样会损害银行的健康[5]。国内学者方面，王爱民、朱启贵、屠梅曾（2005）认为诱发银行危机的外部因素主要有宏观经济形势恶化、贷款人的逆向选择及道德风险、同业竞争过度等[6]。熊芳（2007）通过研究指出，银行风险在利率市场化过程中被放大，存在诱发银行危机可能[7]。段军山（2007）认为资产价格暴跌是银行危机的重要领先指标[8]。陆岷峰（2008）认为股票市场与商业银行同属于金融体系，两者关联度极高，无论哪一方发生危机都可能会诱发对方的行业性危机[9]。

3. 宏观经济周期性波动

银行危机很大程度上源于经济基础的周期性恶化。Fish 指出银行危机与宏观经济周期紧密相关，过度负债和通货紧缩现象是金融动荡的根本原因；因此，海曼·明斯基（H·Minsky）在"金融不稳定性假说"（Financial Instability Hypothesis）中指出，私人信贷创造机构、特别是商业银行和相关贷款者具有某种内在特性，即这些机构不断经历着危机和破产的周期性波动[10]。金德尔伯格（1995）同样也从周期性角度解释了银行体系风险的孕育和发展。认为当金融市场紧缩时，一个冒险型企业可能变为"庞齐"式的高风险型企业，并在金融市场变化时显得更为脆弱，从而加剧银行危机。

4. 金融自由化

众多经济学家认为，金融自由化程度越高，金融机构越不安全。McKinnon and Pill（1994）考察了资本流入对一国经济的影响。当资本流入时，会引发过度信贷，大部分时候这种过度信贷会伴随着消费、股市及房地产市场的繁荣。但同时，又会带来真实汇率的贬值、一国竞争能力的削弱及增长速度的放慢。一旦经济步入衰退，股票及房产市场的泡沫破灭，银行则会因为繁荣时期的过度借贷行为而更易发生危机。Demirguc-Kunt and Detargiache（1998）的研究表明，金融自由化与银行危机有很高的相关性[3]；Eichengreen and Arteta 得出结论：在一国金融自由化或在导致银行过度借贷的宏观经济环境中，系统性银行危机比较容易发生；Kaminky and Reinhart 的研究认为，金融自由化变量预测货币危机和银行危机的预警值都比较高。而且其他各项变量在自由化后预测危机的准确值都有所提高。

5. 国际收支

国际经验表明，银行危机的爆发和国际收支的不平衡密切相关。Kaminky and Reinhart 对 20 个经历了银行危机和国际收支平衡危机的国家进行了实证研究，发现有半数国家发生银行危机的同时伴随着国际收支平衡危机[11]。

6. 金融政策

金融政策包括货币政策、财政政策。汇率政策，金融政策是决定银行体系稳健的重要因素。Kaminsky 的实证研究表明，金融政策对银行体系的影响是全方位和多层次的，不稳健的金融政策常常会促成银行风险的形成与发展，导致银行体系的紊乱[12]。陈雨露、马勇（2008）对全球范围内 61 个国家的跨国数据进行的实证分析表明，一个国家对银行混业经营的限制越少，该国的金融体系越趋于稳定，发生银行危机的概率也越小[13]。

7. 银行监管及银行自身经营

国内学者在这方面的研究也较多。叶望春、夏清华（2001）认为商业银行资产配置战略失误是银行危机产生的直接原因[14]。朱敏（2003）分析了透明度、信息披露与银行危机的关系，认为信息披露不透明、不充分加大了银行风险[15]。王爱民、朱启贵、屠梅曾（2005）则指出引发银行危机的内部因素主要有内控机制薄弱、贷款过于集中、银行投机行为等[6]；沈坤荣、李莉（2005）的研究则表明在资本充足率不高、非官方监管不健全的条件下，放松银行市场（尤其是外资银行）的准入限制、允许银行涉足证券、保险等业务，有可能诱发银行危机[16]。

8. 银行危机传染

传染是银行危机传递的重要方式。一个银行的危机可能传递给其他银行，特别是在同一地区或具有相同相似特征的银行很容易被传染。Kaufman（1994）and Masson（1998）指出银行危机的传染可分为纯粹的传染、基于信息的传染、机构与机构的传染，其中纯粹的传染和经济的基本面无关，也和银行机构之间是否同质或存在关联无关[17]。Freixas, Parigi and Rochet（1999）认为系统性银行危机是自我完成型的 DD 模型做了扩展。即当单个银行发生危机时，存款者的羊群行为会加剧整个银行系统的风险。Allen and Gale（2000）提出，当银行之间联系很紧密时传染更容易发生。Philippe Ahgion 和 Patrick Bolton（2000）的研究结果表明，在只有一个票据结算中心，且较少管制的自由银行体系下，单个银行的危机更容易传染到其他银行。Aigbe，Akhigbe 和 Jeff Madura（2001）为了检验银行危机的传染程度及传染对象，建立了理论模型并进行实证检验。结果表明：银行危机的传染程度受地域、规模、分支机构多寡及自身的资本充足状况影响较大。国内学者方面，苏同华（2000）认为银行危机之所以存在传染性，主要是因为银行间错综复杂的债权、债务链条及信息不充分可能引发的民众恐慌心理[18]。范恒森、李连三（2002）通过对国际金融危机传染路径的研究指出，银行间一般相互持有存款，这使银行间的关系非常紧密[19]。段军山（2007）研究了资产价格波动与银行危机的纵向、横向传染效应，认为国内外银行之间的同业往来所形成的债权、债务链条成为银行危机纵向传染的直接途径。一个经济体爆发的银行危机引发该经济体的货币危机、外债危机，这种横向传染和纵向传染往往交织一起，交叉传染引发金融危机[8]。孙清、韩颖慧（2008）基于金融体系的视角分析了银行危机的传导机制，指出弱银行主导体系易传导银行挤兑[20]。

二、银行危机预警：预警模型、预警指标及相关文献

西方发达国家基本上都建立起了银行危机预警体系，归纳起来主要有三大类：快速预警纠偏模型、银行评级预警模型、数理统计分析预警模型。后文论及国外银行危机预警特征时将有详述。银行危机预警的关键问题是预警指标的确定。

1. 研究单个银行微观层面预警指标的主要成果

在银行快速预警纠偏模型中，微观层面的预警指标是以资本充足率为主线来判断银行的风险状况；在"骆驼评级体系"（CAEMLS）中，微观层面的预警指标主要围绕银行资本充足率（C）、资产质量（A）、管理水平（M）、收益率（E）、流动性（L）和对市场风险的敏感程度（S）六大要素展开；在各种数理统计分析预警模型中，基本也是从资本充足性、资产质量、流动性收益性等角度，选取相应的财务金融比率作为参数，建立多维空间的预警模型。在整个过程中，需要结合各个国家具体银行的实际情况对相关指标确定合适的临界值。此外，Gavin & Hausman（1996），Sachs, Tomeu & Velasco（1996）认为可把信贷增长作为一个先行指标，因为危机发生前都伴随着信贷的膨胀[21]。Gonzalez-Hermosillo（1999）指出不良贷款率、自有股本率可以作为银行危机的预警指标。

2. 研究整个银行系统宏观层面预警指标的主要成果

Demirguc-Kuntand Detragiache（1998）的研究成果表明，低GDP增长率、过高的真实利率以及高通货膨胀率都增加了系统性危机发生的可能性。他们还发现贸易条件的恶化也和银行危机有关联。财政赤字的规模和汇率的贬值好像并不对银行危机产生独立的影响[3]。此外，银行存款保险制度增加了银行发生危机的可能性。国际货币基金组织经济学家Morris对1994年的墨西哥危机进行实证研究，并列出了7个危险信号：①外汇储备与短期债务的比例。②经常项目逆差与GDP之比。③消费比例是否过大。④财政赤字与GDP之比。⑤资本流入结构是否合理，即短期外债占外债总额之比和短期外债占GDP之比是否过大。⑥汇率是否适度。⑦货币供应量增加是否适当[22]。Kaminsky and Reinhart（1999年）将信号分析法运用于银行危机的研究中。结果表明，最低噪音信号比和最高的银行危机可能性的信号指标首先取决于实际汇率的上升，随后是资产价格与货币乘数。Morris Goldstein, Graciela Kaminsky and Carmen Reinhart（2000）选取了26个指标，对新兴市场国家的银行危机预警进行了实证分析，创立了KLR信号分析法，被认为是对银行危机比较有效的预警模型。

国内的学者也在这方面进行了一些研究。贺晓波、张宇红（2001）采取"信号法"建立了商业银行风险预警系统，但该体系主要采用了微观层面的预警指标，而忽略了宏观信号[23]。林平（2001）利用农村信用社的数据建立了量化的数理预警模型，也是重点关注银行的财务指标，而没有考虑导致银行危机的其他因素[24]。李德升（2004）对国外主要银行危机预警模型进行了评述，认为借鉴国际上通行的做法，我国在构建银行危机预警系统时可采用银行评级预警模型[25]。王爱民、王金桃、施方明（2005）提出了商业银行危机预警系统构想的一些原则，如不同规模不同体制的银行其预警模型应有所差别[26]。韦海（2005）结合国际金融规则与我国银行风险来源及监管法规，选择了宏观、中观、微观三个层面21项指标，构建了数理统计分析模型[27]。马德功、黄娟（2007）提出了从信用风险、市场风险和操作风险三个角度建立预警指标体系的构想[28]。孙小琰、沈悦、亓莉（2007）分析了引起银行危机的各种因素，并从国内经济运行状况、金融自由化程度、国际收支状况、银行业的脆弱性、金融生态环境五个方面建立银行危机预警指标体系[29]。

综上所述，引发银行危机的原因有宏观、微观、内部、外部等多重因素，而上述银行危机预警模型多是从金融监管、财务风险等角度去设计的，结果性指标较多、源头性指标较少，只能说明银行过去行为所产生的结果，而不能清楚地解释产生这一结果的关键驱动因素有哪些，也就无法准确提示管理者应如何改善业绩、脱离险境，进而影响了预警的准确性和时效性。与此同时，作为一种先进的管理工具，平衡计分卡在银行领域虽然有所应用，但其应用范围仅限于战略管理和绩效评价等方面，鲜有将平衡计分卡应用于商业银行危机预警方面的研究。因此基于平衡计分卡的角度，将财务指标与非财务指标相结合，从驱动因素到经营成果进行全过程、多维度预警系统的构建具有重要的现实意义和较强的理论创新性，是一个值得研究的问题。

第三节 研究思路与结构安排

一、研究思路

本书总体的研究思路：首先就引发银行危机的因素进行分析，为下一步预警指标体系的设计打下基础。其次，在平衡计分卡的视角下，从财务、顾客、内部业务流程、学习与成长及外部环境五个层面构建我国商业银行危机预警的指标体系，并通过层次分析法（APH）建立各层次预警指标的权重，然后采用指标映射法确定各单项指标及银行整体的风险程度，发出预警信息。最后以中国工商银行为样本，计算其近三年来各个子系统及整体的综合预警分值，并作全面的警情分析，以检验预警模型的可信度和实用性。

二、结构安排

本书的内容结构层次采用规范研究与实证研究相结合的方法。

第一章，绪论。分别介绍本书的选题背景、研究意义，并对已有的相关文献进行回顾，提出研究思路与方法等。

第二章，银行危机预警的相关理论概述。首先对银行危机的内涵进行了理论介绍，接着重点分析了银行危机产生的原因，并总结了国内外银行危机预警的主要经验和特征，最后结合现有银行危机预警系统的不足，论述了将平衡计分卡应用于商业银行危机预警的可行性及优越性，为下一步综合预警系统的构建奠定了理论基础。

第三章，基于平衡计分卡构建商业银行危机预警系统。首先在平衡计分卡的框架下构建了银行危机预警系统的基本结构；然后结合银行危机的成因，展开预警指标体系的设计，并通过运用层次分析法（AHP）确定权重。最后采用指标值映射法计算预警分值，发出预警信息。

第四章，商业银行危机预警系统的实证检验。首先选取样本银行，利用其公开披露的信息及相关调研资料，通过上述模型计算其各年度发生银行危机的警情、警度，并分析预警模型所提示的相关风险及变化趋势是否与实际情况相符，以检验该模型能否准确及时地发出预警信息，并做出相关薄弱环节的风险提示。

第二章 银行危机预警的相关理论概述

20世纪70年代以来,世界范围内频繁发生银行和货币危机,特别是过去的20年里,从欧洲货币危机到墨西哥金融危机、东南亚金融危机,再到美国次贷危机引发的全球金融危机,世界金融业呈现出起伏动荡的态势。而在每次金融动荡的过程中,银行都无法幸免,金融经济形势的恶化加剧了银行的危机,而银行危机则进一步助推了金融经济形势的恶化。因此,研究银行危机发生的原理,分析现阶段银行危机预警的特征,可以为构建我国商业银行的危机预警系统做准备。

第一节 银行危机的内涵

国际货币基金组织在1998年5月出版的《世界经济展望》中曾将银行危机定义为:实际或潜在的银行挤兑与银行失败引起银行停止偿还负债或为防止此情况的出现,政府被迫大规模提供援助的一种情况。一般而言,银行过度涉足(或贷款给企业)从事高风险行业(如房地产、股票),可能导致资产负债严重失衡、呆账负担过重,从而使银行面临经营困难甚至破产倒闭的危机。银行危机按照发生的范围或规模可分为非系统性银行危机和系统性银行危机。

非系统性银行危机主要是指一家或几家银行的个体性危机,在英语中一般用"bank failure"来描述,是指由于某种特殊因素的变化对金融业中的某一个银行或金融机构在金融业务经营过程中发生挤兑甚至倒闭可能性的个体性危机。按Kaminsky and Reinhart(1996)所确定的标准,当出现以下两种情况时,可以认为发生了银行危机:①发生了银行挤兑,并导致银行被关闭、合并或接管;②没有发生挤兑、关闭、合并或接管,但出现了政府对某家或某些重要银行的大规模援救[30]。

系统性银行危机是指整个银行业面临的市场性全局性风险,在英语中一般用"bank crisis"来描述,主要是指整个市场的利率波动、汇率变化等因素,导致整个金融体系中"多米诺骨牌"式坍塌的危机。当一国银行体系中的大部分银行都出现危机时,则是发生了系统性银行危机。按Kunt等的说法,如果具备超过以下四个特征中的一个或一个以上特征,那么可以认为发生了系统性的银行危机。这四个特征是:①银行不良资产超过总资产的10%;②挽救的成本至少达到GDP的2%;③至少大部分的全国性银行发生了问题;④发生了银行挤提或政府为了应对危机采取了紧急措施,如冻结存款、延长银行假期等[3]。

银行危机具有传染性,各金融机构之间因资产配置而形成复杂的债权债务联系,一旦某个金融机构资产配置失误,不能保证正常的流动性头寸,则单个或局部的金融困难就有可能演变成全局性的金融动荡。即非系统性银行危机可能演变成系统性银行危机。

第二节 有关银行危机的理论分析

导致银行危机的因素很多,既有银行自身脆弱性的内在原因,也有宏观经济波动等带来的外部冲击,此外还和银行危机的传染机制及国家的经济、金融制度安排有关。研究银行危机发生的原理,分析导致银行危机的影响因素,可以为银行危机预警指标体系的构建打下基础。

一、导致银行危机的内在根源

1. 银行脆弱性与银行危机

银行脆弱性的概念源自于金融脆弱性(Financail Fragility),是金融部门与生俱来的一种特性。金融脆弱性的概念最早由 Hyman.P.Minsky(1982)在《金融体系内在脆弱性假说》一书中提出,他将借款企业依据风险从低到高分为抵补性企业(Hedge)、投机性借款人(Speculative)和高风险借款人(Ponzi)三类。[31] 随着经济的繁荣第一类投资者在缩小,后两类投资者比重增大,即在经济繁荣、信贷膨胀的过程中,银行贷款的风险不断放大。生产部门、个人和家庭的债务相对其收入比重越来越高,股票和不动产的价格持续上涨,从而引起一个连锁的债务紧缩过程,并导致银行体系内在的脆弱性。

从微观的角度看,高负债经营是银行与生俱来的特性,根据《巴塞尔协议》,银行的资本充足率达到8%即可[32]。同时,银行的负债以短期存款为主,资产却多为中、长期贷款,流动性不对称和银行负债偿的刚性约束使其资产的主动权并不全在银行。正如 Diamond and Dybvig(1983)在银行挤兑模型中指出的那样:银行的功能是将其流动性负债转化为非流动性资产,正是这种功能本身使得银行容易遭受挤兑[1]。而且由于银行和实体经济的紧密联系,银行的安全状况很容易受到外界因素的影响。一旦出现不可预测的波动,公众的"羊群行为"将加剧银行面临的风险[33]。总之,银行高负债经营的天性、存款人的流动性、要求的不确定性以及银行资产与负债的不对称性是产生银行内在脆弱性的根源。

2. 信息不对称与银行危机

信息不对称是指市场交易参与者掌握的对所要交易的对象的情况在量和质上不相等,某些参与人拥有某些信息而另一些参与人不拥有,具有信息优势的一方有可能凭借信息获利。相对银行而言,信息不对称主要表现在以下两方面。

(1)交易发生前信息不对称引发的逆向选择。逆向选择是指由于交易双方信息不对称和市场价格下降产生的劣质品驱逐优质品,进而出现市场交易产品平均质量下降的现象。最早由美国经济学家阿克洛夫(G.Akerlof)在《柠檬市场:质量的不确定与市场机制》一文中提出[34]。在金融市场上,逆向选择是指市场上那些最有可能造成不利(逆向)结果(即造成违约风险)的融资者,往往就是那些寻求资金最积极而且最有可能得到资金的人。因为在信贷合同签约之前,借款人在关于投资的预期收益、投资风险以及自身资信与经营能力等信息的占有上明显占优。而银行难以鉴别借款人的好坏,也不可能针对每个企业或每个项目制订借贷的利率,因此只能以投资项目的平均风险收取平均利率。这样导致的结果是:低风险的企业因为借贷成本过高而会退出信贷市场,转向其他融资渠道;而高风险的企业会继续留在借贷市场上,因为对于所面临的高风险而言,此种利率水平还是偏低的[35]。由此银行贷款的平均风险会增加。可见，信息不对称引发的逆向选择是银行信贷风险产生的根本原因之一。

（2）交易发生后信息不对称引发的道德风险。道德风险是经济哲学范畴的概念，主要是指从事经济活动的人在最大限度地增进自身效用的同时做出不利于他人的行动。或者说，当签约一方不完全承担风险后果时所采取的自身效用最大化的自私行为。在银行信贷活动中，道德风险主要表现在：信贷合同签订之后，取得贷款的借款人对资金的使用情况更加了解，而银行取得这些信息的成本较高。拥有私人信息的借款人就有可能利用这种信息优势从事使自身利益最大化，但损害银行利益的行为，如变更投资方向、隐瞒投资收益、盲目使用资金等，道德风险也就产生了。若在经济繁荣时期，借款人的高风险偏好可能产生丰厚的利润，银行的贷款得以偿还；而一旦经济形势逆转，高风险项目普遍而严重的亏损，很容易使银行陷入困境。

总之，信息不对称导致的逆向选择和道德风险在银行业同样存在，都容易使银行资源配置失效，利率偏离均衡水平，从而进一步加剧银行业固有的风险，增加银行危机发生的可能性。

3. 银行管理与银行危机

虽然银行自身具有内在的脆弱性，信息不对称所带来的逆向选择和道德风险也会进一步加剧银行业固有的风险，但这并不是银行危机爆发的充分条件。银行内在的管理机制和自身管理水平的高低，也是决定银行风险的重要因素。主要表现在：①内部控制制度不完善会增加商业银行资产配置风险，造成资产质量恶化，引发银行支付危机。巴林银行的破产便是典型案例。②银行治理结构的不完善可能引发银行内部的道德风险，如银行对广大存款人和存款保险公司的道德风险——银行因经营高风险贷款项目失败会使存款遭受损失；管理者对其所有者的道德风险——"内部人"控制、利用信息优势牟取私利而不承担经营风险和损失。③银行战略是否清晰、决策机制是否合理、风险调控能力、业务创新能力及顾客管理水平如何等都关系到银行竞争力和银行风险的方方面面。④银行与政府的关系影响到银行的管理机制和决策自主权。如果银行在进行借贷业务时，过多地受到政府意志和目标的干预，大多投向政府意愿的行业和项目，而相应的信用审查制度又不完善，则会使银行的利润受到影响，甚至遭受严重的信用风险。

二、导致银行危机的外部因素

外在经济和金融环境的变化给银行及其客户带来的外部冲击，也是引发银行危机的重要因素。正如海曼·明斯基（H·Minsky,1985）指出的那样，经济繁荣时就已经埋下了金融机能失常和金融动荡的种子，危机通常是始于"外部冲击"。这其中主要包括经济基础周期性恶化、宏观经济环境剧烈波动、现实经济形态和金融自由化程度等。

1. 经济周期与银行危机

银行危机很大程度上源于经济基础的周期性恶化。无论是实体经济还是虚拟经济的投资活动，都受到经济周期波动的影响。在经济上升时期，利率水平较低，会促进投资不断增加和投机氛围的日趋高涨，这使得银行风险不断累积；等到经济衰退时期，任何阻断贷款流向生产性部门的事件都会引起违约和破产，影响很快波及金融部门并导致银行倒闭。受利率水平上升等影响，负面效应很快从金融领域传导到其他生产性领域，于是中长期的下降、萧条就开始了。因此，银行风险的积累和银行危机的爆发，是经济周期危机阶段的主要表现形式和直接后果，而实际经济与投资活动又是经济周期波动的基本决定因素[36]。特别是资产价格和信贷规模的持续膨胀是银行风险不断积累的信号，并在金融市场变化时显得更为脆弱，从而加剧银行危机。

2. 宏观经济环境与银行危机

宏观经济波动对银行的风险状况会有较大影响。学者们（Sundararajan and Balino，Demirguc-Kunt and Detargiache，Kaminsky）的研究表明，过低的GDP增长率、过高的真实利率、汇率不稳定及汇率制度安排的不合理、通货膨胀率持续走高或突然下降、国内信贷和资产价格快速增长及贸易条件恶化等因素都在不同程度上增加着银行的风险和银行危机发生的可能性。这主要表现在：①GDP增长速度缓慢可能会引起经济衰退，银行收紧银根的同时伴随着真实利率的上升，贷款流向生产部门的规模不断缩减，而生产部门的危机会很快传导到金融领域，从而进一步加剧银行的风险。②汇率不稳定，在强烈的贬值预期下，存款者会挤提存款，将本币转化为外币存往国外，这将使本国的银行陷入不清偿的境地；反之，较强的本币升值预期，会导致大量外资流入，容易引发通货膨胀及国内信贷快速增长，从而不断加剧银行业的风险。而一旦宏观经济形势发生逆转，海外热钱迅速撤离导致银行存款流失，银行就可能被迫廉价出售资产以应付流动性要求或清偿要求，从而出现流动性危机或清偿危机。此外，在固定汇率制度下，外来的负面冲击会导致国际收支逆差、货币供应减少以及更高的国内利率，银行信贷的更难获得以及成本更高会增加银行及其客户的压力。因此，Gavin and Hausmann（1996）认为，固定汇率制度会增加银行应对外来冲击的脆弱性[21]。③通货膨胀率持续走高会使未清偿债务的实际价值降低，从而进一步鼓励了借贷活动，国内信贷的快速膨胀将不断加剧银行内在的脆弱性；但是，如果较高通货膨胀突然得到控制，银行体系往往也会发生问题。因为更低的名义收入和现金流，同样会损害银行的健康。④对于外贸依存度较高的国家，贸易条件一旦恶化，银行许多客户的收益就会受到影响，最终影响到这些客户偿还银行贷款的能力，也就影响到了银行自身的健康状况。

3. 现实经济形态与银行危机

现实经济形态集中表现为虚拟资本和实体经济的关系：两者良性互动可以推动社会经济发展；而一旦背离，则极易产生泡沫经济，并最终以泡沫的破灭为标志形成经济、金融和银行的一系列危机。

银行资本作为金融资本的一种重要表现形式，其实质构成、运动形态、经营内容和所依赖的制度框架，都极易产生金融泡沫。特别是近年来，资产证券化及无数新的衍生金融工具在金融机构中泛滥，大量的纯粹的虚拟金融资产无法控制的增长，使虚拟资本急剧膨胀，已经严重脱离实体经济所创造和拥有的真实的社会财富。而这极易催生经济泡沫，当经济泡沫过度膨胀时，金融投资的收益率会远远超过实际投资的收益率。一方面，大量资金由实体经济领域流向金融市场和房地产市场，将引起实体经济部门投资与生产的资金供给不足，企业陷入债务拖欠、违约和破产危机。另一方面，金融机构在泡沫不断膨胀时资产和收益也随之膨胀，并进一步扩大信贷规模、推出金融创新产品。而一旦建立在预期收益之上的信誉基础发生动摇，银行自身的经营问题将在泡沫破裂时迅速暴露，从而加剧银行系统性风险，最终引发局部性甚至全局性的金融危机[37]。当前，美国的次贷危机引发的全球金融危机便是典型案例。由此可见，加强金融衍生工具的监管、维持虚拟资本与实体经济的良性关系,是防范银行危机和金融危机的关键。

4. 金融自由化与银行危机

"金融自由化"理论是美国经济学家罗纳德·麦金农和爱德华·肖在20世纪70年代首次提出的。金融自由化主要包括利率自由化、业务范围自由化、资本自由流动化、金融机构准入自由化等方面的内容。金融自由化后,利率和汇率管制的解除导致市场波动幅度剧增。解除分业管理制度实行商业银行全能化之后,商业银行大量涉足高风险的业务领域,风险资产明显增多。资本流动障碍的削减以及各国金融市场的日益对外开放,加快了资本的国际流动,在"半完善"市场条件下,游资的冲击有时也会造成巨大危害。这些都有可能加剧银行部门的脆弱性,从而引发银行危机。因此,众多经济学家认为,金融自由化程度越高,金融机构越不安全。

总之,金融自由化以后,银行和其他金融机构的金融行为更加自由,冒险的机会也相应增加。由于银行所有者和管理者对银行负有"有限责任",以及政府对银行有显性和隐性担保,银行所承担的风险就会增加。如果这时政府监管当局缺乏对银行行为的审慎监管,银行承担的风险就可能超过社会的承受程度。因此,金融自由化体系中的银行破产的风险更大。

三、导致银行危机的传染机制

传染机制在单个银行危机演化为系统性银行危机的过程中发挥着重要的作用。传染不仅表现在单个银行危机会在具有相同相似特征的银行或同一地区传播蔓延,还表现在危机会在具有类似的经济特征或地理上接近的国家之间进行传播。银行危机的传染机制主要通过两种途径发挥作用:一是通过支付系统传导。银行同业之间相互交织的债权债务网是银行危机传染蔓延的物质载体。二是通过"羊群行为"进行传导。由于信息的不对称,"羊群行为"不仅会在作为存款者的公众之间蔓延,还会在作为债权人的银行等金融机构传导。由此可见,资产配置决策的合理性也是决定银行风险的关键因素。

第三节 银行危机的预警特征分析

银行危机是银行固有的脆弱性在外部各种冲击及相应传染机制作用下的结果。从诱发银行危机的各种因素萌芽到银行危机的真正爆发有一个过程,在这个过程中,银行及其外部环境的变化有一定特征,考察这些变化特征对银行危机预警具有重要意义。

一、银行危机预警的相关概念

银行危机预警是指对银行经营过程中已经暴露或潜伏的各种危机因素,通过一系列专门的指标进行检测,进而进行科学的分析,作出综合评价与结论,确定该银行的危机程度,提出相应的监管措施的科学分析方法[38]。银行危机预警有系统性预警和非系统性预警两种。

系统性银行危机预警是对整个银行业面临的市场性、全局性风险的预警,其基本思路:通过系统分析经济金融发展与银行危机之间的关系,找出一套与银行危机具有系统相关性的经济金融指标体系,密切监测这些变量在金融市场压力或危机出现之前的表现,通过与正常时期的表现相比较，找出存在的系统性差异。在系统性银行危机预警的研究中，最具有代表性的是 Demirgiic-Kunt 和 Detragiache 的银行业危机预测模型[39]。

非系统性银行危机预警是着眼于单个银行危机的预警，其基本思路：系统分析发生危机的银行与健全的银行之间在财务表现和行为模式上存在的差别，从中找出提前反映银行危机的一些显著变量指标，然后根据历史上的相关关系，找出影响银行危机的主要因素和财务指标，并运用相应的数理统计方法建立预警模型，设定预警区间进行预警，其难点是预警区间的确定，也即经验安全数据的取得。非系统性银行危机预警的方法一般包括四个步骤：①构建预警指标体系。②设定具体指标的临界值。③综合测量风险程度。④发出危机警度预告。在已有的单个银行危机预测模型中，具有一定代表性和影响力的是美国的"骆驼评级体系"（CAMELS）。

对系统性银行危机作出正确的预警是非常复杂的。从理论上讲，数据的不透明、不规范，加之世界各国各地区的经济金融发展水平、结构及法律制度存在巨大差别，使经济和金融的宏观指标与银行危机的系统相关性难以准确度量；从实践的角度来看，目前真正能对系统性银行危机作出准确预警的模型还很少，国际货币基金组织及各国金融监管当局未能对历次较大的银行危机作出预警就是明证。防微杜渐，从监管的角度看，防范并预警单个银行的非系统性危机从技术上讲相对容易，关注单个银行的健康并把传染机制引入预警系统对防范系统性的银行危机也是大有裨益。因此，在今后的发展中对非系统性银行危机的预警将是研究的重点，这也是本书研究的方向。

二、国外银行危机的预警特征分析

西方发达国家基本上都建立起了银行危机预警体系，特别是 2004 年 6 月巴塞尔新资本协议定稿以来，各国在积极探索商业银行风险管理体系方面取得了较大的成就。归纳起来主要有三大类：快速预警纠偏模型、银行评级预警模型、数理统计分析预警模型。

1. 银行快速预警纠偏模型

银行快速预警纠偏模型以资本充足状况为主线，根据资本充足率的高低将银行划分为几种状况，监管当局据此采取不同的预防性监管措施，从而实现对银行风险和危机的控制[27]。美国和日本较早建立了快速预警纠偏模型。其中美国的快速预警纠偏模型更具代表性。该模型根据总资本对风险资产的比率（R1）、一级资本对风险资产的比率（R2）、一级资本对总平均资产的杠杆比率（R3）这三个资本比率的数值，把银行划分为资本良好、资本充足、资本不足、资本相当不足和资本致命不足五个等级。由监管机关对处于不同资本水平的银行，采取不同的监管措施。

资本充足率是银行的资本与其风险资产的比率，能较好地揭示了银行的风险程度，同时也是商业银行抵御风险的最后一道防线。但是导致银行风险和危机的因素很多，快速预警纠偏模型只以资本充足率为主线对银行进行评价显然不全面。特别是在我国，长期以来国家对银行业的保护政策，使公众对银行的资本充足率并不十分关注，即公众对银行的信心受其资本充足率高低的影响并不显著。因此，以资本充足率为主线的银行快速预警纠偏模型并不适合我国。

2. 银行评级预警模型

美国的"骆驼评级体系"（CAEMLS）是最为典型的银行评级模型。该评级体系首先分别对银行资本（C）、资产质量（A）、管理（M）、收益（E）、流动性（L）和对市场风险的敏感程度（S）六大要素进行现场检查，并分别进行单项评级，通常根据每个单项将银行划分为 1（最好）至 5（最差）级，在完成单项的分类评级之后，进行骆驼综合评级（也分成 1 至 5 级），表示当前银行的金融状况[35]，见表 2.1。

表 2.1　CAEMLS 评级的结果及含义

等级	范围	名称	含义
1	1.0~1.4	强	银行的每个方面都令人满意。监管方无需再进行反馈
2	1.6~2.4	满意	基本满意，但有一些小的地方需要改进，监管方有限度地进行反馈
3	2.6~3.4	正常（待关注）	有缺陷，如果不改正就会更加严重，需要比正常更多的关注
4	3.6~4.4	边缘（有失败的可能）	有缺陷，如果不改正会导致银行失败，需要严密的监管
5	4.6~5.0	不满意（失败的可能性很大）	近期有失败的高风险

　　CAMELS 评级体系能够把监管当局的现场和非现场检查统一起来，兼顾定性与定量指标，并考虑了影响银行风险和危机的各方面因素，所以效果较好。美国、加拿大、日本、英国等发达国家均已建立了自己的银行评级预警模型，对于我国建立银行评级预警系统具有十分重要的借鉴意义。但是，该模型也有一些自身的局限，主要表现在：① CAMELS 评级体系未能充分考虑环境因素对商业银行信用等级的影响。如银行所处的一国经济体制环境、经济发展阶段或模式、社会文化环境、公众信任程度以及各种隐性担保等，这些因素都在不同程度上影响着商业银行的经营和发展，有的因素的影响程度甚至超过银行自身的资本、资产等内部因素。② 在 CAMELS 评级体系中没有加入 GDP 增速、通货膨胀、资产价格快速增长、贸易条件恶化等宏观经济的变量，显然降低了预测模型的精确度。③ CAMELS 评级依据若干流动性指标来判断银行的流动性状况，这种评价方法忽视了资产和负债结构对流动性的影响，因此它并不能真实反映银行整体的流动性状况。银行的流动性包括资产的流动性和负债的流动性两个方面，资产结构和负债结构都会对银行的流动性产生重要影响。④ CAMELS 评级体系中预警指标临界值的确定仍然没有得到很好的解决，主要依靠经验判断，这也是所有预警系统的难点。此外，Rojas-Suarez（1998）指出，CAMEL 的指标在新兴市场经济国家尤其是拉美国家并非是很有效的指标，考察存款利率、信贷增长率以及银行间债务的增长倒更有效[40]。

　　3. 数理统计分析预警模型

　　数理统计模型是以商业银行的财务比率为基础的多维空间模型。其采用的分析方法主要有回归分析、多元判别分析、LOGIT 和 PROBIT 分析、以及类神经网络模型（ANN）几种。数理统计分析预警模型的方法本身具有精确性，但是，由于各种统计方法具有不同的限定条件，对其适用性带来了限制。而且影响银行风险和危机的因素相当复杂，既有财务的因素，又有非财务的因素；既有定量的因素，又有非定量的因素，这给数理统计分析带来了困难。所以，这种方法一般只能作为一种辅助的方法加以使用[25]。目前，只有美国和法国的监管当局使用了数理统计模型，但国外学者利用已有的墨西哥、亚洲金融危机数据对上述预警模型的预测能力进行实证验证，证明其在准确性、可解释性和操作性等方面都差强人意。

三、我国银行危机预警的现状分析

我国商业银行危机预警系统的构建起步较晚。金融监管的重心是银行风险评级体系的建立和完善,以及如何更好地识别、度量和管理各种风险。1994年开始,在世界银行的援助下,我国监管当局开始着手银行评级系统的构建,并在外资银行的监管中逐步使用了以CAMEL评级体系为基础的非现场评级和现场检查方法[41]。2000年,中国人民银行的研究小组编写了《中国人民银行金融监管指南》,提出了银行风险定量评价方法。2004年,中国银监会相继推出了《股份制商业银行风险评级体系》《外资银行风险评价手册》《农村合作金融机构风险评价和预警指标体系》。2006年,中国银监会在充分借鉴CAMEL评级法的基础上,结合我国股份制商业银行和银行监管队伍的实际情况,出台并实施了《商业银行监管评级内部指引(试行)》(以下简称《内部指引》)。2007年2月中国银监会发布了《中国银行业实施新资本协议指导意见》,并陆续起草了《商业银行内部评级体系监管指引》《商业银行操作风险管理指引》《商业银行声誉风险管理指引》《商业银行流动性风险管理指引》《商业银行资本充足率信息披露指引》《商业银行银行账户利率风险管理指引》《商业银行资本充足率监督检查指引》《商业银行资产证券化风险暴露监管资本计量指引》等规范性文件,积极探索如何在国内商业银行建立起符合巴塞尔新资本协议精神的风险管理体系。其中,《内部指引》被认为是具有中国特色的"CAMELS+"的监管评级体系,下面重点介绍一下。

《内部指引》要求对商业银行的资本充足状况(C)、资产质量状况(A)、管理状况(M)、盈利状况(E)、流动性状况(L)、市场风险状况(S)等六个单项要素进行评级,加权汇总得出综合评级,而后再依据其他要素的性质和对银行风险的影响程度,对综合评级结果做出更加细微的正向或负向调整。综合评级结果共分为6级,其结果将作为监管机构实施分类监管和依法采取监管措施的基本依据。对于评级结果为5级和6级的高风险商业银行,银监会将给予持续的监管关注,限制其高风险的经营行为,要求其改善经营状况,必要时可采取更换高级管理人员、安排重组或实施接管甚至予以关闭等监管措施。《内部指引》采用定量与定性相结合的分析评价方法,资本充足、资产质量、盈利、流动性和市场风险状况5个单项要素,定量指标的权重为60%,定性因素的权重为40%;而管理状况则从银行公司治理和内部控制两方面进行定性分析,各占50%,见表2.2。

表2.2 银行风险评级要素及相关定量、定性指标体系

评级要素	权重	定量指标	定性因素
资本充足	20%	1.资本充足率; 2.核心资本充足率	1.银行资本的构成和质量;2.银行整体财务状况及其对资本的影响;3.银行资产质量及其对资本的影响;4.银行进入资本市场或通过其他渠道增加资本的能力,包括控股股东提供支持的意愿与实际注入资本的情况;5.银行对资本和资本充足率的管理情况
资产质量	20%	1.不良贷款率和不良资产率;2.正常贷款迁徙率;3.次级类贷款迁徙率;4.可疑类贷款迁徙率;5.单一集团客户授信集中度/授信集中度;6.全部关联度;7.贷款损失准备充足率/资产损失准备充足率	1.不良贷款和其他不良资产的变动趋势及其对银行整体资产质量状况的影响;2.贷款行业集中度以及对银行资产质量状况的影响;3.信用风险管理的政策、程序及其有效性;4.贷款风险分类制度的健全性和有效性;5.保证贷款和抵(质)押贷款及其管理状况;6.贷款以外其他资产风险管理状况

续 表

评级要素	权重	定量指标	定性因素
管理状况	25%	——	1. 银行公司治理状况 2. 内部控制状况
盈利状况	10%	1. 资产利润率； 2. 资本利润率； 3. 成本收入比率； 4. 风险资产利润率	1. 银行的成本费用和收入状况以及盈利水平和趋势；2. 银行盈利的质量，以及银行盈利对业务发展与资产损失准备提取的影响；3. 银行财务预决算体系，财务管理的健全性和有效性
流动性状况	5%	1. 流动性比例； 2. 核心负债依存度； 3. 流动性缺口率； 4. 人民币超额备付金率；5.（人民币、外币合并）存贷款比例	1. 资金来源的构成、变化趋势和稳定性；2. 资产负债管理政策和资金头寸的调配情况；3. 流动性的管理情况；4. 银行以主动负债形式满足流动性需求的能力；5. 管理层有效识别、监测和调控银行头寸的能力
市场风险状况	10%	1. 利率风险敏感度； 2. 累计外汇敞口头寸比例。	1. 董事会和高级管理层的监控；2. 市场风险管理政策和程序；3. 市场风险识别、计量、监测和控制程序；4. 内部控制和外部审计

《内部指引》单项要素评级和综合评级结果均以1级至6级表示，越大的数字表明越低的级别和越高的监管关注程度。综合评级结果是六个单项要素评级结果的加权汇总，即各单项要素的评价分值分别乘以对应的权重系数后进行加总，得出综合评分。加权汇总后的综合评级分值依据 90~100 分、75~90 分、60~75 分、45~60 分、30~45 分和 0~30 分等 6 个分值区间分别对应 1 级、2 级、3 级、4 级、5 级和 6 级的综合评级结果[42]。

《内部指引》的发布有利于监管机构进行同质同类银行比较和推行分类监管，有利于监管机构全面掌握商业银行的风险状况，有利于监管机构合理配置监管资源，提高监管效率。但也存在一些问题，主要表现在：①指标体系代表性不够充分，过多的指标不仅会增加评级工作的难度，还可能造成指标间信息的重叠和干扰[43]。对此，可以通过主成分分析等数理统计方法选取有代表性的指标。②各因素权重的合理性有待长期完备的历史数据进行检验。由于在多因素分析中各因素的权重会直接影响分析结果，因此，数理统计上的处理方法是运用主成分分析等方法对样本时期的数据进行统计分析，确定各影响因素对考察目标的贡献度，根据其贡献度的大小确定其权重，或者把多因素指标合成为单因素指标（合成指标）进行考察和分析[44]。但我国目前缺乏长期完备的历史数据，银监会所确定的上述要素权重有照搬国外资料信息并稍作改动的嫌疑，其合理性有待我国基础数据的积累和分析。

除了中国银监会等监管当局的努力之外，国内相关学者和机构也对我国的银行风险评级和危机预警系统构建做了一定研究。例如：谢庆健在《对创建金融安全区的深入思考》一文中建立的金融风险测评指标体系；大公国际资信评估公司在美国穆迪公司评估构架的基础上，结合目前我国体制特点和银行业特点，从银行所处的营运环境、所有权结构及治理结构、营运价值与基本竞争地位、核心、长期营运能力、资本充足率、风险管理、管理与策略设计等七大要素，设计了一套对商业银行进行信用评级的方法[45]。该方法与美国的 CAMEL 评级体系比较接近，但是还没有建立起大众所认可的统一的指标体系，临界值的确定同样带有很大的主观随意性，风险计量存在大量的空白。

四、当前银行危机预警系统的不足

从实践来看,现有的银行危机预警模型效果并不理想,即便是美国比较成熟的"骆驼评级体系"(CAEMLS)也未能很好地预见和防范此次由"次贷危机"所引发的银行危机(进而演变为全球性金融危机)。究其原因主要有两方面:

一是,现有的预警模型还未能把导致银行危机的全部因素都考虑进去,预警指标体系不完善,特别是制度、传染机制等因素未予充分考虑,再加上预警指标权重确定的随意性和预警指标临界值确定的主观性,这些共同构成了预警过程中的一类错误(有警不报:把"坏"银行当成"好"银行)。

二是,现有的预警指标体系更多的考虑了银行"此刻"可以量化的各项金融、财务指标及相关风险因素,属于结果类的指标,而对导致银行危机的源头性、驱动性指标如客户、内部业务流程等方面考虑不足。致使银行危机预警的时效性滞后,即便准确发出预警,银行也来不及采取措施。正如格林斯潘所说:"在快速变化的金融市场上,新技术和金融工具的不断采用意味着银行的资产负债表在墨迹未干之前就变得过时了。它们甚至不能必然地代表该银行在第二天的风险状况。在此情况下,监管者对金融系统安全性、健全性及必要性的评估将越来越围绕着过程而不是依赖于历史记录来展开"[46]。那么,怎样围绕过程对银行的安全性进行评估,进而发出适时适度的危机预警呢?平衡计分卡在银行绩效评价中的应用似乎给了我们一些启示。

第四节 平衡计分卡应用于商业银行危机预警的理论探析

一、平衡计分卡的基本理论

平衡计分卡(Balanced Score Card,BSC)作为一种战略实施和绩效评价的管理工具,是由美国学者罗伯特·卡普兰(Robert S. Kaplan)和诺顿(David P. Norton)于1992年在《哈佛商业评论》上提出来的。平衡计分卡自诞生之日起就显现出了强大的生命力,被誉为"75年来最具影响力的战略管理工具"。在各个行业尤其是银行、保险等金融领域得到了广泛的应用。国外的汉华银行(Chemical Retail Bank)、东京三菱银行、信诺保险集团(CIGNA Insurance),国内的平安保险、中国移动等均采用了平衡计分卡,并取得了显著的成效。

平衡计分卡是一套对公司战略管理的绩效进行财务与非财务综合评价的评分卡片,它主要通过对企业财务(Financial)、顾客(Customer)、内部流程(Internal Processes)、学习与成长(Learning and Growth)四个基本方面的系统评价,向企业各层次的人员传达公司的战略以及每一步骤中各自的使命。平衡计分卡认为,传统的财务会计模式只能衡量过去发生的事情(落后的结果因素),但无法评估组织前瞻性的投资(领先的驱动因素)[47]。在工业时代,注重财务指标的管理方法还是有效的。但在信息社会里,传统的业绩管理方法并不全面,组织必须通过在客户、供应商、员工、组织流程、技术和革新等方面的投资,获得持续发展的动力。正是基于这样的认识,平衡计分卡方法认为,组织应从上述四个角度审视自身业绩。其基本原理是以组织的共同目标与战略为内核,运用综合与平衡的哲学思想,将公司的目标与战略转化为下属各责任部门在财务、顾客、内部流程、学习与成长等四方面的系列具体目标（即成功的因素），并设置相应的四张计分卡，其基本框架如图2.1所示。

总之，平衡计分卡的贡献突出表现在两个方面，一是在战略管理方面，将战略制定和战略实施有机地结合起来，使战略不再是束之高阁的空洞口号，而是通过一整套的衡量指标可以转化为引领企业前行的具体行动；二是在绩效评价方面，平衡计分卡突破了传统业绩评价重财务方面轻非财务方面、重短期业绩轻长期业绩、重结果评价轻过程评价的缺陷，着力从财务（Financial）、顾客（Customer）、内部业务流程（Internal Business Processes）、学习与成长（Learning and Growth）等多维度构建企业战略分解、传导和管理的机制，从而实现战略和战术、财务和非财务、过程和结果、内部和外部、短期和长期、定性与定量的平衡。

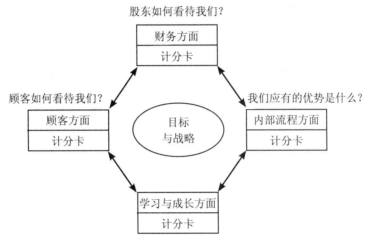

图2.1 平衡计分卡的基本框架图

二、平衡计分卡应用于商业银行危机预警的可行性及优越性

当前，平衡计分卡在银行领域的应用主要是战略管理和绩效评价两个方面。在战略管理方面，平衡计分卡的优势是可以将银行的远景目标转化成发展战略，再将发展战略与各维度指标紧密结合起来，通过指标的层层向下分解，将战略转化为行动。在绩效评价方面，以平衡计分卡为基础的评价体系更加全面，克服了目前我国商业银行偏重财务指标、关注风险管理、但对内部控制、公司治理和客户管理等方面重视不足的弊端。

平衡计分卡应用于商业银行危机预警的可行性主要体现：银行也是一种企业，以盈利性为目的是其天性；但同时银行作为主要的金融机构，对社会经济的健康发展具有举足轻重的作用，加之其高负债经营等先天脆弱性，使得风险控制对银行的发展较之其他企业更为关键。因此，控制风险，同时提高银行的盈利性以增强其综合竞争力已成为银行业具有普遍意义的战略选择。而平衡计分卡正是平衡银行盈利目标与风险控制从而实现银行战略的有效工具，因为，它不仅能够从各维度全方位地对银行的健康状况进行评价，还可把银行的战略目标与日常经营活动紧密结合起来，把风险控制的具体目标和责任层层分解，落实到每一个部门、每一个职员、每一个业务流程、每一个工作细节，使风险控制真正实现无时不在、无处不在。其次，平衡计分卡可以从财务、顾客、内部流程、学习与成长等四个维度对银行的绩效和健康状况做出评价，其中财务维度可以细分为资本充足状况、资产质量状况、盈利性、流动性和市场风险状况等，而内部流程维度则可以反应银行的操作风险及管理水平。因此从某种意义上讲，平衡计分卡在财务和内部流程两个维度的指标体系基本上可以涵盖CAEMLS所提示的全部风险。而且平衡计分卡还关注了影响银行综合竞争力及健康状况的驱动因素和先行（Leading）指标，如客户满意度、客户贡献率、产品创新能力、员工综合素质、员工培训等。将这些先行指标引入银行的危机预警系统，可以使银行及早发现蕴藏危机的潜在隐患，并对症下药，及时采取措施进行处理。因此，将平衡计分卡应用于商业银行的危机预警，无论是从预警指标体系所提示风险的全面性还是预警信号发出的及时性，都是切实可行的。

综上所述，平衡计分卡应用于商业银行危机预警的优越性主要体现在以下三点：①预警指标体系的全面性，不仅涵盖了CAEMLS所提示的全部风险，还引入了顾客、学习与成长等维度的先行指标，甚至还可以根据银行自身的特点，增加外部环境维度的评价指标，以最大可能地考虑导致银行危机的全部因素。②预警信号发出的及时性。银行危机的爆发集中体现为财务指标的恶化，但在财务指标恶化之前，通常始于顾客、内部流程、学习与成长等维度风险的萌芽，因此在危机预警体系中关注这些产生结果的驱动因素，可以实现风险管理的过程控制，有利于及早发出预警信号。③风险控制措施更具针对性。因为平衡计分卡可以将风险控制的战略目标层层分解到具体责任部门、岗位和个人，因此可实施全过程、精细化的危机管理，将风险控制在萌芽状态，并且可以根据具体部门相应维度的风险控制的"短板"，采取具有针对性的补救措施。总之，引发银行危机的原因有宏观、微观、内部、外部等多重因素，而传统的银行危机预警模型多是从金融监管、财务风险等角度去设计的，结果性指标较多、源头性指标较少，只能说明银行过去行为所产生的结果，而不能清楚地解释产生这一结果的关键驱动因素有哪些，也就无法准确提示管理者应如何改善业绩、脱离险境，进而影响了预警的准确性和时效性。而平衡计分卡作为一种先进的管理工具，将财务指标与非财务指标相结合，从战略目标到驱动因素、再从驱动因素到经营实践，兼具了风险控制的全面性、及时性和针对性。因此，将平衡计分卡应用于商业银行危机预警方面的研究具有一定的开创性。

第三章 基于平衡计分卡构建商业银行危机预警系统

本章的重点是：将平衡计分卡的一般原理和中国银行业的具体特点相结合，努力探索一套适合中国银行的危机预警系统。

第一节 基于平衡计分卡的银行危机预警系统的基本结构

从哲学的角度讲，银行危机是内因和外因共同作用的结果。内因是事物变化发展的根据，外因是事物变化发展的条件，外因通过内因起作用。银行自身的脆弱性在治理结构及内部控制不完善的土壤中生根，在信息不对称所引发的道德风险和逆向选择中萌芽，在银行各种风险的积累中成长，而最终在宏观经济波动等外部环境的冲击下爆发。因此，在构建我国商业银行危机预警系统时，需要综合考虑内因外因、宏观微观等多方面的因素。

平衡计分卡将组织的战略绩效评价分为财务（Financial）、顾客（Customer）、内部流程（Internal Process）以及学习与成长（Learning and Growth）四个维度（Perspective）。四个维度存在因果层面的递进关系，即：财务维度是目标，顾客维度是关键，内部流程是基础，学习与成长是核心、是竞争力的来源[48]。也就是说，企业通过"学习与成长"使员工的满意度、生产能力和业务素质得到提高，会促进"内部业务流程"的优化及各项经营管理的改善，从而使企业的产品或服务更好地满足"顾客"需求，而顾客目标的完成直接促进了企业"财务"目标的实现，财务目标的实现又进一步推动企业的"学习与成长"。如此往复，构成企业的良性循环。由此可见，财务维度是起点和归宿；顾客、员工和内部流程是财务目标实现的源头性、驱动性指标。因此，企业的危机虽然集中表现为各项财务指标的恶化，但从源头上讲原因是多方面的，客户、员工、内部流程等等，每个维度出现问题，都会以不同形式不同速度反应到财务指标上，从而形成财务危机甚至生存危机。鉴于此，一般企业的危机预警系统应由财务预警、顾客预警、内部流程预警、学习与成长预警四个模块构成。其中财务预警是核心，其他模块的预警信息是引爆下期财务预警的根源。但是，鉴于外部环境对银行风险及危机爆发的重要影响，有必要在传统四维度的基础上，增加外部环境维度。

如此一来，银行危机预警总系统将由5个预警子系统构成：财务、顾客、内部流程、学习与成长和外部环境。前面4个预警子系统着眼于银行内部的微观因素，而外部环境预警子系统则重点关注宏观因素对银行危机的影响。五个预警子系统中，财务预警子系统是重点，它集中反映银行短期内面临的风险状况。顾客、内部流程、学习与成长三个预警子系统重点观测银行危机早期的风险特征，它们可以直接向银行危机预警总系统报警，也可以通过财务预警子系统向银行危机预警总系统报警，当然，前者更有利于银行及时采取有效措施控制各项风险。外部环境预警子系统主要是通过四个微观层面的预警子系统发挥作用。银行危机预警系统具体结构如图 3.1 所示。

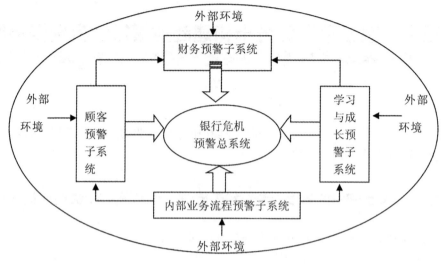

图 3.1　银行危机预警系统具体结构图

第二节　基于平衡计分卡的银行危机预警系统的指标体系设计

该预警系统的指标体系主要包括以下五方面：财务预警指标体系、顾客预警指标体系、内部流程预警指标体系、学习与成长预警指标体系、外部环境预警指标体系。

一、财务预警子系统指标体系的设计

财务预警子系统集中反映银行短期内面临的风险状况。借鉴美国 CAMELS 评级体系及中国银监会颁布的《商业银行监管评级内部指引（试行）》，其指标体系的设计主要包括以下五个方面：资本充足状况（C）、资产质量状况（A）、盈利状况（E）、流动性状况（L）、市场风险状况（S）。[①]

（一）资本充足状况（Capital Adequacy）

资本充足率是银行资本总额与其加权风险资产总额的比率。资本充足率反映商业银行在存款人和债权人的资产遭到损失之前，该银行能以自有资本承担损失的程度。规定该项指标的目的在于抑制风险资产的过度膨胀，保护存款人和其他债权人的利益、保证银行等金融机构正常运营和发展。各国金融管理当局一般都有对商业银行资本充足率的管制，目的是监测银行抵御风险的能力。

根据不同的计算口径，商业银行的资本充足率通常包括资本充足率与核心资本充足率两种。公式为

---

① 管理状况（M）多为定性分析，在后文的内部流程预警子系统中详细介绍。

$$\text{资本充足率} = \frac{\text{总资本} - \text{扣除项}}{\text{RWA（信用风险} + \text{市场风险} + \text{操作风险）}} \geqslant 8\% \qquad (3.1)$$

$$\text{核心资本充足率} = \frac{\text{核心资本} - \text{扣除项}}{\text{RWA（信用风险} + \text{市场风险} + \text{操作风险）}} \geqslant 4\% \qquad (3.2)$$

式中，商业银行的总资本包括核心资本和附属资本。核心资本包括实收资本、资本公积金、盈余公积金、一般风险准备、未分配利润和少数股权等；附属资本包括重估储备、超额减值准备、优先股、可转换债券、混合债务资本工具、长期次级债务等，扣除项具体包括商誉、净递延税收资产、减值准备缺口、应扣除的资产证券化风险暴露、商业银行作为发起机构参与资产证券化交易形成的销售利得、应扣除的对金融机构的资本投资、应扣除的对工商企业的资本投资、非自用房地产等[42]，RWA是指商业银行的风险加权资产。具体计算标准，以中国银监会2009年《商业银行资本充足率计算指引》为准。

《巴塞尔协议》《中华人民共和国商业银行法》及中国人民银行发布的《商业银行资产负债比例管理暂行监控指标》中对商业银行的资本充足率都做了明确规定，即：资本充足率不得低于8%，核心资本充足率不得低于4%，且附属资本不得超过核心资本的100%。

（二）资产质量状况（Asset Quality）

资产质量的高低直接影响银行的盈利和支付能力，对银行的安全具有十分重要的意义。衡量银行资产质量的指标通常包括不良贷款率、拨备覆盖率和授信集中度等。

1. 不良贷款率

不良贷款率是指金融机构不良贷款占总贷款余额的比例，是评价金融机构信贷资产安全状况的重要指标。由于业务范围的限制，目前我国银行面临的风险主要是信用风险。信用风险指的是由于债务人违约而使债权人造成的损失[28]。贷款是我国银行资产的重要组成部分，不良贷款率是反映贷款质量高低的关键性指标。

$$\text{不良贷款率} = （\text{次级类贷款} + \text{可疑类贷款} + \text{损失类贷款}）/ \text{贷款余额} \qquad (3.3)$$

按照国际货币基金组织和世界银行推荐的五级分类法，贷款按风险基础可分为正常、关注、次级、可疑和损失五类，其中后三类合称为不良贷款。不良贷款比率高，说明银行部分资金运用失误，进而导致银行支付能力降低，信用评级下调，直接影响银行的盈利能力和抗风险能力，因而该指标是银行危机预警的关键性指标。

2. 拨备覆盖率

拨备覆盖率指标是银行贷款可能发生的呆、坏账准备金，是银行出于审慎经营的考虑，防范风险的一个方面，也是反应业绩真实性的一个量化指标。此项比率应不低于100%，否则为计提不足，存在准备金缺口。比率越高说明抵御风险的能力越强。拨备覆盖率的高低应适合风险程度，不能过低导致拨备金不足，利润虚增；也不能过高导致拨备金多余，利润虚降。公式为

$$\text{拨备覆盖率} = \text{贷款损失准备金计提余额} / \text{不良贷款余额} \qquad (3.4)$$

3. 授信集中度

授信集中度是用来反映商业银行贷款结构风险程度的指标。对于银行整体的信贷资金

来说，过于集中在某一行业、部门或债权人可能会带来较高的风险。特别是投资于房地产、证券行业的贷款过多，不仅会影响银行的资产质量，还有可能催生经济泡沫，引发经济社会的多米诺骨牌效应。因此，授信集中度通常是银行风险管理所关注的指标。具体包括单一集团客户授信集中度、最大十家客户贷款比率、关联授信比例等。公式为

$$\text{单一集团客户授信集中度} = \text{单一集团客户授信额} / \text{资本净额} \qquad (3.5)$$

$$\text{最大十家客户贷款比率} = \text{对最大十家客户发放的贷款总额} / \text{资本净额} \qquad (3.6)$$

（三）盈利状况（Earnings）

盈利状况是银行经营成果的最终体现，是衡量银行竞争力的重要指标，它直接关系到银行的经营效率和抵抗风险的能力。若利润水平持续下降，一般反映银行的经营状况或经营环境不佳，并且会进一步影响其偿债能力，容易造成银行资产配置的不当，甚至引发流动性危机。因此，盈利能力对银行来说具有造血功能，是银行各种风险抵补的重要手段，也是银行危机管理所关注的关键性指标。

衡量银行盈利状况的指标通常包括以下两项。

1. 平均资产回报率

平均资产回报率是指银行在一定期间内实现的净利润与同期资产平均占用额的比率。该指标的高低综合反映了银行资产配置和使用的效率。比率越高，表明银行的资产利用效益越好，整体盈利能力越强，相应的抗风险能力也就越好。公式为

$$\text{平均资产回报率} = \text{净利润} / \text{平均资产总额} \qquad (3.7)$$

2. 加权平均净资产收益率

加权平均净资产收益率即净利润与平均净资产之比，是从所有者权益角度反映盈利能力的重要指标。该比率越高，说明银行资本金的利用效果越好，盈利能力越强，相应的抗风险能力也就越好。公式为

$$\text{加权平均净资产收益率} = \text{净利润} / \text{平均净资产} \qquad (3.8)$$

除此之外，还可计算风险资产利润率等指标。风险资产利润率是指计算期利润额与计算期末加权风险资产余额的比例[49]。该指标的优势主要体现在两点：一是考虑了风险因素对银行资产及经营行为的影响；二是考虑了表外资产因素和金融创新对银行利润和风险的影响。

（四）流动性状况（Liquidity）

商业银行的流动性状况是指银行在任何时候以合理的价格得到足够的资金来满足其客户随时的提款要求的能力。当银行的流动性面临不确定性时，便产生了流动性风险。流动性风险是商业银行日常经营中所面临的主要风险之一，对商业银行的支付能力和经营持续性有直接影响，如不能有效控制，将有可能损害商业银行的清偿能力。此次金融危机更是表明市场流动性状况可以短期内逆转并维持相当长时间，突显了流动性风险管理对于金融市场运行和商业银行危机预警的重要性。

衡量我国商业银行流动性风险的指标主要有以下几项。

1. 流动性比例

流动性比例为流动性资产总额与流动性负债总额之比，是衡量商业银行流动性总体水平的指标。该指标越大说明银行的流动性状况越好，短期偿债能力越强，当然这会对银行

的盈利能力产生不利影响。我国《商业银行风险监管核心指标》规定商业银行的流动性比例不得低于25%。公式为

$$流动性比例 = 流动性资产 / 流动性负债 \qquad (3.9)$$

2. 人民币超额备付金率

超额备付金是金融机构为适应资金营运的需要,保证存款支付和资金清算时有随时可调用的资金,按规定在中央银行开设存款账户,存入一定数量的准备用于支付的款项。由于这个存款账户和法定存款准备金使用同一个存款账户,因此备付金就是超过法定存款准备金要求数量以外保留的准备金,其应达到的数额用其占存款总额的比率来衡量。我国《商业银行风险监管核心指标》规定商业银行的人民币超额备付金率不得低于2%。公式为

$$人民币超额备付金率 = (超额准备 + 库存现金) / 各项存款 \qquad (3.10)$$

3. 存贷款比例

存贷款比例是反映商业银行流动性风险的传统指标,计算公式为

$$存贷款比例(人民币、外币合并) = 各项贷款期末余额 / 各项存款期末余额 \qquad (3.11)$$

该比例很大程度上反映了存款资金被贷款资金占用的程度。存贷款比例越高,说明商业银行的流动性越低,其风险程度越大。但同时还须关注存贷款在期限、质量和收付方式等方面存在差异而产生的流动性风险。

(五)市场风险状况(Sensitivity to Market Risk)

市场风险实际上是由于利率、汇率、股票、商品等价格变化导致银行损失的风险。顾名思义,市场风险实际包括利率风险、汇率风险、股市风险和商品价格风险四大部分。由于我国目前银行从事股票和商品业务有限,因此其市场风险主要表现为利率风险和汇率风险。

1. 利率风险

利率风险是指市场利率变动的不确定性给商业银行造成损失的可能性。伴随着利率市场化进程的推进,利率风险将成为我国商业银行面临的最重要的风险之一。然而长期以来的利率管制造成了我国商业银行对利率变动不敏感,对利率风险没有足够的认识,利率风险管理比较落后。因此,如何防范和化解利率风险是商业银行急待解决的重大问题。

利率风险敏感度是衡量银行利率风险的重要指标,在假定利率平行上升200个基点情况下,计量利率变化对银行经济价值的影响。指标计量基于久期[①]分析,将银行的所有生息资产和付息负债按照重新定价的期限划分到不同的时间段,在每个时间段内,将利率敏感性资产减去利率敏感性负债,再加上表外业务头寸,得到该时间段内的重新定价"缺口"。对各时段的缺口赋予相应的敏感性权重,得到加权缺口后,对所有时段的加权缺口进行汇总,以此估算给定的利率变动可能会对银行经济价值产生的影响。公式为

$$利率风险敏感度 = 利率上升100个基点对银行净值影响 / 资本净额 \times 100\% \qquad (3.12)$$

式中,利率上升100个基点对银行净值影响是指在给定利率变动为上升100个基点的条件

---

① 久期也称持续期,是1938年由 F. R. Macaulay 提出的。它是以未来时间发生的现金流,按照目前的收益率折现成现值,再用每笔现值乘以其距离债券到期日的年限求和,然后以这个总和除以债券目前的价格得到的数值。

下,计算得到的对经济价值产生的影响。其中,时段的划分及各个时段的敏感性权重参照巴塞尔委员会《利率风险管理与监管原则》标准框架确定。

2. 汇率风险

汇率风险是指市场汇率变动的不确定性给商业银行造成损失的可能性。自 2005 年 7 月人民币汇率形成机制改革实施以来,人民币兑外汇的风险明显上升。随着人民币汇率形成机制的进一步完善,市场因素在汇率形成机制中的作用会进一步加大,我国银行业的汇率风险也将进一步提升,加强汇率风险管理和监管变得越来越重要。累计外汇敞口头寸是衡量银行汇率风险的重要指标,公式为

$$\text{累计外汇敞口头寸比例} = \text{累计外汇敞口头寸} / \text{资本净额} \times 100\% \quad (3.13)$$

式中,累计外汇敞口头寸为一个季度中每月末的汇率敏感性外汇资产减去汇率敏感性外汇负债的平均值。在计算比率时应将各种外汇敞口统一折合为美元。在银行外汇债权多于外汇债务的情况下,如果汇率上升,银行将承受损失;反之,银行将获得汇率变动收益。

二、顾客预警模块指标体系的设计

顾客预警子系统集中反映了银行中短期内面临的风险状况。一旦顾客满意度下降、优质客户大量流失等顾客层面的指标恶化,对商业银行在流动性、盈利性等方面财务指标的冲击是较为迅速和直接的,因此加强客户关系管理不仅是银行成功的关键因素,同时也是防范银行危机的前置屏障。商业银行应当坚持"以客户为中心",围绕客户制定其战略计划,实现从顾客角度所体现的价值差异,避免以往一贯的追求财务利益,而忽略顾客感受的做法[50]。衡量商业银行客户质量的指标主要有市场份额、客户增长率、客户满意度、客户利润率等。

1. 市场份额

市场份额指银行所有业务总量占本期同业业务总量的比例。目前我国商业银行的业务仍然以传统业务为主,因此通常用存款市场占有率来衡量各个银行的市场份额,也可细分为卡业务存款、外汇存款、储蓄存款、对公存款等市场占有率。市场占有率高,说明银行在竞争中处于比较优势的位置。该指标的变化趋势可以反映银行为客户创造价值的能力,也即银行对客户的吸引能力。若银行核心业务的市场份额持续下跌,则说明银行的竞争力在减弱,银行爆发危机的可能性在增加。因此,可设置市场份额变动率作为预警指标。公式为

$$\text{市场份额变动率} = (\text{当期市场份额} - \text{上期市场份额}) / \text{上期市场份额} \times 100\% \quad (3.14)$$

2. 客户增长率

银行客户关系的好坏突出表现在两个方面,一是保留或维持现有客户关系的能力,二是吸引或赢得新客户或业务的能力。这些与银行服务质量、客户拜访次数等多因素有关,但集中表现为客户增长率。公式为

$$\text{客户增长率} = (\text{当期客户或业务量} - \text{上期客户或业务量}) / \text{上期客户或业务量} \times 100\% \quad (3.15)$$

3. 客户满意度

客户满意度是指一个人通过对一个产品或一项服务的可感知效果与其期望值进行比较之后所形成的愉悦或失望的感觉状况。评价该指标就是要确定银行经营的金融产品和服务是否满足了以及在多大程度上满足了客户的要求[51]。可以通过银行服务人员的服务态度、

差错率、结算效率、投诉率、价格等服务质量标准评价客户对银行的满意度。实际过程中可通过客户调查问卷的形式汇总计算其综合测评分。

4. 客户获利率

客户获利率是指客户给企业带来利润率,是顾客指标中最根本的指标,因为只有能给企业带来利润率的顾客所造成的市场份额才是有效的。公式为

$$\text{某一客户获利率} = \text{该客户的净利润} / \text{该客户的服务成本} \times 100\% \quad (3.16)$$

式中的净利润是指扣除支持某一客户所需的服务成本后,客户为银行提供的净利润。这里需信息系统提供吸引顾客成本的业务数据。

三、内部流程预警模块指标体系的设计

内部流程预警子系统集中反映银行中长期内面临的风险状况,因为从内部流程发出预警信息到顾客层面指标恶化,再传递到财务层面进而引起整个银行的危机需要一个较长的时间过程。但需要指出的是,部分严重的内部控制漏洞和操作风险也有可能在较短的时间给银行以毁灭性的打击。因此,内部流程的优劣,关系到银行能否持续提供给客户满意的产品或服务,进而影响到银行整体财务目标的实现。

企业真正的战略竞争优势——核心竞争力,蕴藏在企业的内部业务流程中,并最终通过向客户提供的产品或服务来实现。内部业务流程决策与运作的成败,决定供应链中财务效益与顾客价值的优劣,进而直接影响企业的经营状况[52]。从商业银行角度分析,内部流程的优劣集中反映在能否保证银行运营的安全性与盈利性两个方面。良好的内部流程是银行安全的天然保障,主要可以从公司治理结构的合理性和内部控制的有效性角度进行评价;同时,良好的业务流程也是银行提高客户满意度、实现客户价值的有力保障,主要反映在创新研发、业务安排、客户服务等流程是否能够真正满足客户的需要。由此可见,评价银行内部流程的优劣主要可以从公司治理结构、内部控制及价值创造流程三个方面进行考量。

(一)银行治理结构合理性的评价

银行治理结构的合理性主要表现在基本治理结构是否完善以及与此相关的决策、执行、监督及激励约束机制是否合理。这一系列的制度安排,对银行的安全具有举足轻重的作用。如前所述,不合理的银行治理结构可能引发银行内部的道德风险、经营决策的短期化及"内部人"控制等现象,是银行危机发生的诱因。因此,完善银行治理结构也是防范银行危机的重要手段。但是鉴于衡量银行治理结构优劣的指标难以量化,在此拟采用定性评价与打分相结合的办法。其中,银行公司治理的基本结构20分,银行公司治理的决策机制20分,银行公司治理的执行机制20分,银行公司治理的监督机制20分,银行公司治理的激励约束机制及问责20分。具体评价项目可参照中国银监会发布的《股份制商业银行风险评级体系》[53]。

(二)银行内部控制有效性的评价

银行内部控制的有效性主要从内部控制环境、风险识别与评估、内部控制措施、信息交流与反馈、监督评价与纠正等几个方面去评价,综合表现为银行的操作风险是否得到有效控制。不完善内部控制制度会增加银行的操作风险及资产配置风险,进而引发银行危机。因此,完善银行的内部控制制度也是防范银行危机的重要手段。同样,鉴于衡量

银行内部控制有效性的指标难以量化,在此采用定性评价与打分相结合的办法。其中,内部控制环境20分,风险识别与评估20分,内部控制措施20分,信息交流与反馈20分,监督评价与纠正20分。具体评价项目可参照中国银监会发布的《股份制商业银行风险评级体系》[53]。

(三)银行内部价值创造流程的效益性的评价

银行内部的价值创造流程主要包括创新研发流程、客户服务流程、风险控制流程等,其中前两个流程是直接创造价值,最后一个流程则是减少价值损失。因此,银行可以从创新研发水平、客户服务质量、生产效率和风险控制几个方面来确立其衡量指标。

1. 衡量创新研发效益的指标

银行只有通过开发新产品,为顾客创造更大的价值,不断提高经营效率,才能获得新的市场,提高收入和利润。衡量创新研发效益的指标主要有专利数增长率、新产品的开发速度、新产品的获利能力。

2. 衡量客户服务质量的指标

客户服务质量对银行客户满意度有重要的影响,主要包括电子银行使用率、网点平均交易量、服务等候平均时间、呼叫中心使用频率、E-mail回复时间、内部客户满意度指数、自助机使用率、投诉平均处理时间等。

3. 衡量银行内部生产效率的指标

生产效率指单位业务耗费的工时,反映的是银行内部的业务操作流程是否流畅、合理,主要包括成本收入比率、银行卡业务收入增长率、客户经理的平均客户数、交易失误率等[54]。

4. 衡量银行风险控制效果的指标

商业银行要用此类指标衡量银行控制风险的能力,完善银行内部风险控制和管理制度主要包括操作风险损失率①、案件和违纪事件数等。

实践过程中各银行可根据自身的特点及数据的可得性确定具体预警指标。

四、学习与成长预警模块指标体系的设计

学习与成长预警子系统集中反映银行较长时期内面临的风险状况。学习与成长是银行实现财务、顾客、内部流程三个维度目标的基础和保障。银行只有在竞争中不断地学习和成长,才能有效地优化内部流程并持续提供客户满意的产品或服务,进而实现自身的财务目标。因此,学习与成长是银行核心竞争力的源泉,而其推动的根本动力则在于人,在于银行从上到下的各级职员。员工是银行的内部客户,只有充分调动员工的积极性和创造性、不断提高员工的业务素质和满意度,才能使员工更好地为银行创造价值。因此,对银行学习与成长能力的评价主要包括以下五方面。

1. 员工素质

银行业是资金密集型和智力密集型的行业,其盈利水平和风险控制与员工基本素质和

---

① 操作风险损失率=操作风险损失当期发生额/前三期净利息收入与非利息收入之和的平均值。其中,操作损失指是由不完善或有问题的内部程序、人员及系统或外部事件所造成的损失。

主观能动性息息相关。而员工基本素质和受教育程度密切相关。因此，可通过研究生及以上学历员工比率来反映。

2. 员工培训

员工的培训率体现了银行的长期发展，有利于业务水平的提高和银行风险的控制。可用人均培训时间、人均培训费用等具体指标来反映。

3. 员工费用投入

银行对员工的投入包括职工薪酬、培训等各项费用，员工费用的投入机制是否公平合理，是否能够持续激发员工的积极性和创造性对银行安全也有重要影响，具体可以通过职工费用增长率来反映。

4. 员工满意度

员工的满意程度与员工的劳动强度、劳动报酬、晋升机会、工作环境、企业文化吸引力等因素相关，可通过设计调查问卷综合测评获得。具体调查的项目可包括劳动强度、薪酬福利、奖惩机制等是否合理、工作能否得到认可、能否取得充分信息、职能部门的支持水平如何、决策的参与程度如何、对企业总的满意程度等。

5. 员工创造力

员工创造力是对员工绩效的综合性评价，受员工素质、员工培训员工费用投入、员工的满意程度等因素的影响，最终表现为人均利润贡献率。

五、外部环境预警模块指标体系的设计

外部环境预警子系统集中反映银行面临的宏观风险状况。如前所述，外在经济和金融环境的变化给银行及其客户带来的外部冲击，也是引发银行危机的重要因素。因此，预警银行危机除了要关注银行内部的健康状况还必须深入分析银行所处的外部的宏观环境。从预警的角度，结合我国实际情况，可考虑从以下几个方面设置我国银行的外部环境预警指标。

（一）经济环境指标

1. GDP 增长率

GDP 是最为直观地反映一国宏观经济状况的指标。在中国，银行是社会资金的主要提供者，银行信贷这种间接融资方式占据着主导地位。因而，银行的状况更易受到宏观经济波动的影响。历史数据表明，中国银行业的利润水平与 GDP 增长相关度较高。经济景气，银行业呈现出良好的运行态势；反之，宏观经济不景气导致贷款需求和银行贷款意愿减弱，利润大幅缩水。但需要指出的是，过高的 GDP 增长率极易导致经济泡沫，也可能引发银行危机。

2. 通货膨胀率

通货膨胀情况也是影响银行健康的重要因素。通货膨胀水平过高表明宏观经济不稳定，降低真实利率、减少储蓄的同时还会损害部分银行客户的偿贷能力，从而使银行面临着更大的信用风险。

3. 财政赤字

这个指标反映了国家对宏观经济的控制能力。在我国，政府和银行联系紧密，银行的

行为受到政府意志的左右。财政赤字越大,意味着银行的负担就越重。特别是与经常项目赤字同时发生时,会危及宏观经济的稳健运行,影响金融稳定。

4. 房屋销售价格指数

房屋销售价格指数是反映一定时期房屋销售价格变动程度和趋势的相对数,它是通过百分数的形式来反映房价在不同时期的涨跌幅度。可以在一定程度上反映房地产价格的泡沫化水平。而一旦房地产价格出现泡沫性膨胀,则很容易导致大量银行坏账的产生,从而严重影响的银行健康。因此,可有必要将其纳入银行危机预警指标体系。

5. 固定资产投资增长率

虽然全社会投资的资金来源多元化,但是我国固定资产投资的资金来源和银行的关系比较紧密。而且,固定资产投资对宏观经济增长的贡献也比较大。因而,在进行银行危机预警时,必要把这个指标考虑进去。

6. 企业景气指数

企业景气指数是对一个国家各个行业、各种类型和规模大小的企业的发展前景和现实状况的定量反映,是一个整体指标,通常是企业家对本企业综合生产经营情况的判断与预期(通常为对"好""一般""不佳"的选择)而编制的指数。一般划定指数在100以下为不景气范围。

(二)金融环境指标

1. 股票市盈率

股票市盈率的正常水平主要取决于实物投资的收益率水平和上市公司的成长性。股票泡沫的大小取决于股票价格偏高的程度和股票流通市值的大小,一般可用股票市盈率来衡量。

2. 股票市值/GDP

资本市场的发展使直接融资的作用大大增强,直接融资对银行贷款的替代效应增强,对商业银行形成了挑战。同时,股票市值占GDP的比例过高,也可能反映股价虚高,资本市场存在严重泡沫,不利于宏观经济的稳定和银行业的健康。

3. 国内信贷增长率/GDP增长率

国内信贷增长过快,大大超过实际货币需求的增长,将会引起游资过多并刺激通货膨胀率升高。大量的游资会进入证券市场或房地产市场进行投机炒作或非理性投资,容易引发经济泡沫,不利于银行健康。

4. 货币化程度

货币政策对商业银行的资金来源和运用具有直接的影响。货币化程度一般用M2/GDP来表示,该指标作为金融增长的衡量指标,广泛用于分析一国的金融深化程度与金融发展状况。但需要指出的是这个比例的提高也可能是金融风险增长的征兆。因为M2的过快增长一方面意味着储蓄存款的快速增长;另一方面意味着不良贷款的急剧增加,一旦社会信用链中断,就可能导致整个社会信用的崩溃和金融秩序的紊乱。

(三)国际收支环境指标

1. 经常项目差额/GDP

经常项目差额是反映一个国家国际收支状况的主要指标,如果经常项目长期处于逆差状态,说明该国进出口不平衡,贸易条件恶化。经常项目赤字的警戒值不能笼统而言,它取决于赤字来源、构成及其他宏观经济因素和金融变量，通常以国际上公认的3%~6%作为发展中国家的警戒水平[36]。

2. 汇率变动水平

汇率的剧烈变动是造成经济危机的一个重要因素。实际汇率升值可能引起竞争力的丧失、贸易的结构性脆弱，导致经常项目赤字的不断增加，还可能导致进口消费增加，恶化经常项目。因此加强对汇率水平的监测，有利于预警经济金融风险。

3. 国内外利率差

当资本项目下可兑换时，国内真实利率高于国外真实利率，可能会引起短期资本的套利活动；反之，则可能出现大量资本外逃行为。

4. 短期外债／外汇储备

如果该指标偏高，会影响外资投资信心，增大短期还贷困难；反之，则可能表示外汇储备过度，未充分发挥其实用效益和增值效应[55]。

第三节 基于平衡计分卡的银行危机预警系统各层次指标权重的确定

一、层次分析法概述

层次分析法（The analytic hierarchy process, AHP），在20世纪70年代中期由美国运筹学家托马斯·塞蒂（T.L.Satty）正式提出。它是一种定性和定量相结合的、系统化、层次化的分析方法。这种方法适用于结构复杂，决策准则较多，而且不易量化的决策问题。该方法思路简单明了，并与决策者的主观判断及推理紧密联系，可以避免决策者在结构复杂方案较多时造成逻辑推理上的失误。AHP的基本思想是将组成复杂问题的多个元素的整体判断转变成这些对元素进行两两比较，然后再转为对这些元素的整体权重进行排序判断，最后确立各元素的权重[56]。因而，这种方法为平衡计分卡各维度、各层次指标权重的确定提供了很好的工具。

二、层次分析法的基本步骤

1. 明确目标，建立层次结构模型

从上文的分析可以看出，银行建立预警系统的目标是为了防范和化解银行危机。为此，需要从财务、顾客、内部流程、学习与成长、外部环境等角度考察银行的健康状况。相关层次结构模型见表3.1。其中，第一层表示银行危机预警这一总目标（A）；第二层为财务预警（B1）、顾客预警（B2）、内部流程预警（B3）、学习与成长预警（B4）和外部环境预警（B5）；而第三层及第四层的具体预警指标，不同银行之间的差异较大，一般根据银行所处的行业背景、政策环境等有所不同。此处主要是结合后面实证研究的对象中国工商银行并考虑数据的可得性而设置的。

表 3.1 银行危机预警系统相关层次结构模型

目标层	准则层	子准则层	指标层
A 银行危机预警系统	B1 财务预警	C11 资本充足状况	D111 资本充足率
			D112 核心资本充足率
		C12 资产质量状况	D121 不良贷款率
			D122 拨备覆盖率
			D123 单一客户授信比率
			D124 最大十家客户贷款比率
		C13 盈利状况	D131 平均资产回报率
			D132 加权平均净资产收益率
		C14 流动性状况	D141 流动性比率（人民币）
			D142 超额备付金率
			D143 存贷款比例
		C15 市场风险状况	D151 利率风险敏感度
			D152 累计外汇敞口头寸比例
	B2 顾客预警	C21 市场份额	D211 市场份额变动率
		C22 客户增长率	D212 客户增长率
		C23 客户满意度	D213 客户满意度（综合测评分）
		C24 客户获利率	D214 客户获利率
	B3 内部流程预警	C31 公司治理	D311 公司治理（综合测评分）
		C32 内部控制	D321 内部控制（综合测评分）
		C33 价值创造流程	D331 专利数增长率
			D332 电子银行使用率
			D333 网点平均业务量
			D334 成本收入比率
			D335 银行卡业务收入增长率
	B4 学习与成长预警	C41 员工培训	D411 人均培训时间
		C42 员工素质	D421 研究生及以上员工比率
		C43 职工费用	D431 职工费用增长率
		C44 员工满意度	D441 员工满意指数
		C45 人均利润	D451 人均利润贡献率
	B5 外部环境预警	C51 经济环境	D511 GDP 增长率
			D512 通货膨胀率
			D513 财政赤字 /GDP
			D514 房屋销售价格指数
			D515 企业景气指数
			D516 固定资产投资增长率
		C52 金融环境	D521 市盈率倍数
			D522 股市市值 /GDP
			D523 国内信贷增长率 /GDP 增长率
			D524 货币化程度（M2/GDP）
		C53 国际收支环境	D531 经常项目差额 /GDP
			D532 汇率变动水平
			D533 国内外利率差
			D534 短期外债 / 外汇储备

2. 构造第一层次的判断矩阵

求判别矩阵是层次分析法的核心，根据 Satty 的研究成果，采用九级分制，任意两因素 u_i 和 u_j 的重要性程度之比见表 3.2。

表 3.2 评价指标相对重要性的比例标度及含义

相对重要程度	定 义	解 释
1	同等重要	目标 i 和 j 同样重要
3	略显重要	目标 i 比 j 略微重要
5	相当重要	目标 i 比 j 重要
7	明显重要	目标 i 比 j 明显重要
9	绝对重要	目标 i 比 j 绝对重要
2、4、6、8	介于相邻的两种重要程度之间	——

根据这一原则，求出准则层 B 相对于目标层 A 的判断矩阵模式为

$$Q = \begin{bmatrix} B1/B1 & B1/B2 & B1/B3 & B1/B4 & B1/B5 \\ B2/B1 & B2/B2 & B2/B3 & B2/B4 & B2/B5 \\ B3/B1 & B3/B2 & B3/B3 & B3/B4 & B3/B5 \\ B4/B1 & B4/B2 & B4/B3 & B4/B4 & B4/B5 \\ B5/B1 & B5/B2 & B5/B3 & B5/B4 & B5/B5 \end{bmatrix} = \begin{bmatrix} 1 & 3 & 4 & 5 & 2 \\ 1/3 & 1 & 2 & 3 & 1/2 \\ 1/4 & 1/2 & 1 & 2 & 1/3 \\ 1/5 & 1/3 & 1/2 & 1 & 1/4 \\ 1/2 & 2 & 3 & 4 & 1 \end{bmatrix}$$

（1）用方根法求判别矩阵的最大特征根和相对应的特征向量。

1）计算判别矩阵每行所有元素的几何平均值 $\overline{W_i} = \sqrt[n]{\prod_{j=1}^{n} a_j}$ （$i=1, 2, \cdots, n$），得到 $\boldsymbol{W} = (W_1, W_2, \cdots, W_n)^T$，$\overline{W_i}$ 表示特征向量的一个元素。

2）将其归一化处理，$W_i = \dfrac{\overline{W_i}}{\sum_{i=1}^{n} \overline{W_i}}$ （$i=1, 2, \cdots, n$），得到 $\boldsymbol{W} = (W_1, W_2, \cdots, W_n)^T$ 作为特征向量的近似值，这也是各因素的相对权重。

3）计算判别矩阵的最大特征值，$\lambda_{\max} = \dfrac{1}{n} \sum_{i=1}^{n} \dfrac{(PW)_i}{W_i}$，（$\boldsymbol{P}$ 表示任意一个判断矩阵）。由此可计算得出判别矩阵的特征向量 $\boldsymbol{W} = (0.418\,5, 0.159\,9, 0.097\,3, 0.061\,8, 0.262\,5)$，特征值 $\lambda_{\max} = 5.068\,1$。

（2）为了检查所构的判断矩阵及由此导出的权重向量是否合理，需要对判断矩阵进行一致性检验（对于一阶与二阶矩阵不需要进行一致性检验）。

一致性比率指标 $CR = \dfrac{CI}{RI}$，式中，CI 为一致性指标，$CI = (\lambda_{\max} - n)/(n-1)$，$RI$ 为平均随机一致性指标，对于 1~9 阶的判断矩阵 RI 值可以通过查表得出，见表 3.3。当 $CR<0.10$ 时，即认为判别矩阵具有满意的一致性，说明权重分配合理；否则就需要调整判断矩阵，直到取得满意的一致性为止[57]。通过计算，准则层的 B 的 $CR=0.015\,2<0.10$，所以该层五个因素的权重分别是：财务预警子系统 41.85%，客户预警子系统 15.99%，内部流程预

警子系统 9.73%，学习与成长预警子系统 6.18%，外部环境预警子系统 26.25%。

表 3.3 平均随机一致性指标 RI 的数值

阶数	1	2	3	4	5	6	7	8	9
RI	0.00	0.00	0.58	0.90	1.12	1.24	1.32	1.4	1.45

三、建立权重判断矩阵，确定各层次指标权重

根据指标间的相对重要性及取值标度，综合多位专家意见，分别构造出准则层及各指标层进行两两比较的 15 个判别矩阵，并利用上述方法（方根法）计算得出权重向量和一致性检验结果，见表 3.4~表 3.18。

表 3.4 银行危机预警系统准则层权重判断矩阵示例表

	财务	顾客	内部流程	学习与成长	外部环境	W	一致性检验
财务	1	3	4	5	2	0.418 5	λ_{max}=5.068 CI=0.017 02 CR=0.015 2 <0.10
顾客	1/3	1	2	3	1/2	0.159 9	
内部流程	1/4	1/2	1	2	1/3	0.097 3	
学习成长	1/5	1/3	1/2	1	1/4	0.061 8	
外部环境	1/2	2	3	4	1	0.262 5	

表 3.5 财务目标层权重判断矩阵示例表

	资本状况	资产状况	盈利性	流动性	市场风险	W	一致性检验
资本状况	1	1	2	3	2	0.297 8	λ_{max}=5.013 3 CI=0.003 CR=0.002 9<0.10
资产状况	1	1	2	3	2	0.297 8	
盈利性	1/2	1/2	1	2	1	0.157 8	
流动性	1/3	1/3	1/2	1	1/2	0.088 8	
市场风险	1/2	1/2	1	2	1	0.157 8	

表 3.6 顾客目标层权重判断矩阵示例表

	市场份额	客户增长率	客户满意度	客户获利率	W	一致性检验
市场份额	1	2	2	1	0.333 3	λ_{max}=4 CI=0 CR=0<0.10
客户增长率	1/2	1	1	1/2	0.166 7	
客户满意度	1/2	1	1	1/2	0.166 7	
客户获利率	1	2	2	1	0.333 3	

表 3.7 内部流程目标层权重判断矩阵示例表

	公司治理结构	内部控制程序	价值创造流程	W	一致性检验
公司治理结构	1	1	1/2	0.25	$\lambda_{max}=3$ $CI=0$ $CR=0<0.10$
内部控制程序	1	1	1/2	0.25	
价值创造流程	2	2	1	0.50	

表 3.8 学习与成长目标层权重判断矩阵示例表

	人均培训时间	本科以上员工比率	员工平均薪酬	员工满意指数	人均利润贡献率	W	一致性检验
人均培训时间	1	1	1/2	1/2	1/3	0.109 3	$\lambda_{max}=5.013\ 3$ $CI=0.003$ $CR=0.002\ 9<0.10$
本科以上员工比率	1	1	1/2	1/2	1/3	0.109 3	
员工平均薪酬	2	2	1	1	1/2	0.206 3	
员工满意指数	2	2	1	1	1/2	0.206 3	
人均利润贡献率	3	3	2	2	1	0.368 9	

表 3.9 外部环境目标层权重判断矩阵示例表

	经济环境	金融环境	国际收支环境	W	一致性检验
经济环境	1	2	2	0.5	$\lambda_{max}=3$ $CI=0$ $CR=0<0.10$
金融环境	1/2	1	1	0.25	
国际收支环境	1/2	1	1	0.25	

表 3.10 资本状况子目标层权重判断矩阵示例表

	资本充足率	核心资本充足率	W	一致性检验
资本充足率	1	1	0.5	对于一阶与二阶矩阵不需要进行一致性检验
核心资本充足率	1	1	0.5	

表 3.11 资产状况子目标层权重判断矩阵示例表

	不良贷款率	拨备覆盖率	单一客户授信比率	最大十家客户贷款比率	W	一致性检验
不良贷款率	1	1	2	2	0.333 3	$\lambda_{max}=4$ $CI=0$ $CR=0<0.10$
拨备覆盖率	1	1	2	2	0.333 3	
单一客户授信比率	1/2	1/2	1	1	0.166 7	
最大十家客户贷款比率	1/2	1/2	1	1	0.166 7	

表 3.12　盈利状况子目标层权重判断矩阵示例表

	平均资产回报率	加权平均净资产收益率	W	一致性检验
平均资产回报率	1	1	0.5	对于一阶与二阶矩阵不需要进行一致性检验
加权平均净资产收益率	1	1	0.5	

表 3.13　流动性状况子目标层权重判断矩阵示例表

	流动性比率	超额备付金率	存贷款比例	W	一致性检验
流动性比率	1	3	2	0.539 6	$\lambda_{max}=3.009\ 2$
超额备付金率	1/3	1	1/2	0.163 4	$CI=0.004\ 6$
存贷款比例	1/2	2	1	0.297 0	$CR=0.007\ 9<0.10$

表 3.14　市场风险状况子目标层权重判断矩阵示例表

	利率风险敏感度	累计外汇敞口头寸比例	W	一致性检验
利率风险敏感度	1	1	0.5	对于一阶与二阶矩阵不需要进行一致性检验
累计外汇敞口头寸比例	1	1	0.5	

表 3.15　价值创造流程子目标层权重判断矩阵示例表

	专利数增长率	电子银行使用率	网点平均业务量	成本收入比率	理财产品获利能力	W	一致性检验
专利增长率	1	1/2	1/2	1/3	1/3	0.088 8	$\lambda_{max}=5.013\ 3$
电子银行使用率	2	1	1	1/2	1/2	0.157 8	$CI=0.003$
网点平均业务量	2	1	1	1/2	1/2	0.157 8	$CR=0.002\ 9$
成本收入比率	3	2	2	1	1	0.297 8	<0.10
理财产品获利能力	3	2	2	1	1	0.297 8	

表 3.16　经济环境子目标层权重判断矩阵示例表

	GDP增长率	通货膨胀率	财政赤字/GDP	房屋销售价格指数	固定资产投资增长率	企业景气指数	W	一致性检验
GDP增长率	1	2	4	3	2	3	0.319 0	
通货膨胀率	1/2	1	3	2	1	2	0.189 6	$\lambda_{max}=6.498\ 6$
财政赤字/GDP	1/4	1/3	1	1/2	1/3	1/2	0.090 1	$CI=0.099\ 7$
房屋销售价格指数	1/3	1/2	2	1	1/2	1	0.105 8	$CR=0.08$
固定资产投资增长率	1/2	1	3	2	1	2	0.189 6	<0.10
企业景气指数	1/3	1/2	2	1	1/2	1	0.105 8	

表 3.17　金融环境子目标层权重判断矩阵示例表

	M₂/GDP	国内信贷增长率/GDP 增长率	股市市盈率	股市市值/GDP	W	一致性检验
M₂/GDP	1	1	1/3	1/2	0.143 9	
国内信贷增长率/GDP 增长率	1	1	1/3	1/2	0.143 9	λ_{max}=4.020 6 CI=0.068 7 CR=0.076<0.10
股市市盈率	3	3	1	1	0.391 9	
股市市值/GDP	2	2	1	1	0.320 3	

表 3.18　国际收支环境子目标层权重判断矩阵示例表

	经常项目差额/GDP	汇率变动水平	国内外利率差	短期外债/外汇储备	W	一致性检验
经常项目差额/GDP	1	1/3	1/2	1	0.140 9	
汇率变动水平	3	1	2	3	0.455 4	λ_{max}=4.010 4 CI=0.003 467 CR=0.003 9<0.10
国内外利率差	2	1/2	1	2	0.262 8	
短期外债/外汇储备	1	1/3	1/2	1	0.140 9	

为了便于进行综合评价，对指标层进行相对于目标层的组合权重计算，计算公式为 $K_{ij}=\sum_{j=1}^{n_i}W_iW_j$ （i=1，2，…，5；j=1，2，…，n）。综上，银行危机预警系统各层次指标权重见表 3.19。

表 3.19　银行危机预警系统各层次指标权重

	权重/（%）	预警指标	权重/（%）	组合权重/（%）
财务预警子系统	41.85	资本充足率	14.89	6.23
		核心资本充足率	14.89	6.23
		不良贷款率	9.93	4.16
		拨备覆盖率	9.93	4.16
		单一客户授信比率	4.96	2.08
		最大十家客户贷款比率	4.96	2.08
		平均资产回报率	7.89	3.30
		加权平均净资产收益率	7.89	3.30
		流动性比率（人民币）	4.79	2.00
		超额备付金率	1.45	0.61
		存贷款比例	2.64	1.10
		利率风险敏感度	7.89	3.30
		累计外汇敞口头寸比例	7.89	3.30
		小计	100.00	——

续 表

	权重/（%）	预警指标	权重/（%）	组合权重/（%）
顾客预警子系统	15.99	市场份额变动率	33.33	5.33
		客户增长率	16.67	2.66
		客户满意度（综合测评分）	16.67	2.67
		客户获利率	33.33	2.33
		小计	100.00	——
内部流程预警子系统	9.73	公司治理（综合测评分）	25.00	2.43
		内部控制（综合测评分）	25.00	2.43
		专利数增长率	4.44	0.43
		电子银行使用率	7.89	0.77
		网点平均业务量	7.89	0.77
		成本收入比率	14.89	1.45
		银行卡业务收入增长率	14.89	1.45
		小计	100.00	——
学习与成长预警子系统	6.18	人均培训时间	10.93	0.68
		研究生及以上员工比率	10.93	0.68
		职工费用增长率	20.63	1.27
		员工满意指数	20.63	1.27
		人均利润贡献率	36.89	2.28
		小计	100.00	——
外部环境预警子系统	26.25	GDP增长率	15.95	4.19
		通货膨胀率	9.48	2.49
		财政赤字/GDP	4.51	1.18
		房屋销售价格指数	5.29	1.39
		企业景气指数	5.29	1.39
		固定资产投资增长率	9.48	2.49
		市盈率倍数	9.80	2.57
		股市市值/GDP	8.00	2.10
		国内信贷增长率/GDP增长率	3.60	0.95
		货币化程度（M2/GDP）	3.60	0.95
		经常项目差额/GDP	3.52	0.92
		汇率变动水平	11.39	2.99
		国内外利率差	6.57	1.72
		短期外债/外汇储备	3.52	0.92
		小计	100.00	——
		合计		100.00

第四节 基于平衡计分卡的银行危机预警系统综合预警风险的度量

上述预警指标体系中的每一个指标只能反映银行经营管理活动及外围环境某一方面所面临的风险,某一个指标发出警告可以提醒银行对这一方面加以改进,但不是只要某一个指标超过临界值就认为发出了银行危机的预警,而是要综合某一组或全部指标反映的情况对银行所处的风险程度进行总体评价,而要全面反映和检测银行所面临的风险水平,就必须对指标进行总体的风险度量。由于定量指标计算风险综合度的方法比较多,在此采用指标值映射法。

一、各项单项指标预警风险的度量

为了方便安全性判断,需要将指标实际值映射为分数值。具体做法为:对于每一个指标,根据其在不同风险状态的境界限上限和下限中的相对位置,按照相同的比例映射到分数上限和下限的对应位置[55]。我们将安全、基本安全、轻度风险、较大风险和严重风险这五种状态分别规定不同的分值范围(分值越小,风险越大):[80,100][60,80][40,60][20,40][0,20]。例如,某商业银行 2009 年资本充足率为 9.3%,所处的风险状态为基本安全,将 9.3%置于该状态上限 10%和下限 8%之间,处于 65%的位置,然后,按照相同的比例映射到分值 [70,90] 的对应位置,则该单项指标的分值为 73 分。需要指出的是,当实际值超出安全值的最优边界时,该指标的单项分值即为 100 分;当实际值超出严重风险值的最差边界时,该指标的单项分值即为 0 分。例如,A 商业银行 2009 年资本充足率为 13%,超出安全值的最优边界 12%,则该指标的单项分值为 100 分;B 商业银行 2009 年不良贷款率为 30%,超出严重风险值的最差边界 25%,则该指标的单项分值为 0 分。具体指标的预警值及各风险状态的对应的临界值见表 3.20。

表 3.20 银行危机预警指标体系及其预警值和临界值

单位:%

预警指标	预警值	各风险状态对应的临界值				
		安全	基本安全	轻度风险	较大风险	严重风险
资本充足率	>8	10~12	8~10	6~8	2~6	0~2
核心资本充足率	>4	6~8	4~6	3~4	2~3	1~2
不良贷款率	<5	0~5	5~10	10~15	15~20	20~25
拨备覆盖率	>70	100~120	70~100	40~70	15~40	0~15
单一客户授信比率	<10	0~6	6~10	10~15	15~18	18~20
最大十家客户贷款比率	<50	0~15	15~25	25~35	35~45	45~55
平均资产回报率	>0.6	1~1.5	0.6~1	0.5~0.6	0.25~0.5	0~0.25
加权平均净资产收益率	>11	15~20	11~15	8~11	6~8	0~6
流动性比率	>25	30~35	25~30	15~25	10~15	0~10

续　表

单位：%

预警指标	预警值	各风险状态对应的临界值				
		安全	基本安全	轻度风险	较大风险	严重风险
超额备付金率	>2	4~5	3~4	2~3	1~2	0~1
存贷款比例	>75	65~70	70~75	75~80	80~85	85~90
利率风险敏感度	<6	0~3	3~6	6~10	10~15	15~20
累计外汇敞口头寸比例	<6	0~3	3~6	6~10	10~15	15~20
市场份额变动率	>0	1~2	0~1	−1~0	−2~(-1)	−3~(-2)
客户增长率	>10	10~20	5~10	0~5	−5~0	−10~(-5)
客户满意度（综合测评分）	>60	80~100	60~80	40~60	20~40	0~20
客户利润率	>5	8~10	5~8	4~5	2~4	0~2
公司治理（综合测评分）	>60	80~100	60~80	40~60	20~40	0~20
内部控制（综合测评分）	>60	80~100	60~80	40~60	20~40	0~20
专利数增长率	>8	10~15	8~10	5~8	3~5	0~3
电子银行使用率	>35	45~55	35~45	25~35	15~25	0~15
网点平均业务量/亿元	>1.6	2.2~2.5	1.9~2.2	1.6~1.9	1.3~1.6	1~1.3
成本收入比率	<35	25~30	30~35	35~40	40~45	45~50
银行卡业务收入增长率	>25	35~45	25~35	15~25	10~15	0~10
人均培训时间（天）	>6	8~10	6~8	5~6	3~5	0~3
研究生及以上员工比率	>2	2~3	1.8~2	1.5~1.8	1.2~1.5	1~1.2
职工费用增长率	6-15	8~13	6~8 或 13~15	3~6 或 15~20	0~3 或 20~25	−5~0 或 25~30
员工满意指数	>60	80~100	60~80	40~60	20~40	0~20
人均利润贡献率/万元	>20	30~40	20~30	15~20	10~15	0~10
GDP增长率	8~12	8~10	7~8 或 10~12	6~7 或 12~13	2~6 或 13~14	0~2% 或 14~15
通货膨胀率	<8	3~5	5~7	7~10 或 −2~0	10~12 或 −2~(-4)	12~15 或 −4~(-5)
财政赤字/GDP	3~5	−1~1	1~3	3~5	5-6	6~8
房屋销售价格指数	103−105	103~105	105~108 或 100~103	108~110 或 99~100	110~112 或 97~99	112~115 或 95~97

续 表

单位：%

预警指标	预警值	各风险状态对应的临界值				
		安全	基本安全	轻度风险	较大风险	严重风险
企业景气指数	>100	150~135	125~135	110~125	100~110	90~100
固定资产投资增长率	13~19	13~19	10~13 或 19~22	7~10 或 22~25	6~7 或 25~28	0~6 或 28~30
市盈率倍数	<30	0~30	30~40	40~60	60~70	70~80
股市市值/GDP	<30	0~30	30~60	60~90	90~100	100~120
国内信贷增长率/GDP增长率	<2.2	0~1.5	1.5~2.2	2.2~3	3~5	5~10 或 −2~0
货币化程度（M2/GDP）	<180	80~120	120~180 或 50~80	180~240 或 40~50	240~280 或 30~40	280~300 或 20~30
经常项目差额/GDP	<5	0~3	3~4.5	4.5~5	5~6	6~8 或 −2~0
汇率变动水平	<10	0~5	5~10	10~15	15~20	20~25
国内外利率差	<4	0~2	2~4	4~5	5~6	6~8
短期外债/外汇储备	<80	20~40	40~60	60~80	80~90	90~130

表3.20中的预警值主要根据国际标准及中国银监会《商业银行风险监管核心指标》确定，对于没有明确的公认预警界限的指标，参照我国或金融背景相似国家在金融稳健时期各项指标的数值加以确定；各风险状态对应的指标临界值则是参考国际通用标准、中国银监会《股份制商业银行风险评级体系》及相关历史数据加以确定。需要特别指出的是，由于各个银行在规模、发展阶段、市场地位、竞争环境等方面存在差异，使得客户、内部流程、学习与成长三个预警子系统的大部分具体指标预警值及临界值不可能采用统一的标准，必须结合银行自身的实际情况加以分析确定。如，各个银行的市场占有率预警值及安全区间，须结合历史、现实情况及未来战略目标加以确定；客户利润率、员工人均培训时间等指标则可以结合行业整体水平，借鉴系统化方法中的均数原则和中数原则加以确定。[①] 此外，为了使定性可以量化，笔者对客户满意度、员工满意指数、公司治理结构及内部控制情况等指标采用设计调查问卷、进行关键因素分析等手段，最后加以汇总评分的方法，经过数据处理后，分值区间为0~100，预警值为60。

---

① 所谓均数原则，就是取整个行业的总平均数（分别去掉两个最高与最低的特殊情况值）作为该项指标的满意值，若企业的某项数值低于该项的行业平均数，就意味着"我不如人"，由此产生警情。所谓中数原则，也叫半数原则，认为在一个行业中至少有一半的企业是处于无警状态的，否则就无法解释该行业的发展，因此对每一预警指标，首先要把它们按从小到大的顺序排列，满意值取的是总排序中的中位数所对应的财务比率。

二、银行危机综合预警风险的度量

银行危机总体的安全状况即危及程度,可以通过计算综合预警分值加以确定。首先根据具体指标的单项预警分值及其权重计算出各个子系统的综合分值,然后根据各个子系统分值计算出银行整体的综合分值。公式为

银行危机综合预警分值 = $\sum$(单项指标预警分值×该指标的权数)/权数总和

根据综合银行危机综合预警分值的大小,可将警情划分为相应的警限区间,见表3.21。通过观测综合预警分值所在的区间监测警度,预报警情。

表 3.21 银行危机预警警度分析表

综合预警分值/分	警 度	说 明
≥80	无警	银行风险很小,各方面均令人满意,危机可能性极小
60~80	轻警	银行风险较低,短期内发生危机的可能性较小,部分环节面临中长期的风险,需要改进
40~60	中警	银行风险较高,部分环节存在缺陷,如不改正就会更加严重,可能导致银行中短期内发生危机
20~40	重警	银行风险很高,部分环节存在严重缺陷,如不及时改正,很可能在中短期内爆发银行危机
≤20	危机	银行风险极高,近期很可能爆发银行危机

第四章　商业银行危机预警系统的实证检验

银行危机爆发前一般都有一个前置期，在前置期内，与银行危机相关经济与金融指标都会不同程度地发生异常变化。因此，寻找能够作为银行危机早期预警信号的经济变量，同时界定这些指标的预警数值和变动区间，是成功构建银行危机预警系统的关键所在。前面我们基于平衡计分卡构建了银行危机的全面预警系统，并分为财务、顾客、内部流程、学习与成长和外部环境五个预警子系统。这些预警子系统的具体指标设计是否涵盖了银行危机早期异常变动显著的经济变量呢？需要进一步的实证研究加以检验。

第一节　样本及相关指标的选取

银行危机预警系统的实证检验，需要国内外银行特别是爆发过危机的银行的系统而全面的数据。但鉴于国外银行数据难以取得，国内银行鲜有危机发生的案例，因此本书的实证检验主要是基于上述构建的银行危机预警系统，计算国内主要商业银行发生危机的预警分值，以评价其总体健康状况，揭示其主要风险所在；并与传统的单纯财务预警效果相比较，以验证基于平衡计分卡的银行危机预警系统能否更及时更有效地预警银行中长期内面临的综合风险。

本书选取中国工商银行作为研究对象，之所以选取该家银行主要是因为其作为四大国有商业银行之一，是中国资产规模最大的商业银行；且中国银行业以国有银行占主导，而国有银行在一定程度上具有很大的同质性，因此，选取中国工商银行具有典型的代表意义。此外，中国工商银行作为较早上市的国有银行，公开披露的信息较为充分，在数据的取得方面可以得到更多保障。以下是2007—2009年中国工商银行相关预警指标的具体数据（见表4.1～表4.5）。

表4.1　2007—2009年中国工商银行财务预警指标的相关数据

单位：%

预警指标	2007年	2008年	2009年
资本充足率	13.09	13.06	12.36
核心资本充足率	10.99	10.75	9.90
不良贷款率	2.74	2.29	1.54
拨备覆盖率	103.50	130.15	164.41
单一客户授信比率	3.10	2.90	2.80
最大十家客户贷款比率	21.10	20.40	20.90

续　表

单位：%

预警指标	2007年	2008年	2009年
平均资产回报率	1.01	1.21	1.20
加权平均净资产收益率	16.15	19.39	20.14
流动性比率（人民币）	26.80	33.30	30.70
超额备付金率	1.76	5.03	1.33
存贷款比例	56.30	56.40	59.50
利率风险敏感度	1.60	1.47	2.25
累计外汇敞口头寸比例	23.87	8.77	6.94

表 4.2　2007—2009 年中国工商银行顾客预警指标的相关数据

单位：%

预警指标	2007年	2008年	2009年
市场份额变动率（公司存款）	-0.17	0.13	-1.5
客户增长率（存款）	9.00	19.20	18.80
客户满意度（综合测评分）	74	88	79
客户获利率	6.11	7.23	5.76

表 4.3　2007—2009 年中国工商银行内部流程预警指标的相关数据

单位：%

预警指标	2007年	2008年	2009年
公司治理（综合测评分）	76	79	84
内部控制（综合测评分）	73	77	81
专利数增长率	8.62	11.11	26.39
电子银行使用率	37.20	43.10	50.10
网点平均业务量（境内对公贷款）	1.77 亿元/个	1.99 亿元/个	2.44 亿元/个
成本收入比率	34.84	29.54	32.87
银行卡业务收入增长率	40.60	34.00	30.70

表 4.4　2007—2009 年中国工商银行学习与成长预警指标的相关数据

单位：%

预警指标	2007年	2008年	2009年
人均培训时间	10.4 天	8.5 天	8.86 天
研究生及以上员工比率	1.50	1.80	2.30
职工费用增长率	57.90	-3.00	13.60
员工满意指数（测评分）	89	83	91
人均利润贡献率	21.48 万元/人	28.82 万元/人	33.18 万元/人

表 4.5 2007—2009 年中国银行业外部环境预警指标的相关数据

单位：%

预警指标	2007 年	2008 年	2009 年
GDP 增长率	13.00	9.00	8.70
通货膨胀率	4.80	5.90	-0.70
财政赤字/GDP	0.81	0.60	2.24
房屋销售价格指数（全国 70 个大中城市）	110.50	99.60	107.80
企业景气指数（第四季度）	143.60	107.00	130.60
固定资产投资增长率	24.80	25.50	30.10
市盈率倍数（上证）	59.24	14.86	28.73
股市市值/GDP	132.59	40.24	72.73
国内信贷增长率/GDP 增长率	1.33	1.99	3.65
货币化程度（M2/GDP）	1.62	1.58	1.81
经常项目差额/GDP	11.00	9.60	6.10
汇率变动水平	6.90	6.90	0.10
国内外利率差	1.14	2.00	2.00
短期外债/外汇储备	14.40	10.83	10.81

以上数据主要根据中国工商银行各年度公开披露的财务报告，国际统计局各年度统计公报，国家外汇管理局各年度国际收支报告，国家财政部各年度全国财政收支决算情况报告，及中国人民银行各年度公布的货币供应量及金融机构人民币信贷收支表等整理计算得到。其中客户满意度、公司治理、内部控制、员工满意指数等指标，是采用调查问卷、专家测评等方式确定其具体数值。此外，部分指标出于数据可得性考虑选取了具有代表性的局部指标代表整体，如市场份额变动率、房屋销售价格指数等，分别以公司类存款、全国 70 个大中城市的数据为计算依据。

第二节 中国工商银行发生危机的警情计算

结合层次分析法确定的各指标权重，将中国工商银行 2007—2009 年度各指标的实际数值，代入前面构建的银行危机预警系统进行实证分析，可计算得到该银行各年度预警子系统的预警分值见表 4.6~ 表 4.10。公式为

$$各子系统综合预警分值 = \sum (单项指标预警分值 \times 该指标的权数)/权数总和 \quad (4.1)$$

表4.6 2007—2009年中国工商银行财务预警子系统的预警分值

预警指标	组合权重/（%）	预警分值		
		2007年	2008年	2009年
资本充足率	14.89	100.00	100.00	100.00
核心资本充足率	14.89	100.00	100.00	100.00
不良贷款率	9.93	89.04	90.84	93.84
拨备覆盖率	9.93	83.50	100.00	100.00
单一客户授信比率	4.96	89.67	90.34	90.67
最大十家客户贷款比率	4.96	67.78	69.20	68.20
平均资产回报率	7.89	80.40	88.40	88.00
加权平均净资产收益率	7.89	84.60	97.56	100
流动性比率（人民币）	4.79	67.20	93.20	82.80
超额备付金率	1.45	35.20	100.00	26.60
存贷款比例	2.64	100.00	100.00	100.00
利率风险敏感度	7.89	89.34	90.20	85.00
累计外汇敞口头寸比例	7.89	0	46.15	55.30
财务综合预警分值	100%	81.16	90.62	88.80
安全状况	——	安全	安全	安全

表4.7 2007—2009年中国工商银行顾客预警子系统的预警分值

预警指标	组合权重/（%）	预警分值		
		2007年	2008年	2009年
市场份额变动率（公司存款）	33.33	56.6	62.6	30.0
客户增长率（存款）	16.67	76.0	98.4	97.6
客户满意度	16.67	74.0	88.0	79.0
客户获利率	33.33	67.4	74.9	65.1
顾客综合预警分值	100%	66.33	76.90	61.14
安全状况	——	基本安全	基本安全	基本安全

表4.8 2007—2009年中国工商银行内部流程预警子系统的预警分值

预警指标	组合权重/（%）	预警分值		
		2007年	2008年	2009年
公司治理（综合测评分）	25.00	66.0	69.0	74.0
内部控制（综合测评分）	25.00	63.0	67.0	71.0
专利数增长率	4.44	66.2	84.4	100.0
电子银行使用率	7.89	64.4	76.2	90.2

续 表

预警指标	组合权重/(%)	预警分值		
		2007年	2008年	2009年
网点平均业务量（境内对公贷款）	7.89	51.3	66.0	96.0
成本收入比率	14.89	60.6	81.8	68.5
银行卡业务收入增长率	14.89	91.2	78.0	71.4
内部流程综合预警分值	100%	66.92	72.76	76.21
安全状况	——	基本安全	基本安全	基本安全

表 4.9　2007—2009 年中国工商银行学习与成长预警子系统的预警分值

预警指标	组合权重/(%)	预警分值		
		2007年	2008年	2009年
人均培训时间	10.93	100.0	85.0	88.6
研究生及以上员工比率	10.93	40.0	60.0	86.0
职工费用增长率	20.63	0	8.0	74.0
员工满意指数	20.63	89.0	83.0	91.0
人均利润贡献率	36.89	63.0	77.6	86.4
学习与成长综合预警分值	100%	56.90	63.25	85.00
安全状况	——	轻度风险	基本安全	安全

表 4.10　中国工商银行外部环境预警子系统的预警分值

预警指标	组合权重（%）	预警分值		
		2007年	2008年	2009年
GDP 增长率	15.95	40.0	90.0	87.0
通货膨胀率	9.48	82.0	71.0	53.0
财政赤字/GDP	4.51	81.9	84.0	67.6
房屋销售价格指数（全国 70 个大中城市）	5.29	35.0	52.0	61.3
企业景气指数	5.29	90.7	34.0	71.2
固定资产投资增长率	9.48	41.3	36.7	0
市盈率倍数（上证）	9.80	40.8	90.1	80.8
股市市值/GDP	8.00	0	71.8	51.5
国内信贷增长率/GDP 增长率	3.60	82.3	66.0	33.5
货币化程度（M_2/GDP）	3.60	66.0	67.3	59.6
经常项目差额/GDP	3.52	0	0	19.0
汇率变动水平	11.39	72.4	72.4	99.6
国内外利率差	6.57	88.6	80.0	80.0

续 表

预警指标	组合权重（%）	预警分值		
		2007年	2008年	2009年
短期外债/外汇储备	3.52	100.0	100.0	100.0
综合预警分值	100%	55.34	69.30	65.14
安全状况	——	轻度风险	基本安全	基本安全

根据上述各个子系统的综合预警分值，可计算得到中国工商银行各年度整体的综合预警分值。公式为

$$银行危机综合预警分值 = \sum (子系统预警分值 \times 该子系统的权数)/权数总和 \quad (4.2)$$

表4.11 中国工商银行危机预警系统的综合预警分值

预警指标	组合权重（%）	预警分值		
		2007年	2008年	2009年
财务	41.85	81.16	90.62	88.80
顾客	15.99	66.33	76.90	61.14
内部流程	9.73	66.92	72.76	76.21
学习成长	6.18	56.90	63.25	85.00
外部环境	26.25	55.34	69.30	65.14
综合预警分值	100%	69.13	79.40	76.71
安全状况	——	基本安全	基本安全	基本安全

第三节 中国工商银行风险状况的综合分析

2007—2009年度中国工商银行整体的综合预警分值分别为69.13，79.40，76.71，表明该银行的危机预警状态处于轻警，整体风险较低，短期内发生危机的可能性不大。但部分环节面临中长期的风险，需要改进。分年度看，2007年银行面临的风险较大，2008年风险不断降低，基本处于无警和轻警的临界点，2009年各种因素的积累使银行面临的风险有所增加，应该引起银行内部及监管当局的适当关注；分系统看，外部环境、顾客、学习与成长、内部流程四个子系统面临的风险较大，具体原因需进一步分析。

1. 中国工商银行各预警子系统风险状况的综合分析

分析表4.6可以看出，2007—2009年中国工商银行财务预警子系统的危机预警状态处于无警，表明银行短期内面临的风险很小，各项财务指标均令人满意。首先是资本充足状况良好，近三年来资本充足率与核心资本充足率两项指标均远远高于监管要求。其次，近三年来银行的不良贷款率逐年下降、拨备覆盖率不断攀升、授信比率控制在合理范围内，表明银行的资产质量状况良好。再次，平均资产回报率和加权平均净资产收益率基本成上升态势，表明银行的盈利能力持续增强，有利于抵补风险和防范危机。最后，银行的流动性比率和存贷款比例控制良好、利率风险敏感度不高，表明银行的流动性风险和利率风险较小。但也需要指出，2007年及2009年度银行的超额备付金率较低，虽然减少超额备付金

在一定程度上可以增加资金利用效率，提高银行的盈利能力，但也不排除过度追求利润可能引发的信贷、投资等领域激进风险，因此需要加以关注。此外，在中国银行业努力开拓国际市场和人民币不断升值的大背景下，汇率风险的管理兼得尤为重要。而近三年来，累计外汇敞口头寸比例过高，表明在今后的风险控制中，汇率风险管理应予高度关注。

分析表4.7可以看出，2007—2009年中国工商银行顾客预警子系统的危机预警状态处于轻警，表明银行顾客层面风险较低，总体良好。如，客户增长率、客户满意度不断提升，客户利润率维持在较高水平。但需要特别指出的是，中国工商银行在客户增长、利润提高的同时，也面临着激烈的行业竞争，虽然目前仍保持着同业第一的位置，但近年来市场份额有不断缩减的趋势。这种风险在当前高速成长时期很容易被掩盖，但从中长期来看，可能是银行危机的种子。因而，对此须高度重视，并结合竞争对手的情况及客户关系管理的具体资料，认真分析市场份额缩减的原因，采取相应措施。

分析表4.8可以看出，2007—2009年中国工商银行内部流程预警子系统的危机预警状态处于轻警，表明银行内部流程层面风险较低，总体状况良好。主要表现在专利数增长率、电子银行使用率、成本收入比率、银行卡业务收入增长率等指标均处于行业领先地位，且不断改善。但需要注意的是，在公司治理和内部控制方面，中国银行业和国外先进银行相比还有较大差距。因此，积极完善各项制度安排、不断提高经营效率、努力防范操作风险，仍然是中国银行业防控风险工作的重点。

分析表4.9可以看出，2000—2009年中国工商银行学习与成长预警子系统的危机预警状态处于轻警，表明银行学习与成长层面风险较低，总体状况较好，且近三年呈不断改善的态势。主要表现在人均培训时间、人均利润贡献率等指标均处于行业领先，研究生及以上员工比率、员工满意指数不断改善。但需要指出的是，职工费用增长率受业绩波动影响，变动较大，不规律不规范之处在一定程度上会影响员工的积极性，由此引起的业务风险应给予高度重视。此外，在员工素质、员工培训、员工激励等方面，中国工商银行虽然处于行业领先，但较之国外先进银行仍有不小差距，因此仍需不断努力。

分析表4.10可以看出，2007—2009年中国工商银行外部环境预警子系统的危机预警状态处于轻警，表明银行外部环境所面临的系统性风险较低，总体状况较好。这主要表现在GDP增长速度较快、通货膨胀率较低、财政赤字占GDP的比例不高、国内外利率差距不大、短期外债占外汇储备比例较小。此外，在世界各国大规模经济刺激政策的推动下，全球经济触底反弹，复苏迹象日益凸显，我国更是最早走出金融危机，国民经济形势总体回升向好，企业景气指数开始复苏，宏观经济环境的好转减轻了银行的风险压力。但仍有很多不能忽视的风险因素，需要特别关注，主要表现在：①房屋销售价格指数偏高，表明中国房地产价格存在一定程度的泡沫性膨胀，有导致大量银行坏账的产生的可能。②在大规模经济刺激的过程中，过度依赖投资的拉动作用，可能引起经济发展的结构性失衡，不利于经济结构的优化和发展方式的转变。2009年，全国固定资产投资增长率继续高位运行，达30.1%，便是强烈的预警信号，应引起高度重视。③积极的财政政策和适度宽松的货币政策，导致货币供应量持续攀升，2009年M2增长率更是高达27.7%，加上大规模的投资刺激政策，直接导致了国内信贷快速膨胀，2009年增速高达31.74%，国内信贷增长率/GDP增长率为3.65%。而货币供应量攀升和国内信贷的快速膨胀，容易引发大量的游资会进入证券市场或房地产市场进行投机炒作，刺激资产价格上涨并形成通货膨胀压力和预期，不利于银行健康发展。④截至 2009 年末，自 2005 年 7 月汇改以来，人民币累计升值 16.3%[58]。虽然 2009 年人民币汇率基本稳定，升值不大，但综合国际贸易的宏观环境，未来面临的升值压力仍不可小视，由此造成的银行风险应予特别关注。

2. 中国工商银行各年度风险状况的综合分析

2007 年中国工商银行整体的综合预警分值为 69.13，虽然危机预警状态处于轻警，但预警分值相对较低，银行面临的风险较大。集中体现在一下几个方面：①累计外汇敞口头寸比例过高，汇率风险管理存在缺陷；②超额备付金率比例过低，可能引起流动性风险；③市场份额不断缩减，存在长远的隐性危机；④网点平均业务量偏低、成本收入比率偏高，表明银行的运营效率有待提高；⑤研究生及以上学历员工比率偏低，表明银行高素质员工的相对稀缺，不利于银行的风险控制和长远发展；⑥职工费用急速增长从侧面反映了经济过热和股市泡沫的潜在风险；⑦GDP 增长速度过快、固定资产投资增长率过高，表明经济运行过热，存在经济泡沫；市盈率倍数、股市市值占 GDP 的比例、房屋销售价格指数过高，表明资本市场、房地产市场存在严重泡沫；⑧经常项目差额占 GDP 的比例过高，虽然表现为顺差，但 11% 的比率远远高于正常水平，表明国内经济对外贸出口的依赖度较大，同时也给人民币升值造成压力。而当贸易条件恶化，企业和银行的风险将被无限放大，这在随后的金融危机中得到了验证。

2008 年中国工商银行整体的综合预警分值为 79.40，风险不断降低，总体状况较好。这主要表现在：①流动性比率和超额备付金率的大幅提升降低了银行的流动性风险；②客户满意度的提升刺激了客户利润率和银行市场份额的增长；③成本收入比率不断下降、电子银行使用率不断上升，表明银行的经营效率有较大改善；④研究生及以上学历员工比率及员工人均利润贡献率有较大提升，表明银行员工的素质和价值创造能力在稳步提高；⑤经济过热现象得到缓解、股票、房地产价格回归理性，泡沫风险得到较大释放。但是受金融危机的影响，宏观经济不景气，加大了企业和银行的风险；而应对金融危机的大规模刺激措施导致国内信贷的快速急增，并引发通货膨胀压力，这在很大程度上也加大了银行的风险。此外，经常项目差额占 GDP 的比例、累计外汇敞口头寸比例依然过高，国际收支平衡及汇率风险对实体经济和银行健康的影响仍需关注。

2009 年中国工商银行整体的综合预警分值为 76.71，各种因素的积累使银行面临的风险有所增加。这主要表现在：①盈利性追求导致超额备付金率大幅下降，在一定程度上加大了银行的流动性风险；②在激烈的市场竞争中，客户市场份额下降 1.5 个百分点，应引起高度重视；③应对金融危机刺激措施的副作用有所显现，财政赤字占 GDP 的比例、固定资产投资增长率、国内信贷增长率及货币供应量均大幅急升，通货膨胀及人民币汇率升值的压力也不断加大，须引起银行内部及监管当局的适当关注，并及早采取应对措施。

第四节 结 论

银行危机预警的宗旨是通过对银行内外经济变量的观测，及时发现具体指标的异常变动，并准确评估其对银行风险产生的影响，最后综合度量银行风险的危及程度，发出预警信息。传统的银行危机预警系统以美国的"骆驼评级体系"（CAEMLS）为代表，主要是对银行资本（C）、资产质量（A）、管理（M）、收益（E）、流动性（L）和对市场风险的敏感程度（S）六大要素进行评价，来综合反映银行的健康程度。但此次美国次贷危机引发大量银行破产的实践证明，其未能做到从风险产生的过程进行危机预警，难以及时发出预警信息。基于此，本章在平衡计分卡的框架下，扩展了预警指标选取的范围，围绕风险产生的过程构建了全面的银行危机预警系统。本章在借鉴已有研究成果的基础上，得出了下述结论：

（1）从理论角度全面总结和梳理了银行危机的成因：①银行自身高负债经营等先天脆弱性及信息不对称下银行自身的经营管理战略是银行危机爆发的内在根源；因此需要特别关注银行自身的资本充足状况、资产质量状况、盈利性、流动性、市场风险及管理状况等，而且不能忽视内部流程、员工、客户等风险生产的上游环节。②经济基础的周期性恶化、宏观经济环境的剧烈波动、现实经济形态的过度虚拟化以及金融自由化过程中的监管不利等构成了银行危机爆发的外部因素；因此需要特别关注银行所处的外部环境，尤其要重点考察GDP增长率、通货膨胀率、国内信贷增长率、证券及房地产市场的泡沫化程度、货币供应量及国际收支状况等先行指标。③传染机制在单个银行危机演化为系统性银行危机的过程中发挥着重要的作用。因此需要关注银行间相互交织的债权债务网以及引发公众及银行"羊群行为"的社会心理因素。

（2）分析指出了当前银行危机预警系统的不足，主要体现在以下两点：①未能把导致银行危机的全部因素都考虑进去，预警指标体系不完善，特别是制度、传染机制等因素未予充分考虑，再加上预警指标权重确定的随意性和预警指标临界值确定的主观性，这些共同构成了预警过程中的一类错误（有警不报：把"坏"银行当成"好"银行）。②未能做到从风险产生的过程进行危机预警，预警指标体系更多的考虑了银行"此刻"可以量化的各项金融、财务指标及相关风险因素，属于结果类的指标，而对导致银行危机的源头性、驱动性指标如员工、客户、内部流程等方面考虑不足。致使银行危机预警的时效性滞后，即便准确发出预警，银行也来不及采取措施。

（3）基于平衡计分卡构建了全面的银行危机预警系统。该系统结合银行危机的成因，围绕风险产生的过程，进行了全面的预警指标体系设计，共有财务、顾客、内部流程、学习与成长及外部环境五个预警子系统构成。各个子系统之间具有风险传递的因果关系，可以直接向银行危机预警总系统报警，而不必按照风险传递的流程直到形成财务恶果时才发出预警信息，因此提高了预警效果的及时性和风险提示的针对性。然后，详细设计了每个子系统的预警指标体系。另外，该系统运用层次分析法（AHP），在一定程度上减少了指标权重确定的主观随意性。

（4）对上述银行危机预警系统进行了实证检验。结果表明：中国工商银行（样本银行）近三年来的危机预警状态处于轻警，整体风险较低，短期内发生危机的可能性不大。但在外部环境、顾客、学习与成长、内部流程四个层面面临的中长期风险仍不可忽视。特别是汇率风险的管理、市场份额的保持、内部流程的优化及对员工满意度和员工培训的重视等应予特别关注。此外，房地产、证券市场的泡沫化程度、固定资产投资及国内信贷的增长速度、货币化程度与通货膨胀水平及国际收支状况等，对实体经济及银行安全的影响也须密切关注。显然，上述分析和结论与实际情况基本相符，在一定程度上验证了预警模型的可信度。对比发现，传统的财务预警系统只能显示该行目前处于无警状态，难以揭示其潜在的风险。由此可见，基于平衡计分的银行危机预警系统能够更全面、更及时的发出预警信息，并做出相关薄弱环节的风险提示。

综上，本章的创新点主要体现在扩展了银行危机预警的范围和平衡计分卡的应用范围。通过财务、顾客、内部流程、学习与成长、外部环境五个预警子系统的建立，基本涵盖了银行风险产生的全部过程；并且针对风险产生的驱动因素设置预警指标，保证了预警信息发出的及时性和风险提示的针对性。而本章的局限性则主要表现在有关顾客、内部业务流程、学习与成长三个子系统的预警指标体系设计还有待进一步完善，指标权重及临界值的确定过程中还需要更广泛的专家意见和调研。此外，由于数据的可得性有限，实证检验的过程中兼顾了数据的可得性，不可避免地对预警系统的准确性产生了一定的影响。而这些也正是进一步研究的方向。

第五章 我国商业银行信用风险现状及发展趋势分析

信用风险是商业银行面临的主要风险之一，特别是在国内经济增速放缓、企业经营风险可能进一步向金融系统蔓延之际，分析我国商业银行信用风险具有现实意义。随着美国财政悬崖、欧洲主权债务危机和国际贸易保护主义的加剧，世界经济增长面临着空前的压力；中国40年的高速发展虽然取得了举世瞩目的成就，但也面临着资源、能源和环境等一系列问题，处于增长方式转型的镇痛期。国际国内的宏观环境以及中国金融体系内在的脆弱性共同构成了对商业银行信用风险的严峻挑战。鉴于此，分析我国商业银行信用风险的现状、发展趋势，并提出应对策略具有重要的现实意义。

第一节 商业银行信用风险概述

1. 信用风险的内涵

信用风险也称违约风险，是指借款人存在违约的可能性，即由借款人不按时或不偿还借款而导致商业银行遭受损失的可能性。广义的信用风险也包括由于经济客体所面对环境的不确定性而导致银行金融机构经营的实际收益与预期目标相背离，致使其在一定程度上遭受损失的可能性。

2. 信用风险产生的原因

我国商业银行信用风险产生的原因主要有以下几方面：①信息不对称引发的道德风险和逆向选择。前者主要表现为借款人隐瞒真实的财务状况、资金用途等给银行造成的损失，后者则表现为银行根据平均风险所确定的统一的利率，客观上驱逐了低风险客户而鼓励了高风险客户。②经济周期和经营环境变化引发的风险蔓延，主要是指经济萧条和经营环境恶化对实体经济的冲击间接传导到商业银行，致使大量呆账、坏账滋生。③体制引发的商业银行非独立性甚至"强贷"现象，主要是指信贷并非是银行本身主动发放，而是被迫于某种强大的力量。如政府性融资平台背后的政府、国有企业依托的某些强有力的机构、甚至银行系统内外的某些高层个人，这些都践踏了银行信贷体系的独立性，也埋下了信贷风险的种子。④制度漏洞和管理缺陷引发的内部风险，主要是指出于银行治理结构、内控体系、客户评级、贷款管理、沟通机制、员工素质等引发的信用风险。

第二节 我国商业银行信用风险现状及趋势分析

1. 贷款总额情况

2007—2011年我国银行业金融机构贷款总额呈持续增长的态势，如图5.1所示，贷款总额增长率依次为16.56%，15.26%，32.95%，19.65%，14.27%，远高于同期GDP增速[59]。

特别是2009年,为了应对金融危机,中央启动了4万亿元的经济刺激计划,各地方政府也随之跟进,大量政府背景的投资项目需要银行信贷支撑,从而导致了国内信贷的井喷式膨胀,由此带来的信用风险应予持续关注。

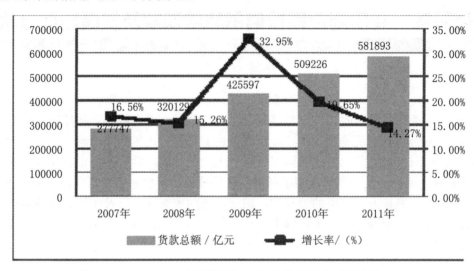

图5.1 2007—2011年中国银行业金融机构贷款总额及增长率情况

2. 不良贷款情况

不良贷款余额和不良贷款率是衡量商业银行贷款质量和信用风险最主要的指标。如图5.2所示,2007—2011年我国商业银行不良贷款余额及不良贷款率出现了多年持续"双降"的良好势头,不良贷款率远低于5%的监管标准,说明我国商业银行整体信用风险管理较好。但也不能放松警惕,随着国际国内经济环境的变化,实体经济面临的挑战越来越严峻,房地产等行业在宏观调控的背景下面临着较大的压力,地方性融资项目的还款期限也日益迫近,这些都对我国商业银行提出了严峻的考验。如图5.3所示,2011年我国商业银行不良贷款余额最高的五个行业分别为制造业,批发零售业,交通运输、仓储和邮政业,个人贷款以及房地产业;不良贷款率最高的5个行业分别为住宿和餐饮业,农、林、牧、渔业,教育,制造业和信息传输、计算机服务和软件业,上述行业应予特别关注。

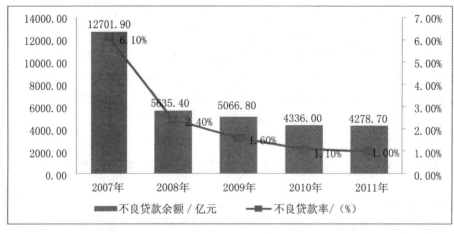

图5.2 2007—2011年我国商业银行不良贷款余额及不良贷款率情况

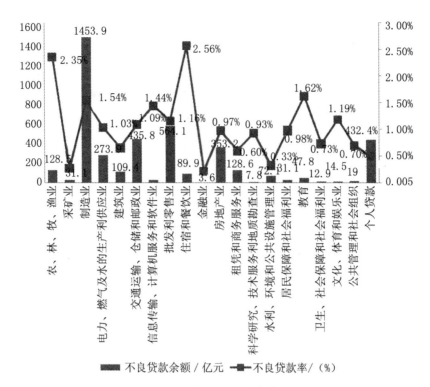

图 5.3　2011年我国商业银行不良贷款分行业情况

如图5.4所示，2011年我国商业银行不良贷款分机构统计结果表明，大型商业银行及农村商业银行不良贷款率相对较高，在同业竞争中处于一定的劣势，特别是和外资银行相比存在不小的差距，应在后续的经营中不断完善信贷管理体系。

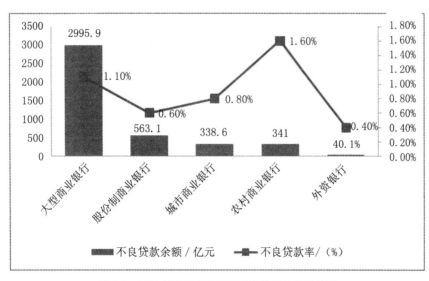

图 5.4　2011年我国商业银行不良贷款分机构情况

3. 资产减值准备及拨备覆盖率情况

资产减值准备及拨备覆盖率是衡量商业银行风险抵补能力的重要指标。如图5.5所示，2007—2011年我国商业银行资产减值准备及拨备覆盖率实现了持续上涨的"双升"势头，表明我国商业银行对信用风险的管理和计量更加的谨慎，风险抵补能力得到了进一步加强，并且维持在一个较高的水平上，这对商业银行抵御信贷风险具有重要意义。

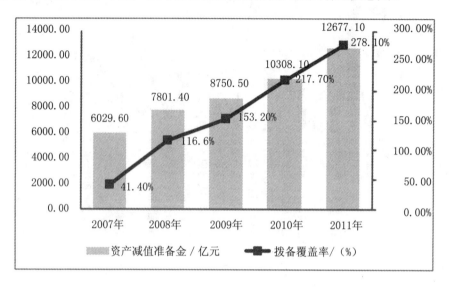

图 5.5　2007—2011 年我国商业银行资产减值准备及拨备覆盖率情况

第三节　加强我国商业银行信用风险管理的相关建议

1. 加强地方政府融资平台贷款风险管理

2008 年底以来，地方政府融资平台贷款的非理性扩张极大地推动了银行体系潜在风险的累积。根据银监会披露的数据，截至 2010 年 6 月末，各级地方融资平台已增长到 8 000 多家，地方融资平台贷款余额 7 166 万亿元[60]。2013 年前后将迎来集中还本付息阶段，地方融资平台贷款风险可能会显著上升。银行业各金融机构应该加强存量风险的稀释，同时严格控制增量风险。建议采取如下措施：①积极与地方政府的沟通协调，推进平台贷款还款方式整改，及时追加合法足值抵质押物；同时重新评估地方政府融资平台贷款风险，足额计提拨备并按时进行动态监测和现场检查。②严格按照"保在建、压重建、控新建"的要求，建立平台贷款"名单制"管理系统和总行集中审批制度，严格信贷准入条件，控制增量风险。

2. 加强房地产贷款风险管理

在国家多轮宏观调控政策的压力下，商业银行房地产贷款风险的广度和深度在进一步加强[61]。各商业银行应该加强自检自查和信用风险预警体系的构建，严格落实个人住房贷款、开发商贷款和土地储备贷款风险控制的各项监管要求。对于房地产贷款总量偏多、占比偏高的银行，应该重新审视自身业务发展战略与风险偏好，积极开展多种情景下的房地产贷款综合压力测试，将房地产及其相关行业的贷款余额占全部贷款余额的比例降到风险可控的范围之内。

3. 加强贷款集中度风险管理

集中度风险是指由于对单一债务人或相关的一群债务人的风险暴露过大而使资产组合

额外承担的风险。我国商业银行贷款集中度相对较高,对于大型商业银行,主要表现为行业集中度风险以及行业内的集群客户集中度风险;对于中小银行,则主要表现为客户集中度风险和区域集中度风险。各银行必须严格坚守单一客户授信不高于银行资本净额10%、集团客户授信不高于资本净额15%、全部关联度及全部关联方授信总额不得超过资本净额50%的"红线",并积极运用银团贷款等方式分散风险。

4. 加强表外业务风险管理

表外业务(Off-Balance-Sheet Activities,OBSA)是指商业银行所从事的,按照现行的会计准则不记入资产负债表内,不形成现实资产负债,但能改变损益的业务,具体包括担保类、承诺类和金融衍生交易类三种类型的业务[62]。近年来,我国商业银行积极拓展表外业务,新业务品种不断推出,但与此同时,表外业务的现实风险和潜在风险也有所积聚[63]。商业银行应不断完善表外业务的内控制度和操作程序,建立表外业务内部审计制度,定期或不定期审计风险管理程序和内部控制,并建立审慎的授权管理制度,将表外业务纳入授信额度,实行统一授信管理。

第六章 后金融危机时代我国A股上市银行的警情分析

后金融危机时代，欧洲主权债务危机不断蔓延，国际贸易保护主义日益加剧，全球实体经济增长受到了严峻的挑战，世界经济低位徘徊，甚至二次探底的压力不断加剧着银行业的风险。特别是我国，在其他金融方式尚不成熟的背景下，商业银行作为金融体系的核心，在经济发展中甚至起着中枢神经的作用。因此研究商业银行的风险状况，及时就商业银行隐性与显性、系统与非系统、财务与非财务的风险发出预警，对国民经济健康平稳的发展具有重要的意义。

银行危机包括系统性危机与非系统性危机，系统性危机是指由于宏观环境恶化所引起的、对既定环境下所有银行均有重大冲击的危机；非系统性危机是指由于环境变化或经营不善所引发的单个银行的危机。预警银行危机是一个非常复杂的系统性问题，在金融危机爆发之前，美国的CAMEL银行评级体系被广泛认可，是世界各国金融管理当局对商业银行及其他金融机构进行综合等级评定的主要方式。但是金融危机证明，CAMEL评级体系也存在一定的缺陷：主要是未能充分考虑宏观环境因素的影响，在评级体系中没有加入GDP增速、通货膨胀、贸易条件恶化等宏观经济的变量，明显降低了预测模型的精确度（王伟，2010）。此外，各层次指标权重分配的合理性、预警值和临界值确定的客观性等问题也没有得到很好的解决。因此笔者尝试结合我国银行的实际情况，扩展CAMEL的预警指标体系，运用层次分析法（AHP）合理确定指标权重，并结合指标映射法对A股上市银行进行实证检验和警情分析。

第一节 银行危机：影响因素及预警指标

银行危机的爆发通常是内部脆弱性和外部冲击共同作用的结果，因此，分析银行危机的成因需要从两方面考虑。

一、内部脆弱性是银行危机爆发的根源

1. 银行的脆弱性首先源于其高负债经营的天然属性

根据巴塞尔协议，银行资本充足率应不低于8%，即银行自有资本占其风险加权总资产的比例应不低于8%。这就意味着银行的资产负债率通常在90%左右，这在普通行业是难以想象的。自身资本作为商业银行抵御风险的最后一道防线，是银行保护债权人利益、防止危机发生的最后屏障。因此，预警银行危机必须重点关注其资本充足状况。资本充足性预警指标通常包括资本充足率与核心资本充足率。

2. 银行的脆弱性其次源于其资产与负债有效期的不对称性

商业银行最基本的业务是将其流动性负债（如短期存款）转化为非流动性资产（如长期贷款），这种"硬负债、软资产"的特征正是银行业脆弱性的结构体现。当银行流动性不足，不能及时偿付存款人的存款时，银行就会出现流动性危机（郑鸣，2003）。因此，预警银行危机特别要关注银行流动性资产与流动性负债的匹配，防止因外部冲击或偶然事件引发"羊群效应"而导致银行遭受挤兑（Diamond & Dybvig, 1983）。流动性预警指标通常包括：流动性比率、存贷款比例、超额备付金比率等。

3. 银行的脆弱性再次源于其信息不对称等固有特征

金融市场上的信息不对称主要体现在信贷业务发生前的逆向选择与信贷业务发生后的道德风险。信贷业务发生前，由于信息不对称，银行无法针对不同项目制定不同利率，只能以平均风险制定面向所有客户的平均利率，结果导致留下来的、寻求资金最积极的通常是风险较高的项目——即逆向选择，在经济过热、快速膨胀时尤其如此。信贷业务发生后，由于信息不对称，借款人违背银行利益、变更投资方向等行为即为道德风险，道德风险在经济转向时对银行的冲击尤为严重。因此预警银行危机的核心在于有效配置银行资产、加强信用风险管理。资产质量的预警指标通常包括不良贷款率、拨备覆盖率、单一客户授信比率、最大十家客户贷款比率等。

4. 银行的脆弱性还与其盈利质量、管理水平等密切相关

在激烈的市场竞争中，盈利水平的高低是银行综合竞争力的最终体现，也是银行抵补各种风险的有力保障。盈利性不足或不稳定是银行风险不断累加的结果，预警指标通常包括：平均资产回报率、加权平均净资产收益率等。

银行治理结构是否合理、内部控制是否有效，也是银行风险的重要决定因素。不合理的治理结构可能导致"内部人"控制、经营决策短期化等问题；不完善的内控机制则是操作风险滋长的温床，著名的巴林银行倒闭案便是惨痛的教训。因此，预警银行危机必须关注其管理水平。但是，鉴于管理水平难以量化，本章考虑通过资本充足性、流动性、资产质量、盈利水平等间接评定银行的管理水平（马军炜和白宁，2004）。即一家银行的管理水平综合指数等于上述四个方面具体指标的加权平均结果。

二、外部冲击是银行危机爆发的诱因和导火索

宏观环境变化带来的外部冲击往往是压倒银行的最后一根稻草。

1. 宏观经济环境变化对银行的冲击

Kaminsky（1999）的研究表明，银行危机往往和经济衰退、贸易条件恶化、国内信贷的快速增长以及真实利率上升联系在一起；同时，高的通货膨胀率也预示着银行危机的可能性增大。因此，宏观经济环境变化对银行及其客户的冲击是显著和迅速的，相关预警指标通常包括：GDP 增长率、通货膨胀率、财政赤字 /GDP、房屋销售价格指数、固定资产投资增长率、企业景气指数等。

2. 宏观金融环境变化对银行的冲击

Demirguc-Kunt and Detargiache（1998）的研究表明，金融自由化与银行危机有很高的相关性。如货币化程度、信贷增长速度、股票泡沫大小等均对银行风险生产重要影响。因此，金融环境方面的预警指标通常包括货币化程度（M2/GDP）、国内信贷增长率 /GDP 增长

率、股市市值/GDP、市盈率倍数等。

3. 国际收支环境变化对银行的冲击

国际经验表明，银行危机的爆发和国际收支的不平衡密切相关。Kaminsky and Reinhart（1999）研究发现，很多国家发生银行危机的同时伴随着国际收支平衡危机。如经常项目赤字、汇率剧烈变动等均对银行危机有重要影响。因此，预警银行危机通常应关注以下指标：经常项目差额/GDP、汇率变动水平、短期外债/外汇储备。

第二节　银行危机预警：指标赋权与警情确定

一、指标赋权

预警指标权重的分配对预警模型的准确性有着至关重要的影响。本章采用专家咨询法和层次分析法（AHP）进行指标权重的量化分配。首先，将银行危机预警问题按风险起源、影响因素、预警指标分为三个层次。其次就每一层次构造两两比较的判断矩阵，若指标 i 比指标 j 更重要，则 $a_{ij}>1$。a_{ij} 的赋值可参照 Satty 的九级标度法。为了避免单个专家主观判断的片面性，应综合多位专家的意见，专家库应包括实务界多家银行的高级管理人员、理论界研究造诣深厚的金融学教授、学者以及监管方实践经验丰富的专家等，并将多位专家的判断分别求平均值。然后，根据调整的判断矩阵计算其最大特征值 λ_{max} 和特征向量 W，并将特征向量进行归一化处理，即可得到具体指标对应的权重：$W=(W_1,W_2,\cdots,W_n)^T$，其中 $W_i=\dfrac{\overline{W_i}}{\sum_{i=1}^{n}\overline{W_i}}$，$W_i=1$。最后进行一致性检验。经计算，指标体系及其权重分配结果见表6.1。

表6.1　我国商业银行危机预警指标体系及其权重

风险起源	权重	影响因素	权重	预警指标	权重	组合权重
A 银行内部脆弱性	66.7%	A1 资本充足状况	29.2%	A11 资本充足率	50%	9.74%
				A12 核心资本充足率	50%	9.74%
		A2 流动性状况	19.3%	A21 流动性比例	54%	6.95%
				A22 人民币超额备付金率	16.3%	2.1%
				A23（人民币）存贷款比例	29.7%	3.82%
		A3 资产质量状况	29.2%	A31 不良贷款率	33.3%	6.49%
				A32 拨备覆盖率	33.3%	6.49%
				A33 单一客户授信比率	16.7%	3.25%
				A34 最大十家客户贷款比率	16.7%	3.25%
		A4 盈利性状况	9.7%	A42 平均资产回报率	50%	3.23%
				A42 加权平均净资产收益率	50%	3.23%
		A5 管理水平状况	12.6%	A51 管理水平综合指数	100%	8.41%
B 银行外部冲击	33.3%	B1 宏观经济环境	50%	B11 GDP 增长率	31.9%	5.31%
				B12 通货膨胀率	19%	3.16%

续 表

风险起源	权重	影响因素	权重	预警指标	权重	组合权重
B 银行外部冲击	33.3%	B1 宏观经济环境	50%	B13 财政赤字/GDP	9%	1.5%
				B14 房屋销售价格指数	10.6%	1.76%
				B15 固定资产投资增长率	19%	3.16%
				B16 企业景气指数	10.5%	1.76%
		B2 宏观金融环境	25%	B21 市盈率倍数	14.4%	1.2%
				B22 股市市值/GDP	14.4%	1.2%
				B23 国内信贷增长率/GDP 增长率	39.2%	3.26%
				B24 货币化程度（M2/GDP）	32%	2.66%
		B3 国际收支环境	25%	B31 经常项目差额/GDP	33%	2.83%
				B32 汇率变动水平	33%	2.75%
				B33 短期外债/外汇储备	33%	2.75%
合计						100%

二、警情确定

1. 单项指标警情的确定

为了使预警分值更加直观，单项指标警情分值的计算此处选用指标映射法，即将指标实际值映射为分数值。具体做法为：对于每一个指标，根据其在不同风险状态的警界限上限和下限中的相对位置，按照相同的比例映射到分数上限和下限的对应位置（沈悦和元莉，2008）。本章将安全、基本安全、轻度风险和严重风险这四种状态分别规定不同的分值范围：[80,100] [60,80) [40,60) [0,40)。分值越小，风险越大。当实际值超出安全值的最优边界时，指标单项分值为100；当实际值超出严重风险值的最差边界时，指标单项分值为0。例如，某银行2011年资本充足率为9.7%，所处的风险状态为基本安全，将9.7%置于该状态上限10%和下限8%之间，处于85%的位置，然后，按照相同的比例映射到分值[60,80]的对应位置，则该单项指标的分值为77分。根据国际通用标准、中国银监会管理规定及相关专家意见，具体指标的预警值及各风险状态对应的临界值见表6.2。

表6.2 银行危机预警指标体系及其预警值和临界值

单位：%

预警指标	预警值	各风险状态对应的临界值			
		安全	基本安全	轻度风险	严重风险
资本充足率	8	10~12	8~10	4~8	0~4
核心资本充足率	4	6~8	4~6	2~4	0~2
人民币流动性比率	25	30~40	25~30	15~25	0~15
人民币超额备付金率	2	3~5	2~3	1~2	0~1

续 表

预警指标	预警值	各风险状态对应的临界值			
		安全	基本安全	轻度风险	严重风险
人民币存贷款比例	75	65~70	70~75	75~80	80~90
不良贷款率	5	0~2	3~5	5~10	10~20
拨备覆盖率	70	100~200	70~100	40~70	0~40
单一客户授信比率	10	2~5	5~10	10~15	15~20
最大十家客户贷款比率	50	15~25	25~35	35~45	45~55
平均资产回报率	0.6	1~1.5	0.6~1	0.3~0.6	0~0.3
加权平均净资产收益率	11	15~20	11~15	8~11	0~8
GDP 增长率	8	8~10	6~8 或 10~12	4~6 或 12~14	0~2% 或 >14
通货膨胀率	10	0~4	4~7	7~10 或 −2~0	>10 或 <−2
财政赤字/GDP	3-5	−1~1	1~3	3~5	>5
房屋销售价格指数	105	103~105	105~108 或 100~103	108~112 或 98~100	>112 或 <98
固定资产投资增长率	16	13~19	10~13 或 19~22	7~10 或 22~25	<7 或 >25
企业景气指数	110	150~135	125~135	110~125	90~110
市盈率倍数	30	0~30	30~50	50~80	>80
股市市值/GDP	30	0~30	30~60	60~90	>90
国内信贷增长率/GDP 增长率	2.2	0~1.5	1.5~2.2	2.2~3	>3 或 <0
货币化程度（M2/GDP）	180	80~100 或 100~120	120~180 或 50~80	180~260 或 30~50	>260 或 <30
经常项目差额/GDP	5	0~3	3~4.5	4.5~5	>5 或 <0
汇率变动水平	10	0~5	5~10	10~15	>15
短期外债/外汇储备	80	20~40	40~60	60~130	>130

2. 综合警情的确定

综合警情的确定需要将各单项指标得分进行加权汇总，公式为

$$Z=\sum_{j=1}^{n}q_{j}Y_{ij} \tag{6.1}$$

式中 Z 为银行危机综合预警分值，Y_{ij} 是项目 i 第 j 项指标的单项预警分值，q_j 是第 j 项指标的权重。

借鉴中国银监会《商业银行监管评级内部指引（试行）》和风险评级机构的通常做法，可依据综合预警分值 Z 的大小进行综合风险评价，见表6.3。

表 6.3 银行危机预警综合风险评级表

风险等级	综合预警分值	综合警情说明
A+	90~100	银行风险很小，爆发危机可能性不大
A	80~90	银行风险较低，中短期发生危机的可能性较小

续 表

风险等级	综合预警分值	综合警情说明
B+	70~80	银行部分环节存在较高风险，应警惕、改进
B	60~70	银行部分环节存在严重缺陷，须排查、整顿
C+	50~60	银行整体风险较高，中短期可能爆发危机
C	40~50	银行整体风险很高，近期很可能爆发危机
D	0~40	银行整体风险极高，随时都可能爆发危机

第三节　基于 A 股上市银行的警情计算与分析

一、样本选取与数据整理

本章以 A 股上市银行为研究对象，以下是 2011 年中国银行业外部宏观环境预警指标的相关数据（见表 6.4）及 2011 年 16 家 A 股上市银行预警指标的相关数据（见表 6.5）。

表 6.4　2011 年中国银行业外部宏观环境预警指标的相关数据

预警指标	实际值	预警指标	实际值
GDP 增长率	9.2%	市盈率倍数（上证）	13.4
通货膨胀率	5.4%	股市市值/GDP	45.34%
财政赤字/GDP	1.8%	国内信贷增长率/GDP 增长率	1.72%
房屋销售价格指数（全国 70 个大中城市）	104.02%	货币化程度（M2/GDP）	181%
固定资产投资增长率	23.6%	经常项目差额/GDP	2.8%
企业景气指数	128.2	汇率变动水平	5.1%
		短期外债/外汇储备	15.75%

资料来源：国家统计局网站。

表 6.5　2011 年 16 家 A 股上市银行预警指标的相关数据

单位：%

预警指标	资本充足率	核心资本充足率	人民币流动性比率	人民币超额备付金率	人民币存贷款比例	不良贷款率	拨备覆盖率	单一客户授信比率	最大十家客户贷款比率	平均资产回报率	加权平均净资产收益率
中国银行	12.97	10.07	47.00	2.90	67.50	1.00	220.8	3.10	18.90	1.17	18.27
建设银行	13.68	10.97	53.70	3.30	65.05	1.09	241.4	3.30	15.18	1.47	22.51
工商银行	13.17	10.07	27.60	1.36	63.50	0.94	266.9	3.60	19.30	1.44	23.44
农业银行	11.94	9.50	40.18	1.35	58.50	1.55	236.1	2.80	16.31	1.11	20.46
交通银行	12.44	9.27	35.37	3.08	71.94	0.86	256.4	2.21	17.49	1.19	20.49
兴业银行	11.04	8.20	30.71	5.10	71.46	0.38	385.3	4.45	23.54	1.20	24.67

续 表

预警指标	资本充足率	核心资本充足率	人民币流动性比率	人民币超额备付金率	人民币存贷款比例	不良贷款率	拨备覆盖率	单一客户授信比率	最大十家客户贷款比率	平均资产回报率	加权平均净资产收益率
浦发银行	12.7	9.20	42.80	2.86	71.48	0.44	499.6	2.65	16.50	1.12	20.7
招商银行	11.53	8.22	44.28	2.92	71.80	0.56	400.1	3.43	16.68	1.39	24.17
民生银行	10.88	7.87	40.90	2.99	72.85	0.63	357.3	3.86	20.93	1.40	23.95
中信银行	12.27	9.91	58.97	3.37	73.26	0.60	272.3	3.78	22.10	1.27	20.92
光大银行	10.57	7.89	37.67	2.18	72.28	0.64	367.0	5.58	31.34	1.12	20.44
华夏银行	11.68	8.72	39.39	1.24	66.65	0.92	308.2	4.69	25.29	0.90	17.44
北京银行	12.06	9.59	33.64	1.68	64.41	0.53	446.4	5.86	36.11	1.06	19.00
南京银行	14.96	11.76	39.21	2.96	61.51	0.78	324.0	2.28	18.97	1.29	15.87
宁波银行	15.36	12.17	52.19	6.64	66.62	0.68	240.7	2.17	18.31	1.24	18.81
深发展银行	11.08	9.91	51.93	2.66	73.49	0.58	325.8	3.84	22.06	1.07	18.35
均值	12.40	9.58	42.22	2.91	68.27	0.76	321.8	3.60	21.19	1.22	20.59

资料来源：国泰安数据库。

二、警情计算与分析

1. 中国银行业宏观环境警情计算与分析

根据中国银行业宏观环境各预警指标的实际数值，计算各单项指标的具体得分。结果分析如下：①宏观经济环境六个预警指标的分值分别为：92、70.7、72、89.8、52和66.4，其中固定资产投资增长率指标得分仅为52，表明固定资产投资增速较快，在"保增长"的压力下，政府主导的投资项目及其形成的地方债务已经构成了中国银行业潜在的系统风险。特别是随着2012—2013年集中还本付息阶段到来，地方融资平台贷款风险可能会显著上升（王飞和熊鹏，2011）。同时，企业景气指数下降、通货膨胀压力上升，给实体经济造成的影响势必会传导到金融体系，应予特别关注。②宏观金融环境四个指标的得分分别为：91.07、69.77、73.71、59.67，其中货币化程度（M2/GDP）指标得分仅为59.67，表明广义货币的供应量增速过快，货币总量的扩张节奏远远超过实体经济发展的步伐，应该值得警惕。清华大学李稻葵（2012）认为，广义货币存量已成为中国金融市场所面临的系统性风险。同时股票市值占GDP的比重偏高，表明资本市场积极扩融对银行贷款的替代效应不断增强；国内信贷增长率明显高于GDP增长率，表明社会整体信用规模的扩张节奏过快，特别是2008年以来，为应对金融危机，中国采用信贷急剧扩张的方式维系了繁荣，但也累积了一定的金融风险。③宏观国际收支环境三个指标的得分分别为：81.33，79.6，100，结果显示中国整体国际收支环境良好，经常项目、资本项目实现了"双顺差"，收支结构日趋平衡；人民币汇率升值幅度有所减缓，且在未来有双向预期的发展态势；短期外债近年来的增速虽然较快、占外债总额的比重也较高，但有强大的外汇储备作为支撑，总体态势良好。

综上，结合AHP权重分配的结果，宏观经济环境、宏观金融环境和国际收支环境三个维度的分值分别为 75.63，71.15，86.92。加权计算后，中国银行业宏观环境综合得分为 77.33，基本安全，但也在局部面临一些严峻挑战。

2. A 股 16 家上市银行 2011 年度警情计算与分析

根据 A 股 16 家上市银行 2011 年度各预警指标的实际数值，计算各单项指标的具体得分，并结合 AHP 确定的权重进行非系统性风险的警情计算和分析，最后考虑中国银行业宏观环境的预警分值及权重，综合确定 16 家银行 2011 年度预警分值及评级（见表 6.6）。

表 6.6 2011 年中国 A 股上市银行预警分值及评级

银行名称	非系统性预警分值	综合预警分值	评级	银行名称	非系统性预警分值	综合预警分值	评级
中国银行	95.48	89.45	A	民生银行	92.85	87.68	A
建设银行	97.59	90.84	A+	中信银行	94.62	88.86	A
工商银行	86.01	83.12	A	光大银行	89.03	85.13	A
农业银行	94.30	88.65	A	华夏银行	91.77	86.97	A
交通银行	96.19	89.91	A	北京银行	91.36	86.69	A
兴业银行	91.54	86.81	A	南京银行	96.27	89.96	A
浦发银行	95.74	89.61	A	宁波银行	97.55	90.81	A+
招商银行	95.07	89.16	A	深发展银行	91.84	87.01	A

计算结果显示，2011 年中国 A 股 16 家上市银行预警分值均在 80 分以上，综合等级评定均在"A"级以上，表明中国银行业整体运行良好，单个银行的非系统性风险及综合风险均不高。16 家银行中，工商银行与光大银行非系统性预警分值较低，均未超过 90 分，工商银行的原因主要在于人民币超额备付金率及流动性比例不高，光大银行则在流动性、授信集中度、资本充足状况等方面具有改善提高的空间。从 12 个非系统性预警指标来看，16 家银行各指标得分均值除人民币超额备付金率外均在 80 分以上，由高到低依次为：拨备覆盖率、核心资本充足率、加权平均净资产收益率、资本充足率、流动性比例、管理水平综合指数、不良贷款率、单一客户授信比率、平均资产回报率、最大十家客户贷款比率、人民币存贷款比例、人民币超额备付金率。其中，均值最低的两个指标均为流动性指标，可见中国银行业普遍面临着流动性管理的压力。此外，相对于大型国有银行，股份制银行和地方银行的授信集中度偏高，其中北京银行、光大银行比较突出，这可能与其业务不够分散有关，在后续的管理中应保持一定的警惕。

第七章 我国商业银行风险评级体系构建与检测分析

后金融危机时代，商业银行的危机管理日益成为人们关注的热点。本章结合中国银行业的具体环境，基于 CAMELS 构建了我国银行风险评级的具体指标体系，并通过层次分析法（AHP）量化分配了各个指标的影响权重，然后运用功效系数法（ECM）对银行风险状况进行综合评级，最后以中国工商银行为例，对其 2007—2011 年的综合风险进行了测算、评级和分析。CAMELS、AHP、ECM 三位一体的评级体系，可以快速定位一个银行的综合风险，具有较强的操作性，对投资者、监管方及银行自身具有一定的现实意义。

第一节 问题的提出

后金融危机时代，欧洲主权债务危机持续发酵、大宗商品价格指数与 CPI、PPI 同步攀升，世界各国实体经济增长面临严峻挑战，实体经济风险的不断扩散必然对金融系统，特别是商业银行的安全构成严重影响。特别是我国，在出口乏力、内需难启、国内信贷总额高位运行、房地产宏观调控政策持续升温的背景下，商业银行的风险状况受到普遍关注。因此，构建适合我国的商业银行评级体系具有重要的理论和现实意义。

CAMELS 银行评级体系是世界各国金融监管当局经常运用的模型。对我国进行商业银行的监管、评级和预警具有现实的借鉴意义。但是，由于我国银行的业务形态、经营策略及其所处的经济环境和金融政策与西方国家存在较大差异，因此在骆驼银行评级体系的具体应用过程中，应特别关注指标选取的适用性、指标权重分配的合理性、以及具体指标预警值及临界值确定的客观性。而这些必须充分结合我国银行自身的特点，不能生搬硬套。

第二节 构建基于 CAMELS 的银行评级指标体系

商业银行风险评级是一个复杂而系统的问题，确定影响银行风险的各种因素是解决这个问题的根本和前提。

1. 资本充足状况（Capital Adequacy）

资本充足率是一个银行的资产对其风险的比率，是银行以其自身资本承担损失的能力。各国金融监管当局都对商业银行的资本充足状况进行重点管制，以监测银行抵御风险的能力。衡量指标主要为资本充足率与核心资本充足率：

$$资本充足率 = \frac{总资本 - 扣除项}{RWA（信用风险 + 市场风险 + 操作风险）} \geqslant 8\%$$

$$\text{核心资本充足率} = \frac{\text{核心资本} - \text{扣除项}}{\text{RWA}（\text{信用风险} + \text{市场风险} + \text{操作风险}）} \geq 4\%$$

2. 资产质量状况（Asset Quality）

资产质量的高低取决于银行的资产配置和信用风险，影响着银行的盈利水平和支付能力。当前我国银行业最大的问题是资产质量问题，虽然近年来中国银行业的利润率普遍高涨，但是在信贷膨胀的背景下，因地方债和楼市按揭贷款而形成的银行资产其信用风险日益明显。衡量银行资产质量的指标通常包括：不良贷款率、拨备覆盖率和授信集中度：

$$\text{不良贷款率} = （\text{次级类贷款} + \text{可疑类贷款} + \text{损失类贷款}）/ \text{贷款余额}$$

$$\text{拨备覆盖率} = \text{贷款损失准备金计提余额} / \text{不良贷款余额}$$

$$\text{单一客户授信集中度} = \text{单一客户授信额} / \text{资本净额}$$

$$\text{最大十家客户贷款比率} = \text{对最大十家客户发放的贷款总额} / \text{资本净额}$$

3. 管理水平（Management）

在骆驼评级体系中，主要是通过资本充足率、资产质量、盈利水平和流动性的评级间接评定其管理水平的级次[65]。通常认为银行管理水平的高低主要与其治理结构的合理性、内部控制的有效性相关。但是，这两个方面难以量化，实践中可采用逐项打分综合测评的办法，设立指标：银行治理结构综合测评分、银行内部控制综合测评分。

4. 盈利性指标（Earnings）

盈利状况是银行经营效率和竞争能力的综合体现，是银行偿债能力的有力保障，因此也是银行抵补各种风险的重要手段。主要衡量指标包括：

$$\text{平均总资产回报率} = \text{净利润} / \text{平均资产总额} \times 100\%$$

$$\text{加权平均净资产收益率} = \text{净利润} / \text{平均净资产} \times 100\%$$

5. 流动性指标（Liquidity）

商业银行的流动性状况是指银行满足存款人提取现金、支付到期债务和借款人正常贷款需求的能力。流动性是商业银行的生命线，一旦出现羊群效应和挤兑，将给单个商业银行带来生存危机，对整个国家的金融体系也将造成重大影响。衡量流动性风险的指标主要有：

$$\text{流动性比例（人民币）} = \text{流动性资产} / \text{流动性负债}$$

$$\text{人民币超额备付金率} = （\text{超额准备} + \text{库存现金}）/ \text{各项存款}$$

$$\text{存贷款比例（人民币）} = \text{各项贷款期末余额} / \text{各项存款期末余额}$$

6. 市场风险状况指标（Sensitivity Of Market Risk）

市场风险是指由于利率、汇率、股票、商品等价格变动导致银行损失的风险，因此主要由利率风险、汇率风险、股市风险和商品价格风险构成。但就我国银行目前的业务形态而言，主要面临利率风险和汇率风险的挑战。

利率风险是指市场利率变动的不确定性给商业银行造成损失的可能性。随着利率市场化进程的推进，利率风险将成为中国商业银行面临的最重要的风险之一。利率风险的计量和检测通常可以采用期限缺口分析、敏感性分析、风险价值分析等方法，在此选用利率风险敏感度作为银行利率风险的衡量指标。

$$\text{利率风险敏感度} = \text{利率上升100个基点对银行净值影响} / \text{资本净额} \times 100\%$$

汇率风险是指由于市场汇率变动给商业银行造成损失的可能性。在人民币汇率形成机制逐步完善的背景下，商业银行加强对汇率风险的管理显得日益迫切和重要。在此选用累计外汇敞口头寸作为银行汇率风险的衡量指标，有

$$累计外汇敞口头寸比例 = 累计外汇敞口头寸/资本净额 \times 100\%$$

第三节 运用 AHP 合理确定各层次指标的权重

确定商业银行风险评级的影响因素和指标体系之后，关键的问题在于如何准确的反映各种因素对银行风险的影响程度，即指标权重的分配。层次分析法（Analytic hierarchy process，AHP）是一种对定性问题进行定量分析的多准则决策方法，为复杂问题的权重计算提供了成熟的解决方案。它的特点将复杂问题中的各种因素划分为相互联系的有序层次，然后再根据一定的主观判断将同一层次的不同元素进行两两比较，进而通过判断矩阵最终确立各元素的影响权重。在基于 CAMELS 的银行评级体系中，最高层（A）是银行风险评级，表示要解决的问题；准则层（B）包括银行的资本状况、资产质量、管理水平、盈利性、流动性和市场风险等，表示解决目标问题重要的影响因素；指标层（C）则是各个具体的衡量指标，为后续的计量操作奠定基础。

银行风险评级具体层次结构建立之后，一般需要通过大量的调查问卷，综合理论界、监管方及银行业内多位专家的意见，构造各层次的判断矩阵。具体做法可以借鉴 Satty 的研究成果，将任意两因素 u_i 和 u_j 的重要程度进行比较，采用九级比例标度法[66]。（见表 7.1）

表 7.1 九级比例标度及含义

标度 b_{ij}	含 义	解 释
1	同等重要	i 和 j 同样重要
3	略显重要	i 比 j 略微重要
5	相当重要	i 比 j 重要
7	明显重要	i 比 j 明显重要
9	绝对重要	i 比 j 绝对重要
2、4、6、8	介于相邻的两种重要程度之间	
倒数	若 j 与 i 比较，得到判断矩阵值为 $b_{ji}=1/b_{ij}$	

根据上述原则，构造出准则层相对于目标层的一级判断矩阵 **A**：

$$A = \begin{bmatrix} B1/B1 & B1/B2 & B1/B3 & B1/B4 & B1/B5 & B1/B6 \\ B2/B1 & B2/B2 & B2/B3 & B2/B4 & B2/B5 & B2/B6 \\ B3/B1 & B3/B2 & B3/B3 & B3/B4 & B3/B5 & B3/B6 \\ B4/B1 & B4/B2 & B4/B3 & B4/B4 & B4/B5 & B4/B6 \\ B5/B1 & B5/B2 & B5/B3 & B5/B4 & B5/B5 & B5/B6 \\ B6/B1 & B6/B2 & B6/B3 & B6/B4 & B6/B5 & B6/B6 \end{bmatrix} = \begin{bmatrix} 1 & 2 & 1 & 2 & 3 & 3 \\ 1/2 & 1 & 1/2 & 1 & 2 & 2 \\ 1 & 2 & 1 & 2 & 3 & 3 \\ 1/2 & 1 & 1/2 & 1 & 2 & 2 \\ 1/3 & 1/2 & 1/3 & 1/2 & 1 & 1 \\ 1/3 & 1/2 & 1/3 & 1/2 & 1 & 2 \end{bmatrix}$$

然后计算权重并进行一致性检验。权重可以通过层次单排序来计算，即首先计算判别矩阵每行所有元素的几何平均值 $\overline{W_i} = \sqrt[n]{\prod_{j=1}^{n} \alpha_{ij}}$，$(i=1, 2, \cdots, n)$，然后将其进行归一化处理，$W_i = \dfrac{\overline{W_i}}{\sum_{i=1}^{n} \overline{W_i}}$，$(i=1, 2, \cdots, n)$，最终归结为计算判断矩阵的最大特征值和对应的特征向量的问题[67]。经过计算得出判别矩阵的特征向量 $W = (W_1, W_2, \cdots, W_n)^T$ = （0.2399，0.1489，0.2699，0.1485，0.0816，0.0816），最大特征值 $\lambda_{\max} = \dfrac{1}{n} \sum_{i=1}^{n} \dfrac{(PW)_i}{W_i} = 60.144$。最后，为了检查所构的判断矩阵及由此导出的权重向量是否合理，需要对判断矩阵进行一致性检验。一致性指标 $C_I = (\lambda_{\max} - n) / (n-1)$，将一致性比率指标 C_I 与平均随机一致性指标 R_I（见表7.2）进行比较，如果 $CR = C_I/R_I < 0.1$，则认为判别矩阵 A 具有满意的一致性，说明权重分配合理；否则就需要调整判断矩阵，直到取得满意的一致性为止[68]。通过计算，$CR = 0.00228 < 0.10$，所以准则层6个因素的权重分别是：资本充足状况 26.99%，资产质量状况 14.85%，管理水平状况 26.99%，盈利状况 14.85%，流动性状况 8.16%，市场风险状况 8.16%。

表 7.2　平均随机一致性指标 RI 的取值

矩阵阶数	1	2	3	4	5	6	7	8	9
R_I	0	0	0.58	0.90	1.12	1.24	1.32	1.4	1.45

同理，可计算明细层次各指标权重，结果如表7.3所示。

表 7.3　基于 CAMELS 的银行评级体系各层次指标权重

评级项目	权重/(%)	评级指标	权重/(%)	组合权重/(%)
资本充足状况	26.99	资本充足率	50.00	13.495
		核心资本充足率	50.00	13.495
资产质量状况	14.85	不良贷款率	33.33	4.950
		拨备覆盖率	33.33	4.950
		单一客户授信比率	16.67	2.475
		最大十家客户贷款比率	16.67	2.475
管理水平状况	26.99	公司治理（综合测评分）	50.00	13.495
		内部控制（综合测评分）	50.00	13.495
盈利状况	14.85	平均资产回报率	50.00	7.425
		加权平均净资产收益率	50.00	7.425
流动性状况	8.16	流动性比率（人民币）	53.96	4.403
		人民币超额备付金率	16.34	1.333
		存贷款比例（人民币）	29.70	2.424
市场风险状况	8.16	利率风险敏感度	50.00	4.080
		累计外汇敞口头寸比例	50.00	4.080
——	100.00	小计	——	100.000

第四节　运用 ECM 对银行风险状况进行综合评级

功效系数法（Efficiency Coefficient Method, ECM），是指根据多目标规划的原理，把所要考核的各项指标按照多档次标准，通过功效函数转化为可以度量的评价分数，据以对被评价对象进行总体评价得分的一种方法。为了方便安全性判断，需要计算出各类指标的单项功效系数，再根据其权重，确定综合功效系数，据此进行银行评级。上述各指标的单项功效系数主要包括以下两类：一是正向指标，指标数值越大越好的，如资本充足率不得低于8%、核心资本充足率不得低于4%、拨备覆盖率不得低于70%、平均资产回报率不得低于0.6%、加权平均净资产收益率不得低于11%、流动性比例不得低于25%、超额备付金率不得低于2%、银行治理结构和银行内部控制综合测评分不得低于60等；二是逆向指标，指标数值越小越好的，如不良贷款率不得高于5%、单一客户授信比率不得高于10%、最大十家客户贷款比率不得高于50%、存贷款比例不得高于75%，利率风险敏感度和累计外汇敞口头寸比例不得高于6%等。

一、单项功效系数的计算

1. 正向指标的单项功效系数

$$正向功效系数的计算 = \begin{cases} (实际值-不允许值)/(满意值-不允许值) \times 40 + 60 & (实际值 < 满意值) \\ 100 & (实际值 \geq 满意值) \end{cases}$$

2. 逆向指标单项功效系数

$$逆向指标单项功效系数 = \begin{cases} (实际值-不允许值)/(满意值-不允许值) \times 40 + 60 & (实际值 > 满意值) \\ 100 & (实际值 \leq 满意值) \end{cases}$$

根据国际标准及中国银监会《商业银行风险监管核心指标》，具体指标的满意值和不允许值见表7.4。

表 7.4　银行评级体系各指标的满意值和不允许值

单位：%

评级指标	满意值	不允许值	评级指标	满意值	不允许值
资本充足率	12	8	平均资产回报率	1.5	0.6
核心资本充足率	8	4	加权平均净资产收益率	20	11
不良贷款率	0	5	流动性比率（人民币）	35	25
拨备覆盖率	120	70	存贷款比例（人民币）	65	75
			人民币超额备付金率	5	2
单一客户授信比率	2	10	利率风险敏感度	2	6
最大十家客户贷款比率	15	50	累计外汇敞口头寸比例	2	6

二、综合功效系数的计算

综合功效系数 = $\sum$（单项功效系数 × 该指标的全数）/ 权数总和

根据综合功效系数，可对银行风险状况进行综合评级。通常认为：综合功效系数大于90为无警，银行风险很小，各方面基本令人满意；综合功效系数在80~90之间为轻警，银行风险较低,短期内发生危机的可能性较小;综合功效系数在70~80之间为中警,银行处于潜在的风险之中,如不能对应采取措施,可能在中长期内面临危机;综合功效系数在60~70之间为重警,银行风险较高,部分环节的严重缺陷已经使潜在风险显性化,不排除银行在中短期内面临危机的可能性;综合功效系数小于60为巨警,则表明银行的风险极高,近期很可能爆发危机。

三、基于中国工商银行进行评级案例分析

根据中国工商银行2007—2011年度财务报告,整理和计算各指标的实际数值,然后计算各单项指标的具体得分,最后结合层次分析法确定的权重,对中国工商银行风险状况进行综合评级(见表7.5)。需要说明的是,鉴于公司治理和内部控制评价的主观性和技术难度,此处对管理水平的评级主要以定量指标的综合结果间接评定其管理水平,即通过资本、资产、盈利性、流动性和市场风险的综合加权平均分值间接确定其公司治理和内部控制的分值。

表7.5 2007—2011年中国工商银行风险状况综合评级

评级指标	组合权重/(%)	评级分值				
		2007年	2008年	2009年	2010年	2011年
资本充足率	13.495	100.0	100.0	100.0	100.0	100.0
核心资本充足率	13.495	100.0	100.0	100.0	100.0	100.0
不良贷款率	4.950	78.1	81.7	87.7	91.4	92.48
拨备覆盖率	4.950	86.8	100.0	100.0	100.0	100.0
单一客户授信比率	2.475	94.5	95.5	96.0	92.5	92.0
最大十家客户贷款比率	2.475	93.0	93.8	93.3	91.1	95.1
公司治理(综合测评分)	13.495	84.9	92.6	92.6	93.0	93.1
内部控制(综合测评分)	13.495	84.9	92.6	92.6	93.0	93.1
平均资产回报率	7.425	78.2	87.1	86.7	92.0	97.3
加权平均净资产收益率	7.425	82.9	97.3	100.0	100.0	100.0
流动性比率(人民币)	4.403	67.2	93.2	82.8	87.2	70.4
人民币超额备付金率	1.333	56.8	100.0	51.07	49.47	51.47
存贷款比例(人民币)	2.424	100.0	100.0	100.0	100.0	100.0
利率风险敏感度	4.080	100.0	100.0	97.5	98.4	100.0
累计外汇敞口头寸比例	4.080	0	32.3	50.6	41.4	46.3
银行评级综合分值	100.00	84.89	92.62	92.62	92.99	93.11
银行评价级次	——	轻警	无警	无警	无警	无警

从各年度分析,中国工商银行2007年综合评级处于轻警状态,2008—2011年处于无警状态,表明银行基本面较好,整体风险较小,且安全状况呈现逐年上升的态势,长期展望为正面。从各风险维度分析,各项指标总体表现基本令人满意,其中近五年得分均值在90

分以上的指标有 10 个，加权平均比例占 77.8%。但同时也应该注意到，累计外汇敞口头寸比例、人民币超额备付金率、流动性比率（人民币）三个指标的表现并不尽如人意，近 5 年得分均值分别为 34.12，61.76 和 80.16，表明银行在外汇风险管理和流动性风险管理方面还存在一定的问题。累计外汇敞口头寸比例过高，表明银行面临的汇率风险较高，在中国银行业努力开拓国际市场和人民币汇率形成机制不断完善的背景下，汇率风险管理应该成为中国商业银行风险管理的重点，也是中国工商银行今后应予加强的主要方面。人民币超额备付金率较低，虽然在一定程度上可以增加资金利用效率，提高银行的盈利能力，但也不排除过度追求利润可能引发的信贷、投资等领域激进风险，因此需要加以关注。流动性比率偏低，尤其是 2007 年和 2011 年比较突出，表明银行的流动性风险较高，资金压力较大，应予特别的关注和重点的管理，以免引发流动性危机。

四、结语

文章基于 CAMELS 构建了银行风险评级的具体指标体系，并通过层次分析法（AHP）量化分配了各个指标的影响权重，然后结合功效系数法（ECM）提供了银行风险评级的综合度量方案，最后以中国工商银行为例，进行了测算、评级和分析。上述三位一体的评级方案简便易行，对投资者、监管方以及银行自身快速评价银行整体风险具有较强的操作性和现实意义。不足之处在于，评级指标的选取主要关注于财务领域，对银行风险有重要影响的管理水平、业务流程、客户关系等非财务的定性指标关注不足；在指标权重、指标预警值和临界值确定等方面，虽然尽量采用了客观量化的方式，但仍未能全面排除主观片面因素的影响——这些也是今后研究的重点和方向。

第一篇　主要参考文献

[1] Dianmon,D W and P Dybvig,Bank Runs, Deposit Insurance, and Liqudity[J]. Journal of Political Economy,1983,VOL.91,N0.3,401-419.

[2] Sundararajan, V and Tomas Balino（Eds.，1991），Banking crises：cases and is sues. Washington：International Monetary Fund, 1991.

[3] Asli Demirguc-Kunt and Enrica Detragiache："The Determinants of Banking Crises in Developing and Developed Countries"IMF STAFF Papers, 1998, 45（1）.

[4] Kaminsky, Reinhart.The Twin Crises：The Causes of Banking andBalance-of- Payments Problems [Z].IMF Working Paper, June,1999.

[5] Evans.O, Leone.A, Gill.M and Hilbers.P（2000）："Macroprudential Indicators of Financial System Soundness"，IMF Occasional Paper 192, April,Washington DC

[6] 王爱民，朱启贵，屠梅曾.商业银行危机成因研究 [J]. 生产力研究，2005，（12）：62-65.

[7] 熊芳.国外利率市场化改革与银行危机及其对中国的启示 [J]. 上海金融，2005，（6）：43-44.

[8] 段军山.资产价格波动与银行危机的纵向、横向传染效应分析 [J]. 甘肃省经济管理干部学院学报，2007（3）：29-31.

[9] 陆岷峰.中国股票市场与商业银行的危机管理.金融纵横，2008，（4）：4-46.

[10] Hyman P.Minsky.Financial Instability Hypothesis.The Jerome Levy Economics Institute，Working Paper，1992.

[11] Kaminsky, Graciela and Carmen Reinhart（1995）："The twin crises：The causes of banking and balance of payments problems."Board of Govern ors of the Federal Reserve System and the International Monetary Fund.

[12] Kaminsky, Reinhart.The Twin Crises：The Causes of Banking and Balance- of- Payments Problems [Z] .IMF Working Paper, June,1999.

[13] 陈雨露，马勇.混业经营与金融体系稳定性：基于银行危机的全球实证分析 [J]. 经济理论与经济管理，2008，（3）：43-49.

[14] 叶望春，夏清华.银行危机对商业银行资产配置的启示 [J]. 世界经济，2001，（9）：69-72.

[15] 朱敏.透明度、信息披露与银行危机 [J]. 武汉金融，2003，（5）：22-24.

[16] 沈坤荣，李莉.银行监管：防范危机还是促进发展？——基于跨国数据的实证研究及其对中国的启示 [J]. 管理世界，2005，（10）：6-23.

[17] Kaufman.G（1994）："Bank Contagion: A Review of the Theory and vidence", Jounral of Financial Services Research,Vol.8.

[18] 苏同华. 银行危机论 [J]. 北京：中国金融出版社 ,2000.

[19] 范恒森, 李连三. 论金融危机传染路径及对我国的启示 [J]. 财经研究, 2001, (11)：51-58.

[20] 孙清, 韩颖慧. 基于金融体系视角的银行危机的传导机制分析 [J]. 经济问题, 2008 (1)：98-101.

[21] Gavin,M and Hausmnn, "The Roots of Banking Crises：The Macoreconomic Context "John Hopkins University Press,1996，27-63.

[22] Morris. 新兴经济体银行危机的根源和早期预警指标. 国际经济评论, 2001, (3)：34-40.

[23] 贺晓红, 张宇红. 商业银行风险预警系统的建立及其实证分析 [J]. 金融论 坛 ,2001, (10)：32-35.

[24] 林平. 银行危机监管论 [M]. 北京：中国金融出版社, 2002.

[25] 李德升. 银行危机预警理论及模型研究 [J]. 金融教学与研究, 2004, (1)：31-33.

[26] 王爱民, 王金桃, 施方明. 构建商业银行危机预警系统的设想 [J]. 科技进步与对策, 2005, (6)：130-132.

[27] 韦海. 商业银行危机预警系统的系统风险管理功能及设置 [J]. 管理评论, 2005 (6)：8-15.

[28] 马德功, 黄娟. 构建我国银行危机预警指标体系的若干思考 [J]. 国际经济合作, 2007 (10)：84-87.

[29] 孙小琰, 沈悦, 亓莉. 开放条件下我国银行安全预警指标体系研究 [J]. 管理世界, 2007, (9)：150-151.

[30] Kaminsky,Graciela and Carmen Reinhart: "The twin cirses: The causes of banking and balance of payments problems."IMF，1995.

[31] "The Financial-Instability Hypothesis：Capitalist Processes and the Behavior of the Economy," in Financial Crises: Theory, History and Policy, ed. C. Kindleberger and J.-P. Laffargue,1982.

[32] 巴塞尔银行监管委员会. 有效银行监管的核心原则 [M]. 北京：中国金融出版社, 1997.

[33] 黄庭. 我国非系统性银行危机预警指标体系研究 [D]. 天津：天津财经大学 ,2005,7.

[34]Akerlof.G,The Market for Lemons：Quality Uncertainty and the Market Mechanism, Quarterly Jounral of Economics 84,1970.

[35] 徐芬. 商业银行危机预警体系研究 [D]. 上海：复旦大学, 2004.

[36] 冯俊. 我国银行危机预警指标体系研究 [D]. 北京：首都经济贸易大学, 2005.

[37]Barry Eichengreen,Carlos Arteta.Banking Crises in Emerging Markets：Presumptions and Evidence，Center for Internationaland Development Economics Research,2000.

[38] 宋清华. 银行危机论 [M]. 北京：北京经济科学出版社, 2000.

[39] "The Determinants of Banking Crises".IMF Working Paper July 1997.

[40] Gavin,Michael and Ricardo Hausmann,（1996）:"The roots of banking crises: the macroeconomic context," in Hausmann and Rojas-Subrez（Eds.,1996a）：27-63.

[41] 周锋, 范钊. 内地香港银行监管评级体系差异及借鉴 [J]. 金融理论与实践, 2006

（9）：40-42.

[42] 中国银监会．商业银行监管评级内部指引（试行）．2006.

[43] 戴湘，王君．中国呼唤银行评级 [J]．银行家，2004（7）：14-20.

[44] 杨江英，刘光卓．银行风险评级体系的六个瑕疵．银行家，2004（6）：54-55.

[45] 金融时报．2000.01.22，第12版．

[46] 金雪军，李红坤．国际银行业监管标准嬗变途径分析．金融教学与研究，2005（4）：8-10.

[47] Rober s.kaplan and David P.Norton：The Balanced Scorecard,Harvard Business School press,1996.

[48] 胡玉明．高级管理会计 [M]．2版．厦门：厦门大学出版社，2005,82-83.

[49] 潘韩娟．加权风险资产收益率的运用．金融会计，2004年（2）：1-3.

[50] 严鸿和，丁晓玲，杨皖苏．平衡计分卡在我国商业银行应用中的问题研究 [J]．科技和产业，2006（12）：40-43.

[51] 李新花，郁春兰．基于平衡计分卡的国有商业银行绩效评价指标的设计 [J]．经济理论研究，2008（2）．

[52] 靳小钊，王新来．企业危机预警指标体系筛选探究 [J]．经济问题,2007（9）：69-71.

[53] 中国银监会．股份制商业银行风险评级体系（暂行）．2004（2）．

[54] 孙建明．平衡计分卡在我国商业银行中的应用研究 [D]．青岛：中国海洋大学，2007，37.

[55] 沈悦，元莉．中国商业银行系统性风险预警指标体系设计及监测分析 [J]．西南大学学报（社会科学版），2008（7）：139-143.

[56] 陈子彤，刘向菊．基于AHP的企业经营者平衡记分卡指标权重的研究．商业研究，2007（08）：40-43.

[57] 莫生红．基于AHP的平衡计分卡评价指标权重计量 [J]．财会通讯-综合，2008（11）：51-52.

[58] 国家外汇管理局国际收支分析小组．2009年中国国际收支报告．2010（4）：38.

[59] 中国银监会．中国银业监督委员会2011年年报．2012年4月．

[60] 王飞，熊鹏．我国地方融资平台贷款现状与风险：规模估算与情景模拟 [J]．中国经济问题．2011,（1）：44-52.

[61] 石贝贝．银监会四大措施防范房地产贷款风险 [N]．上海证券报．2011-6-24.

[62] 中国银监会．商业银行表外业务风险管理指引．2011年3月．

[63] 吴学文，郑静．蒋川．商业银行表外业务风险的思考 [J]．浙江金融．2011,（7）：35-39.

[64] 李德升．银行危机预警理论及模型研究 [J]．金融教学与研究．2004（1）：31-33.

[65] 马军炜，白宁．美国"骆驼评级体系"与我国银行业的监管 [J]．西安金融.2004（8）：32-33.

[66] 陈子彤，刘向菊．基于AHP的企业经营者平衡记分卡指标权重的研究 [J]．商业研究，2007（08）：40-43.

[67] Paul R. Niven, Balanced Scorecard Step By Step：Maximizing Performance and Maintaining Results[M]. Inc., New York, 2002.

[68] 莫生红．基于AHP的平衡计分卡评价指标权重计量 [J]．财会通讯-综合．2008（11）：51-52.

第二篇　企业风险与危机预警

第八章 基于平衡计分卡的企业预警模型探索

当前,企业预警系统主要是基于财务指标体系的预警系统。其实质是通过对财务报表及相关经营资料的分析,监控其实际财务状况偏离预警线的强弱程度,并发出预警信号以采取有效措施控制财务风险[1]。然而根据现代企业理论,企业是各项契约的最终结合点。因此,企业的危机从源头上讲应该是多方面的,可能涉及到契约的每个节点。此外,在绩效评价方面,美国著名的会计学教授罗伯特·卡普兰(Robert S. Kaplan)提出了"平衡计分卡"(Balanced Scorecard,BSC)的观念,打破了传统的只注重财务指标的业绩管理方法。平衡计分卡虽然是业绩评价系统,但对企业预警模型的构建也有一定的启示:企业危机集中表现为财务危机,而财务危机产生的根源却是多方面的;因此,企业预警模型在关注财务预警的同时,也应该关注引发财务危机的源头指标。本章试以财务指标为基础,在平衡计分卡的框架下,构建企业财务与非财务、定量与定性相结合的长效企业预警模型。

第一节 企业预警模型的基本结构

平衡计分卡将企业绩效评价分为财务(Financial)、顾客(Customer)、内部业务流程(Internal Process)以及学习与成长(Learning and Growth)四个维度(Perspective)。[2]有鉴于此,企业长效预警模型应由财务预警、顾客预警、内部业务流程预警、学习与成长预警四个模块构成。其中财务预警是核心,其他模块的预警信息是引爆下期财务预警的根源。因此,顾客、内部业务流程、学习与成长三个预警模块可以直接向企业预警系统报警,也可以通过财务预警模块向企业预警系统报警,当然,前者更有利于企业及时采取有效措施控制财务风险。企业预警模型具体结构如图8.1所示。

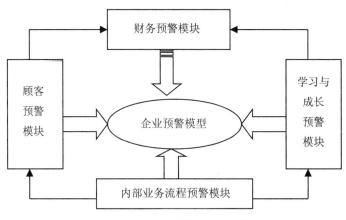

图 8.1 企业预警模型具体结构

第二节 企业预警模型中财务指标的设计

企业预警模型中财务指标的设计主要包括以下五方面：偿债能力、营运能力、盈利能力、发展能力和现金流动能力。

1. 偿债能力预警指标

（1）流动比率 = 流动资产 / 流动负债。

（2）速动比率 = 速动资产 / 流动负债。

（3）超速动比率 = 超速动资产 / 流动负债，超速动资产 = 货币资金 + 短期证券 + 应收票据 + 信誉高客户的应收款净额。

（4）已获利息倍数 = 息税前利润总额 / 利息支出。

（5）资产负债率 = 负债总额 / 资产总额。

（6）现金支付保障率 = 本期可动用现金资源 / 本期预计的现金支付数。

2. 营运能力预警指标

（1）存货周转率（次数）= 销货成本 / 存货平均余额。

（2）存货平均占用期 =（∑各种存货占用期 × 该种存货金额）/ ∑各种存货金额。

（3）应收账款周转率 = 营业收入 / 平均应收账款余额。

（4）销售与应收账款敏感系数 = 销售收入的变动率 / 应收账款的变动率。

（5）流动资产周转率 = 营业收入 / 平均流动资产余额，反映企业流动资产利用效率。

（6）总资产周转率 = 营业收入 / 平均总资产余额，用来评价企业总资产的利用效率。

（7）产成品存货积压率 =（库存存货 - 安全储备）/ 年平均存货。

（8）不良资产比重。

3. 盈利能力预警指标

（1）营业利润率 = 营业利润 / 营业收入。

（2）总资产报酬率 = 息税前利润 / 平均总资产。

（3）净资产收益率 = 税后利润 / 净资产，用以衡量企业自有资本的运用效率。

（4）成本费用利润率 =（营业利润 / 成本费用总额），该指标反映每耗费一元钱所得的报酬。

（5）经济附加值（EVA）= 息税前利润 - 资本占用数 × 综合资本成本。相对于传统的指标，经济附加值考虑了企业的自有资本成本，能比较形象、直观地反映企业创造新价值的能力。经济附加值在数量上等于企业经营所得收益扣除全部要素成本之后的剩余价值。因此，它是一种"全要素补偿"观念。[3]

4. 发展能力预警指标

（1）营业收入增长率 = 本期营业收入增长额 / 上期营业收入总额，若企业在一定时期的营业收入增长率低于市场容量的增长幅度，则是一种预警信号。

（2）固定资产增长率 = 全年净增固定资产 / 年初固定资产，该指标表明企业规模的发展及固定资产的更新程度。

（3）研发投入增长率 = 全年研发投入净增额 / 年初研发投入总额，该指标反映企业研发投入的变动趋势及在业务创新上快速反应的能力。

（4）资本保值增值率 = 期末所有者权益 / 期初所有者权益，该指标反映企业净资产在扣除客观增减因素后的变动状况，是企业发展能力的集中体现。

5. 现金流动能力指标

（1）现金流量比率＝现金流入量/现金流出量，用于分析和预测现金流入对现金流出的总体保障能力。该指标>1表明企业整体上现金支付的需要是有保障的。

（2）营业现金净流量偿债贡献率＝（营业现金净流量－维持性资本支出）/到期债务本息，反映企业在满足维持经营情况下的偿还到期债务的水平。该指标<1表明企业不得不通过增加新的债务或其他资金融通方式来偿还到期债务。

（3）净现金流量与净利润比率＝现金净流量/净利润，该指标旨在分析企业净利润与净现金流量差异的变化，以便反映企业经营的真实的获利能力。

第三节　企业预警模型中非财务指标的设计

顾客、内部业务流程、学习与成长三个模块预警指标体系的设计主要是从非财务的角度着眼的。在平衡计分卡的四个维度中，财务维度是最终目标，顾客维度是关键，内部业务流程维度是基础，学习与成长维度是核心。[3] 因此，企业财务目标能否实现，关键取决于顾客、内部业务流程、学习与成长三个方面；同样，能否从源头上控制企业财务危机的发生，上述三个模块预警指标体系的设计可谓至关重要。

1. 顾客预警模块指标体系的设计

顾客模块的预警指标体系主要包括：市场份额、顾客留住率、顾客获得率、顾客满意程度、顾客给企业带来利润率（见表8.1）。顾客给企业带来利润率是最根本的指标，因为只有能给企业带来利润率的顾客所造成的市场份额才是有效的。[3]

表8.1　顾客预警模块指标体系及其含义

指　标	含　义
1. 市场份额	反映业务部门在销售市场上的业务比率，主要受产品质量、品牌优势等因素影响
2. 顾客留住率	从绝对和相对意义上，反映业务部门保留或维持同顾客现有关系的比率
3. 顾客获得率	从绝对和相对意义上，评估业务部门吸引或赢得新顾客或业务的比率
4. 顾客满意程度	根据具体绩效标准（退货率、投诉率等）来评价顾客对产品或服务的满意程度
5. 顾客给企业带来利润率	在扣除支持某一顾客所需的独特支出后，评估一个顾客或一个部门的净利润

2. 内部业务流程预警模块指标体系的设计

内部业务流程的优劣，关系到企业能否持续提供顾客满意的产品或服务，进而影响到企业财务目标的实现。从价值链的角度，企业内部业务流程主要包括研发、经营和售后服务三个阶段。具体的预警指标体系可以从时间、质量和成本三个角度去设计，见表8.2。

表8.2　内部业务流程及预警指标体系

内部业务流程 指标体系	研发阶段	经营阶段	售后服务阶段
时间角度	1. 调查准备上市的时间； 2. 新产品开发周期； 3. 开发后收支平衡时间	1. 产品生产和销售周期； 2. 对顾客需求的反映时间	售后服务的反应周期

续 表

内部业务流程 指标体系	研发阶段	经营阶段	售后服务阶段
质量角度	1. 新产品占销售额中的比率； 2. 专利产品占销售额的比率； 3. 在竞争对手之前推出新产品的能力	1. 废品率； 2. 返工率	一次成功率
成本角度	基于作业成本法，确定各业务流程消耗的"作业"与"成本"。		

3. 学习与成长预警模块指标体系的设计

学习与成长预警模块的指标体系主要包括两个层面：员工创造能力和员工满意程度。员工创造能力由员工培训率和员工劳动生产率两个指标反映。员工的培训率体现了企业的长期发展，员工的劳动生产率体现了员工的知识技能水平和熟练程度。员工的满意程度可以采用调查的方法。调查的项目包括奖惩机制是否合理、工作能否得到认可、能否取得充分信息、职能部门的支持水平如何、决策的参与程度如何、对企业总的满意程度等。若员工层面没有达到衡量的标准，则企业所有的指标都处于风险之中，因为员工是企业的内部顾客，是企业经营活动的第一参与者，所以员工层面的指标也是财务预警系统的源头指标。[4]

第四节 功效系数法在企业预警体系中的应用

企业预警模型由财务预警、顾客预警、内部业务流程预警、学习与成长预警四个模块构成。而每个模块内具体分指标体系的设计与选择则应充分考虑企业所处行业及自身生产经营特点，具体选择几个指标，选择哪些指标，一定要符合企业自身的实际状况，不能千篇一律，搞一刀切。企业预警指标体系还应注重整体性与和谐性，不能因为一个或几个指标出现问题，便得出企业处于危机状态；也不能因为一个或几个指标达到通常的规定，就认为企业状态良好。因此，本章尝试引入功效系数法，对所选定的每个评价指标规定几个数值：一个是满意值，一个是不允许值。然后计算出各类指标的单项功效系数，再根据各类评价指标的重要性，确定其权数，两者相乘即为该公司的综合功效系数。根据综合功效系数的大小即可进行预警预报，并采取相应措施规避财务风险。[5]

1. 确定各类指标的单项功效系数

各类指标的单项功效系数主要包括以下4种：① 极大型变量，指标数值越大越好的，如总资产报酬率、应收账款周转率等；② 极小型变量，指标数值越小越好的，如废品率、返工率、存货平均占用期、对顾客需求的反映时间等；③ 稳定型变量，指标数值在某一点最好的，如流动比率、速动比率等；④ 区间型变量，指标数值在某一区间内最好的，如资产负债率。

对上述4种变量分别设计单项功效系数[6]：

（1）极大型变量单项功效系数为：$=\begin{cases}(实际值-不允许值)/(满意值-不允许值)\times 40+60 & (实际值<满意值)\\ 100 & (实际值\geqslant满意值)\end{cases}$

（2）极小型变量单项功效系数为：$=\begin{cases}(实际值-不允许值)/(满意值-不允许值)\times 40+60 & (实际值>满意值)\\ 100 & (实际值\leqslant满意值)\end{cases}$

（3）稳定型变量单项功效系数为：$\begin{cases}[(上限不允许值-实际值)/(上限不允许值-满意值)]\times 40+60 & (实际值>满意值)\\ [(实际值-下限不允许值)/(满意值-下限不允许值)]\times 40+60 & (实际值\leqslant满意值)\end{cases}$

（4）区间型变量单项功效系数为：$=\begin{cases}[(上限不允许值-实际值)/(上限不允许值-上限值)]\times 40+60 & (实际值>上限值)\\ 100 & (下限值\leqslant实际值\leqslant上限值)\\ [(实际值-下限不允许值)/(下限值-下限不允许值)]\times 40+60 & (实际值<下限值)\end{cases}$

各指标有警与无警临界点的确定是非常关键的，不同的国别或地区、不同的行业、不同的企业类型和规模，其预警的警限线也有所不同。也就是说各类指标满意值、不允许值的确定必须结合企业自身的实际情况。此处可以借鉴系统化方法中的均数原则和中数原则。

2. 确定各项指标的权数

各类指标的权数应根据指标的重要程度来确定。但不同行业、甚至企业不同发展阶段应该有所区别。借鉴平衡计分卡四维度权重的经验认定[3]，并充分考虑财务预警模块在整个体系中的重要作用，各预警模块及内部指标体系权重见表8.3。实践中，企业可根据具体情况加以修订。

表8.3 企业各预警模块及内部指标体系权重

预警模块	权重	内部指标体系及权重	
财务预警	34%	偿债能力 22%	流动比率10%、速动比率10%、超速动比率10%、已获利息倍数30%、资产负债率30%、现金支付保障率10%
		营运能力 18%	存货周转率10%、存货平均占用期10%、应收账款周转率10%、销售与应收账款敏感系数10%、流动资产周转率20%、总资产周转率20%、产成品存货积压率10%、不良资产比重10%
		盈利能力 24%	营业利润率15%、总资产报酬率20%、净资产收益率30%、成本费用利润率15%、经济附加值20%
		发展能力 18%	营业收入增长率20%、固定资产增长率10%、研发投入增长率30%、资本保值增值率40%
		现金流动能力 18%	现金流量比率40%、营业现金净流量偿债贡献率20%、净现金流量与净利润比率40%
顾客预警	22%	市场份额25%、顾客留住率10%、顾客获得率10%、顾客满意程度20%、顾客给企业带来利润率35%	
内部业务流程预警	22%	研发流程40%、经营流程30%、售后服务流程30%	
学习与成长预警	22%	员工创造能力50%、员工满意程度50%	

3. 计算综合功效系数

综合功效系数 = $\sum$（单项功效系数 × 该指标的全数）/ 权数总和

根据综合功效系数的数值大小，可将警情划分为相应的警限区间，见表 8.4。通过观测综合功效系数所在的区间监测警度，预报警情。

表 8.4 警度分析表

综合功效系数	警度	说明
≤60	巨警	表明企业财务风险极高，资产状况很差
60~70	重警	表明企业财务风险很高，资产状况较差
70~80	中警	表明企业财务风险较高，资产状况一般
80~90	轻警	表明企业财务风险较低，资产状况较好
≥90	无警	表明企业财务风险很低，资产状况良好

资料来源：刘际陆、耿洪勋：《企业财务危机预测的功效系数法实例》。

总之，基于平衡计分卡的企业预警模型的构建还只是一种理论探索，尚未得到实践的检验，特别是不同企业各类指标的选取及权数的确定，还有很大的研究空间。

第九章　新常态下重点税源企业营运资金管理绩效分析

营运资金对企业至关重要，特别是在后金融危机时代，加强营运资金管理、提高营运资金的流动性，已成为企业规避经济下行风险的现实选择。因此，在外需不振、国内经济增速放缓的背景下，探索营运资金管理绩效的评价模式具有重要的现实意义。营运资金管理绩效的综合评价既要关注营运资金涉及的各个要素，又要关注营运资金占用的各个渠道。"要素"和"渠道"两个视角的有机结合，可以更好地透视企业营运资金管理的横纵两个截面，从而给出系统、全面的评价。本章以中恒集团为例，从"要素"和"渠道"两个视角深入分析了其营运资金管理绩效，并提出相关优化建议。

第一节　营运资金管理的核心内容与评价指标

1. 基于要素的营运资金管理的核心内容与评价指标

基于"要素"视角分析，营运资金管理的核心内容主要包括存货、应收账款和应付账款等要素。衡量营运资金各要素管理绩效的主要指标：

（1）存货周转率 = 营业成本 ÷ 平均存货余额
（2）应收账款周转率 = 营业收入 ÷ 平均应收账款余额
（3）应付账款周转率 = 营业成本 ÷ 平均应付账款余额
（4）存货周转期 = 存货 ÷ （营业成本 /360）
（5）应收账款周转期 = （应收票据 + 应收账款）÷ （营业收入 /360）
（6）应付账款周转期 = （应付票据 + 应付账款）÷ （营业成本 /360）

此外，综合衡量营运资金管理绩效的指标通常采用营运周期和营运资金周转期。公式为

（7）营业周期 = 应收账款周转期 + 存货周转期
（8）营运资金周转期 = 应收账款周转期 + 存货周转期 − 应付账款周转期

基于要素的营运资金管理绩效分析方法具有简单、直观、易操作、易观测等优点。但也存在一定的理论局限和不足，主要表现在人为地切断了各要素评价指标之间的联系。若孤立地考察异常指标、采取应对策略，容易造成"头痛医头、脚痛医脚"的决策失误。如为了加快存货周转放宽信用政策很容易导致应收账款周转放缓（王竹泉，2007）[7]。

2. 基于渠道的营运资金管理的核心内容与评价指标

基于"渠道"视角分析，营运资金管理的核心内容主要包括经营活动营运资金管理和理财活动营运资金管理。其中，经营活动营运资金管理又可分为：采购渠道营运资金管理、生产渠道营运资金管理和营销渠道营运资金管理（王竹泉，2010）[8]。衡量营运资金各渠道管理绩效的主要指标：

(1) 采购渠道营运资金周转期
    = 采购渠道营运资金 ÷（营业收入 /360）
    =（采购渠道存货 + 预付账款 − 应付账款 − 应付票据）÷（营业收入 /360）
(2) 生产渠道营运资金周转期
    = 生产渠道营运资金 ÷（营业收入 /360）
    =（生产渠道存货 + 其他应收款 − 应付职工薪酬 − 其他应付款）÷（营业收入 /360）
(3) 营销渠道营运资金周转期
    = 营销渠道营运资金 ÷（营业收入 /360）
    =（营销渠道存货 + 应收账款 + 应收票据 − 预收账款 − 应交税费）÷（营业收入 /360）
(4) 经营活动营运资金周转期
    = 经营活动营运资金总额 ÷（营业收入 /360）
    =（采购渠道营运资金 + 生产渠道营运资金 + 营销渠道营运资金）÷（营业收入 /360）
    = 采购渠道营运资金周转期 + 生产渠道营运资金周转期 + 营销渠道营运资金周转期
(5) 理财活动营运资金周转期
    = 理财活动营运资金 ÷（营业收入 /360）
    =（货币资金 + 应收利息 + 应收股利 + 交易性金融资产 − 短期借款 − 应付股利 − 应付利息）÷（营业收入 /360）

基于渠道的营运资金管理绩效分析方法，既涵盖了营运资金的各个要素，又反映了营运资金在各个渠道上的分布情况，有利于企业客观评价各渠道、各环节营运资金管理的效率，从而找出问题、挖掘潜力。

第二节 基于要素视角的中恒集团营运资金管理绩效分析

依据中恒集团2007—2011年利润表，可获取营业成本、营业收入等相关数据；依据中恒集团2007—2011年资产负债表，可计算存货、应收账款、应收票据、应付账款和应付票据等项目在各年度期初、期末的平均余额。由此可计算中恒集团2007—2011年度营运资金周转期及其周转率（按要素），计算结果见表9.1，其变动趋势如图9.1所示。

表9.1 中恒集团2007—2011年营运资金周转期及其周转率（按要素）

项目	2007年	2008年	2009年	2010年	2011年
存货周转率/次	0.4	1.4	1.3	1.1	0.3
应收账款周转率/次	8.0	19.0	23.8	13.0	9.6
应付账款周转率/次	5.5	12.4	5.7	4.4	2.2
存货周转期/天	821	256	283	336	1 162
应收账款周转期/天	79	37	27	32	43
应付账款周转期/天	65	30	64	82	165
营业周期/天	899	293	310	368	1 204
营运资金周转期/天	835	263	246	286	1 040

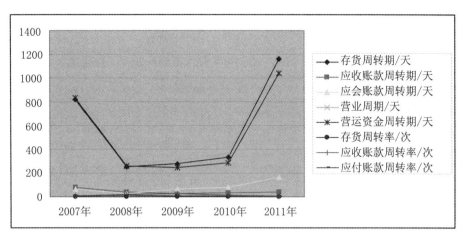

图 9.1 中恒集团 2007—2011 年营运资金周转期及其周转率（按要素）变动趋势图

由表 9.1、图 9.1 可见，2007—2011 年中恒集团存货总体维持在高水平，存货周转速度较慢，说明存货积压较多。原因可能是受金融危机的影响，产品销售不畅，也可能是由于扩大了生产规模，产量增加所致。从趋势上看，2007—2011 年中恒集团存货周转期整体呈 "U" 字型，特别是 2011 年存货周转期急剧上升到 1 162 天，表明存货周转速度异常滞缓，分析其年报显示：制药原材料储备增加、山东步长等经销商退货、钦州恒祥豪苑等项目开发成本增加是其主要原因；但也不排除产品不适销、积压严重、变现能力差等问题，应引起管理层高度重视。

通过行业比较发现，2007—2011 年中恒集团应收账款周转期与行业平均水平相比较快，且呈不断加速、低位运行的态势，说明中恒集团可能实行了更为严厉的客户信用政策和货款回收政策。与此同时，2007—2011 年中恒集团应付账款周转期与行业平均水平相比较慢，且呈不断上升、急剧攀高的态势，说明中恒集团可能存在资金紧张、延迟付款等现象。一定限度内取得更大金额的供应商信用支持，有利于营运资金管理水平的提升，但需要提防过度延期可能会引起企业信用风险。

总体看，2007—2011 年中恒集团的营业周期和营运资金周转期均较长，特别是首尾两年非常突出，究其原因主要在于存货持续高位且周转较慢所致。因此，降低存货水平、加速存货周转，并配合以适当的应收账款信用政策、合理的应付账款付款时间安排，是中恒集团提高营运资金管理效率的当务之急。

第三节 基于渠道视角的中恒集团营运资金管理绩效分析

依据中恒集团 2007—2011 年利润表，可获取营业成本、营业收入等相关数据；依据中恒集团 2007—2011 年资产负债表，可计算货币资金、交易性金融资产、应收账款、应收票据、预付账款、其他应收款、应收利息、应收股利、短期借款、应付账款、应付票据、预收账款、应交税费、应付职工薪酬、其他应付款、应付股利、应付利息等项目在各年度期初、期末的平均余额。此外，各渠道中的存货具体项目（原材料、在产品、库存商品、包装物等）来源于中恒集团各年度财务报表附注。其中，采购渠道的存货主要包括原材料、包装物、低值易耗品等项目[9]；生产渠道的存货主要包括在产品（生产成本）项目；营销渠道的存货主要包括库存商品项目。由此，可计算中恒集团2007—2011年度营运资金周转期（按渠道），计算结果见表9.2所示，其变动趋势如图9.2所示。

表9.2 中恒集团2007—2011年营运资金周转期（按渠道）

项　目	2007年	2008年	2009年	2010年	2011年
采购渠道营运资金周转期/天	194	74	117	83	86
生产渠道营运资金周转期/天	98	18	−14	−46	−67
营销渠道营运资金周转期/天	−202	−82	−41	31	111
经营活动营运资金周转期/天	90	10	62	68	130
理财活动营运资金周转期/天	−105	−85	−69	22	−4
营运资金周转期/天	−15	−75	−7	90	126

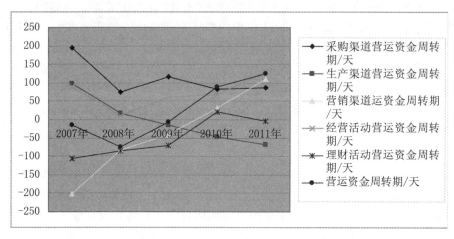

图9.2　中恒集团2007—2011年营运资金周转期（按渠道）趋势图

由表9.2、图9.2可见，2007—2011年中恒集团采购渠道营运资金周转期从194天缩短至2011年的86天，总体呈不断下降的态势；与之相对应的是2007—2011年中恒集团营销渠道营运资金周转期从−202天上升至2011年的111天，总体呈急剧上涨的态势。采购渠道占用的营运资金减少，可能是企业为了缓解资金压力，采取了压缩采购、延缓付款等措施；营销渠道占用的营运资金上升，主要是由于库存商品上升、甚至积压所致。年报显示，2011年底库存商品为88 543 445.12元，较2010年底的6 483 833元大幅度增加了12.65倍。

2007—2011年中恒集团生产渠道营运资金周转期连续5年呈现下降趋势，可能是企业鉴于库存商品的积压、有意放缓了生产的节奏和规模，同时在其他债权债务关系的处理上较为有效。

2007—2011年中恒集团理财活动营运资金周转期都比较低，大部分是负值，即理财活动占用的资金为负。这进一步印证了中恒集团营运资金紧张、不仅没有多余的资金投入理财领域甚至需要短期借款等加以补充，这无疑释放了一定的财务风险信号，值得警惕。

第四节 提升中恒集团营运资金管理绩效的策略分析

一、基于要素的中恒集团营运资金管理绩效提升策略

1. 完善存货管理，建立行之有效的存货管理方法

中恒集团可根据自身的经营特点，确定适量的基本存货数量，尽可能压缩过时的存货物资，避免造成浪费，以先进可行的存货方法应用于存货管理，尽可能降低存货资金的占用，加速营运资金的周转，保证营运资金的安全。可以考虑通过确定订货成本、采购成本和储存成本计算经济批量，巩固和强化企业现有市场地位，做到以销定产，就近销售，加强销售等措施，减少商品积压，降低成本和销售费用，控制存货占用的资金，缩短存货周期。

2. 健全应收账款管理体系

应收账款也是营运资金管理的重要组成部分。中恒集团要完善信用管理部门的职能，制定合理的信用标准、信用条件和收账政策并严格执行；对应收账款进行全程管理，注重应收账款的日常监督与分析，以便及时收回货款，减少风险。

3. 增强信用度，提高使用商业信用的能力

应付账款涉及商业信用的利用和企业信誉形象的维护，也不容忽视。中恒集团在拥有多种付款方案时要仔细衡量对比，选择最佳支付时机、最优支付方式，以提高应付账款利用率和商业信用的使用能力；同时也要切实维护企业的信誉形象，努力增强信用度、不断提升企业在商业信用中的话语权。

二、基于渠道的中恒集团营运资金管理绩效提升策略

1. 完善采购渠道营运资金管理

中恒集团改善采购渠道营运资金管理，需要与供应商建立和谐的财务关系。努力选择最佳的供应商并达成长期合作关系，在交流与合作中构建产业链上的"利益共同体"，将采购需求及时告知供应商，与供应商进行信息共享，实现需求和供应相结合。从而为中恒集团降低采购成本、减少营运资金占用、优化生产流程创造有利条件。

2. 强化生产渠道的质量控制

中恒集团以制药和保健食品为主要业务，一旦发生质量危机，就会影响整条产业链，耗费大量营运资金。因此，必须加强生产渠道的质量控制：提高生产技术，改进生产系统，建立健全内部生产质量控制制度，对材料入库、加工、产品出库等各个环节进行严格检测，提高相关职员的素质，并建立沟通机制和问责机制，及时控制质量问题。

3. 转变营销模式，建立"拉式"营销体系

营销渠道营运资金周转期过长是中恒集团营运资金管理面临的主要问题。为提高营销渠道营运资金管理水平，中恒集团应当改变传统的以企业和产品为中心的营销理念和"推式"营销模式，应立足于市场，以顾客需求为导向，刺激生产，降低营运资金的"牛鞭效应"影响。企业通过选择拥有足够资金实力及风险承受能力较强的经销商统一对产品的营销渠道进行整合。同时，要懂得利用网络信息化建立"B2B"和"B2C"电子交易平台，以快速、更具成本优势的方式满足顾客对产品的需求，实现与顾客的零距离接触。要避免以

赊销为主、受经销商控制、在利益分配上出现"两头（企业和供应商）小中间（经销商）大"的怪现象[10]。尽量在有现金实力的企业里实行现款销售，及时收回货款，减少应收账款占用。通过与顾客建立和谐合作关系，加强对应收账款的回收，从而从根本上解决营运资金周转困难的问题，提高营运资金使用效率。

第十章　新常态下重点税源企业经营绩效变化趋势分析

经济新常态下，研究重点企业的经营绩效有助于及时观察税源变化、有效应对财政风险。本章以梧州制药集团为例，从产品结构与市场竞争力、营销模式与现金能力、研发创新与可持续发展能力等视角，分析其近年来的经营绩效及其变化趋势，希望对财税部门监测税源变化具有一定的参考价值。

医药制造业是制造业的重要组成部分，特别是在人口老龄化的背景下，随着人民生活水平和健康意识的不断提高，以及政府用于医疗卫生方面财政支出的快速增长，现代医药制造业迎来了前所未有的发展良机。资料显示，截至2014年末，我国60周岁及以上人口21 242万人，占总人口的15.5%，65周岁及以上人口13 755万人，占总人口的10.1%。2013年，广西65周岁及以上人口占总人口的比例也达到了9.66%。与此同时，广西统计年鉴显示，2009—2013年，广西医疗卫生财政支出年均增速高达30.44%，广西城镇居民人均可支配收入年均增速为10.5%，农民纯收入年均增速为12.98%。一方面是人口老龄化社会对医疗服务和药品的刚性需求，另一方面是国家财政大力支持下医疗保障制度的日趋完善，人们维护健康购买医疗服务和药品的消费能力不断提升，这些都是制药产业快速发展的长期利好因素。但与此同时，新常态下内外需求减弱、经济增速放缓、医改药改进入深水区，制药产业的发展又受到了一定的抑制。

第一节　产品结构与市场竞争力分析

梧州制药集团拥有307个药品生产批文，其中西药原料及制剂批文126个，中成药批文181个，拥有的产品剂型占了药品全部剂型的80%，产品治疗范围囊括了跌打、心脑血管、妇科、呼吸、泌尿系统、保健等领域，其中有9个产品获得国家中药保护品种，14个产品为全国独家生产品种。特别是血栓通系列产品，拥有三七提纯技术、冻干技术、自动化粉针剂生产技术，质量控制处于国内行业领先水平，代表了中药注射剂的最高水平。与主要竞争品种注射用血塞通比较，注射用血栓通在三七用药部位、异常毒性、溶血与凝聚、扩张血管作用以及安全性等方面技术优势明显。也正是在血栓通系列产品的带动下，梧州制药集团经营业绩一路高歌猛进，持续五年保持产值、利润、税收平均增幅超过100%的高速发展。

梧州制药集团的产品种类齐全，但产品结构却极不均衡。2015年1~6月数据显示，公司主要产品血栓通系列、中华跌打丸系列、妇炎净系列、其他普药系列的营业收入分别为89 489万元、3 344万元、436万元、5 099万元，毛利率依次为83.46%，71.21%，44.41%，25.48%。血栓通系列产品可谓一枝独秀，对公司营业收入和利润的贡献均在90%以上。而其他产品销量较小、比重偏低、尚未能对公司利润形成有力支撑，见表10.1，图10.1。

表 10.1　近年梧州制药集团主要产品营业收入、主营利润及毛利率比较

产品结构	营业收入/万元	收入比例	主营利润/万元	利润比例	毛利率
血栓通系列	89 489	90.97%	74 683	95.07%	83.46%
中华跌打丸系列	3 344	3.40%	2 382	3.03%	71.21%
妇炎净系列	436	0.44%	193	0.25%	44.41%
其他普药系列	5 099	5.18%	1 299	1.65%	25.48%

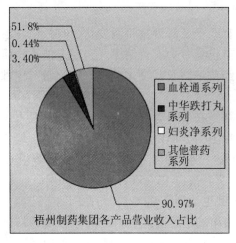
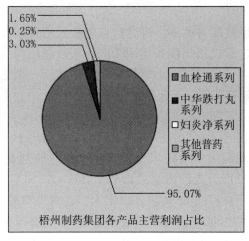

图 10.1

2012—2014 年，血栓通系列产品分别为梧州制药集团带来了 14.9 亿元、34.8 亿元和 28.8 亿元的营业收入，占同期营业收入的比重分别为 86.43%、95.58% 和 94.58%。由此可见，梧州制药集团产品结构发展不均衡的情况非常严重，过于依赖单一产品，血栓通一旦遭遇天花板，梧州制药集团将会面临增长乏力的困局。2015 年上半年，梧州制药集团实现营业收入 9.82 亿元，比上年同期 16.77 亿元下降 41.44%；实现净利润 3.38 亿元，比上年同期 4.87 亿元下降 30.66%。其主要原因就在于血栓通系列产品销量同比下滑约 34%，营业收入仅为 8.95 亿元，比上年同期 16.0 亿元大幅下滑 44.06%，见表 10.2，图 10.2。由此可见，梧州制药集团的产品结构存在较大风险，特别是在宏观经济不景气、医保控费、招标降价、药企竞争日趋激烈的背景下，血栓通 80% 以上的毛利率也将受到冲击，一旦出现量价齐跌的境况，梧州制药集团的经营业绩必将遭受严重打击。

表 10.2　血栓通系列产品营业收入变化趋势及其占公司营业收入的比重

年份/年	血栓通系列营业收入/亿元	营业收入总额/亿元	占 比
2012 年	14.9	17.25	86.43%
2013 年	34.8	36.41	95.58%
2014 年	28.8	30.45	94.58%
2015 年 1—6 月	8.95	9.82	91.14%

总之，梧州制药集团产品种类齐全，但结构不合理。血栓通系列产品虽然具有极强的技术优势和市场竞争优势，毛利水平和市场空间也较好，但是过渡依赖单一产品，风险比

较集中。2015年上半年销量萎缩带来的消极影响值得高度警惕。公司应在改善营销渠道、开拓空白市场的同时,密切关注医改环境及市场竞争对血栓通产品毛利率的影响,并切实采取应对措施改善产品结构。

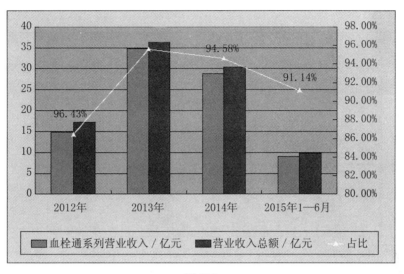

图 10.2

第二节 营销模式与现金能力分析

梧州制药集团主要有两种营销模式,一是直销,二是经销。直销方式下产品所有权没有发生转移,需要以终端直销价开具发票,营业收入较高,但要负担各级代理商高额的市场开拓费用;经销模式下,预留各级经销商的利润空间,以较低的价格让渡商品所有权,虽然降低了营业收入,但也节约了高额的营销费用。因此,扩大经销比例可望提高盈利质量。

2014年开始,梧州制药集团逐步扩大了经销的比例,营业收入有所降低的同时,营业费用也大幅下降,盈利质量得到明显提升。营业收入净利率从2013年的19.75%,上升到2014年的31.76%,2015年上半年的34.42%,即每100元营业收入产生的净利润,由19.75元上升到34.42元,盈利质量提升的幅度非常显著,见表10.3,图10.3。

表 10.3 近年梧州制药集团净利润、营业收入、营业收入净利率变化趋势

年份/年	净利润/亿元	营业收入/亿元	营业收入净利率/(%)
2012年	4.32	17.25	25.04
2013年	7.19	36.41	19.75
2014年	9.67	30.45	31.76
2015年1—6月	3.38	9.82	34.42

盈利质量提高的原因主要是改变了营销模式、扩大了经销的比例、降低了营业费用。营业费用占营业收入的比重从2013年的58.39%,下降到2014年的38.26%,2015年上半年的30.35%,即每取得100元营业收入需要消耗的营业费用,由58.39元下降到30.35元;营

业费用净利率从 2013 年的 295.69%，下降到 2014 年的 120.48%，2015 年上半年的 88.17%，即每取得 100 元净利润需要消耗的营业费用，由 295.69 元下降到 88.17 元，见表 10.4，图 10.4。可见，营销模式转变对公司盈利质量提升的作用非常明显。当然，也必须权衡由此带来的销量损失。

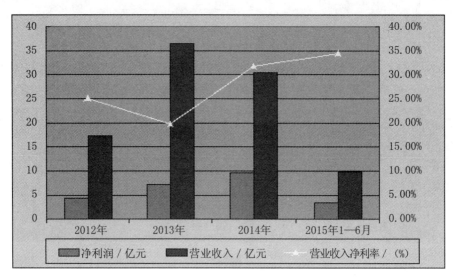

图 10.3

表 10.4　近年梧州制药集团营业费用/营业收入、营业费用净利率变化趋势

年份/年	营业费用占营业收入的比重/（%）	营业费用净利率/（%）
2012 年	34.14	136.34
2013 年	58.39	295.69
2014 年	38.26	120.48
2015 年 1—6 月	30.35	88.17

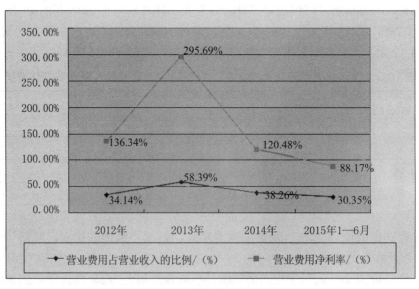

图 10.4

综上所述，净利润下滑主要是销量减少所致，营销模式的转变实际上显著提升了公司的盈利质量，但可能对销量有所影响。未来在转变营销模式、提升盈利质量的同时，必须不断开拓空白市场、保持销量增长。2015年5月3日，公司与康美药业签订了战略合作协议，约定血栓通在部分省市地区的空白市场交由康美药业开发。因此，下半年销量上可望有所回升。

经营现金净流量对营业收入比率也称销售现金比率，反映每元销售收入得到的现金流量净额，其数值越大越好，表明企业的收入质量越好，资金利用效果越好。但是通过表10.5、图10.5发现，医药行业整体销售现金比率都比较低，这可能与其行业特点密切相关。一般而言，医药产品销售需要通过各级经销商或代理商，产品实现的营业收入需要扣除比例非常高的经销代理费用，因此流入企业的现金比率相对较低。梧州制药集团2012—2014年经营现金净流量对营业收入比率分别为39.94%，20.74%，22.63%。2013年销量迅猛增长，渠道拓展等相关经销费用也随之上升，因此收现比例大幅下降。2014年以来，公司有意控制营销费用、转变营销模式、扩大了经销比例，因此收现率也相应反弹，2015年可望进一步提升。横向比较，2014年末梧州制药集团在四家以中药为主的药企中，销售现金比率名列第三，在宏观经济压力不减、"现金为王"的弱经营周期，提高收现比例有利于公司保持良好的流动性，以应对突发的危机。

表10.5 梧州制药集团经营现金净流量对营业收入比率变化趋势及行业比较

公司	2012年12月	2013年12月	2014年12月
梧州制药	39.94%	20.74%	22.63%
昆药集团	7.07%	6.75%	9.20%
桂林三金	23.07%	21.63%	27.04%
贵州百灵	1.43%	10.09%	25.14%

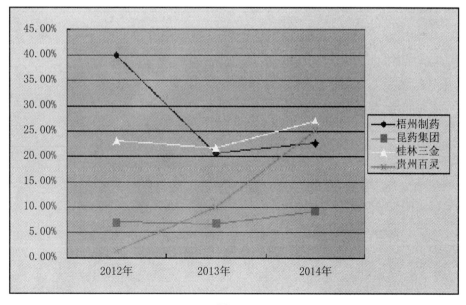

图10.5

第三节 研发创新与可持续发展能力分析

医药市场的竞争实质上是高新技术的竞争。梧州制药集团的血栓通系列产品之所以能够维持80%以上的毛利率，成为公司举足轻重的命脉产品，就是因为其占据了中药注射剂技术领域的制高点，成为其他企业难以模仿和超越的核心竞争力。相反，其他产品之所以没能对业绩形成强有力的支持，也是因为技术门槛较低，容易被其他产品仿制或代替。由此可见，不断加大研发创新，培育和保持产品的核心竞争力，是关系医药企业生存和发展的重大战略。

2012—2014年，梧州制药集团研发费用投入金额分别为6 108万元、9 144万元、13 760万元，年均增长率高达50.09%，可见公司对研发创新的高度重视。从专利授权角度看，2012—2014年梧州制药集团获得的专利授权通知书分别为5件、7件、12件，也呈现出快速增长的势头。从横向比较来看，梧州制药集团2012—2014年经研发投入费用对营业收入比率分别为3.54%、2.51%、4.52%，见表10.6，图10.6在四家以中药为主的药企中名列榜首，同时也符合高新技术企业认定条件第四条"近三个会计年度的研究开发费用总额占销售收入总额的比例不低于3%（年销售收入在2亿元以上的企业）"的标准，这将有利于公司新产品的研发和持续竞争力的保持。

表10.6 梧州制药集团研发投入费用对营业收入比率变化趋势及行业比较

公 司	2012年	2013年	2014年
梧州制药	3.54%	2.51%	4.52%
昆药集团	0.63%	0.59%	0.54%
桂林三金	3.05%	3.06%	3.08%
贵州百灵	0.46%	0.61%	1.04%

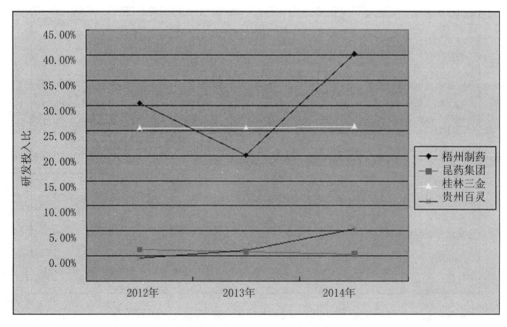

图10.6

第四节 结束语

综上分析，梧州制药集团虽然产品种类齐全，但结构不合理，过渡依赖血栓通系列产品，风险比较集中，特别是在医保控费、招标降价的背景下，公司应在改善营销渠道、开拓空白市场的同时，密切关注医改环境及市场竞争对血栓通产品毛利率的影响。营销模式转变虽然提高了公司盈利质量，但受宏观环境影响，营运效率降低，存货及应收账款周转速度放缓，销售现金比率有待进一步加强。基于此可预测，受规模收缩、销量下滑、营收下降等因素的影响，2015年梧州制药集团应纳增值税及企业所得税或将出现较大下滑。

第十一章　新常态下重点税源企业财务绩效变化趋势分析

本章以梧州制药集团为例，从资产规模与股东权益、资本运作与财务战略、营运效率与盈利能力等视角，分析其近年来的财务绩效及其变化趋势，希望对财税部门监测税源变化具有一定的参考价值。

近年来，以梧州制药集团为代表的梧州制药业也得到了快速发展，税收贡献逐年上升。基于梧州地税数据分析，2012—2014 年梧州制药业税收总额（地税）依次为 6 655.10 万元、19 691.10 万元、20 822.12 万元，如图 11.1 所示，占梧州制造业税收总额（地税）的比例分别为 26.9%，47.27%，46.27%。2015 年 1~6 月，在国内经济下行压力不减、医改进入深水区、医药行业整体增速放缓的背景下，梧州制药业依然保持了高速发展的强劲势头，上半年累计实现地税收入 12 040.35 万元，同比增长 15.65%，占梧州制造业税收总额（地税）的 55.61%。当然，快速发展的背后，也应看到一些隐患：一是梧州制药企业户数较少，截至 2015 年 8 月，在梧州地税登记注册的医药制造企业仅 12 户，除梧州制药集团外，其他企业规模相对较小；二是税源过于集中，2012—2014 年梧州制药集团占梧州制药业税收总额的比例均在 98% 左右，2015 年上半年更是达到了 99.11%。一旦梧州制药集团暴露经营风险，梧州制药业的税收收入将面临大幅下滑的风险。因此，以梧州制药集团为例，分析重点税源企业的生产经营状况，了解新常态下实体经济的运行压力、对于防范税源变化风险、应对地方财政危机均有重要意义。

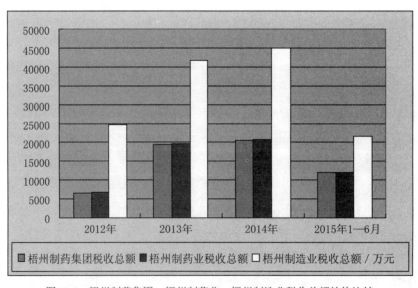

图 11.1　梧州制药集团、梧州制药业、梧州制造业税收总额结构比较

第一节 资产规模与股东权益分析

近年来,梧州制药集团依托核心产品注射用血栓通的市场竞争优势,实现了资产规模的快速扩张、股东权益的加速积累。2012—2014年,公司总资产先后突破20亿元、30亿元、50亿元大关,年均增速高达44.13%。与同是以中药制造为主营业务的上市公司昆药集团、贵州百灵、桂林三金等相比较,发展速度名列前茅。不过2015年上半年,受宏观环境、行业环境和药企竞争格局等市场环境以及梧州制药管理体系调整、设备维护检修、季节性波动等因素影响,规模扩张的速度有所放缓。2015年6月底资产规模较年初下降5.9%,约3.05亿元,见表11.1,图11.1,增长压力初步显现。

表11.1 梧州制药集团资产规模变化趋势及其行业比较

单位:亿元

公司	2011年12月	2012年12月	2013年12月	2014年12月	2015年6月
梧州制药	17.98	20.75	35.40	51.81	48.76
昆药集团	16.30	21.52	28.86	30.24	32.15
桂林三金	22.01	24.85	26.89	27.84	25.36
贵州百灵	30.19	32.40	34.79	35.65	35.30

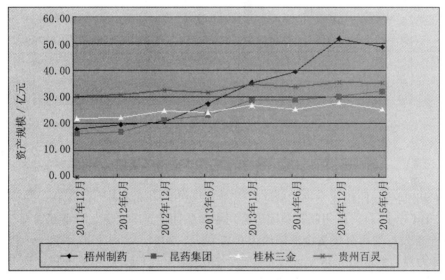

图11.1

梧州制药集团在资产规模扩张的同时,股东权益也在加速积累,为股东创造财富的能力不断提升。2011—2014年股东权益总额分别为7.63亿元、11.95亿元、16.90亿元、33.15亿元(包含9.5亿元定向增发的新股本),年均增速高达64.71%,远高于其他三家制药类上市公司15.33%的平均水平,与此同时在股东权益上也实现了对上述三家上市公司的超越,从最后一名跃升至榜首。2015年半年报显示,梧州制药集团股东权益总额降至19.91亿元,大幅下滑39.94%,见表11.2,图11.2。主要原因在于公司进行了巨额股利分配,导致未分配利润减少、应付股利增加,金额均在13亿以上。剔除上述因素,公司股东权益总额并未减少,与年初基本持平,说明公司运行平稳,但增速已经明显放缓。另外巨额股利分配的背后,一方面是为了回报股东,另一方面也可能是公司控股股东中恒集团亟需收益补偿。

此外，需要特别关注的是，截至 2015 年 6 月底，公司账面货币资金 10.04 亿元，高达 16.70 亿元的应付股利或将对公司的现金流产生巨大压力。

表 11.2 梧州制药集团股东权益变化趋势及其行业比较

单位：亿元

公司	2011年12月	2012年12月	2013年12月	2014年12月	2015年6月
梧州制药	7.63	11.95	16.90	33.15	19.91
昆药集团	9.18	10.57	18.79	20.50	21.49
桂林三金	19.83	20.78	22.03	23.21	21.85
贵州百灵	19.40	20.43	21.27	23.48	24.36

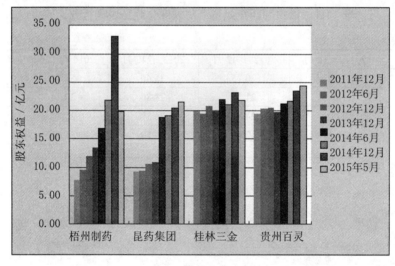

图 11.2

第二节 资本运作与财务战略分析

支撑梧州制药集团快速发展的除了经营业绩之外，也离不开资本运作、负债经营等财务战略。2014 年 11 月，梧州制药集团母公司中恒集团通过非公开发行股份募集资金 9.5 亿元，扣除全部发行费用募集资金净额约为 9.37 亿元。2014 年，中恒集团累计出售国海证券股票 5 468 万股，共取得 8.38 亿元投资收益。2015 年 4 月 8 日至 5 月 26 日，通过大宗交易方式，分五批累计出售国证券股票 2 171 万股，取得收入总额约为 4.48 亿元，扣减购置成本以及应负担的营业税等税费后，投资收益总额约为 3.84 亿元。上述举措都为公司发展注入了新的活力，有利于公司战略的实施。

从负债经营的角度分析，梧州制药集团较昆药集团、贵州百灵、桂林三金等同行业公司采用了更高的财务杠杆，财务战略更加激进。2011—2014 年梧州制药集团平均资产负债率为 47.07%，在四家公司中居于首位。在公司盈利能力较强，资产收益率较高的背景下，更高弹性的财务杠杆有利于公司快速成长，同时也有利于股东财富的积累。当然，过高的财务杠杆也会带来偿债压力，集聚财务风险。所以在 2012 年、2014 年，公司两度采取了去杠杆、降低财务风险的措施。然而，2015 年上半年，由于应付股利净增额多达 14 亿元，梧州制药集团的资产负债率飙升到 59.17% 的高位，对公司的偿付能力形成了明显的压力（见

表 11.3，图 11.3）。特别是在宏观经济不景气、行业竞争日趋激烈、核心产品销量下滑的背景下，财务风险值得持续关注。

表 11.3　梧州制药集团资产负债率变化趋势及其行业比较

公司	2011年12月	2012年12月	2013年12月	2014年12月	2015年6月
梧州制药	57.54%	42.43%	52.26%	36.03%	59.17%
昆药集团	43.71%	50.89%	34.88%	32.22%	33.17%
桂林三金	9.91%	16.39%	18.08%	16.64%	13.85%
贵州百灵	35.72%	36.96%	38.85%	34.14%	30.99%

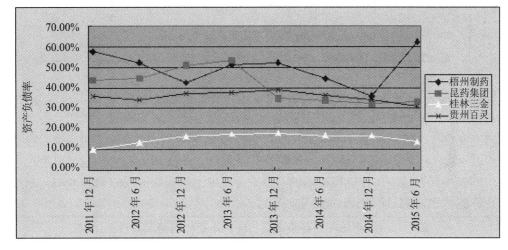

图 11.3

第三节　营运效率与盈利能力分析

营运效率的高低对公司盈利能力产生重要影响。2012—2014 年，梧州制药集团应收账款周转率分别为 30.62%、35.93%、12.43%，与同行业的昆药集团、贵州百灵、桂林三金相比，应收账款周转速度仅次于桂林三金，位列第二，说明公司的营销策略和信用政策比较合理。应收账款回收速度较快，也间接说明公司产品具有较强的竞争力。然而需要警惕的是，2015 年半年报显示，应收账款周转率降至 2.61%，较上年同期的 7.82% 大幅下滑，见表 11.4，图 11.4。自 2014 年以来，公司应收账款周转速度明显放缓，一方面可能是扩大经销比例、降低销售费用的营销策略调整引起的，另一方面，也须密切关注销量变化、经销商资金链条紧张度等因素产生的影响。

表 11.4　梧州制药集团应收账款周转率变化趋势及其行业比较

单位：%

公司	2012年12月	2013年12月	2014年12月	2015年6月
梧州制药	30.62	35.93	12.43	2.61
昆药集团	10.06	10.73	10.57	4.26
桂林三金	38.96	36.85	26.98	8.04
贵州百灵	5.21	4.53	4.25	1.70

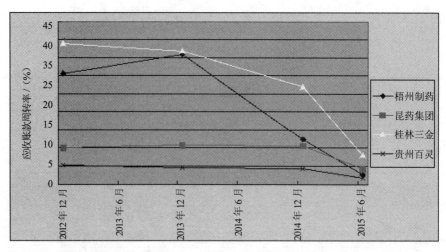

图 11.4

从存货周转速度上看,2012—2014 年,梧州制药集团存货周转率分别为 1.55%、1.68%、1.37%,见表 11.5,图 11.5,与同行业的昆药集团、贵州百灵、桂林三金相比,存货周转速度仅优于贵州百灵,位列第三,存货周转天数在 214~263 天之间,说明存货周转速度相对缓慢,存货占用资金较多,流动性有待提高,流转环节和销售渠道有待进一步优化。2015 年半年报显示,存货周转率进一步放缓,由上年同期的 0.68 降至 0.43,血栓通系列产品销量下滑,导致库存上升或是主要原因。

表 11.5 近年梧州制药集团存货周转率变化趋势及其行业比较

单位:%

公 司	2012 年 12 月	2013 年 12 月	2014 年 12 月	2015 年 6 月
梧州制药	1.55	1.68	1.37	0.43
昆药集团	4.16	4.35	5.48	2.91
桂林三金	3.51	3.00	2.74	0.99
贵州百灵	0.97	0.80	0.84	0.44

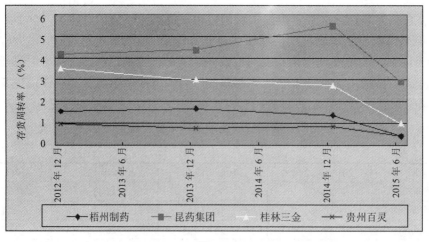

图 11.5

第二篇　企业风险与危机预警

从盈利能力角度分析，2012—2014 年梧州制药集团分别实现净利润 4.32 亿元、7.19 亿元、9.67 亿元。总资产报酬率分别为 22.29%、25.62%、22.17%，净资产收益率分别为 44.08%、49.86%、38.62%，与同行业的昆药集团、贵州百灵、桂林三金相比，公司盈利能力位居首位，处于行业领先水平。然而，2015 年上半年，梧州制药集团实现净利润 3.38 亿元，比上年同期 4.87 亿元下降 30.66%；总资产报酬率为 6.52%，净资产收益率为 12.84%，比上年同期均大幅下滑（见表 11.6，图 11.6），可见在经济新常态、医药行业整体增速放缓的背景下，梧州制药集团的营业收入和利润增长也遇到了较大的瓶颈。

表 11.6　近年梧州制药集团净利润及同比增速变化趋势

年份/年	净利润/亿元	同比增速/（%）
2012 年	4.32	——
2012 年	7.19	66.44%
2014 年	9.67	34.49%
2015 年 1—6 月	3.38	-30.66%

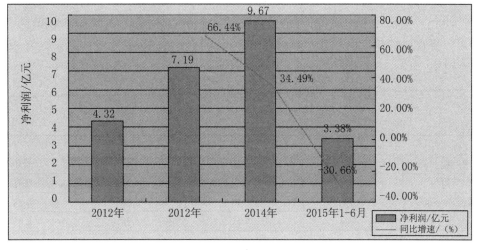

图 11.6

综上所述，经济新常态下，梧州制药集团受血栓通销量下滑、营销模式转变、巨额股利分配等因素的影响，出现了资产负债率急速上升、股东权益大幅收缩的现象，由此带来的现金压力和财务风险值得高度警惕。基于此可预测，受规模收缩、销量下滑、营收下降等因素的影响，2015 年梧州制药集团应纳增值税及企业所得税或将出现较大下滑：增值税降幅预计在 30% 以上，加上营改增因素叠加冲击，公司能够取得增值税专用发票进行进项税额抵扣范围日益扩大，降幅甚至可能超过 35%，较 2014 年约减少 15 000 万元；企业所得税受营业收入大幅下滑影响，预计降幅也在 30% 以上，鉴于盈利质量有所增强，降幅有望控制在 30% 以内，较 2014 年约减少 5 000 万元。综合上述分析，作为重点税源企业，梧州制药集团 2015 年应纳各项税费较 2014 年或将锐减 2 亿元以上，势必对财政收入产生较大的消极影响，相关风险值得高度警惕。

第十二章 新常态下重点税源企业税负水平及影响因素分析

财政收入增速放缓、财政支出需求增强,将是地方财政面临的新常态。因此,关注地方财政压力、测算重点企业税负水平、预测税源变化趋势具有重要意义。本章以梧州制药集团为例,分析其近年来的税负水平、影响因素,并结合宏观经济环境及企业内部经营实际,预测其税源变化趋势,希望对相关部门应对财政风险具有一定的参考价值。

梧州制药集团属增值税一般纳税人,产品销售适用17%增值税税率;根据国家税务总局2012年第12号《关于深入实施西部大开发战略有关企业所得税问题的公告》,经企业申请、主管税务机关审核确认,企业所得税减按15%税率缴纳;公司少量业务缴纳营业税(租金收入等)、消费税(药酒等);按当期应纳流转税额的7%,3%,2%分别计缴城市维护建设税、教育费附加、地方教育费附加。2012年以来梧州制药集团应纳税额基本情况见表12.1,图12.1。

表12.1 近年梧州制药集团应纳税额基本情况

单位:亿元

应纳税项目	2012年	2013年	2014年	2015年1~6月
增值税	2.51	5.19	4.48	1.30
企业所得税	0.79	1.54	1.74	0.51
其他税费	0.46	0.84	0.76	0.28
合计	3.76	7.57	6.98	2.09

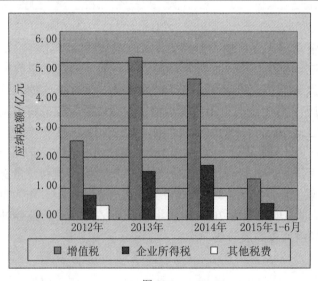

图12.1

第一节 增值税税负水平及其影响因素分析

2012—2014 年梧州制药集团应纳增值税分别为 2.51 亿元、5.19 亿元、4.48 亿元，2015 年 1~6 月应纳增值税 1.30 亿元，增值税占同期全部应纳税额的比例分别 66.73%、68.50%、64.19%、62.15%，可见，增值税是梧州制药集团最主要的税种，增值税的税负水平对公司整体税负水平有着举足轻重的影响。

由表 12.2，图 12.2 可见，2012—2014 年以来梧州制药集团的增值税税负率均在 14% 以上，2015 年 1~8 月降至 13.52%，降幅明显，但仍居高位。14% 左右的税负率一方面说明公司产品的科技含量较高、毛利率较高；另一方面也是说明公司可供抵扣的进项税额较少，税负较重。以血栓通 2014 年数据为例，主营业务成本 5.55 亿元，仅占主营业务收入 30.44 亿元的 18.23%，其中仅原材料采购、固定资产折旧等能够取得增值税专用发票进行进项税额抵扣，而研发费用、人工费用、财务费用、管理费用以及渠道拓展的营销费用等均难以取得增值税专用发票而无法抵扣。

表 12.2　近年梧州制药集团增值税税负率及其变化趋势

年份 / 年	应纳增值税 / 亿元	营业收入 / 亿元	增值税税负率
2012 年	2.51	17.24	14.57%
2013 年	5.19	36.41	14.25%
2014 年	4.48	30.45	14.71%
2015 年 1—8 月	1.40	10.33	13.52%

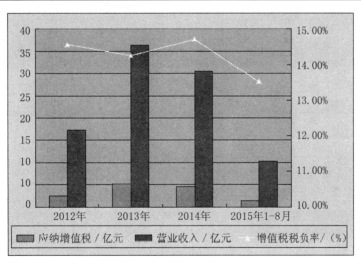

图 12.2

2015 年 1~8 月梧州制药集团增值税税负率降至 13.52%，较 2014 年的 14.71%，下降了 1.19%。这主要是受两个因素影响：其一，营销模式的转变。经销比例扩大减少营业费用的同时也降低了营业收入，营业收入的降低直接冲击销项税额，而营业费用主要包括渠道拓展、市场宣传、以及支付给经销商的手续费等，这些费用本就难以取得增值税专用发票，因此其减少对进项税额的影响不大。由此，降低了增值税的整体税负。其二，营改增的影响。营改增之后公司外购的广告、物流、租赁、技术等第三方服务均可取得增值税专用发票,随着营改增范围进一步扩大到金融保险、生活服务、建筑业和不动产等领域,进项税额抵扣的范围也将进一步扩大,如公司进行有针对性的纳税筹划,进项税额可望大幅提升,从而降低增值税税负。

第二节 企业所得税税负水平及其影响因素分析

2012—2014年梧州制药集团应纳企业所得税分别为元 7 917 万元、15 421 万元、17438 万元,2015 年 1~6 月应纳企业所得税 5 114 万元,企业所得税税负率依次为 4.59%,4.24%,5.73%,5.28%(见表 12.3,图 12.3)。2014 年以来,所得税税负率明显上升,主要原因在于营销模式转变带来了盈利质量的提升,盈利质量提升自然抬高了会计利润及应纳税所得额,从而增加了企业所得税及其税负率。但是由于销量下滑导致营业收入和利润总额下降,2015 年企业所得税的同比增速严重下滑。

表 12.3 近年梧州制药集团企业所得税税负率及其变化趋势

年份/年	应纳企业所得税/亿元	同比增幅	营业收入/亿元	所得税税负率
2012 年	0.79	——	17.24	4.59%
2013 年	1.54	94.78%	36.41	4.24%
2014 年	1.74	13.08%	30.45	5.73%
2015 年 1—6 月	0.51	-41.40%	9.69	5.28%

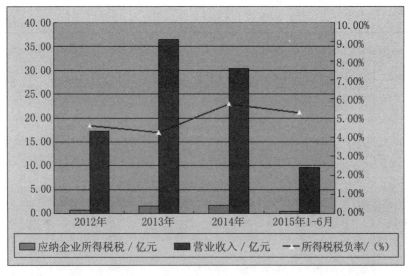

图 12.3

横向比较来看,梧州制药、桂林三金、贵州百灵三家公司主要执行西部大开发鼓励类优惠政策,适用 15% 所得税税率。昆药集团通过高新技术企业企业认证,适用税率也是 15%。所以四家公司的名义税率是相同的,但是所得税税负率却有比较大的差异,广西两家上市公司的所得税税负率明显偏高(见表 12.4,图 12.4)。具体原因可以有两种解释:一是桂林三金及梧州制药集团旗下产品盈利质量更好,相同销售额情况下利润更加丰厚,所得税及其税负率自然也就偏高。另一种可能则是广西税收刚性较强,或桂林三金及梧州制药集团纳税筹划的水平有待加强。

表 12.4　近年梧州制药集团所得税税负率变化趋势及其行业比较

公　司	2012 年	2013 年	2014 年	2015 年 6 月
梧州制药	4.59%	4.24%	5.73%	5.28%
昆药集团	1.35%	1.34%	1.41%	1.87%
桂林三金	5.73%	6.40%	5.89%	6.22%
贵州百灵	2.52%	3.78%	3.94%	4.29%

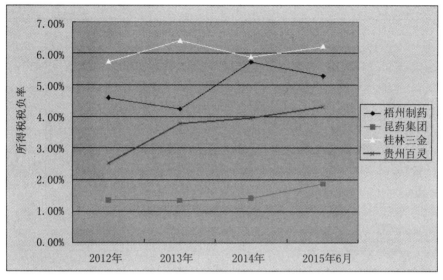

图 12.4

第三节　总体税负水平及其影响因素分析

总体税负率是衡量企业税负水平的重要因素，一般可以用当期应纳各种税金总额／当期应税销售收入来表示，反映每取得 1 元销售收入需要交纳的各项税金总额；也可以用当期应纳各种税金总额／当期净利润来表示，反映每取得 1 元净利润需要交纳的各项税金总额。

总体税负率 A＝当期应纳各种税金总额／当期应税销售收入

总体税负率 B＝当期应纳各种税金总额／当期净利润

表 12.5，图 12.5、表 12.6，图 12.6 显示了一种有意思的现象：根据总体税负率 A（当期应纳各种税金总额／当期应税销售收入）税负由轻到重的顺序依次是昆药集团、贵州百灵、桂林三金、梧州制药；而根据总体税负率 B（当期应纳各种税金总额／当期净利润）税负由轻到重的顺序依次是桂林三金、梧州制药、贵州百灵、昆药集团，大体相反。

看似矛盾的现象，再次印证了梧州制药、桂林三金两家公司盈利质量较高的推测：由于产品毛利率高，可抵扣的进项税额偏少，所以应纳增值税较高；由于产品利润丰厚，所以应纳企业所得税较高。因此，相同销售额下缴纳的税金总额更多，总体税负率 A 更高。但也正是因为产品盈利质量好，利润丰厚，所以税后净利润也较高，因此摊薄了总体税负率 B。由此可见，梧州制药、桂林三金两家公司产品的核心竞争力更强。

此外，表 12.5 显示：每取得 100 元销售收入，需要交纳的各项税金总额在 7.29~22.92

元之间；表 12.6 显示：每取得 100 元净利润需要交纳的各项税金总额在 57.75~114.32 元之间。这样的税负水平对于尚处于起步阶段的中医药开发产业，显得过于沉重。

表 12.5 近年梧州制药集团总体税负率 A 变化趋势及其行业比较

公 司	2012 年	2013 年	2014 年	2015 年 1—6 月
梧州制药	21.83%	20.80%	22.92%	21.52%
昆药集团	7.48%	7.52%	7.29%	10.66%
桂林三金	20.86%	19.35%	19.30%	20.74%
贵州百灵	12.41%	16.57%	18.60%	16.34%

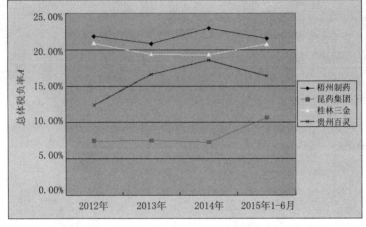

图 12.5

表 12.6 近年梧州制药集团总体税负率 B 变化趋势及其行业比较

公 司	2012 年	2013 年	2014 年	2015 年 6 月
梧州制药	87.21%	105.32%	72.20%	61.05%
昆药集团	112.09%	114.32%	97.62%	101.46%
桂林三金	82.62%	66.87%	63.61%	57.75%
贵州百灵	74.16%	85.29%	92.96%	73.02%

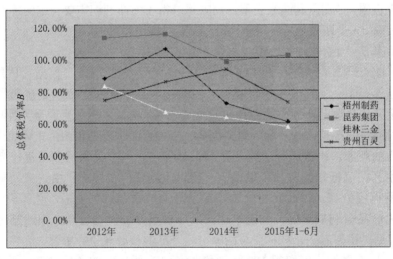

图 12.6

第四节 税源预测分析

一、营业收入的预测

2015年梧州制药集团产品销售具有很大的不确定性，营业收入预测难度较大。主要考虑以下几个方面的影响因素：①受国家相关行业政策影响，公司主打产品血栓通系列产品在各省医药招标和销售过程中受到限价、限量等阻力，下半年产品销售增长面临巨大压力。②扩大经销比例的营销模式转变，虽然压缩了营销费用、提高了盈利质量，但是对销量和售价会形成双重打压，进而抑制营业收入的增长。③公司与康美药业签署了战略合作协议，约定将血栓通在部分省市地区的空白市场交由其开发；同时，公司生产的口服药产品及保健食品的空白市场或空白渠道，由康美药业通过其营销渠道负责销售，全面覆盖其包括互联网电商平台在内的药品终端销售渠道。综合上述因素，结合公司实际及东方财富网关于中恒集团的盈利预测数据，预测2015—2017年，梧州制药集团的营业收入分别为21.39亿元、27.81亿元、31.22亿元。

二、成本费用的预测

1. 营业成本的预测

在经济增速放缓、PPI低迷的背景下，营业成本占营业收入的比重应该变化不大，从近两年的情况来看，一般维持在19%上下。因此，预测2015—2017年，梧州制药集团的营业成本分别为4.06亿元、5.53亿元、5.93亿元。

2. 期间费用的预测

由于经销比例的扩大，营业费用将进一步得到压缩，营业费用占营业收入的比重有望在2015年上半年30.44%的基础上进一步降至25%上下。预测2015—2017年，梧州制药集团的营业费用分别为5.35亿元、6.95亿元、7.81亿元。2015年上半年管理费用约为6 580万元，预测下半年略有增长，2016—2017年以10%的速度增长。2015—2017年，梧州制药集团的管理费用分别为1.35亿元、1.48亿元、1.63亿元。财务费用在现有负债规模下基本保持不变，预测2015—2017年，梧州制药集团的财务费用分别为0.39亿元、0.42亿元、0.46亿元。

三、利润的预测

根据上述预测，不考虑投资收益、减值准备和营业外收支的情况下，预测2015—2017年，梧州制药集团的利润总额分别为10.24亿元、13.43亿元、15.39亿元。

四、所得税的预测

根据2012—2014年利润总额和所得税费用的线性关系，由于纳税调增等原因，所得税费用占利润总额的比例约为15.26%。因此，预测2015—2017年，梧州制药集团的所得税费用分别为1.56亿元、2.05亿元、2.35亿元。

五、增值税的预测

受医保控费、招标降价、经销比例扩大、营改增范围扩大等因素影响,公司毛利率预计会有所下降,增值额收窄,增值税走低。预测梧州制药集团增值税占营业收入的比重将在 14% 左右的基础上逐年下降 1%。预测 2015—2017 年,梧州制药集团应纳增值税分别为 2.78 亿元、3.34 亿元、3.43 亿元。

六、税收总额的预测

在税制基本稳定的前提下,梧州制药集团应纳增值税和所得税约占纳税总额的 88%。因此,预测 2015—2017 年,梧州制药集团应纳税总额分别为 4.93 亿元、6.13 亿元、6.57 亿元(见表 12.7,图 12.7)。

表 12.7　梧州制药集团 2012—2017 年纳税总额实际值及预测值

年份/年	2012 年	2013 年	2014 年	2015 年	2016 年	2017 年
应纳税总额/亿元	3.76	7.57	6.98	4.93	6.13	6.57

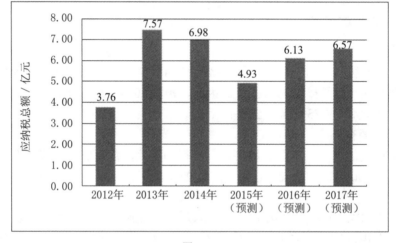

图 12.7

总之,梧州制药集团作为梧州市重点纳税企业,对地方财政和税收收入具有重要影响。经济新常态下,梧州制药集团应纳税总额大幅锐减,势必对地方财政产生重要冲击,相关部门应该密切关注、及时应对、有效防范财政危机。

第十三章　新常态下重点税源企业生产经营问题及对策研究

中医药是民族瑰宝，振兴中医药产业是国家战略。本章以梧州制药集团为例，分析新常态经济环境下，中药制造企业生产经营存在的问题并提出相应对策，希望有助于相关企业尽快适应新常态、提升经营业绩。

2015年国家在医药卫生领域破除医药养医，理顺医药价格的改革力度不断加大，监管政策的调整幅度和广度也在不断拓展。医改政策仍然多变，医药市场互联网融入传统行业，"互联网+"概念的技术模式和业务创新促进产业升级已成为社会各行各业的关注热点。医药行业中"互联网+"推动医药电商、移动医疗、精准医疗、基因测序及养老康复等产业快速兴起并吸引各路资金竞相涌入，成为行业投资热点，也促使医药产业进入到近年来分化、调整及创新最剧烈的时期，优胜劣汰加剧。在此背景下，研究新常态下大型中药制造企业生产经营存在的问题及对策，具有重要的现实意义。

第一节　新常态下中药制造企业生产经营存在的问题

1. 行业整体增速放缓，经营业绩全面下滑

2015年国内医药行业受宏观经济及行业内医保控费、招标降价等因素影响，收入增速持续放缓，盈利增速下滑至近几年低位，行业整体增速放缓，经营业绩全面下滑。以梧州制药集团为例，2015年1—6月，血栓通系列产品销量同比下滑约34%、公司营业收入同比下降42.22%、净利润同比下降30.66%、应纳增值税同比下降45.86%、应纳企业所得税同比下降33.50%、应纳各种税费总额同比下降41.52%。可见，经济新常态下，中医药制造行业面临巨大的增长压力，对国家及地方税收收入也将带来非常大的消极影响。

2. 营运效率下滑，资金压力初步显现

2015年受宏观经济影响，中医药制造企业营运效率明显下滑，应收账款周转率、存货周转率以及总资产周转率明显放缓，经营现金净流量对销售收入比率持续走低，债务比率不断提升，财务风险初步显现，资金链条面临较大压力。以梧州制药集团为例，2015年1—6月，应收账款周转率由上年同期的7.82%降至2.61%，回款速度明显放缓；存货周转率由上年同期的0.68%降至0.43%，存货占用资金较年初净增9 400多万元；流动比率由年初的1.61%降至0.99%，资产负债率由年初的36.03%激增至59.17%；销售现金比率长期在20%左右低位徘徊。由此可见，中医药制造企业不仅销售增长压力巨大，还面临着收现难、回款慢、存货积压、流动比率下降、财务风险上升、资金链条趋紧等风险。

3. 营销费用居高，营销模式有待优化

虽然近年来医药行业在反商业贿赂、医药招标、公立医院改革等方面发生了重大变革，

但是药企渠道拓展和市场营销的费用依然居高,行业平均而言,约占营业收入的 25% 左右,梧州制药集团更是高达 30%~58%,可见营销模式有待进一步优化。根据市场发展和政策环境的实际情况,对营销架构作出相应的调整,大量开展学术推广、开发终端市场、实行纯销管理和品牌管理等,提升公司的品牌影响力,强化对基层医药市场的覆盖,将是未来一段时期制药企业重点着力的方向。

4. 研发投入不足,创新能力较弱

医药行业是高技术、高风险、高投入、高回报的行业,研发效率和创新能力决定着企业的核心竞争力。但是,目前我国中药制造业现代化、标准化程度还比较低,产品竞争优势不明显。由于研发周期较长、研发风险较大,研发资金投入普遍偏低,创新能力与科技成果转化率较差。2012—2014 年,梧州制药、昆药集团、桂林三金、贵州百灵四家公司 3 年研发投入平均比例分别为 1.92%、1.69%、2.29%,距高新技术企业最低 3% 的认定比例还有一定距离。此外,研发效率和成果转化率也较低,梧州制药集团在上述四家企业中研发投入力度最大,但是 2013 年、2014 年及 2015 年上半年财报显示:内部研发无形资产新增额均为 0,可见研发的周期之长、风险之大。这在一定程度上必将延缓新药推出的速度,影响企业核心竞争力。

5. 中药国际化阻碍重重,海外市场难以启动

中药制造是我国医药特色产业,但现代化起步晚,通过国际注册并被国际认可的产品少,在市场竞争中优势不明显。以梧州制药集团血栓通系列产品为例,科技含量较高、疗效较好,在治疗心脑血管的中药制剂中属于行业翘楚,然而却迟迟无法打开国门,无法被国际市场所接受。究其原因,主要是国际上药物安全机构以化学药标准看待和检测中药,以食品的标准评价中药,是对中国传统医学的误解。上海现代中医药股份有限公司董事长卞化石认为,中药国际化长期裹足不前,首先是标准问题,相比国内,美国对药品管理更为严格,西方已有一套成熟的药品管理体系和标准,而中医药的成分、机理难以明确,含量标准没有西药公式化的解释说明,无法证明自身的有效和无毒,所以国际上质疑中医科学性的声音由来已久,如何让中药符合国际标准是摆在面前的首要难题。

6. 税负较重,中医药研发方面的扶持政策空缺

在行业增速放缓、经营业绩下滑、研发创新不足、出口市场难启等多重困境的夹击下,中药制造企业的生存环境日益严峻,较重的税负或将成为压倒企业的最后一根稻草。2012—2014 年,梧州制药、昆药集团、桂林三金、贵州百灵四家公司平均总体税负率(当期应纳各种税金总额/当期净利润)为 89.02%、92.95%、81.60%,每取得 100 元净利润需要交纳各项税金 81.60~89.02 元,这样的税负显得过于沉重,也不利于引导中药制造企业加大研发力度,促进中医药产业的现代化、产业化、科学化。因此,有必要加强产业引导,特别是在中医药研发方面的出台税收优惠的扶持政策。

第二节 促进中药制造企业加快适应新常态的对策建议

1. 优化营销策略,促进销售增长

近年来随着医保制度改革的步伐不断加快,医保控费及招标限价已呈常态化,药品降价的措施将直接影响药品生产企业的经济效益。中药制造企业应该在国家政策导向下,通

过严控产品质量、加强营销管理,赢取更多的市场份额,来减除药品降价的风险。

利用广告和公益捐赠等方式,持续进行品牌建设,在社会上树立良好的声誉;同时不断加强销售渠道整合,与药品代理商形成相对稳定的合作关系,形成强大的销售队伍和通畅的销售渠道。以此推进市场市场占有率的不断提升,从而促进营业收入的持续增长。

2. 研发与并购共举,优化产品结构

密切关注行业政策动态,及时采取应对措施:一是继续加大研发力度,增加投入,积极培育有广阔市场前景的后备医药品种。加强与北京大学、中山大学、四川大学等国内高水平院校的合作。同时在深化核心产品研究升级、保持技术和质量优势的基础上,积极寻找新项目,在国内外高校、研究所、企业中寻找合作标的。只有做好现在的播种工作,未来才有可能获得收获。二是在条件合适的情况下,关注有潜质的医药企业或药物品种,通过并购整合,丰富公司产品线。把握国家出台的行业整合政策,利用逐步完善的资本平台,加大资本市场和金融工具研究力度,借新版 GMP 东风,积极筛选优质医药企业及项目,适时开展收购兼并工作。通过公司自有团队、专业投资机构和中介机构的合作,积极寻找拥有优质潜力品种的优质投资标的,特别是在研国际高水平项目,进行投资。

3. 完善税收优惠,加强政策扶持

当前,中药制造企业适用的税收优惠政策主要包括高新技术企业优惠政策、研发费用加计扣除的优惠政策、购置环保专用设备抵税的优惠政策以及西部大开发优惠政策等。考虑到当前经济下行压力较大、企业税负较重经营困难以及研发创新能力不足的现实,建议完善以下两方面的税收优惠政策。

(1)适当对基础药物提供减免税支持。由于新医改对基本药物的价格控制,使得医药制造业利润增长明显放缓,适当对基础药物提供减免税支持,帮助企业克服利润放缓带来的冲击,有利于企业发展,同时也对国家的基本医疗保障提供支持。

(2)出台中医药研发方面的税收优惠政策,促进研发效率提升和中医药产业的国际化。如在现有研发费用加计扣除优惠政策的基础上,关注研发费用转化率,对成功转化为无形资产的研发费用,即资本化部分的研发费用,再给予 100% 的追加扣除,从而引导研发投入成果转化率的提高。此外,由于中药国际化的门槛较高,需要大量资金的投入(如在美国,新药品要通过 FDA 三期临床试验,约历时 5~8 年,花费 5 亿~6 亿美元),为了减轻企业负担,促进中华传统医药产业的发展,建议对通过国际注册认证药品的生产企业,给予认证费用加计扣除 50% 的税收优惠。

第十四章　新常态下上市公司股利分配政策及其影响因素分析

股利分配政策是上市公司财务管理的重要内容，受到投资者和管理层的共同关注。当前，我国资本市场尚不完善，上市公司股利分配的稳定性和持续性还比较差，股利政策引导资本市场资源配置的效应还有待加强。本章试以广西上市公司为例，分析其在2009—2013年股利分配政策的现状和特点，并从盈利能力、负债水平和成长性等视角深入挖掘公司制定股利分配政策的影响因素，最后，针对广西上市公司股利政策存在的问题提出相关建议。

合理的股利政策能够为公司树立良好形象，给投资者增加投资信心，有助于公司价值长期稳定的增长。然而，当前中国资本市场尚不完善，上市公司股利政策的制定更多出于监管要求的考量而非公司的长远发展规划，这对整个资产市场的资源配置效率形成了一定的扭曲。如1999年不支付的股利的公司高达60%，但随着2000年证监会颁发了关于上市公司申请配股或增发必须满足近三年现金分红条件的规定，上市公司现金分红情况明显改善，不分配的比例骤降到30%[11]。总体看，我国上市公司股利分配政策存在一定的非理性特征，如与管理层或大股东的利益攫取行为、与再融资相挂钩的条件性分红、长期不分红的铁公鸡现象等[12]。而理性的股利政策，必须充分考虑公司自身的业绩状况以及未来发展规划[13]。因此，本章将以广西上市公司为例，重点考察其股利政策现状、特征、稳定性与持续性，以及股利分配与其盈利能力、负债水平和成长性的相关性。

第一节　广西上市公司股利分配现状分析

截至2013年底广西A股上市公司共有30家。2009—2013年股利政策呈现下述特点。

1. 分配股利的公司数量偏少、比例较低

表14.1　2009—2013年广西上市公司分配比例概况

分配情况	公司数/家	分配数/家	分配数比例	不分配数/家	不分配比例
2009年	26	9	36.62%	17	63.38%
2010年	27	15	55.56%	12	44.44%
2011年	29	12	41.38%	17	58.62%
2012年	30	16	53.33%	14	46.67%
2013年	30	18	60%	12	40%

由表 14.1 可见，2009—2013 年广西上市公司股利分配比例较低，2009 年仅为 36.62%，一毛不拔的"铁公鸡"公司竟高达 2/3。不过，上市公司的股利政策对股票价格有很大影响，并最终影响公司价值及大股东利益。因此，随着市场有效性和监管水平的提高，2011 年以来，广西上市公司中股利分配的比例逐年增长，至 2013 年已增至 60%。由此表明，广西上市公司股利分配的整体比例虽然偏低，但在趋势上呈现上升态势。

2. 现金股利是股利分配的主要方式

表 14.2　2009—2013 年广西上市公司股利分配形式

分配方式	2009 年		2010 年		2011 年		2012 年		2013 年	
	公司数/家	比例/(%)	公司数/家	比例/(%)	公司数/家	比例/(%)	公司数/家	比例/(%)	公司数/家	比例/(%)
派现	8	88.89	15	100	12	100	16	100	17	94.44
送股	2	22.22	6	40	1	8.33	3	18.75	0	0
公积金转增股本	3	33.33	5	33.33	5	41.67	6	37.5	1	5.56

由表 14.2 可见，在 2009—2013 年期间，广西上市公司以现金股利作为主要的分配方式，并辅之以公积金转增资本、送股等形式。其中，现金股利分配方式采用的公司最多、使用频次最高。

3. 现金股利支付水平偏低

表 14.3　2009—2013 年广西上市公司每股现金股利分布

单位：元/股

项　目	2009 年	2010 年	2011 年	2012 年	2013 年
每股现金股利最大值	0.4	0.55	0.5	0.4	0.5
每股现金股利最小值	0.015	0.03	0.05	0.03	0.04
每股现金股利均值	0.17	0.155	0.2	0.15	0.149

由表 14.3 可见，现金股利是广西上市公司股利分配的主要方式，但其股利支付水平并不高，且差额较大。从时间维度看，近 5 年广西上市公司每股现金股利均值在 0.149~0.2 元之间，相对稳定。

第二节　广西上市公司股利分配政策的影响因素分析

1. 盈利能力对股利分配的影响

盈利能力是指企业获取利润的能力，综合反映一段期间内企业经营业绩的好坏。上市公司通常采用每股收益等指标来评价盈利能力，每股收益越高，表明盈利能力越强，可供分配的利润越多，公司发放股利的可能性越大，股利额也会越多[14]。那么广西上市公司的情况是否如此呢？

表 14.4 2009—2013 年广西上市公司不同盈利情况分配股利的比例

每股收益	2009 年 /（%）	2010 年 /（%）	2011 年 /（%）	2012 年 /（%）	2013 年 /（%）	均值 /（%）
≤0	0	25	0	20	18.18	12.64
0~0.05	0	0	0	20	100	24
0.05~0.2	28.57	66.66	60	70	57.14	56.47
0.2~0.4	75	85.71	66.67	66.67	87.5	76.31
>0.4	66.67	75	60	75	100	75.33

由表 14.4 可见，当公司的每股收益小于等于 0 时，公司经营面临困难，很少进行股利分配，近 5 年股利分配比例的均值仅为 12.64%；当公司的每股收益在 0~0.05 元时，公司经营处于微利状态，可供分配的现金也不多，近 5 年股利分配比例的均值升至 24%；当公司的每股收益在 0.05~0.2 元时，公司经营业绩有所提升，可供分配的利润逐步增加，近 5 年股利分配比例的均值进一步上升到 56.47%；当上市公司的每股收益在 0.2~0.4 元时，公司经营业绩较好，可供分配的利润稳定，近 5 年股利分配比例的均值高达 76.31%；当上市公司的每股收益大于 0.4 元时，公司经营业绩良好，利润丰厚，但同时可能也拥有更多更好的投资机会，近 5 年股利分配比例的均值维持在 75.33% 的高位。总体来看，广西上市公司股利分配的比例与盈利能力呈正相关，盈利水平高低是广西上市公司股利分配与否、分配多少的决定性因素。从另一个方面来说，广西上市公司股利分配比例偏低、金额偏少，也可能是受制于盈利能力的不足。

2. 负债水平对股利分配的影响

负债水平是指总资产中有多少是通过负债筹集的，资产负债率是评价公司负债水平最直观的指标。一般来讲，资产负债率越高，公司的财务风险也越大，为改善不利财务状况或优化公司的资本结构，公司通常倾向于不分配股利。因此，负债水平与股利分配负相关，即资产负债率越高，分配股利的可能性越低。那么广西上市公司的情况是否如此呢？

表 14.5 2009—2013 年广西上市公司不同负债情况分配股利的比例

资产负债率	2009 年 /（%）	2010 年 /（%）	2011 年 /（%）	2012 年 /（%）	2013 年 /（%）	均值 /（%）
≤20%	0	100	100	100	100	80
20%~40%	16.67	40	50	62.5	75	48.83
40%~60%	33.33	71.43	50	50	66.67	54.29
60%~80%	50	54.55	33.33	60	55.56	50.69
>80%	33.33	0	0	0	0	6.67

由表 14.5 可见，在资产负债率≤20% 的情况下，公司财务稳健，偿债压力较小，倾向于进行股利分配，除 2009 年遇金融危机外，其他年份分配股利的比例均达到了 100%；而当资产负债率＞80% 时，公司高负债高风险，偿债压力巨大，股利分配即便有心也怕无力，除 2009 年的极值外，其他年份分配股利的比例均为 0%；从均值来看，随着负债水平的上升股利分配比例整体呈下降趋势，这一现象符合负债水平与股利分配呈负相关的规律。

另外，2009 年作为金融危机爆发之后，经济周期由泡沫转向收缩的分水岭，呈现出了

"高负债、高股利"的异常现象。或许表明经济过热甚至泡沫周期,高负债公司容易搏取高收益,进而可能带来更高股利;而当经济下行,周期翻转之时,高负债公司则面临着巨大的偿债压力,无力进行股利分配。

3. 成长能力对股利分配的影响

成长能力是指企业未来的发展趋势与发展速度,通常可用主营业务收入增长率等指标来考查。主营业务收入增长率高,表明公司产品的市场需求大,业务扩张能力强。一般情况下,成长性好的公司,因公司拓展市场和增加投资有很大的现金需求,所以倾向不支付股利。即成长性与分配股利可能性成负相关[15]。那么广西上市公司的情况是否如此呢?

表 14.6 2009—2013 年广西上市公司不同成长能力股利分配的比例

主营业务收入增长率	2009 年/(%)	2010 年/(%)	2011 年/(%)	2012 年/(%)	2013 年/(%)	均值/(%)
≤-30%	0	50	0	0	50	20
-30%~5%	16.67	20	80	66.67	50	46.67
5%~10%	75	50	25	100	100	70
≥10%	50	66.67	35.29	43.75	66.67	52.48

由表 14.6 可见,当主营业务收入增长率≤-30%时,公司的主营业务大幅下降,已产生预警信号,除个别年分外,均无股利分配;当主营业务收入增长率在-30%~5%时,公司已进入衰退期,一方面公司的盈利能力在下降,另一方面对资金的需求量也在减少变小,因此股利分配的可能性较大,从均值看,接近50%的公司进行了股利分配;当主营业务收入增长率在5%~10%时,公司处于稳定增长期,一方面市场稳定、盈利较好,另一方面已经过了大规模研发和基础投资阶段,因此,股利分配比例较高,其均值达到70%;当主营业务收入增长率≥10%时,公司处于快速成长期,有较好的增长势头,同时也需要大量的资金投入,股利分配率并不高,其均值为52.48%,这一点符合高成长低分配的特点。

第三节 广西上市公司股利分配政策存在的问题

1. 治理结构不健全、股利分配存在认识误区

公司的治理结构不健全是导致股利分配政策不合理的根本原因。广西上市公司股权结构中国家股和法人股所占的比重是最大的,在分配决策时起主导作用,流通股比例小,对公司股利分配政策没有话语权。

此外,缺乏制衡的大股东对股利分配政策的认识上也存在误区:片面的认为现有资金越多越好,因此倾向于不分红、少分红或者视盈利情况分红,缺少股利分配理论的指导。

2. 盈利能力不稳定、股利分配缺乏连续性

盈利能力的变化将直接影响股利分配政策,是公司决定是否分配,分配多少的主要因素,广西上市公司盈利能力普遍较低,迫使股利只得少分或不分。盈利的不稳定也使得制定稳定的股利政策成为难题,或已经制定了稳定的股利政策,实施得不到保障。因此,顺应市场环境,加强自身竞争力,切实提高盈利能力是广西上市公司完善股利分配政策的当务之急。

3. 股利政策不科学、有损公司价值和股东利益

广西上市公司制定股利政策时缺乏相关理论指导，具有主观随意性，没有充分认识到股利政策对公司价值的影响。因此，广西上市公司中持续分配股利的公司数量很少，短期行为严重。这会向市场传递公司不好的信息，也直接影响到股东的投资收益，股东难以从股利分配中获得相应回报。

第四节　完善广西上市公司股利分配政策的对策建议

1. 优化股权结构，完善公司治理

股权结构的不合理是导致广西上市公司股利分配不规范的原因之一，因此须优化股权结构，建立多元机制。非流通股比例过大，可使机构投资者的持股比例增大，使非流通股转移。同时，健全公司治理结构，发挥中小股东的决策参与和决策监督作用。

2. 加强自主创新，提升盈利能力

公司的盈利能力是影响上市公司股利分配的重要因素，广西上市公司应提高自身的盈利能力，以增强企业支付股利的意愿，也有利于促进股利分配的持续性。然而，广西上市公司核心竞争力不强，究其原因主要在于管理落后、创新不足，缺乏核心技术和优质产品，结合资源优势、加强自主创新是提高盈利能力的重要环节。

3. 加强理论学习，完善股利政策

理论上股利政策主要有剩余股利政策、稳定性股利支付政策、固定股利支付率政策、低正常股利加额外股利政策等类型。广西上市公司应结合自身实际情况，认真研究不同股利政策适用的环境，进而制定出符合公司战略和股东财富长期稳定增长的股利分配政策。

第十五章　新常态下上市公司财务危机预警模型构建与实证分析

新常态下我国基础化学行业面临着产能过剩、债务偏高、环保支出压力持续增长等多重困境，构建科学有效的财务危机预警模型对公司适应新常态、防范和应对财务危机具有积极作用。本章运用主成分分析法，结合新常态下基础化学行业的基本特征构建了财务危机预警模型，并以2015年被ST的3家财务危机上市公司和9家财务正常上市公司为估计样本组，使用SPSS统计软件进行了实证分析。结果显示预测模型具有较高的准确度，可以为公司风险防控提供有益的参考。

第一节　上司公司财务危机预警的相关文献回顾

财务危机（Financial Crisis）是指公司丧失偿还到期债务的能力，面临破产清算的风险。财务危机预警是通过设置并观察一些敏感性财务指标的变化，从而对企业可能或将要面临的财务危机事先进行预测预报的财务分析。

关于财务危机的界定，现有研究中主要有以下两种方法：一是无力偿还债务导致破产。国外关于财务危机的研究多以此为标准。Altman（1968）认为法律上破产、被接管和重整等进入法定破产程序就被认为是发生了企业财务危机；Beaver（1966）认为符合"破产、拖欠偿还债务、透支银行账户和无力支付优先股股利"四项中的一项都可以认定企业发生了财务危机；Ross（1999,2000）等人从四个方面概括了财务危机的特征，其中之一为法定破产[16]。二是被特殊处理。鉴于我国证券市场退市制度的不完善，国内学者多以上市公司被特别处理（Special treatment,ST）作为财务危机发生的标志[17]。

关于财务危机的预警方法，按其所选择的研究变量的不同主要分为单变量模型和多变量模型。美国经济学家Fitzpatrick（1932）率先提出了单变量预警理念，研究结果显示资本收益率对财务危机预警具有较强的判别能力[18]。Beaver（1966）的研究则表明，现金流量与负债总额的比率能够更好地判定公司的财务状况，其次是资产负债率[19]。Altman（1968）提出了多元线性判别模型Z-score法，并确定了临界值，是财务预警的经典方法[20]。Altman,Haldeman&Narayanan（1977）提出了改进后的ZETA模型[21]，该模型准确度更高，具有更显著的优越性。Ohlson（1980）等学者在财务预警研究中应用了二元概率函数来计算危机实践发生的概率，提出了多元逻辑回归模型[22]。学者R.Sharda和OdomMD（1990）率先在财务预警系统中应用人工神经网络模型（ANN）。ANN是对人脑或自然神经网络若干基本特性的抽象和模拟[23]。周首华等基于Z计分模型建立了F分数模型[24]。吴世农等应用Fisher线性判定分析、多元线性回归分析和Logistic回归分析三种方法，分别建立三种预测财务困境的模型[25]。

第二节　新常态下基础化学行业上市公司财务危机的影响因素

基础化学行业上市公司面临财务危机的比率较高，该行业共有 41 家上市公司，2015 年被"特别处理"的就有 6 家，整体呈现低迷态势。

1. 过度举债

过度举债是基础化学行业发生财务危机的原因之一。基础化学行业以债务融资为主，股权融资占比较小，再加上生产经营投资大和生产周期长的特点，行业整体财务风险较高，债务负担较重。

2. 环保需求的增长

近年来，环保成为热议话题，受到了国家和社会的广泛关注，针对这一问题国家还出台了相关政策法规加大对节能减排的支持力度，污染物排放标准全面实施，作为高耗能和污染较重的基础化学行业必须建立相关的废水、废气和固体废弃物的处理排放设施，这就不可避免加大了企业成本，财务负担加重。

3. 产能过剩

原材料成本和人工成本的上涨造成基础化学行业利润下降，甚至经营持续亏损，行业的盈利能力也被削弱。而业内一些公司为了提高企业利润额大量投入生产，在产能过剩和市场需求萎缩的矛盾下，造成产品积压，销售价格反被压低，营业收入增长而利润却呈下降趋势，造成了恶性循环，行业的整体回升受到了较大的制约。

4. 国际竞争激烈

国外竞争对手基础化学产业规模化，具有成本优势，并拥有健全的销售网络、灵活的销售策略和强大的市场服务优势，在包括中国市场在内的世界主要市场展开了庞大的扩产计划。这使得中国本土企业在对外竞争中处于劣势。同时，欧美环保意识和产权意识强烈，外国政府相继出台了一系列强硬的环保法规和知识产权保护政策，保护了本国的产品，对中国而言，在产品外销的准入性上提高了要求，这意味着必须花费更多时间和费用来获取海外地区的销售许可，增加了销售成本。

第三节　基础化学行业上市公司样本数据和预警指标的确定

一、样本和数据的选取

1. 样本的选取

根据我国的具体情况以及本章对财务危机的界定标准，参考石晓军、肖远文的研究成果，以 1∶3 为配比比率、0.647 为分界点比较适合我国的情况[26]。本章从上海、深圳证券交易市场随机选取了 3 家 ST 基础化学行业上市公司作为财务危机公司样本，选取 9 家非 ST 公司作为财务状况正常公司样本，组成一个样本量为 12 的估计样本组。另外再选取 3 家 ST 公司和 9 家非 ST 公司作为检验样本组对模型进行有效性检验，见表 15.1。

表 15.1 基础化学行业上市公司样本组的选取

估计样本组				检验样本组			
序号	ST 公司	序号	非 ST 公司	序号	ST 公司	序号	非 ST 公司
1	000059*ST 华锦	1	000096 广聚能源	1	600091*ST 明科	1	600688 上海石化
2	002192*ST 融捷	2	000637 茂化实华	2	000510*ST 金路	2	600618 氯碱化工
3	600301*ST 南化	3	000819 岳阳兴长	3	600722*ST 金化	3	600328 兰太实业
		4	002092 中泰化学			4	600256 广汇能源
		5	002386 天原集团			5	300135 宝利国际
		6	600028 中国石化			6	002648 卫星石化
		7	600281 太化股份			7	006698 沈阳化工
		8	600409 三友化工			8	000554 泰山石油
		9	603003 龙宇燃油			9	002125 湘潭电化

2. 数据的选取

为了能够建立一个有效的远期财务危机预警模型,本章选取上市公司 ST 之前的第 $t-3$ 年(t 年是指被 ST 的当年)的数据。主要是因为大多数公司被 ST 的原因为最近两年连续亏损,因此,$t-1$ 年、$t-2$ 年的财务数据是上市公司被 ST 的依据,财务风险已经暴露,不具备预测价值。

二、预警指标的确定

1. 财务预警指标的初步选取

财务危机最终表现为财务指标的恶化,企业的财务状况主要由盈利能力、营运能力、偿债能力和发展能力共同决定。本章借鉴国内外学者的研究成果,并结合我国基础化学行业上市公司的实际情况,初步选取了 19 项预警指标,以此为基础构建模型的指标体系(见表 15.2)。

表 15.2 基础化学行业上市公司初步选取的财务预警指标体系

变量类型	变量	指标名称和公式
盈利能力	$X1$	总资产净利率($X1$)= 净利润 / 平均资产总额
	$X2$	销售净利率($X2$)= 净利润 / 主营业务收入净额
	$X3$	主营业务利润率($X3$)= 主营业务利润 / 主营业务收入
	$X4$	净资产收益率($X4$)= 净利润 / 平均净资产
	$X5$	留存收益与总资产比率($X5$)=(未分配利润 + 盈余公积)/ 总资产
	$X6$	销售现金比率($X6$)= 经营活动现金净流量 / 主营业务收入
	$X7$	资产现金回收率($X7$)= 经营现金净流量 / 平均资产总额
偿债能力	$X8$	流动比率($X8$)= 流动资产 / 流动负债
	$X9$	速动比率($X9$)= 速动资产 / 流动负债
	$X10$	营运资本总资产比率($X10$)= 营运资本 / 平均资产总额

续表

变量类型	变量	指标名称和公式
偿债能力	$X11$	资产负债率（$X11$）=负债总额/资产总额
	$X12$	现金流动负债比率（$X12$）=经营活动现金净流量/流动负债
	$X13$	现金债务总额比率（$X13$）=经营活动现金净流量/债务总额
资产营运能力	$X14$	存货周转率（$X14$）=主营业务成本/平均存货净额
	$X15$	应收账款周转率（$X15$）=主营业务收入净额/平均应收账款
	$X16$	总资产周转率（$X16$）=主营业务收入/平均资产总额
	$X17$	流动资产周转率（$X17$）=主营业务收入/平均流动资产总额
	$X18$	主营业务收入增长率（$X18$）=（本期主营业务收入－上期主营业务收入）/上期主营业务收入
	$X19$	净资产增长率（$X19$）=（本期净资产－上期净资产）/上期净资产

2. 财务预警指标的筛选与确定

预警指标过多一方面会增加信息收集、整理和分析的工作量，另一方面也可能存在指标之间共性、相关，从而影响预警信息的准确性。因此在构建预警模型之前，需要从初步选取的19个指标中筛选出具有显著性差异的指标，以提高预警指标的代表性和预警信息的准确性。

（1）正态性检验。指标符合或近似符合正态性分布是进行预警指标显著性检验的前提。

K-S检验用于检验数据是否符合正态分布，适用于探索连续型随机变量的分布。因为在检验之前无从得知该数据是否符合正态分布，所以这种检验属于非参数检验。K-S检验中显著性水平一般为$P=0.05$，默认原假设为H0即变量不符合正态分布，当渐进显著性（双侧）大于显著性水平0.05时，则原假设不成立，即变量符合正态分布；反之，当渐进显著性（双侧）小于显著性水平0.05，原假设成立，即变量不符合正态分布。因此需要对需要对渐进显著性（双侧）和显著性水平P进行比较。

利用SPSS19.0统计分析软件对12家公司的19个指标进行正态分布K-S检验，检验结果见表15.3。

表15.3 总体的正态分布K-S检验

变量	N	Kolmogorov-Smirnov 检验						
		正态参数 a,b		最极端差别			Kolmogorov-Smirnov Z	渐近显著性（双侧）
		均值	标准差	绝对值	正	负		
$X1$	19	0.014 083	0.048 987 6	0.308	0.162	−0.308	1.068	0.204
$X2$	19	−0.015 225	0.107 041 5	0.475	0.309	−0.475	1.646	0.009
$X3$	19	−0.007 308	0.250 913	0.354	0.203	−0.354	1.225	0.099
$X4$	19	−0.012	0.196 688 5	0.446	0.251	−0.446	1.546	0.017
$X5$	19	0.130 375	0.221 551 5	0.141	0.128	−0.141	0.487	0.972
$X6$	19	−0.008 492	0.085 473	0.185	0.12	−0.185	0.64	0.807

续 表

变量	N	Kolmogorov-Smirnov 检验					Kolmogorov-Smirnov Z	渐近显著性（双侧）
		正态参数 a,b		最极端差别				
		均值	标准差	绝对值	正	负		
$X7$	19	−0.01 325	0.136 622 4	0.252	0.175	−0.252	0.873	0.431
$X8$	19	1.977 092	2.222 915 9	0.361	0.361	−0.256	1.25	0.088
$X9$	19	1.459 742	1.971 721 6	0.38	0.38	−0.266	1.318	0.062
$X10$	19	0.426 742	0.388 502 2	0.141	0.128	−0.141	0.49	0.97
$X11$	19	0.538 792	0.279 265 5	0.234	0.179	−0.234	0.811	0.526
$X12$	19	0.097 483	0.451 086 5	0.251	0.251	−0.191	0.868	0.438
$X13$	19	0.096 825	0.438 361 3	0.261	0.261	−0.242	0.905	0.386
$X14$	19	18.480 858	17.242 770 4	0.343	0.343	−0.226	1.188	0.119
$X15$	19	202.370 680 6	418.805 954 3	0.348	0.348	−0.314	1.205	0.11
$X16$	19	1.756 275	1.759 095 6	0.243	0.243	−0.207	0.843	0.476
$X17$	19	3.526 975	2.696 956 5	0.268	0.268	−0.195	0.929	0.353
$X18$	19	0.013 258	0.291 028 8	0.133	0.11	−0.133	0.46	0.984
$X19$	19	0.070 508	0.286 920 7	0.249	0.244	−0.249	0.862	0.447

从 K-S 检验结果来看，在 P=0.05 的显著性水平下，X_1、X_3、X_5、X_6、X_7、X_8、X_9、X_{10}、X_{11}、X_{12}、X_{13}、X_{14}、X_{15}、X_{16}、X_{17}、X_{18}、X_{19} 的渐进显著性 P 大于 0.05，该 17 项财务指标通过了正态分布检验即符合正态分布，剩下 2 项指标没能通过正态分布检验即不符合正态分布。

（2）显著性检验。利用 SPSS19.0 统计分析软件，采用单样本 T 检验方法对符合正态分布的 17 个财务预警指标进行显著性检验，再根据 T 检验结果筛选出确定可用的指标。T 检验显著性水平一般为 0.05，在这一水平下，如果渐进显著性（Sig）大于 0.05，则具有显著差异。T 检验结果见表 15.4。

表 15.4 单个样本 T 检验

	检验值 = 0					
	T	df	Sig.（双侧）	均值差值	差分的 95% 置信区间	
					下限	上限
$X1$	0.996	11	0.341	0.0 14 083 3	−0.017 042	0.045 209
$X3$	−0.101	11	0.921	−0.007 308 3	−0.166 731	0.152 114
$X5$	2.038	11	0.066	0.130 375 0	−0.010 392	0.271 142
$X6$	−0.344	11	0.737	−0.008 491 7	−0.062 799	0.045 815
$X7$	−0.336	11	0.743	−0.013 250 0	−0.100 056	0.073 556

续 表

	检验值 = 0				差分的 95% 置信区间	
	T	df	Sig.（双侧）	均值差值	下限	上限
$X8$	3.081	11	0.010	1.977 091 7	0.564 718	3.389 465
$X9$	2.565	11	0.026	1.459 741 7	0.206 970	2.712 514
$X10$	3.805	11	0.003	0.426 741 7	0.179 899	0.673 584
$X11$	6.683	11	0.000	0.538 791 7	0.361 355	0.716 228
$X12$	0.749	11	0.470	0.097 483 3	−0.189 123	0.384 090
$X13$	0.765	11	0.460	0.096 825 0	−0.181 696	0.375 346
$X14$	3.713	11	0.003	18.480 858 3	7.525 325	29.436 392
$X15$	1.674	11	0.122	202.370 680 6	−63.725 927 6	468.467 288 9
$X16$	3.459	11	0.005	1.756 275 0	0.638 599	2.873 951
$X17$	4.530	11	0.001	3.526 975 0	1.813 411	5.240 539
$X18$	0.158	11	0.877	0.013 258 3	−0.171 653	0.198 169
$X19$	0.851	11	0.413	0.070 508 3	−0.111 792	0.252 809

从 T 检验结果分析得出，X_1、X_3、X_5、X_6、X_7、X_{12}、X_{13}、X_{15}、X_{18}、X_{19} 这 10 个财务预警指标通过了单样本 T 检验的显著性检验，即 10 项指标之间有着显著差异，应当予以保留。其余 7 个指标没有通过显著性检验即没有显著性差异，将其剔除。

第四节 基础化学行业上市公司财务预警的实证分析

一、主成分分析和提取

为降低财务指标之间信息重复冗杂的影响，以确保模型的准确性，利用主成份因子分析法对上文筛选的 10 个指标进行主成份提取。变量是否适合因子分析，还要测试变量之间的关联程度。变量之间相关性可以使用 KMO（Kaiser-Meyer-Olkin）和巴特利球形检验（Barlett Test of Sphericity）进行测试。

1. KMO 测试和巴特利球形测试

KMO 统计量，是通过比较各变量间简单相关系数和偏相关系数的大小判断变量间的相关性，相关性强时，KMO 值接近 1。一般情况下，KMO>0.9 非常适合主城分分析；0.8 < KMO < 0.9 适合；0.7 以上尚可；0.6 时效果很差；0.5 以下不适合[27]。巴特利球形检验用来检测相关系数是否为单位阵，如果该值较大，各变量呈现较强的线性关系，则判定相关系数不是

单位阵,即该样本适合用来做主成份分析[28]。

KMO 和 Bartlett 的检验的结果见表 15.5,取样足够度的 KMO 度量为 0.875,表明各指标之间的相关程度较高,适合进行主成分分析。样本分布 Bartlett 的球形度检验卡方检验值为 176.958,P 值为 0.000<0.05,表明 10 个财务预警指标之间具有较强的关联度。以上两种检测方法都说明变量适合进行主成份分析。

表 15.5 KMO 和 Bartlett 的检验

取样足够度的 Kaiser-Meyer-Olkin 度量。		0.875
Bartlett 的球形度检验	近似卡方	176.958
	df	45
	Sig.	0.000

2. 提取主成分

凯泽法和累积贡献率法是提取主成分的常用办法。凯泽法认为特征值的大小和主成分影响程度大小成正比,特征值大则影响程度大,特征值小则影响程度小。因此其核心是选出特征值大于 1 的主成分,而将特征值小于 1 的排除。累积贡献率法则是选取累积贡献率达到特定百分比(一般为 85%)的主成分[29]。

主成分分析结果见表 15.6。初始特征值大于 1 的公共因子有 3 个,其累积方差贡献率也达到了 89.336%,说明这 3 个公共因子,包含的原来 10 个财务指标的信息量达到了 89.336%;同时从表 15.7 可以看出,10 个财务指标主成分因子共同度大多在 0.8 以上,说明这 3 个主成分可以很好的代表 10 个财务指标。综合表 15.6、表 15.7 和表 15.8,文章共提取了 3 个主成分。

表 15.6 主成分分析结果

成分 F	初始特征值			提取平方和载入			旋转平方和载入		
	特征值	方差贡献率/(%)	累积方差贡献率/(%)	特征值	方差贡献率/(%)	累积方差贡献率/(%)	特征值	方差贡献率/(%)	累积方差贡献率/(%)
1	4.606	46.062	46.062	4.606	46.062	46.062	3.864	38.637	38.637
2	2.515	25.148	71.210	2.515	25.148	71.210	2.669	26.694	65.331
3	1.813	18.126	89.336	1.813	18.126	89.336	2.400	24.005	89.336
4	0.651	6.507	95.843						
5	0.316	3.162	99.005						
6	0.053	0.527	99.532						
7	0.040	0.395	99.927						
8	0.007	0.065	99.992						
9	0.001	0.006	99.998						
10	0.000	0.002	100.000						

表 15.7　因子共同度

	初始	提取
$X1$	1.000	0.934
$X3$	1.000	0.928
$X5$	1.000	0.766
$X6$	1.000	0.932
$X7$	1.000	0.859
2	1.000	0.984
$X13$	1.000	0.968
$X15$	1.000	0.821
$X18$	1.000	0.761
$X19$	1.000	0.981

提取方法：主成分分析。

表 15.8　成份矩阵 a

	成分		
	1	2	3
$X1$	0.709	0.599	−0.267
$X3$	0.528	0.161	0.789
$X5$	0.703	0.421	−0.307
$X6$	0.690	0.013	0.675
$X7$	0.645	−0.662	0.071
$X12$	0.914	−0.335	−0.192
$X13$	0.881	−0.360	−0.251
$X15$	0.821	−0.027	−0.382
$X18$	0.392	0.604	0.492
$X19$	0.021	0.952	−0.274

提取方法：主成分。a. 已提取了 3 个成分。

3. 主成分的解释

　　为了便于对因子进行解释，本章使用了最大方差法进行了因子旋转。这样能够维持坐标轴的正交性，并且旋转后因子之间保持不相关，保证各因子正交的同时，使各因子的方差差异达到最大。旋转后的成分矩阵见表 15.9。

表 15.9　旋转成份矩阵 [a]

	成分		
	1	2	3
X1	0.372	0.866	0.215
X3	0.120	0.011	0.956
X5	0.465	0.729	0.139
X6	0.359	−0.011	0.896
X7	0.830	−0.359	0.204
X12	0.971	0.118	0.167
X13	0.973	0.108	0.095
X15	0.802	0.421	0.029
X18	−0.119	0.456	0.734
X19	−0.363	0.922	−0.020

提取方法：主成分。
旋转法：具有 Kaiser 标准化的正交旋转法。
a. 旋转在 6 次迭代后收敛。

依据各个主成分表达式可知：主成分 $F1$ 主要是由变量 $X7$，$X12$，$X13$，$X15$ 这 4 个指标解释的，代表了公司的盈利能力、偿债能力和资产营运能力；主成分 $F2$ 主要由 $X1$，$X5$，$X19$ 这三个指标解释的，$F3$ 主要是由 $X3$，$X6$，$X18$ 解释的，$F2$，$F3$ 共同代表了公司的盈利能力和资产营运能力。

二、主成分数学表达式与临界值的确定

根据表 15.10 因子得分系数矩阵，可以得到主成份 $F1$~$F3$ 和 10 项指标间的关系式：
$F1=0.154X1+0.115X3+0.153X5+0.150X6+0.140X7+0.198X12+0.191X13+0.178X15+0.085X18+0.005X19$

$F2=0.238X1+0.115X3+0.064X5+0.168X6-0.263X7-0.133X12-0.143X13-0.011X15+0.240X18+0.378X19$

$F3=-0.148X1+0.435X3-0.170X5+0.372X6+0.039X7-0.106X12-0.138X13-0.211X15+0.272X18-0.151X19$

同时，根据表 15.7 中各个提取后的主成分的方差贡献率，可以得到主成分预警模型的数学表达式为：

$P=0.46062F1+0.25148F2+0.18126F3$

注：P 为预测分值。

表 15.10　因子得分系数矩阵

	成分 F		
	1	2	3
$X1$	0.154	0.238	−0.148
$X3$	0.115	0.064	0.435
$X5$	0.153	0.168	−0.170
$X6$	0.150	0.005	0.372
$X7$	0.140	−0.263	0.039
$X12$	0.198	−0.133	−0.106
$X13$	0.191	−0.143	−0.138
$X15$	0.178	−0.011	−0.211
$X18$	0.085	0.240	0.272
$X19$	0.005	0.378	−0.151

提取方法：主成分。

根据上述公式，可以计算各估计样本组公司的预测分值 P，并对预测分值按降序排序，结果见表 15.11。

表 15.11　估计样本组公司预测分值 P 排序

估计样本组	$F1$	$F2$	$F3$	P
岳阳兴长	263.35	−16.43	−311.70	60.67
茂化实华	63.93	−3.98	−75.75	14.72
广聚能源	55.75	−3.52	−66.12	12.81
天原集团	17.67	−1.00	−20.70	4.13
中泰化学	10.16	−0.63	−11.85	2.37
中国石化	7.28	−0.42	−8.41	1.73
龙宇燃油	5.07	0.36	−6.20	1.30
*ST 南化	3.86	−0.57	−4.75	0.77
三友化工	3.11	−0.30	−4.51	0.54
太化股份	1.42	0.00	−1.59	0.37
*ST 融捷	1.41	−0.05	−1.55	0.35
*ST 华锦	−0.05	0.02	−0.02	−0.02

本章样本组是按 1∶3 的配比比例选取的，因此，本章将 $P=0.647$ 作为本章建立的预警模型的临界值。若 $P>0.647$，则为财务正常公司；若 $P<0.647$，则为财务危机公司。P 值越接近 0.647 则表明公司离财务危机越近。

三、模型的检验与评价

估计样本组中 9 家财务正常公司被正确判定的有 7 家,正确率达到 77.8%,3 家财务危机公司被正确判定的有 2 家,正确率达到 66.7%。

为更好检验模型的有效性,接下来将用表 1 中检验样本组公司做进一步检验。

表 15.12 检验样本组公司预测分值 P 排序

检验样本组	$F1$	$F2$	$F3$	PS
广汇能源	262.27	−17.45	−310.51	60.13
泰山石油	170.03	−10.85	−201.18	39.13
氯碱化工	124.54	−7.74	−147.63	28.66
沈阳化工	63.32	−3.92	−75.02	14.58
上海石化	19.56	−1.22	−23.17	4.50
卫星石化	4.86	−0.60	−5.15	1.15
宝利国际	4.10	−0.61	−4.51	0.92
*ST??	1.47	0.06	−1.12	0.49
兰太实业	1.74	−0.08	−1.88	0.44
*ST 明科	0.49	0.68	−0.25	0.35
*ST??	1.07	−0.02	−1.09	0.29
湘潭化学	0.84	−0.14	−0.93	0.18

通过分析表 15.12 得出,9 家财务正常公司被正确判定的有 7 家,2 家误判,正确率为 77.8%,3 家财务危机公司全部被正确判定,正确率达到 100%。综合估计样本组和检验样本组的结果,得出该模型对财务正常公司判定准确率为 77.8%,对财务危机公司判定准确率为 83.35%,可见本模型预测准确性较高,对基础化学行业防控财务危机具有积极的现实意义。

第十六章　新常态下上市公司财务风险的四重判断

宏观经济弱周期低增速背景下，实体经济面临着人民币升值、出口乏力、内需不足、流动性紧缩、资金成本上升、产能过剩等多重困境。困境累积的结果最终将以不同形式传导、酝酿成为企业的财务风险。因此，快速有效地识别上市公司的财务风险，对投资者、经营管理者和债权人等利益相关方均具有重要意义。本章从负债规模是否适度、负债弹性是否合理、负债经营是否发挥正效益、负债偿还是否具有现金保障等角度，提出了多维比较的四重判断法，并以广西 A 股上市公司为例进行了测算分析，希望能够为决策者提供有益的参考。

当前，我国实体经济面临着国际国内发展的双重困境。从国际看，后金融危机时代，欧美市场萎缩且贸易保护主义加剧，特别是在人口红利消减和人民币升值的双重压力下，出口增长已现疲态；从国内看，宏观经济下行的压力依然很大，产能过剩和消费不足的矛盾仍将持续，特别是随着利率市场化进程的演进，流动性收缩和资金成本上升，将是实体企业需要破解的难题。在此背景下，企业的财务战略与市场环境及自身竞争力是否相匹配，就显得尤为重要。特别是负债经营的规模是否适度、财务杠杆能否发挥正效应、结构性偿债危机如何避免、财务风险怎样尽早识别等问题，日益成为企业内部管理者和外部利益相关方关注的焦点。有鉴于此，本章提出了上市公司财务风险监管的四重判断法，希望能够为决策者提供有益的参考。

第一节　第一重判断：看规模
——比较资产负债率与行业平均水平

上市公司负债规模是否适度，最直观的衡量指标是资产负债率。资产负债率（Debt Asset Ratio，DAR）是指负债在总资产中的比例，比值过高，表明企业执行高度杠杆化的负债经营战略，财务风险较大；比值过低，表明企业执行谨慎负债的稳健财务战略，但同时杠杆弹性的缺失也可能抑制股东财富的最大化[30]。因此，判断企业债务水平是否合理、是否存在过度负债，首先要关注资产负债率这个指标。但是，最优的资产负债率并没有一个统一的标准，不同行业特点、不同经营环境、甚至企业的不同发展阶段，都会有非常大的差异。因此，根据均数原则和中数原则，我们认为以行业平均水平为参考值是安全和稳健的。一般来讲，低于行业平均水平，负债规模还有扩张的空间，财务风险较小；高于行业平均水平，负债规模进一步扩张的空间有限，财务风险较高。因此，以行业均值偏离度（目标公司与行业均值的差异/行业均值）作为衡量指标具有直观可行性。

为便于比较和判断，资产负债率表示为 DAR，其行业均值表示为 DAR'；构建如下评级体系。(DAR−DAR')/DRA'≤0，负债规模低于行业平均水平，财务风险较小，属于稳健型，评为 A 级；10%≥(DAR−DAR')/DRA'>0，负债规模扩张适度，财务风险略有上升，评为 B 级；以此类推，20%≥(DAR−DAR')/DRA'>10%，评为 C 级；30%≥(DAR−DAR')/DRA'>20%，评为 D 级；50%≥(DAR−DAR')/DRA'>30%，评为 E 级；(DAR−DAR')/DRA'>50%，评为 F 级。现在以广西上市公司为例，进行分析说明。

表 16.1 2013 年广西上市公司资产负债率、行业均值及其偏离度风险评级

公司代码	公司名称	所处行业	资产负债率	行业均值	偏离度	风险评级
000528	柳工	C73	0.577 607	0.386 344	0.495 06	E
000582	北部湾港	F07	0.549 908	0.495 202	0.110 47	C
000608	阳光股份	J01	0.595 973	0.632 419	−0.057 63	A
000662	索芙特	C43	0.329 539	0.435 145	−0.242 69	A
000703	恒逸石化	C47	0.690 292	0.535 243	0.289 68	D
000716	南方食品	C03	0.425 959	0.374 584	0.137 15	C
000806	银河投资	C76	0.586 284	0.399 117	0.468 95	E
000833	贵糖股份	C31	0.258 289	0.534 747	−0.516 99	A
000911	南宁糖业	C01	0.744 314	0.387 252	0.922 04	F
000953	河池化工	C43	0.752 533	0.435 145	0.729 38	F
000978	桂林旅游	K34	0.442 821	0.365 539	0.211 42	D
002166	莱茵生物	C85	0.828 235	0.275 999	2.000 87	F
002175	广陆数测	C78	0.200 399	0.275 86	−0.273 55	A
002275	桂林三金	C81	0.180 766	0.356 617	−0.493 11	A
002329	皇氏乳业	C03	0.283 654	0.374 584	−0.242 75	A
002592	八菱科技	C75	0.224 719	0.485 329	−0.536 98	A
002696	百洋股份	A07	0.297 830	0.357 896	−0.167 83	A
600236	桂冠电力	D01	0.767 588	0.601 939	0.275 19	D
600249	两面针	C43	0.393 632	0.435 145	−0.095 40	A
600252	中恒集团	C81	0.391 013	0.356 617	0.096 45	B
600301	ST 南化	C43	1.008 719	0.435 145	1.318 12	F
600310	桂东电力	D01	0.552 066	0.601 939	−0.082 85	A
600368	五洲交通	F03	0.759 365	0.444 611	0.707 93	F
600423	柳化股份	C43	0.681 266	0.435 145	0.565 61	F
600538	国发股份	C43	0.838 535	0.435 145	0.927 02	F
600556	北生药业	C85	0.974 992	0.275 999	2.532 60	F
600712	南宁百货	H11	0.510 663	0.564 729	−0.095 74	A
601003	柳钢股份	C65	0.763 820	0.679 302	0.124 42	C
601996	丰林集团	C21	0.137 401	0.409 753	−0.664 67	A

数据来源：国泰安数据库。

截至 2013 年末，广西在沪深两市上市的公司共有 30 家，剔除属证券期货业的国海证券，分析样本共 29 家。根据中国证监会的行业分类标准，由国泰安数据库提取、整理相关数据见表 16.1。其中，行业均值为所处行业中能提取数据的所有上市公司剔除异常值（剔除资产负债率大于 100% 的资不抵债公司数据）之后的算术平均数。由表 16.1 可见，广西 29 家上市公司整体财务战略偏于激进，其中资产负债率高于行业均值的公司有 17 家，占 58.62%；低于行业均值的公司有 12 家，占 41.38%。从行业均值偏离度及风险评价来看，财务战略偏于稳健的 12 家 A 级公司中，丰林集团、八菱科技、贵糖股份、桂林三金等公司资产负债率远低于行业平均水平，负债规模相对较小，财务战略偏保守，可考虑适当增加财务杠杆弹性；财务战略偏于激进的 B，C，D，E，F 级公司数量分别为 1，3，3，2，8 家，特别值得关注的是 ST 南化、北生药业、莱茵生物、国发股份、南宁糖业、五洲交通、河池化工、柳化股份等 8 家公司，资产负债率远高于行业平均水平，过度负债现象严重，其中 ST 南化甚至已经资不抵债、北生药业负债率高达 97%，这些都释放出高风险的财务信号。加上两家 E 级公司，高度杠杆、过度负债的高风险公司已经占到广西上市公司的三分之一强，说明广西上市公司整体财务战略偏于激进，财务风险较高，特别是宏观经济弱周期、流动性收紧、资金成本上升的背景下，过度负债极易引发资金链条断裂等财务危机，因此有必要引起高度警惕。

第二节 第二重判断：看弹性

——比较财务杠杆系数与行业平均水平

资产负债率只能说明负债规模是否过度，但并不必然揭示财务风险。因为，企业负债经营的风险水平除了和负债规模相关，更涉及经营能力、资金成本等方方面面。而财务杠杆系数，则可以反映企业在特定经营能力和资金成本下的财务风险。

财务杠杆系数（Degree of Financial Leverage，DFL）的经济含义是指普通股每股净收益变动率相当于息税前利润变动率的倍数，也叫财务杠杆程度，通常用来反映财务杠杆的大小和作用程度，以及评价企业财务风险的大小。其公式经转换可简化为：DFL=EBIT/(EBTI-I)，其中，EBIT 为息税前利润，I 为利息额。

负债经营的情况下（I>0），通过财务杠杆系数判断企业财务风险，需要分析以下几种情形：

(1) 当 EBIT ≤ 0 时，DFL ∈ [0,1]。EBIT<0 说明企业在经营层面面临严重问题，如成本过高、产品滞销、管理混乱等，此时企业应着重解决经营问题、努力提升产品竞争力，而不提倡负债经营，负债经营只会增加企业负担，类似雪上加霜。因此，DFL ∈ [0,1] 表明企业面临经营困难，负债经营的财务风险极高，风险评价为 F 级。

(2) 当 I ≥ EBIT>0 时，DFL ∈ [-∞,0)，即 DFL<0。此时企业的状况处于负债经营平衡点和非负债经营平衡点之间，即非负债经营情况下税前利润为正，但无法弥补负债经营的资金成本。因此，DFL<0 说明企业的经营水平仍需要提高、盈利能力还十分低下，负债经营的财务风险依然很高，风险评价为 F 级。

(3) 当 EBIT>I 时，DFL ∈ (1,∞)，即 DFL>1。此时企业息税前利润能够弥补资金成本，财务杠杆发挥正效应。通常情况下，财务杠杆系数越大，权益资本收益率对于息税前利润率的弹性就越大,权益资本净利润就越高。但是,DFL 也不是越大越好,过高的财务杠杆会增加企业的破产成本[31]。特别是在经营环境变化的情况下,过高的财务弹性可能导致风险瞬间集聚。因此,适度的财务杠杆水平须结合行业特性加以确定。

为便于比较和判断,财务杠杆系数表示为 DFL,其行业均值表示为 DFL';构建如下评级体系。(DFL−DFL')/DFL'≤0,财务杠杆低于行业平均水平,财务弹性较小,属于稳健型,评为 A 级;10%≥(DFL−DFL')/DFL'>0,财务杠杆适度扩张,财务弹性略有上升,评为 B 级;以此类推,20%≥(DFL−DFL')/DFL'>10%,评为 C 级;30%≥(DFL−DFL')/DFL'>20%,评为 D 级;50%≥(DFL−DFL')/DFL'>30%,评为 E 级;(DFL−DFL')/DFL'>50%,评为 F 级。现在以广西上市公司为例,进行分析说明。

表 16.2 2013 年广西上市公司财务杠杆系数、行业均值及其偏离度风险评级

公司代码	公司名称	所处行业	财务杠杆系数	行业均值	偏离度	风险评级
000528	柳工	C73	1.512 375	1.801 801	−0.160 63	A
000582	北部湾港	F07	1.302 902	1.734 072	−0.248 65	A
000608	阳光股份	J01	1.029 180	1.361 795	−0.244 25	A
000662	索芙特	C43	0.859 323	—	—	F
000703	恒逸石化	C47	—	3.809 075	—	A
000716	南方食品	C03	1.728 617	2.041 803	−0.153 39	A
000806	银河投资	C76	3.618 811	1.566 901	1.309 535	F
000833	贵糖股份	C31	0.991 387	—	—	F
000911	南宁糖业	C01	3.029 023	1.643 220	0.843 346	F
000953	河池化工	C43	3.329 588	2.233 238	0.490 924	E
000978	桂林旅游	K34	6.185 858	1.220 979	4.066 311	F
002166	莱茵生物	C85	1.955 088	1.599 623	0.222 218	D
002175	广陆数测	C78	1.405 468	2.199 680	−0.361 06	A
002275	桂林三金	C81	—	1.364 244	—	A
002329	皇氏乳业	C03	1.248 023	2.041 803	−0.388 76	A
002592	八菱科技	C75	—	1.577 913	—	A
002696	百洋股份	A07	1.279 355	1.369 079	−0.065 54	A
600236	桂冠电力	D01	2.998 658	2.238 136	0.339 802	E
600249	两面针	C43	1.886 623	2.233 238	−0.155 21	A
600252	中恒集团	C81	1.070 049	1.364 244	−0.215 65	A
600301	ST 南化	C43	20.145 95	2.233 238	8.020 959	F
600310	桂东电力	D01	3.036 751	2.238 136	0.356 822	E
600368	五洲交通	F03	2.795 324	1.839 009	0.520 017	F
600423	柳化股份	C43	−0.028 760	—	—	F
600538	国发股份	C43	1.607 099	2.233 238	−0.280 37	A

续 表

公司代码	公司名称	所处行业	财务杠杆系数	行业均值	偏离度	风险评级
600556	北生药业	C85	—	1.599 623	—	A
600712	南宁百货	H11	1.362 741	1.616 931	−0.157 21	A
601003	柳钢股份	C65	2.709 473	5.071 126	−0.465 71	A
601996	丰林集团	C21	—	2.743 639	—	A

数据来源：国泰安数据库。

根据中国证监会的行业分类标准，由国泰安数据库提取、整理相关数据见表 16.2。其中，为了保证经济合理性，DFL 行业均值的计算做了下述处理。

（1）如前所述，状态一（EBIT ≤ 0）和状态二（I ≥ EBIT>0），均为企业亏损的非正常经营阶段，而计算 DFL 行业均值的目的在于树立正常企业的合理标杆。因此文本在计算 DFL 行业均值时，剔除了 DFL ∈ [0,1) 和 DFL<0 两种情形的数据，只考虑 DFL>1 的公司数据。

（2）在 DFL>1 的公司数据中采用奈尔（Nair）检验法进一步剔除了离群值的影响。具体做法如下：①首先计算样本平均值 $\bar{X}$ =（X1+X2+…+Xn）/n；②其次计算统计量 $Rn = \frac{Xn - \bar{X}}{\sigma}$，式中 σ = 总体标准差；③确定检出水平 α 为 99%，并从奈尔检验表中查出临界值 $R_{1-\alpha}(n)$。④根据计算统计量 Rn 和临界值 $R_{1-\alpha}(n)$ 的关系进行判断：当 Rn > $R_{1-\alpha}(n)$ 时，判定 Xn 为离群值，剔除；否则，判定未发现 Xn 为离群值，保留[32]。

由表 16.2 可见，29 家样本公司中有 5 家缺失 DFL 数据，主要原因有两类，一是公司利息收入显著大于利息支出，如桂林三金、八菱科技、丰林集团、北生药业；二是公司汇率风险管理良好，有巨额汇兑收益，如恒逸石化。总之，上述原因造成财务费用为负，DFL 失去了原有的理论涵义，因此缺乏数据。但是，从财务弹性的角度看，上述公司明显是零杠杆甚至负杠杆的，缺乏财务弹性，属稳健保守型，财务风险较小，统一评为 A 级。其余 24 家样本公司中 DFL 高于行业均值的公司有 12 家，低于行业均值的公司有 12 家，各占 50%。从行业均值偏离度及风险评价来看，财务战略偏于稳健的 12 家 A 级公司，息税前利润对负债利息的覆盖能力较强，财务风险较小，同时财务弹性也较小；财务战略偏于激进的 B、C、D、E、F 级公司数量分别为 0、0、1、3、8 家，其中索芙特、贵糖股份、柳化股份 3 家公司 DFL<1，说明其盈利能力不足，面临经营困境，财务风险极高；而 ST 南化、五洲交通、银河投资、南宁糖业、桂林旅游等 5 家公司，DFL 则远高于行业平均水平，其中 ST 南化甚至高达 20 倍，说明其财务弹性泛滥，息税前利润对负债利息的保障程度非常脆弱，财务风险极高，特别是在产品市场面临激烈的价格竞争时，相比低杠杆的公司更容易陷入危机[33]。

第三节 第三重判断：看效益

——比较息税前总资产报酬率与负债资金成本

所谓财务杠杆就是以资本结构为支点，以息税前利润为作用力，撬起股东财富即权益资本收益率这个"重物"。也就是说，企业负债经营的决策目标，主要是希望通过财务杠杆的作用，使权益资本收益率 ROE 得到提高[34]。而这个目标能否实现主要受两个因素影响，一是负债经营下企业整体的盈利能力，即息税前总资产报酬率 ROA*；二是企业负债的资金成本，可表示为负债年利率 i。只有在息税前总资产报酬率 ROA* 大于负债利率 i 的条件下，负债经营才是有意义的，财务杠杆才能显现正效应，此时负债比例越大，权益资本收益率 ROE 越高。因此，比较息税前总资产报酬率 ROA* 与负债利率 i 的关系，可有助于判断企业负债经营的效益，从而揭示财务风险。

息税前总资产报酬率 ROA*=（利润总额+利息支出）/[（总资产期初余额+总资产期末余额）/2]。利率水平 i，从上市公司公开披露的信息来看缺乏相关数据，难以准确计量。因此，可以采用以下两种处理方法：①对于拥有充分信息的内部经营管理者，可通过计算付息负债加权资金成本来准确计量；②对于没有充分信息的外部投资者等利益相关方，万红波（2010）等学者曾采用"财务费用/负债总额"作代替变量进行研究[35]。但笔者认为，财务费用是利息支出减去利息收入再加上汇兑净损益、金融手续费等，其中利息收入、汇兑损益等都与借款的资金成本没有直接关系，属于干扰项，建议用利润表附注"财务费用"中的"利息支出"项目代替；而负债总额包括付息负债和非付息负债，债务资金成本主要是因付息负债产生，如果用"负债总额"则会摊薄债务资金成本，不利于管理者融资决策。因此，建议用付息负债（"短期借款""应付票据""一年内到期的非流动负债""长期借款""应付债券"等）平均余额来大概估算。即企业负债的资金成本 i= 当期利息支出金额/[（付息负债期初余额+付息负债期末余额）/2]。本书采用后者。

为便于比较和判断，根据相关文献及常规财务理念，构建如下评级体系。ROA*−i≥5%，负债经营效果良好，财务风险较小，评为 A 级；梯次类推，5%>ROA*−i≥4%，评为 B 级；4%>ROA*−i≥3%，评为 C 级；3%>ROA*−i≥2%，评为 D 级；2%>ROA*−i≥0，评为 E 级；ROA*−i<0，评为 F 级。下面以广西上市公司为例，进行分析说明。

表 16.3　2013 年广西上市公司总资产报酬率、负债资金成本及其风险评级

公司代码	公司名称	所处行业	ROA*	i	ROA*−i	风险评级
000528	柳工	C73	0.029 65	0.028 57	0.001 08	E
000582	北部湾港	F07	0.178 95	0.065 06	0.113 89	A
000608	阳光股份	J01	0.050 83	0.074 58	−0.023 75	F
000662	索芙特	C43	−0.052 80	0.059 20	−0.112 00	F
000703	恒逸石化	C47	0.040 30	0.031 86	0.008 44	E
000716	南方食品	C03	0.064 55	0.090 85	−0.026 30	F
000806	银河投资	C76	0.035 11	0.066 29	−0.031 19	F
000833	贵糖股份	C31	−0.087 70	0.114 36	−0.202 11	F
000911	南宁糖业	C01	0.057 23	0.069 79	−0.012 56	F
000953	河池化工	C43	0.027 37	0.031 82	−0.004 44	F
000978	桂林旅游	K34	0.019 10	0.050 41	−0.031 31	F
002166	莱茵生物	C85	0.079 05	0.060 64	0.018 41	E

续 表

公司代码	公司名称	所处行业	ROA*	i	ROA*－i	风险评级
002175	广陆数测	C78	0.035 37	0.060 49	−0.025 12	F
002275	桂林三金	C81	0.198 57	0.047 31	0.151 26	A
002329	皇氏乳业	C03	0.046 74	0.057 46	−0.010 72	F
002592	八菱科技	C75	0.110 79	0.008 35	0.102 44	A
002696	百洋股份	A07	0.060 38	0.068 71	−0.008 33	F
600236	桂冠电力	D01	0.057 17	0.053 48	0.003 69	E
600249	两面针	C43	0.017 55	0.047 01	−0.029 47	F
600252	中恒集团	C81	0.176 27	0.074 09	0.102 18	A
600301	ST 南化	C43	0.020 35	0.315 25	−0.294 89	F
600310	桂东电力	D01	0.038 32	0.056 68	−0.018 36	F
600368	五洲交通	F03	0.052 06	0.063 55	−0.011 49	F
600423	柳化股份	C43	−0.001 30	0.062 21	−0.063 49	F
600538	国发股份	C43	0.030 93	0.106 71	−0.075 78	F
600556	北生药业	C85	0.646 51	0	—	F
600712	南宁百货	H11	0.015 35	0.009 09	0.006 26	E
601003	柳钢股份	C65	0.034 39	0.036 97	−0.002 58	F
601996	丰林集团	C21	0.054 26	0.057 42	−0.003 15	F
—	平均值	—	0.050 90	0.066 72	—	—

数据来源：国泰安数据库。

由国泰安数据库提取、整理相关数据见表16.3。整体看，2013年广西上市公司盈利能力较差、负债经营效果不佳，财务风险堪忧。其中，息税前总资产报酬率ROA*小于负债利率i的F级高风险公司有20家，占总体样本的2/3强；而财务稳健，有效运用财务杠杆提高股东收益的A级公司则只有4家，不足总体样本的14%。除北生药业外，28家公司ROA*的均值为5.09%，i的均值为6.67%，息税前总资产报酬率无法覆盖负债资金成本，财务杠杆总体发挥负效应。从个体看，下列公司值得关注：①北生药业，2013年付息负债为零、利息支出为零，没有运用财务杠杆，息税前总资产报酬率为64.65%。但是，其高收益的真正原因并非超强的盈利能力，而是公司获得了浙江郡原地产股份有限公司的债务豁免收益3 200万元。尽管公司2013年度的净利润约3 264.48万元，但扣除非经常性损益后归属于公司普通股股东的每股收益仅0.003元，公司持续经营能力还有待加强[①]。考虑到债务豁免收益的不可持续性，笔者计算了剔除该项收益之后该公司的ROA*，约为4.53%，低于全体样本公司平均的资金成本6.67%，因此北生药业此项评级为F级。② ST南化，2013年公司付息负债的资金成本高达31.525%，造成上述异常的原因主要是公司之控股子公司南

① 据北生药业2013年公司年报披露。

宁绿洲化工有限责任公司向公司之母公司南宁化工集团有限公司借入的无息借款按银行同期贷款利率计提了利息支出①。③贵糖股份，2013年公司付息负债的资金成本高达11.436%，资金成本偏高，可能是计算口径偏误所致，公司年初付息负债5000万，年末为零，由于偿还时间无法确定，按目前公式默认为年中偿还，而如果是年末偿还，则存在低估付息负债平均余额，进而高估资金成本的问题。不过由于公司息税前总资产报酬率为负，因此并不影响其F级的高风险评级。④八菱科技、南宁百货两家公司的付息负债资金成本不足1%，也与计算口径密切相关，上述两家公司均存在短期借款期末大幅增长的现象，导致利息少量甚至尚未支出，但拉高了付息负债的平均余额，进而造成资金成本低估。⑤桂林三金、北部湾港、中恒集团三家公司息税前总资产报酬率均在17%以上，经营良好，财务稳健。

第四节 第四重判断：看流动性

——比较经营活动现金净流量与当期偿债现金支出

在规模适度、风险适当、息税前总资产报酬率高于负债资金成本的情况下，负债经营通常是有益的，财务风险也是可控的，但是上述分析没有考虑现金流量，没有考虑流动性风险问题。有的企业整体或长期的投资收益很好，但由于现金流入与负债期限结构不匹配，也可能使企业面临时间性、结构性的偿债危机，甚至拖垮企业的资金链条，导致企业信誉受损甚至破产[36]。流动性风险具有的极强破坏性，因此考察企业的财务风险，必须关注其经营活动现金净流量（Operating net cash flow, ONCF）对当期偿债现金支出（Repayment of the cash outflow, ROCO）的保障程度，以避免企业陷入流动性偿债危机。

为便于比较和判断，构建如下评级体系。（ONCF－ROCO）/ROCO ≥ 50%，负债经营的流动性管理良好，财务风险较小，评为 A 级；梯次类推，50% > （ONCF－ROCO）/ROCO ≥ 40%，评为 B 级；40% > （ONCF－ROCO）/ROCO ≥ 30%，评为 C 级；30% > （ONCF－ROCO）/ROCO ≥ 20%，评为 D 级；20% > （ONCF－ROCO）/ROCO ≥ 0，评为 E 级；（ONCF－ROCO）/ROCO < 0，评为 F 级。下面以广西上市公司为例，进行分析说明。

表16.4 2013年广西上市公司经营活动现金净流量、当期偿债现金支出及其风险评级

公司代码	公司名称	所处行业	ONCF/元	ROCO/元	超额保障度	风险评级
000528	柳工	C73	1 083 445 164	971 727 065	0.114 97	E
000582	北部湾港	F07	912 931 293	88 8206 505	0.027 84	E
000608	阳光股份	J01	−447 792 000	450 150 000	−1 994 76	F
000662	索芙特	C43	−308 918 183	164 500 000	−2.877 92	F
000703	恒逸石化	C47	187 569 521	9 300 604 319	−0.979 83	F
000716	南方食品	C03	107 482 856	425 884 832	−0.747 62	F
000806	银河投资	C76	64 029 460	585 800 000	−0.890 70	F
000833	贵糖股份	C31	−18 673 260	170 000 000	−1.109 84	F

---

① 据ST南化2013年公司年报披露。

续表

公司代码	公司名称	所处行业	ONCF/元	ROCO/元	超额保障度	风险评级
000911	南宁糖业	C01	790 906 411	3 753 600 000	−0.789 29	F
000953	河池化工	C43	8 925 819	463 350 000	−0.980 74	F
000978	桂林旅游	K34	276 203 067	421 909 997	−0.934 54	F
002166	莱茵生物	C85	−66 318 876	479 669 768	−1.138 26	F
002175	广陆数测	C78	10 257 400	170 000 000	−0.939 66	F
002275	桂林三金	C81	314 159 410	0	+∞	A
002329	皇氏乳业	C03	118 449 658	261 000 000	−0.546 17	F
002592	八菱科技	C75	80 652 394	0	+∞	A
002696	百洋股份	A07	100 308 138	311 443 904	−0.677 93	F
600236	桂冠电力	D01	2 391 121 928	5 400 740 000	−0.557 26	F
600249	两面针	C43	2 392 912	453 500 000	−0.994 72	F
600252	中恒集团	C81	945 099 661	916 488 320	0.031 22	E
600301	ST 南化	C43	−23 025 131	74 426 720	−1.309 37	F
600310	桂东电力	D01	276 518 333	1 052 780 000	−0.737 34	F
600368	五洲交通	F03	−348 458 381	1 840 887 752	−1.189 29	F
600423	柳化股份	C43	414 240 361	1 944 510 412	−0.786 97	F
600538	国发股份	C43	−4 948 439	104 322 472	−1.047 43	F
600556	北生药业	C85	5 929 507	0	+∞	A
600712	南宁百货	H11	81 509 772	0	+∞	A
601003	柳钢股份	C65	2 400 644 819	18 745 772 903	−0.87 194	F
601996	丰林集团	C21	66 217 460	20 000 000	2.31 087	A
—	合计	—	6 239 572 577	49 371 274 970	—	—

数据来源：国泰安数据库。

由国泰安数据库提取、整理相关数据见表16.4。整体看，2013年广西上市公司负债经营的流动性管理效果不佳，企业爆发流动性债务危机的可能性较高。其中，超额保障度（ONCF−ROCO）/ROCO 小于零的 F 级公司高达 22 家，占比超过 75%，其资金链条紧张程度可见一斑，究其原因主要是受制于其羸弱的盈利能力。29 家上市公司经营活动现金净流量合计 6 239 572 577 元，较当期偿债现金支出 49 371 274 970 元，出现了 43 131 702 393 元的巨大资金缺口，短期内只能通过债务重组、资产处置、资本运营、再融资等途径解决，但从长期来看必须改善经营管理，提高企业自身的造血能力。现金保障能力较强，流动性充裕的 A 级公司共有 5 家，其中 4 家本期未发生偿债性现金支出，一方面可能是没有到期债务偿付的压力，另一方面也不能排除无力偿还、债务重组甚至刚性违约的可能，如北生药业就是因为获得了浙江郡原地产股份有限公司的债务豁免收益 3 200 万元，才未发生偿债性支出。因此，应动态监测公司的未来偿债压力，并构建实时预警系统，未雨绸缪，以应对债务偿还期限不均衡的结构性问题。

第五节 上市公司财务风险的综合判断

通过上述四重判断，分别对上市公司负债经营的规模、弹性、效益和流动性进行了有效评价和甄别。但还缺乏整体的综合判断，实务中可以结合公司具体情况，采用调查问卷结合层次分析法（AHP）对上述四重判断的重要性进行赋权，然后约定各级评级对应的分值，即可进行财务风险的综合判断。

为统一评价标准，便于横向比较，文章咨询了相关财务专家及实务中的财务高管，权衡确定四重判断的权重依次为15%，25%，40%和20%，ABCDEF各级对应的分值依次为90，80，70，60，50，30，综合评级约定ABCDEF各级对应的分值下限依次为85，75，65，55，45，0。以柳工为例，其四重判断评级分别为EAEE，则其综合分值=50*15%+90*25%+50*40%+50*20%=60分，60分介于55和65之间，综合评级属于D级。以此类推，详见表16.5。各级公司分布情况如图16.1所示。

表16.5 2013年广西上市公司财务风险四重判断的综合分值及风险评级

公司名称	四重判断	综合分值	综合评级	公司名称	四重判断	综合分值	综合评级
柳工	EAEE	60	D	八菱科技	AAAA	90	A
北部湾港	CAAE	78	B	百洋股份	AAFF	57	D
阳光股份	AAFF	57	D	桂冠电力	DEEF	48	E
索芙特	AFFF	42	F	两面针	AAFF	57	D
恒逸石化	DAEF	58	D	中恒集团	BAAE	80	B
南方食品	CAFF	53	E	ST南化	FFFF	30	F
银河投资	EFFF	34	F	桂东电力	AEFF	47	E
贵糖股份	AFFF	42	F	五洲交通	FFFF	30	F
南宁糖业	FFFF	30	F	柳化股份	FFFF	30	F
河池化工	FEFF	35	F	国发股份	FAFF	45	E
桂林旅游	DFFF	36	F	北生药业	FAFA	57	D
莱茵生物	FDEF	44.5	F	南宁百货	AAEA	76	B
广陆数测	AAFF	57	D	柳钢股份	CAFF	53	E
桂林三金	AAAA	90	A	丰林集团	AAFA	69	C
皇氏乳业	AAFF	57	D				

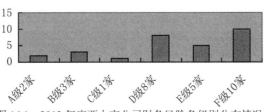

图16.1 2013年广西上市公司财务风险各级别分布情况

由表 16.5 和图 16.1 可见，2013 年广西上市公司整体财务风险较高，综合评价 E、F 级的高危公司超过了 50%，改善经营环境、提高盈利能力、调整财务杠杆已经迫在眉睫。当然，本章在各级次评级标准的设定以及四重判断的赋权等方面都有一定的主观性，负债资金成本的计算口径也会在付息负债期初期末剧烈变动的特殊情形下失灵。因此，个别公司的评价结果难免存在一定误差，希望在后续的研究中能够得以改进。

第十七章　新常态下旅游类上市公司抗风险能力评价研究

第一节　问题的提出

自 2012 年以来，中国经济进入"新常态"，粗放式增长带来的资源、环境压力不断增大，经济发展中的结构性矛盾日益突出，经济增速持续放缓。与此同时，贸易保护主义和逆全球化思潮升温，美国单边挑起贸易战，给全球经济增长带来了巨大的阻力。这些因素叠加使我国宏观经济面临着严峻的挑战，这也给旅游业的发展带来了巨大的风险。宏观经济弱周期低增速的背景下，旅游类上市公司面临的压力和冲击是持续叠加的，其经营策略也应因环境的变化而有所改变。

当宏观经济风险溢出时，具有哪些特质的公司更容易遭受冲击呢？或者说哪些公司应对风险冲击的缓冲能力更强呢？一般来说，外部冲击主要表现在两个方面：一是营业收入减少，二是现金流不足。营业收入的下降主要受客户市场需求萎缩程度、竞争对手的营销策略、自身产品或服务的竞争力以及市场应对策略的影响。现金流短缺与经营收入、信贷政策、债务规模、融资成本、现收现付规模和现金储备有关。当外部冲击发生时，企业应对风险的缓冲能力会受到财务杠杆、经营杠杆、可变现资产规模、再融资能力以及管理水平等因素的影响。因此，借鉴国内外研究成果，结合中国旅游类上市公司的相关数据，系统分析外部冲击的影响程度及其内部应对风险的缓冲能力，有利于预判未来旅游行业的发展态势、有利于揭示旅游业面临的风险及其演化传导路径、有利于旅游行业及相关企业及时采取应对措施。

第二节　企业抗风险能力及其影响因素：文献回顾与分析

当前，国内外学者关于旅游风险的研究主要集中在宏观层面，如 Cothran & Cothran（1998）分析了墨西哥旅游的投资风险；Walker, Landis, & Brown（2001）研究了塔斯马尼亚岛山区流域的生态风险；Buckley（2012）研究了探险旅游的安全风险；Becken, Jin, Zhang, & Gao（2017）分析了空气质量给中国旅游带来的风险。Park & Tussyadiah（2017）分析了消费者使用智能手机预订旅游产品的感知风险。陈楠、乔光辉、刘力（2009）以北京游客为例，分析了出境游客旅游风险感知与旅游偏好之间的关联性；章杰宽（2009）对国内旅游者西藏旅游风险认知问题进行了研究。而在微观层面，从财务视角研究旅游公司风险的文献较少。

本节主要从财务视角梳理微观企业的抗风险能力及其影响因素。

1. 资本结构与企业抗风险能力的关系

关于资本结构的研究最早可追溯到 Modigliani & Miller（1958）提出的 MM 理论，认为在完善的资本市场假设下，公司价值与资本结构无关。但这是建立在一系列假设条件之上的，修正的 MM 理论认为，由于利息费用具有抵税效应，因此负债可以减轻税负、增加企业价值。Brennan & Schwartz（1978）提出权衡理论，指出随着债务比率的上升，负债的边际收益会逐渐降低，而破产成本随之增加。因此，必须对负债的收益和成本进行权衡。Campeiio（2000）的实证研究表明，宏观经济、商业周期和产业政策急剧变化时，财务杠杆高的企业更容易陷入危机。simely & Li（2000）提出资本结构与相对稳定环境下的公司绩效呈正相关，与高度动态环境下的公司绩效呈负相关。Campello（2003）进一步研究表明，当宏观经济、商业周期和产业政策发生显著变化时，高财务杠杆的企业更有可能陷入危机。章之旺等（2005）研究也显示，经济下行时，高财务杠杆的公司将丧失更大的市场份额和利润。毛英、赵红（2010），许建、姚琴和李荣荣（2018）等的研究也得出了高负债、高风险进而影响公司业绩的结论。因此，本章提出假设 1：在宏观经济风险的影响下，负债率高的企业抵御风险的能力较弱。

2. 资产结构与企业抗风险能力的关系

资产的专用性和流动性对企业风险有着重要的影响。Mocnik（2001）的研究表明，专用性资产占比越高，企业的险缓冲能力可能越差。马永强等（2009）研究表明，在其他条件不变的情况下，企业资产的流动性越强，企业的抗风险能力越强。这和固定成本占比越大、企业经营风险越高的财务理论相一致。因此，本章提出假设 2：在外部风险冲击下，固定资产比重高的公司，资产的专属性较强、流动性较差，变现能力不足，所以抵御风险的能力较弱。

3. 成本结构与企业抗风险能力的关系

传统的财务理论认为，固定成本越高，经营杠杆系数越大，企业面临的经营风险越高。当收入下降的时候，息税前利润受到的冲击更大。因此，固定成本高的公司可能面临更高的风险。此外，经济弱周期很多企业可能面临现金流短缺，因此，马永强等（2009）认为付现成本高、内部可裁决成本低的公司可能面临更大风险。史杨超（2016）通过固定成本和单位变动成本的模型，对我国上市公司成本结构进行分析，得出了类似的结论。因此，本章提出假设 3：在外部风险冲击下，工资等刚性付现成本占比越高的公司，抗风险能力越弱。

4. 现金储备与企业抗风险能力的关系

现金是企业的"血液"，一旦资金链出现问题，企业将面临严重的危机。Dittmar, Mahrt-Smith, & Servaes（2003）对 1998 年世界主要国家或地区现金持有比率进行了比较，发现投资者保护差的国家（企业面临的风险更大），现金持有水平是投资者保护较好的国家的两倍多。Custodio（2005）指出，在经济衰退时，由于未来的不确定性，融资困难的公司更有可能持有更多现金。祝继高、陆正飞（2009）研究发现，当货币政策收紧时，外部融资约束将得到加强，企业将增加现金持有量。Acharya, Davydenko, & Strebulaev（2012）研究显示，风险较高的公司积累了更高的现金储备。因此，本章提出假设 4：在外部风险冲击下，现金持有比率低的公司，抗风险能力较弱。

综上所述，已有文献研究表明，在宏观经济下行等外部风险的影响下，资产负债率高、固定资产占比高、付现成本比大、现金持有量小的企业风险抵御能力较弱。

第三节 中国 A 股旅游类上市公司抗风险能力影响因素的实证分析

现在以 25 家中国 A 股旅游类上市公司为研究对象，研究对象选择的依据是中国证监会行业分类标准。通过新浪财经网站"股票—行情—证监会行业—社会服务业—旅游业"可以便捷查询。其中，2016 年旅游业共有 25 家 A 股上市公司（见表 17.1），本研究进行全样本分析。

表 17.1 2016 年中国 A 股旅游上市公司

证券代码	公司名称	证券代码	公司名称
000430	张家界	600054	黄山旅游
000610	西安旅游	600138	中青旅
000796	凯撒旅游	600258	首旅酒店
000802	北京文化	600358	国旅联合
000888	峨眉山 A	600555	海航创新
000978	桂林旅游	600593	大连圣亚
002033	丽江旅游	600706	曲江文旅
002059	云南旅游	600749	*ST 藏旅
002159	三特索道	601888	中国国旅
002558	巨人网络	603099	长白山
002707	众信旅游	603199	九华旅游
300144	宋城演艺	603869	北部湾旅
300178	腾邦国际		

1. 模型提出与指标选取

综合文献分析，本章提出的基本问题是：在宏观经济下滑的背景下，哪些风险因素会对旅游类公司的业绩产生显著影响？具体问题包括四个：①当宏观环境恶化时，负债率高的公司，业绩下滑更严重吗？即债务水平与公司业绩之间存在负相关关系吗？②当宏观环境恶化时，固定资产占比高的公司，业绩下滑更严重吗？即固定资产比率与公司业绩之间存在负相关关系吗？③当宏观环境恶化时，人工成本占比高的公司，业绩下滑更严重吗？即人工成本占比与公司业绩之间存在负相关关系吗？④当宏观环境恶化时，现金储备少的公司，业绩下滑更严重吗？即现金储备量与公司业绩之间存在正相关关系吗？因此，文章采用多元线性回归的方法，确定资本结构、资产结构、成本结构和现金储备等因素对旅游公司业绩的影响。多元线性回归的一般方程为

$$Y = \beta_0 + \beta_1 X_1 + \beta_2 X_2 + \beta_3 X_3 + \beta_4 \ln X_4 + \beta_5 X_5 + \varepsilon$$

其中，Y 是被解释变量（因变量），用旅游公司的净资产收益率来表示；X_1、X_2、X_3、X_4 是解释变量（自变量），分别用资产负债率、固定资产比率、人工成本比重和现金储备量来表示；X_5 代表管理水平，是控制变量（调节变量），除了上述自变量，管理水平对公司业绩也有重要影响，因此本文选用管理费用占营业成本的比重来表示管理水平，作为控制变量；

β_0 为回归常数,β_1、β_2、β_3、β_4、β_5 分别表示对应变量的回归系数;ε 是随机误差,表示未被模型观测到的影响因素。相关变量的具体概念和衡量方法见表 17.2。

表 17.2　变量及其说明

变量	含义	变量说明
Y	加权净资产收益率	用净利润与平均净资产的比值来衡量
X_1	资产负债率	用总负债期初余额与总资产期初余额的比值来衡量
X_2	固定资产比率	用固定资产与总资产的比值来衡量
X_3	人工成本比例	用"支付给职工以及为职工支付的现金"与"营业总成本"的比值来衡量
X_4	现金储备	用现金及一般等价物期末余额来衡量
$\ln X_4$	对现金储备取对数	为消除异方差,对现金储备取对数
X_5	管理水平	用管理费用与营业总成本的比值来衡量

2. 数据来源与描述性统计

数据来源于 EPS(经济预测系统)数据平台的"中国上市公司数据库",选取了 2016 年在中国资本市场上市的 25 家旅游类上市公司的截面数据,采用 IBM SPSS Statistics 22 软件进行多元线性回归分析,变量的描述性统计见表 17.3。

表 17.3　变量的描述性统计

变量名	最小值	最大值	均值	标准差	样本数
净资产收益率/(%)	−28.61	20.56	6.065 2	11.128 25	25
资产负债率/(%)	11.83	66.77	35.774 4	17.927 73	25
固定资产比率/(%)	0.86	65.73	25.766 8	19.489 61	25
人工成本比重/(%)	3.65	43.41	21.372 0	11.045 89	25
Ln 现金储备	8.52	12.56	10.551 6	1.033 19	25
管理水平/(%)	1.56	47.50	20.032 4	11.889 31	25

3. 多元线性回归分析及结果检验

(1)拟合度分析。拟合度是用于检验回归方程对样本观测值的拟合程度。样本决定系数调整的 R_2 取值在 [0,1],调整的 R_2 越接近 1,表明回归方程拟合的效果越好,在财务数据中,一般认为调整的 $R_2>0.6$ 是可以接受的。模型拟合度分析结果如表 4 所示,决定系数调整的 $R_2=0.753$,表明因变量与自变量之间是函数关系,并且存在良好的拟合效果。D.W 统计量检验残差中是否存在自相关,如果 Durbin-Watson=2 则基本没有自相关关系,Durbin-Watson 靠近 0 则存在正的相关关系,d 靠近 4 则有负的相关关系。表 17.4 显示,Durbin-Watson=2.013,表明基本不存在相关性。

表 17.4　模型汇总

模型	R	R^2	调整的 R^2(决定系数)	标准估计的误差	Durbin-Watson($D.W$ 统计量)
1	0.897[a]	0.805	0.753	5.525 71	2.013

a. 预测值:(常数),资产负债率,固定资产比率,人工成本比重,ln 现金储备,管理水平。
b. 因变量:净资产收益率。

（2）回归显著性检验。对多元线性回归方程的显著性检验就是要看自变量 X_1、X_2、X_3、X_4 从整体上对因变量 Y 是否有明显的影响。研究分析结果见表 17.5 所示，F 统计量的观测值为 15.668，对应的回归显著性检验 $Sig.$ 值为 0.000，即回归显著性检验小于 0.001，说明回归方程的总体效果是显著的，至少有一个自变量能够有效预测因变量。

表 17.5　方差分析（ANOVA[a]）

模　型		平方和	自由度	均　方	F	$Sig.$
1	回归	2 391.974	5	478.395	15.668	0.000[b]
	残差	580.135	19	30.533		
	总计	2 972.109	24			

a. 因变量：净资产收益率。
b. 预测值：(常数)，资产负债率，固定资产比率，人工成本比例，ln 现金储备，管理水平。

（3）t 检验与相关因子之间的显著性差异。在多元线性回归方程中，回归方程显著性 F 检验和回归系数 t 检验是不等价的，因此，还需要进行回归系数的 t 检验，结果见表 17.6。

自变量资产负债率（X_1）对应的回归系数 $B=-0.173$，$t=-2.276$，显著性检验 $Sig.=0.035<0.05$，表明在 5% 的显著性水平上，自变量资产负债率（X_1）与因变量净资产收益率（Y）存在显著的负相关关系。这个结论与假设 1 相一致。

自变量固定资产比率（X_2）对应的回归系数 $B=0.883$，$t=4.835$，显著性检验 $Sig.=0.000<0.01$，表明在 1% 的显著性水平上，自变量固定资产比率（X_2）与因变量净资产收益率（Y）存在显著的正相关关系。这个结论与假设 2 相一致。

自变量人工成本比重（X_3）对应的回归系数 $B=-0.433$，$t=-5.621$，显著性检验 $Sig.=0.000<0.01$，表明在 1% 的显著性水平上，自变量人工成本比例（X_3）与因变量净资产收益率（Y）存在显著的正相关关系。这个结论与假设 3 相矛盾，具体原因有待进一步研究。可能是解释是：人工成本虽然是付现成本，但同时也具有较强的可裁量性，当经济环境不好游客减少时，旅游公司可以减少临时性人工成本开支，甚至通过降薪、裁员等方式度过危机。

自变量 ln 现金储备（X_4）对应的回归系数 $B=-2.662$，$t=2.165$，显著性检验 $Sig.=0.043<0.05$，表明在 5% 的显著性水平上，自变量 ln 现金储备（X_4）与因变量净资产收益率（Y）存在显著的正相关关系。这个结论与假设 4 相一致。

表 17.6　回归系数及显著性检验

模　型		非标准化系数		标准化系数	t	$Sig.$	共线性统计	
		B	标准误差	标准化偏回归系数			容忍度	VIF
1	（常量）	−11.360	15.456		−0.735	0.471		
	资产负债率 X_1	−0.173	0.076	−0.279	−2.276	0.035	0.684	1.462
	固定资产比率 X_2	−0.433	0.077	−0.759	−5.621	0.000	0.563	1.775
	人工成本比重 X_3	0.883	0.183	0.876	4.835	0.000	0.313	3.198
	ln 现金储备 X_4	2.662	1.229	0.247	2.165	0.043	0.789	1.268
	管理水平 X_5	−0.607	0.127	−0.649	−4.764	0.000	0.554	1.806

a. 因变量：净资产收益率。

（4）共线性诊断与残差分析。容忍度和方差膨胀因子（*VIF*，容忍度的倒数）作为共线性诊断指标，一般认为，容忍度的值介于0和1之间，如值太小，说明这个自变量与其它自变量间存在共线性问题；*VIF*值越大，则共线性问题越明显，一般以小于10为判断依据（Neter et al.，1985）。由表17.6可见，所有自变量对应的*VIF*值都远远小于10，说明自变量之间不存在多重共线性。

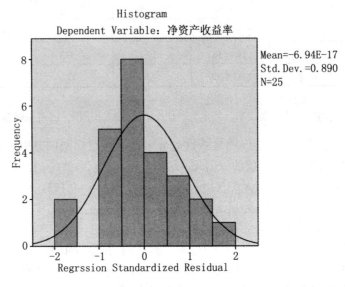

图 17.1　残差观测图

通过观测残差图可以判断回归模型的拟合效果，如图17.1所示，残差 ε 基本符合正态分布的回归假设。另外，由表17.7可见，标准化残差（Std. Residual）的绝对值最大为1.864，没有超过默认值3，未发现奇异值。

表17.7　残差统计（Residuals Statisticsa）

	最小值	最大值	均值	标准偏差	样本数
Predicted Value	−19.285 8	20.871 5	6.065 2	9.983 26	25
Residual	−9.324 18	10.297 42	0.000 00	4.916 53	25
Std. Predicted Value	−2.539	1.483	0.000	1.000	25
Std. Residual	−1.687	1.864	0.000	0.890	25

a. Dependent Variable: ROE

第四节　中国 A 股旅游类上市公司抗风险能力评价及应对措施

研究结果表明，当宏观环境恶化时，债务水平高、固定资产占比高的公司，业绩下滑更严重；人工成本占比高、现金储备充足的公司，则具有更好的抗风险能力。据此，我们根据统计学四分位原则，将旅游公司上述指标由优到劣排列并分成四等份，分别赋予A, B, C, D 四个等级，A 代表抗风险能力强，D 代表抗风险能力弱。评价结果见表17.8。

表17.8 2016年中国A股旅游业上市公司抗风险能力评价表

股票代码	公司名称	债务风险评价	资产风险评价	成本风险评价	现金风险评价	综合风险评价
002558	巨人网络	A	A	A	B	AAAB
002033	丽江旅游	A	C	A	A	AAAC
000802	北京文化	A	A	C	C	AACC
300144	宋城演艺	A	C	C	A	AACC
002707	众信旅游	C	A	D	A	AACD
603199	九华旅游	A	D	A	D	AADD
000796	凯撒旅游	D	A	D	A	AADD
600555	海航创新	D	A	D	A	AADD
600054	黄山旅游	A	C	B	B	ABBC
601888	中国国旅	B	B	D	A	ABBD
600138	中青旅	B	C	D	A	ABCD
603099	长白山	B	D	A	C	ABCD
600593	大连圣亚	C	B	A	D	ABCD
300178	腾邦国际	D	A	C	B	ABCD
000978	桂林旅游	C	C	A	C	ACCC
002159	三特索道	D	A	A	C	ACDD
603869	北部湾旅	B	B	B	C	BBBC
000888	峨眉山A	B	D	B	B	BBBD
002059	云南旅游	C	B	C	B	BBCC
600258	首旅酒店	D	B	B	C	BBCD
000610	西安旅游	B	B	D	D	BBDD
600749	*ST藏旅	D	D	B	B	BBDD
600706	曲江文旅	C	D	B	D	BCDD
600358	国旅联合	C	C	C	D	CCDD
000430	张家界	D	C	C	D	CCDD

相关公司应该针对风险评价的结果，采取有效的应对措施。

（1）需要判断宏观经济环境及其变化趋势，特别是做好游客数量及其消费水平的预测。如果对未来的行业前景不乐观，则应该及时调整经营战略。

（2）需要结合企业自身在资本结构、资产结构、成本结构及现金储备方面的特点，进行风险排查和自我评估。对于债务水平高的公司应着力降低债务水平，采取收缩型财务战略，通过内部融资、股权融资等方式，优化资本结构、降低杠杆水平，并加快应收账款的回收。对于固定资产占比过高的公司，应该着力降低资产固化比率，及时处置闲置、低效的固定资产，加快资产周转速度、减少或延缓景区开发等大规模投资。

（3）旅游产业属于劳动密集型产业，当宏观经济不景气时，旅游类公司应该采用灵活的弹性的用工制度、尽量压缩人工及其他可裁量性成本支出。

（4）现金储备是抵御风险的保障。当宏观经济不景气时，旅游类公司应强化现金流入、减少现金流出，调整资产配置的策略，尽可能降低房地产、股票、期货等高风险金融资产的比例，适当增加存款、国债、黄金、保险等低风险安全性资产的比重。

第五节 结束语

关于旅游风险，当前的研究主要集中在两个方面：一是从旅游视角，研究旅游相关的投资风险、生态风险、安全风险等；二是从财务视角，研究单一因素（如债务水平）对旅游公司业绩的影响。本研究的贡献在于构建了风险冲击背景下多因素对旅游公司业绩影响的理论模型，并通过中国旅游公司的数据进行了实证检验，最后基于相关结论提出了旅游公司风险评价和风险防范的具体措施。

本章研究仍有一定的局限性，值得进一步研究。关于外部冲击，本章研究界定为GDP增速下降伴随行业平均净资产收益率大幅下降，并将此作为外生变量和研究背景。而没有对外部冲击的具体形式展开深入研究。另外，影响旅游公司业绩的因素很多，本章研究只考虑了公司内部的财务因素，而没有考虑非财务因素。最后，为了满足"GDP增速下降伴随旅游行业平均净资产收益率大幅下降"的条件，本章研究只选取了25家公司2016年的截面数据，样本量偏小，因此研究结论仅供参考，还有待进一步大样本研究的检验。

第二篇　主要参考文献

[1] 杨智.论财务预警指标体系的建立[J].科技情报开发与经济,2005(23):120-122.

[2] Rober skaplan and David P. Norton：The Balanced Scorecard,Harvard Business School press,1996.

[3] 胡玉明.高级管理会计[M].2版.厦门：厦门大学出版社，2005.

[4] 范芒.平衡计分卡视角下的财务预警指标体系的构建[J].财会通讯,2005(11):32.

[5] 翁晓颖,黄继鸿.基于功效系数法的企业财务预警系统研究[J].杭州电子科技大学学报,2005(04):82-85.

[6] 罗小康.浅谈功效系数法在长期财务预警系统中的应用[J].会计之友,2006(02):35-36.

[7] 王竹泉,等.国内外营运资金管理研究的回顾与展望[J].会计研究,2007(2):85-90,92.

[8] 王竹泉,等.中国上市公司营运资金管理调查：2009[J].会计研究,2010(9):30-42,96-97.

[9] 邹武平.基于财务报表的企业营运资金管理绩效分析——以南宁糖业为例[J].财会通讯,2012,(16):16-18.

[10] 孟琦,祝兵.我国农业龙头企业营运资金管理初探[J].财会月刊,2010(29):25-27.

[11] 胡苏、贾云洁.上市公司股利分配影响因素分析[J].财会通讯-综合(下),2009(8):49-52.

[12] 阴丽美.上市公司现金股利政策优化研究[J].会计之友,2014(8):103-105.

[13] 池昭梅.上市公司业绩状况与股利分配方式研究——以广西上市公司为例[J].会计之友,2009(4):17-19.

[14] 原红旗.上市公司配股行为与经济后果研究[M].北京：中国财政经济出版社,2004.

[15] 李秉祥,裴筱捷,黄泉川.上市公司股利分配现状及对策研究[J].财会通讯（学术）,2006(4):56-58.

[16] 赵天慧,黄业德.财务危机预警模型在上市公司的应用[J].产业与科技论坛,2012(7):96.

[17] 崔慧岩.上市公司财务危机预警研究[J].财会通讯,2011(18):86.

[18]Fitzpatrick P.A comparison of Ratios of Successful industrial Enter-prises with Those of Failed Firms[M].Certified Public Accountant,1932,October,November,and December.598-605,656-662.

[19] William Beaver，Financial Ratios as Predictors of Failure [J], Journal ofAccounting Research，1966，2：71-111.

[20]Altman,E.L.Financial Ratios，Discriminant Analysis and Prediction of Corporate Bankruptcy[J]，Joural of Finance，1968，9：3-5.

[21]Altman，E. Haldeman，R.Narayann，Zeta analysis：A New Model to Identify Bankruptcy Risk of Corportions[J]，Journal of Banking &Finance，1977，9: 29-54.

[22]Ohlson Financial ratios and the porbabilistic prediction of bankruptey[J].Aeeounting Researeh,1980,（18）: 109-131.

[23] 梁美健，闫蔚. 企业财务预警的国内外研究综述 [J]. 财会月刊,2014（6）: 105.

[24] 周首华. 论财务危机的预警分析：F 分数模式 [J]. 会计研究,1996（12）: 8.

[25] 吴世农，卢贤义，我国上市公司财务困境的预测模型研究 [J]，经济研究，2001（6）: 46-55.

[26] 石晓军，肖远文.Logistic 违约率模型的最优样本配比与分界点研究 [J]. 财经研究,2005（9）: 46.

[27] 何沛俐，章早立. 立体空间下的全新财务危机远期预警模型 [N]，中国证券报，2003 年.

[28] 傅德印. 主成分分析中的统计检验问题 [J]. 统计教育,2007（09）: 4-7.

[29] 董寒青. 解析 SPSS 对主成分分析的计算技术 [J]. 统计与决策,2004（03）: 117-118.

[30] 徐春立. 论企业可持续发展能力的财务杠杆政策利用 [J]. 当代财经,2006（9）: 99-105

[31] 黄志忠，白云霞. 上市公司举债、股东财富与股市效应关系的实证研究 [J]. 经济研究，2002（7）: 49-57

[32] 陈日生. 管理决策中异常值探测及检验的探索 [J]. 中国管理信息化,2007（8）: 41-43

[33] 钟田丽，范宇. 上市公司产品市场竞争程度与财务杠杆的选择 [J]. 会计研究,2004（6）: 73-77

[34] 杨淑娥，胡元木. 财务管理研究 [M]. 北京：经济科学出版社，2002.

[35] 万红波，阮铭华，王蓓蓓. 负债融资、债务契约与盈余信息质量关系研究——基于中国上市公司面板数据的实证分析 [J]. 首都经济贸易大学学报,2010（5）: 53-60

[36] 胡援成，刘明艳. 中国上市公司债务期限结构影响因素：面板数据分析 [J]. 管理世界,2011（2）: 175-177

[37]Cothran, D. A., & Cothran, C. C.（1998）. Promise or Political Risk for Mexican Tourism. Annals of Tourism Research, 25（2），477-497.

[38]Walker, R., Landis, W., & Brown, P.（2001）. Developing a Regional Ecological Risk Assessment: A Case Study of a Tasmanian Agricultural Catchment. Human and Ecological Risk Assessment: An International Journal, 7（2），417-439.

[39]Buckley, R.（2012）. Rush as a Key Motivation in Skilled Adventure Tourism: Resolving the Risk Recreation Paradox. Tourism Management, 33（4），961-970.

[40]Becken, S., Jin, X., Zhang, C., & Gao, J.（2017）. Urban air pollution in China: destination image and risk perceptions. Journal of Sustainable Tourism, 25（1），130-147.

[41]Park, S., & Tussyadiah, I. P.（2017）. Multidimensional Facets of Perceived Risk in Mobile Travel Booking. Journal of Travel Research, 56（7），854-867.

[42]Modigliani, F. and Miller, M.H.（1958）The cost of capital, corporation finance and the

theory of investment. The American Economic Review, 48, 261-297.

[43]Brennan, M. J., & Schwartz, E. S.（1978）. Corporate income-taxes, valuation, and problem of optimal capital structure. Journal of Business, 51（1）, 103-114.

[44]Campello, M.（2000）. Capital structure and product markets interactions: evidence from business cycles. Journal of Financial Economics, 68（3）, 353-378.

[45]Simerly, R. L., & Li, M. F.（2000）. Environmental Dynamism, Capital Structure and Performance: A Theoretical Integration and an Empirical Test. Stategic Management Journal, 21（1）, 31-49.

[46]Campello, M.（2003）. Capital Structure and Product Markets Interactions: Evidence from Business Cycles. Journal of Financial Economics, 68（3）, 353-378.

[47]Dittmar, A., Mahrt-Smith, J., & Servaes, H.（2003）. International Corporate Governance and Corporate Cash Holdings. Journal of Financial and Quantitative Anlysis, 38（1）, 111-133.

[48] Custodio,C,Ferreira,M.A,and Raposo,C.（2005）. Cash holdings and business conditions. ISCTE Business School working paper.

[49]Mocnik, D.（2001）. Asset Specificity and a Firm's Borrowing Ability: An Empirical Analysis of Manufacturing Firms. Journal of Economic Behavior & Organization, 45（1）, 69-81.

[50]Acharya, V., Davydenko, S. A., & Strebulaev, I. A.（2012）. Cash Holdings and Credit Risk. Review of Financial Studies, 25（12）, 3572-3609.

[51] 陈楠，乔光辉，刘力. 出境游客的旅游风险感知及旅游偏好关联研究——以北京游客为例 [J]. 人文地理，2009（6）：97-102.

[52] 章杰宽. 国内旅游者西藏旅游风险认知研究 [J]. 四川师范大学学报：社会科学版，2009, 36（6）：111-118.

[53] 章之旺，吴世农. 经济困境、财务困境与公司业绩——基于 A 股上市公司的实证研究 [J]. 财经研究，2005（5）：112-122.

[54] 毛英，赵红. 基于 EVA 我国上市公司资本结构与经营绩效关系的实证研究 [J]. 经济问题，2010（5）：86-90.

[55] 许建，姚琴，李荣荣. 我国医药制造上市公司经营绩效与资本结构的关系研究 [J]. 技术与创新管理，2018（5）：543-548,555.

[56] 马永强，孟子平. 金融危机冲击、企业风险缓冲与政府政策选择 [J]. 会计研究，2009（7）：50-56, 96.

[57] 史杨超. 我国上市公司成本结构分析 [D]. 北京：首都经济贸易大学，2016.

[58] 祝继高，陆正飞. 货币政策、企业成长与现金持有水平变化 [J]. 管理世界，2009（3）：152-158.

第三篇 区域经济与风险管理

第十八章 金融危机对广西承接产业转移的理论分析与现实影响

本章一方面从理论上探讨了后金融危机时代国际产业转移变化的特点和趋势及其对中国、特别是对广西地区的影响;另一方面,从现实的角度分析了金融危机对广西外贸、吸收外资、工业发展、固定资产投资和社会消费诸方面的影响。通过理论和现实的对比,发现金融危机对广西经济总体数据影响不大,主要在于政策溢出效应和低外贸依存度在一定程度上对冲了金融危机的不利影响。但是,金融危机的间接影响还在延续,金融危机的消极影响并未消除,须谨慎应对。

从"次贷危机"到"金融危机"再到全球性的"经济危机",世界经济面临着严峻的挑战。面对危机,我们试图从理论的层面透析金融危机的背景下国际产业转移的方向和方式将发生哪些变化,对广西将有何影响。

第一节 金融危机对中国承接国际产业转移的影响

金融危机背景下国际产业转移的特点和趋势发生了一些新的变化,对中国承接国际产业转移有弊有利。

一、不利影响

1. 发达国家"再工业化"现象将延缓国际产业转移

美国、欧盟等发达国家在完成了大量制造部门和产业的国际转移之后,产业结构出现了"空心化"的倾向。以美国为例,以制造业、建筑业和交通运输业为代表的实体经济创造的 GDP 份额从 1950 年的 41.25% 下降为 2007 年的 18.70%[1]。产业空心化的直接后果是物质产品、特别是工业制成品的产出和利润都出现明显萎缩。在金融危机的冲击下,发达国家经济衰退明显,新兴产业发展困难,对传统产业的保护势必有所加强,"再工业化"现象会延缓国际产业转移的总体进程。

2. 金融危机和经济危机将导致外商直接投资的减少甚至撤离

美国很多产业爆出巨额亏损,资金缺口巨大,金融资本无力支撑产业资本的运行。跨国公司在本土经营受挫折、市值的损失和融资能力的下降,减弱了其对海外投资的意愿和能力,将导致来自发达国家的外商直接投资的减少,甚至一些地区一些领域会出现外资撤离的现象。

3. 金融危机将使服务业产业转移面临困境

服务业的外国直接投资仍由发达国家主导,在国际服务业转移中,金融业转移占全部服务业转移的比例高达 20%[2]。西方发达国家金融业遭受重创、各项服务外包受其拖累,必将导致服务业转移的步伐放缓。

4. 贸易保护主义将成为国际产业转移的重要障碍

贸易保护主义重新抬头不仅会遏制发展中国家外向经济的增长，削减其产业承接的能力，还将从源头上设置产业转出的制度性障碍，特别是对高技术和高附加值行业的限制将越发突出。

5. 发展中国家之间产业承接的竞争将日趋激烈

发达国家经济的衰退和萧条导致国际需求急剧下滑，发达国家有限的产业转出将受到发展中国家的追捧，因此产业承接的竞争将日趋激烈。

二、有利影响

1. 产业转移的流向将偏重稳定的需求市场

金融危机拖累世界经济整体低迷，以"金砖国家"（中国、印度、巴西、俄罗斯、南非）为主的新型经济体被寄予厚望，特别是中国政治经济稳定、市场需求潜力巨大、基础设施较好、劳动力及各种资源优势明显，必将成为产业转移优势资源的集聚地。

2. 产业转移的领域将偏重资源、能源方向

基于资源和能源的不可再生性、自身产业结构内下游产业对上游产业和基础产业的高依赖性、资源市场的定价权等因素的考虑，发达国家将会向外输出更多的资源和能源消耗性产业。因此，对于拥有丰富矿藏资源，而同时开采和加工技术能力薄弱的发展中国家而言，是机遇也是挑战，如何有选择性的承接是一个亟待研究的课题。

3. 产业转移的方式向集群化发展

大型跨国公司基于市场内部化考虑，产业转移的模式由单纯的生产制造环节转移，延伸到研发、设计、采购、销售和售后服务等环节的转移；由原来单个项目、单个企业、单个产业的转移延伸到整个产业链的转移。很多产业体系配套的中小企业甚至进行组团式的转移。这对于产业配套较差的中西部地区无疑是一个好消息。

4. 产业转移的主体向多元化发展

来自发达国家的外商直接投资虽然减少，但是新兴经济体和石油输出国组织等新的外资来源将呈不断扩大的趋势。招商引资、承接产业转移的过程中应该重视这种变化。

第二节 金融危机对广西承接东部产业转移的影响

由于广西的外贸依存度较低，金融危机对广西的直接冲击比较有限，但对广西承接产业转移有一定的影响。从经济发展梯度看，广西和东部沿海地区存在一定的差距，基本形成了东部沿海地区承接外国产业转移，广西承接东部沿海地区特别是"珠三角"地区产业转移的基本格局。因此，广西受金融危机的影响将滞后于东部地区，影响程度也将相对缓和。具体特点如下：

1. 东部出口企业转型，将加速国内产业转移的步伐

在金融危机的冲击下，国际需求急剧下滑，东部沿海地区相当一部分以出口为导向的中小型企业面临重重困难，部分企业甚至破产倒闭，但更多企业在寻求开辟国内市场促进企业转型，而在出口转内销的过程中中西部地区各生产要素的比较优势明显、市场潜力巨

大。广西应基于资源、能源、生产成本等优势,加快承接东部产业转移的步伐。

2. 广西可有条件有选择地跳跃式承接国际产业转移

广西拥有丰富的矿产资源和能源,如前所述,资源、能源领域将成为今后国际产业转移的重点,广西可大有作为。此外,广西拥有土地、资源、劳动力等各项传统生产要素的比较优势,如果能够采取切实有效的措施,改善交通等基础设施、提高政府效率、优化投资软环境,特别是在重点城市的高薪技术园区,跳跃式地承接发达国家的优势产业的转移将更为有效的提升地区综合经济实力和竞争力。

3. 产业转移集群化的发展趋势将促进更多产业向广西转移

制约广西吸收外商直接投资和承接产业转移的主要瓶颈之一就在于相关的产业配套体系不完善。某个企业或产业转移到广西,自身的生产成本应该会降低,但是上下游的相关产业配套不完善直接增加了交易的成本,甚至使正常生产无法完成。而产业转移集群化的发展趋势使产业链或产业集群的整体转移成为可能。这在很大程度上淡化了广西产业配套不完善的劣势,缩小了与东部地区产业承接能力的差距。

4. 加工贸易政策逆向回调,将延缓国内产业转移的步伐

2007年7月国家通过对加工贸易限制目录的调整,实现了东西部加工贸易的政策差异化管理,希望以此引导加工贸易向中西部次发达地区转移。然而,受金融危机的影响,2008年12月,商务部不得不对加工贸易限制目录进行逆向回调,从加工贸易禁止目录中剔除了28个海关商品编码,以求推动加工贸易发展、稳定就业。而本次在经济危机和对外贸易萎缩压力之下的政策回调,无疑将加大产业转移的阻力,从而延缓加工贸易的产业转移。

总之,金融危机对广西承接东部产业转移的影响有利有弊,广西须因势利导、趋利避害。围绕优势产业的培育,完善相关配套措施,积极承接产业转移。

第三节 金融危机对广西经济消极影响的现实考证

1. 金融危机对广西外贸的影响

金融危机以来广西外贸进出口呈"V"型走势。受国际金融危机的影响,2008年下半年广西进出口明显下滑,从7月份进出口13.57亿美元,下降到12月份9.01亿美元,降幅为33.6%,2009年2月份到最低点7.87亿美元,9月份为13.61亿美元,比2月份增长72.9%。从出口看,2008年7月份出口8.29亿美元,下跌到2009年2月最低点3.77亿美元,下降54.5%,到9月份回升到7.88亿美元,增长1倍多。[3]从国别来看,广西的前四大贸易伙伴分别为东盟、欧盟、美国、日本。其中,美国、欧盟和日本都是金融危机的重灾区。国际需求萎缩,贸易保护主义抬头,已经造成了有色金属等行业出口的大幅下滑,未来仍不乐观。

2. 金融危机对广西吸收外商直接投资的影响

2007年,广西全区新签外商直接投资项目287个,项目合同额23.45亿美元,外商直接投资额6.84亿美元,同比增长52.9%;2008年1~11月,广西全区新签外商直接投资项目187个,项目合同额12.3亿美元,外商直接投资额9.13亿美元,同比增长64.6%。2009年1—7月,广西全区新签外商直接投资项目72个,项目合同额5.95亿美元,外商直接投资额6.78亿美元,同比下降5.7%。由此可见,受金融危机的影响,外商直接投资下滑的趋势

仍在继续，特别是来自发达国家的外商直接投资短期内难以回暖。

3. 金融危机对广西工业的影响

2007年广西规模以工业增加值1 519.33亿元，增长26.5%；产品销售率95.5%，盈亏相抵后实现利润总额269.53亿元，增长43.6%。2008年广西规模以工业增加值1 976.42亿元，增长22.6%；产品销售率94.05%，盈亏相抵后实现利润总额179.86亿元，下降34.2%。2009年广西规模以工业增加值2265.06亿元，增长18.2%；产品销售率94.9%，盈亏相抵后实现利润总额260.48亿元，增长45.7%。由此可见，受金融危机的影响，2008年广西工业生产增速明显减缓，企业利润大幅减少，特别是有色金属冶炼及压延加工业、黑色金属冶炼及压延加工业、化学原料及化学制品制造业、电力热力等受冲击较为明显，实现利润下降幅度均在60%以上；但在宏观经济持续向好、国家扩内需保增长、广西深入开展"项目建设年""服务企业年"等因素的作用下，2009年广西工业生产增速明显加快，工业企稳回升态势进一步确立，回升基础进一步巩固。增速在全国排第7位，比平均水平高7.9个百分点。但需要指出的是，政府投资的强力拉动在其中起了一定作用，金融危机的消极影响并未完全消除。

4. 金融危机对广西固定资产投资的影响

2001—2008年广西全社会固定资产投资额及其增长速度如图18.1所示。其中，2007年广西全社会固定资产投资2 927.08亿元，同比增长32.2%；2008年广西全社会固定资产投资3 778.10亿元，同比增长27.2%；2009年广西全社会固定资产投资5 706.7亿元，同比增长50.8%。增幅已连续9个月保持在50%以上，比上年同期提高23.4个百分点，比全国（30.1%）高20.7个百分点，在全国排第2位。从投资主体看，国有投资2 283.88亿元，比上年增长85.8%；非国有投资2 875.46亿元，增长35.4%。其中固定资产投资增速较高的行业主要有金融服务业、交通运输业以及IT信息业；此外，广西北部湾经济区（南北钦防四市）全社会固定资产投资1 994.51亿元，比上年增长54.8%，增速比全区高4.0个百分点；而全区增速最快的城市为防城港市，高达77%。由此可见，虽然受金融危机的影响，2008年广西全社会固定资产投资增速有所放缓，但在国家宏观政策推动和北部湾经济区项目拉动的作用下，广西全社会固定资产投资增速明显加快，成为广西经济增长的强劲力。

图18.1 2001—2008年广西全社会固定资产投资额及其增长速度

资料来源：2008年广西国民经济和社会发展统计公报。

5. 金融危机对广西社会消费影响

2001—2008 年广西全社会消费品零售总额及其增长速度如图 18.2 所示。其中，2007 年广西全区社会消费品零售总额 1 897.87 亿元，同比增长 18.6%；2008 年广西全区社会消费品零售总额 2 338.45 亿元，同比增长 23.2%；2009 年 1—10 月广西全区社会消费品零售总额 2 282.45 亿元，同比增长 19.0%。可见，金融危机对广西的社会消费影响不大。

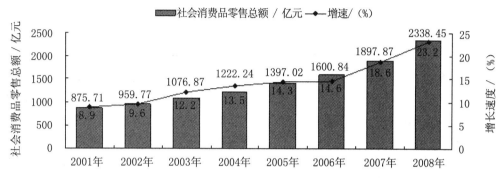

图 18.2　2001-2008 年广西全社会社会消费品零售总额及其增长速度

资料来源：2008 年广西国民经济和社会发展统计公报。

6. 广西总体经济受金融危机影响不大，增长速度较快

2007 年全区生产总值（GDP）达到 5 955.65 亿元，比上年增长 15.1%；2008 年全区生产总值（GDP）达到 7 171.58 亿元，比上年增长 12.8%，受金融危机影响增速略有放缓。2009 年 1-10 月全区生产总值（GDP）达到 5 074.18 亿元，同比增长 13.7%。可见，金融危机虽然对广西吸收外商直接投资和进出口贸易造成了较大的冲击，但是由于北部湾开发和国家经济刺激计划的实施，广西整体经济已经企稳回升，进入了高速发展时期。但宏观环境的不确定性和结构性失衡等问题仍使我们不能掉以轻心。

综上所述，金融危机对广西的直接冲击主要体现在外商直接投资和进出口贸易领域。国际需求急剧下滑，贸易保护主义不断升温，给广西的出口企业带来了巨大挑战，尤其以外向型经济和制糖、钢铁、电力、有色金属、黑色金属等行业较为突出。从地域上看，来宾、百色和北部湾地区受冲击较为严重。但由于广西的外贸依存度较低，仅为 15% 左右，所以受到的直接冲击并不大。特别是在国家宏观经济政策和北部湾大开发的双重刺激下，投资、消费和承接东部产业转移都取得了可喜的成绩，金融危机的消极影响得到了有效缓解和稀释，广西经济的基本面运行良好。但是，金融危机的间接影响还在延续，金融危机的消极影响并未消除。主要表现在以下几个方面：①广西经济与国内区域经济及东盟联系紧密，相关地区、相关产业受金融危机多方面、深层次的影响将持续蔓延，进一步冲击广西的内外贸易和实体经济。②国家经济刺激措施初见成效，政府投资的强力拉动面临周期性结束，中央积极的财政和货币政策可能发生调整，广西须做好准备、妥善应对。③国际需求萎缩、贸易保护主义升温的局面仍在继续，广西出口企业仍为脱离困境。④广西自身在基础设施、产业配套、技术创新、人才储备等方面仍然较为薄弱，有待进一步加强，以提高抗风险能力。

第十九章　广西梧州市承接东部产业转移的有效模式

在西部各省市如火如荼地承接东部产业转移的大背景下，本章从产业转移的内涵及其实现的理论条件入手，分析梧州特有的优势条件，并指出比较优势是承接产业转移的先决条件，而吸引直接投资、实现要素嫁接、利用OEM、ODM、培育产业集群、建立工业园区等途径是梧州承接东部产业转移的有效模式。

我国改革开放40年来，东部地区凭借其得天独厚的区位优势和国家政策倾斜，通过承接国际产业转移，实现了快速持续发展。近年来，随着东部地区土地、劳动力等成本优势的逐渐丧失，产业结构进入调整与升级阶段，大量劳动密集型、资源型产业将向中西部地区转移。这一迄今为止中国历史上最大的经济战略大转移经济结构大调整，必将对中国的现在和未来产生深远的影响。在这个过程中，梧州怎样利用自己滨临粤港澳的区位优势，抓住产业转移的契机，发展壮大经济规模、促进产业结构升级、培植核心竞争力——将是本章探讨的重点。

第一节　产业转移的内涵及其实现的理论条件

产业转移是指在市场经济条件下，发达区域的部分企业顺应区域比较优势的变化，将其部分产业的生产转移到发展中区域进行，从而在产业的空间分布上表现出该产业由发达区域向发展中区域转移的现象。

产业转移实现的理论条件主要有三：①发达区域生产要素价格上涨或发展战略变化，有转移的内在动力；②后发区域的经济发展水平与发达区域存在较大差距，分属不同经济梯度，有产业转移的可能；③承接区域有比较明显的资源优势或生产要素方面的比较优势，有产业转移的承接能力。

第二节　梧州市承接东部产业转移的优势条件分析

梧州承接东部产业转移的对象应该主要是与之临近的粤港澳、特别是珠三角地区。因为梧州承接珠三角产业转移与其他后发地区相比具有独特的优势条件。

（1）劳动力因素。梧州作为历史文化名城，是粤语的发祥地，与珠三角地区有着特殊的"地缘""亲缘"关系。山水相连，语言相通，相似的文化、习俗，这些背景都是梧州劳动力资源独特的优势，是其他地区无法模仿、难以取代的。同时在经济发展水平上梧州与珠三角存在巨大的梯度差，低廉的劳动力成本使梧州在承接珠三角产业转移时具有较大的优势。而更重要的是地缘相近使两地间的交易成本和生产要素结合成本低廉，可以大大降低产业结构的转移和调整成本。

（2）交通因素。梧州地处两广交界，汇西江、桂江于一城，水路运输发达，素有"小香港"之美誉。作为广西的东大门，梧州是我国西部大开发12个省（市）区中最靠近粤港澳的城市，是东西部经济圈的结合部。而且，作为新兴的"北部湾广西经济圈"内的重点城市，梧州将以高速公路和水上运输，东连广州、深圳、香港、澳门，西接南宁、桂林、柳州、北海，成为珠三角和北部湾两大经济区物资流通的中间枢纽。

（3）资源与能源匹配条件。梧州水力资源丰富，西江水系纵横广西，西接云贵，东入广东，直通南海。梧州港年货物吞吐能力300多万吨，是全国第6大内河港口，是西南地区物资流通的水上枢纽。同时，梧州及其腹地蕴藏着丰富的矿产、林产和水产等资源，经过40多年的发展已经建立了门类较为齐全的工业体系，并初步形成了食品轻工、日用化工、林产林化、人工宝石等支柱产业。这些都为梧州承接产业转移打下了良好的基础。

第三节 梧州市承接东部产业转移的有效途径及模式选择

要回答如何承接东部产业转移的问题，首先要了解东部哪些产业需要转移？而需要转移的企业它优先考虑哪些经济因素？然后才是因地制宜有针对性的进行产业承接。据有关部门测算，到2010年，广东省主要有纺织服装、制鞋、玩具、家具、精细化工、机械制造、钟表和建材等产业需要转移，除了少量通过技术改造留下以外，大部分将向外迁移或淘汰，向省外寻求合作开发的主要是林产林化、有色金属、能源等产业。而这些产业移迁"新居"首要考虑的当是成本、利润等经济因素。这就需要我们分析比较，依据自己现有工业体系和发展水平，选择有基础有条件的产业首先承接。而具体的承接模式可以从以下几点考虑。

1. 要素注入式：直接投资

产业转移发生的主要形式是跨区域直接投资。跨区域直接投资是指企业跨越区域界限到其他区域去投资设厂，进行生产和销售。在运行上表现为发达区域企业对发展中区域的投资行为。直接投资能够使欠发达区域迅速积累资金、技术，为区域经济的起飞创造条件，产生要素注入效应。

直接投资承接产业转移的方式具有广泛的适用性，当前梧州可以重点推动以下产业：①资源型产业，如梧州的松香、林产林化、岑溪的石材等；②基础建设型产业，如港口码头扩建、旅游基础投资等；③特色产业，如凉茶、龟苓膏、人工宝石等；④新型重工业，如水泥、建材、机械制造等。具体实施方法如下：①"以项目吸引投资"。政府规划项目，申请项目，吸引珠三角商人前来投资。由于项目已经规划，节省了企业主搜寻项目的相关成本；政府申请的项目一般经过了严格的论证，可行性比较强，降低了企业主投资的盲目性和风险。因此，这种引资的方式比较容易被对方采纳。如港口码头的扩建项目等。②政府认真组织有关部门和企业，积极参与珠三角的各种招商、展销活动，寻找合资伙伴。③设立招商点。在珠三角诸大城市、高新技术开发区设立办事处，强化宣传，积极引进。④以商引商。通过率先投资至本地的客商，现身说法，引进更多的企业进入。⑤实施优惠政策，净化投资环境。根据区位论成本学派的理论，生产成本最低或者预期利润最高的地区易于成为跨区域的投资地。

2. 要素嫁接式：企业内部一体化模式

企业内部一体化的实质在于用内部管理取代外部市场，用内部分工取代市场分工。因为，企业利用市场要支付交易费用，市场越是不完全、缺乏效率，交易费用越高；企业如果将各项交易纳入企业内部进行就可以节约交易费用，这就是内部化的经济意义。通过企业内部一体化可以使承接地区的企业被纳入发达地区的产业链体系中，使得管理、技术、资金等要素迅速被承接地区所吸纳。

实现梧州与珠三角企业内部一体化模式的基本途径是通过要素嫁接。将外地的高级生产要素（特别是技术、资金和高级管理者或企业家）与本地的企业结合，救活、做大本地的企业，从而带动区域经济发展。而要素嫁接是通过企业整合来实现的，主要形式是企业间股份购买、收购和兼并。在企业整合的过程中可能伴随着剧烈的阵痛，甚至需要梧州企业做出妥协、做出让步、做出控制权本身的牺牲！但从长期来看，企业内部一体化模式的成功运用，能够带动上下游产业的转移，甚至相关产业的连带发展。而且，先进企业、新的经营者的移入必将带来更符合市场经济要求的新思想、新观念和新的管理方式。这些无形资源的传播与扩散，将使梧州本土经济得到长足发展。因此，企业内部一体化的方式比较适合梧州老牌的国企、缺乏活力的传统企业及受限于资本技术等瓶颈的规模企业。如电池、纺织、医药等。

3. OEM，ODM：企业虚拟一体化模式

OEM 是 Original Equipment Manufacture（原始设备制造商）的缩写，亦称授权贴牌生产，它是指一种"代工生产"方式，其含义是生产者不直接生产产品，而是利用自己掌握的"关键的核心技术"，负责设计和开发、控制销售"渠道"，具体的加工任务交给别的企业去做的方式。微软、IBM 等国际知名品牌均采用这种方式。

ODM 是 Original Design Manufacturer（原始设计制造商）的缩写，其含义是某制造商设计出一种产品后，被另外一些品牌的制造商看中，要求配上后者的品牌名称来进行生产，又或者稍微修改一些设计来生产，当然要为此支付一定的报酬。这样做的最大好处是其他厂商减少了自己研制的时间。

企业在掌握产品核心技术和建立了成熟的营销网络后，可不再直接投资进行生产，而是以通过让其他企业代为生产的方式来完成其产品的生产任务。这样，可以培养和壮大企业内在的扩张力，提高经营能力和管理水平，从而走向更高层次的资本运营。梧州的企业显然还没有发展到这样的层次，但是我们可以借助 OEM 特别是 ODM 这种形式，为珠三角甚至海外企业代工，逐步形成结合自身特色的加工制造中心。例如针对广东地区需要转移的产业，我们可以结合自身的资源优势、比较优势，有重点有选择的将其加工制造中心转移到梧州。此外，ODM 应该是我们重点发展的对象，因为这种形式既保留了自有品牌又缩减了研制时间，特别适合梧州这种技术水平相对落后的地区。比如，我们的人工宝石产业，产量之大占世界 40%、全国 80%，企业之多遍布整个梧州甚至延及周边地区，但是其利润水平、税收贡献并不高，主要在于我们处于产业链的最底端，多是初级产品的粗加工，有品牌影响力的产成品较少。要解决产品附加值低、科技含量不高、品牌缺失等问题，关键在于研发层面的设计水平、设备层面的技术水平以及企业全面的管理水平。而这些，从长期讲，我们可以通过产业集群来获取；但短期看，ODM 形式的效果更直接。特别是为周大福、Boucheron（宝诗龙）、SWAROVSKI（施华洛世奇）等国际知名珠宝品牌代工，可以吸收、引用其设计精华，在管理、营销、品牌塑造等多方面将使本地企业得到全方位的提升。

4. 产业集群：承接产业转移的高级模式

产业集群（Industrial Cluster）是在某一特定领域内互相联系的、在地理位置上集中的公

司和机构集合。具体来说，产业集群的优势在于专业化和区域化。专业化使大量企业及相关机构分工精细，从而增加熟练程度节约生产成本；区域化使同一地区集聚了完备的产业链及相关辅助配套设施，从而大大降低相互之间的交易成本。而两者的合力共同塑造了区域品牌及其强劲、持久的竞争优势。同时，产业集群前向和后向、侧向强大的关联带动性将会不断刺激区域核心竞争力的提升。

当前，梧州以集群模式承接产业转移的实施途径可以从以下几点考虑：第一，立足现有产业，政府积极扶持，营造后发优势。梧州具备了集群发展条件的产业主要有人工宝石、轻工、制药等，这就需要政府和企业共同营造产业集群的条件，培育优势产业加速集群发展。第二，促使本地企业与东部企业展开多层次、多形式的合作。从一个零件的承接到一个产品、一条生产线、一个企业、一条产业链的整体承接，要讲求循序渐进。第三，在集群内部重点扶持和发展"龙头"企业，使其发挥带动作用提升整个集群竞争力。第四，工业园区建设集群化，后文详叙。

5. 工业园区：承接产业转移的重要载体

工业园区是承接产业转移的重要平台和载体。工业园区内的企业在空间上相对集中，有利于企业之间在业务上分工协作，有利于园区内的各种主体以各种方式交流技术和市场信息等，从而形成知识外溢、降低搜寻成本和学习成本。应该说工业园区极有可能发展集群经济，也有利于集群经济的培育。

梧州在工业园区的建设过程中，应该着重承接关联产业，着重产业集群网络的完善，并做好以下几方面工作：一是切实加强园区建设规划。按照科学规划、合理布局的原则，坚持循环经济和建设节约型社会的理念，认真抓好工业园的建设规划。围绕资源优势，大力发展特色经济，如人工宝石、凉茶等。二是着力抓好基础设施建设。加大投入，多渠道筹集建设开发资金。优先安排通往产业转移工业园的电网建设和改造项目，加强园区外部道路、港口、排水、排污、通信等配套设施建设，尽可能降低园区生产和物流成本。三是大力开展招商引资。加强龙头企业招商，着力引进一批带动能力较强的项目，吸引企业集聚。充分利用"泛珠洽谈会"等重大经贸合作平台，大力推介本地促进产业转移的政策措施，增强企业的机遇意识和信心。四是积极培育园区主导产业。要注重招商选资，突出产业特色，并围绕产业链的延伸和配套，形成一批发展特色鲜明的产业转移基地。五是努力打造自主品牌。大力实施自主创新战略，努力培育一批具有自主知识产权的拳头产品。加强政策的鼓励和引导，鼓励企业建立技术研发中心，对企业科研投入给予适当补贴。

总之，梧州市承接东部产业转移要坚持以科学发展观为统领，以培育支柱产业做大经济总量为目标。紧紧围绕发展与和谐两大主题，突出合作共赢，突出体制机制创新，突出招商引资，突出基础设施建设，突出集约发展、节约发展、清洁发展。实事求是，因地制宜。把产业转移的着力点放在产业集群和园区建设上。并在这个过程中遵循以下原则：①坚持环境保护，以无门槛有选择吸纳产业转移。将那些不符合产业政策、高能耗、高污染的项目拒之门外。②坚持合理布局，有统筹有步骤的规划产业转移。按照"布局集中、用地集约、产业聚集、服务集成"的原则，高起点高标准地做好整体规划。③坚持自主创新，增强产业升级的主动性。只有在创新中承接产业转移才能真正获得产业转移的长效利益，达到自身产业升级的目的。

第二十章 梧州人工宝石产业集群竞争力的 GEM 分析

本章从梧州人工宝石产业的发展脉络和现状调查入手,基于 GEM 模型对影响梧州人工宝石产业集群竞争力的核心因素进行了深入分析,并采用德尔菲法加以量化、评价,指出问题所在,希望能够对梧州人工宝石产业集群竞争力的提升有所启示。

第一节 产业集群竞争力评价模型介绍

分析产业集群竞争力最有影响的是 Michael Porter(1998)的钻石模型[4]和 Tim Padmore and Hervey Gibson(1998)提出的产业集群竞争力 GEM 模型[5]。波特认为,在一个产业集群形成和发展的过程中,最关键的因素共有六方面:生产要素,需求条件,相关产业与支持性产业,企业战略,企业结构与同业竞争,机遇和政府。其中前四者为基本影响因素,后两者为附加影响因素,它们构成了著名的"钻模型"。

GEM 模型是在钻石模型的基础上提出来的,它将影响产业集群竞争力的 6 个因素确定为:"资源""设施""供应商和相关辅助产业""企业的结构、战略和竞争""本地市场""外部市场",并用一个蛛网图来表示(见图 20.1)。6 种因素被分为 3 对:包括"资源""设施"合称为"因素对Ⅰ"——基础(Groundings);"供应商和相关辅助行业"和"企业的结构、战略和竞争"合称为"因素对Ⅱ"——企业(Enterprises);"本地市场"和"外部市场"合称为"因素对Ⅲ"——市场(Markets);而 GEM 模型正是这 3 个因素对名称的第一个字母的缩写[6](陈柳钦,2009)。

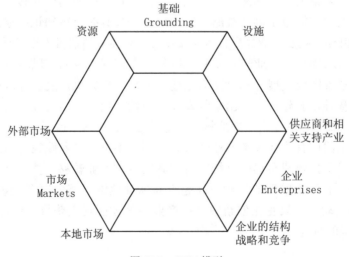

图 20.1 GEM 模型

钻石模型理论是在国家层面上将产业集群作为国家竞争优势的研究。GEM模型将研究的对象进一步确定为特定区域的企业集群，并且强调了因素之间的互补关系，更为重要的是根据实际情况或调研结果对每一个因素赋值，进而将钻石模型的定性分析演变为定量分析，从而成为评价产业集群竞争力的有力工具。因此，本章在分析梧州人工宝石的产业集群竞争力的过程中主要采用了GEM模型。

第二节 梧州人工宝石产业集群竞争力的GEM分析

一、"因素对 I"——基础（Groundings）

其实质是企业集群的供给要素，它指企业集群外部为集群内部企业的生产过程所提供的要素。

1. 资源

可以是指当地自然的、历史继承的或者通过发展形成的资源。包括自然资源、优质廉价的劳动力、战略性的地理位置、金融资本以及特有的技术专利等。

（1）战略性的地理位置。梧州地处两广交界，汉代称"广信"，广东广西的"广"起源于此。梧州水力资源丰富，水路运输发达，商业文化历史悠久，是西江黄金水道上的重点城市，素有"百年商埠""小香港"等美誉。毗邻粤港澳的地缘优势，使其更容易承接上述地区的技术、资金和产业转移。这也正是上世纪80年代初，台商、港商选择梧州作为人工宝石产业转移的原因之一。

（2）水电资源。梧州市水力资源蕴藏丰富，珠江水系的浔江、桂江集广西河流量的85%以上，在梧州市汇合注入西江。梧州电力供应充足，仅长洲水利枢纽年发电量就达到30亿千瓦时。价格较珠三角地区便宜，这也是梧州成为用电量较大的人工宝石加工基地的优势所在。

（3）人力资源。基本劳动力资源：梧州人工宝石产业基本劳动力资源丰富，长期以来形成的人工宝石产业集群效应，也吸引了大量外来民工，而且由于人工宝石加工的特殊性，大量农户在农村灵活分散的加工形式也较为普遍，因此基本劳动力供给在某种程度上是充足的。但是随着经济的发展和生活水平的提升，梧州人工宝石产业面临着劳动力成本上升的压力。

1）科技研发人才。梧州人工宝石在自我发展过程中培养了一批土生土长的技术人员，他们善于在实践中积累、从经验中学习，成为当地的技术精英和骨干力量。但是由于缺乏系统的学科背景和相关专业知识，他们的技术优势只停留在实践方面，尚未上升到理论高度，大多以模仿性见长，而缺乏自主研发的创新能力。

2）高级管理人才。梧州人工宝石产业拥有一大批具有开拓精神的本土企业家和管理队伍，他们熟悉当地环境，拥有自己的营销网络，对市场细微的变化有较强的敏感度和应变能力。但是大部分缺乏科学管理的系统知识，家长式和经验性的管理方式占主流，这也直接导致了企业用人标准的家族化、本土化倾向，从而成为制约企业发展的瓶颈之一。

（4）金融资本。集群内以中小企业为主，金融资本总量和流量都不大，不能满足产业延伸和集群发展的需要。而金融机构对中小型民营企业"惜贷"的现象较为普遍，风险投资的介入也明显不足。因此,融资渠道狭窄、资本流动性差已成为影响梧州人工宝石产业链延伸和集群竞争力提升的重要原因。

2. 设施

它包括硬件设施和制度安排,这些设施和制度安排支持该集群的企业得到资源,开展经营活动。硬件设施方面包括道路、港口、管道和通信设施等;制度安排包括行业协会、研究机构、培训系统、法规制度、货币政策、商业环境和生活环境等。

(1) 基础设施。长期以来,交通落后一直是制约梧州发展的关键因素。但随着洛湛铁路,南梧、桂梧、广梧等高速公路的相继开通,特别是南广高铁即将竣工,梧州将融入南宁、广州一小时经济圈,"疏通东西、连接两广、水陆空立体式的交通大格局"即将在梧州形成,其所释放出的经济正能量值得期待。

(2) 行业协会。梧州宝石商会成立于1999年,在协调和沟通宝石厂商之间、宝石商与政府之间的关系中,发挥了桥梁和纽带作用,在规范宝石行业行为、宝石城招商引资、带头入城经营、协助政府开展规范整治工作等方面,都发挥了积极作用。但是由于缺乏办公经费和专职管理人才,在工作上更多的只是忙于向政府反映困难、反映要求,未能从战略高度出发,强化行业管理、完善服务功能。

(3) 研究和培训机构。梧州市与宝石相关的研究和培训机构主要有五洲宝石学校和梧州学院。五洲宝石学校是一家民办中等职业学校,目前开设宝玉石鉴定与加工、首饰制作与经营等专业,以及宝石加工、检验、首饰制作等短期培训班。五洲宝石学校在培养生产和服务第一线的初中级技术人才方面做出了较大贡献,但尚不能满足集群内对高级研发和管理人才的需求。梧州学院是梧州市唯一一所高等院校,师资力量雄厚,学科门类较为齐全,设有珠宝与首饰设计等专业,是梧州人工宝石产业高端人才孵化的重要基地。

(4) 政府作用。在梧州人工宝石产业发展的过程中,地方政府做出了很大贡献,这主要体现在:将宝石产业作为支柱产业重点扶持和发展;制定并全面实施加快宝石产业发展的系列政策;加大基础设施建设,改善投资环境,给予优惠政策;组团梧州宝石企业参加国际珠宝展;投资兴建梧州宝石城,积极筹办梧州国际宝石节;招商引资,建设梧州宝石加工基地和宝石工业园区;整合区域内宝石产业资源,进行功能分区。

二、"因素对Ⅱ"——企业(Enterprises)

其实质是产业集群的结构因素,它决定了集群的生产效率。这一对因素是以企业为基础的,对它们的解释与钻石模型中的相关支撑产业和企业的战略、结构和竞争相似。

1. 供应商和相关辅助行业

企业集群要取得成功往往要求供应商多样化、高质量、低成本和专业化,买卖双方需建立长期合作关系。集群中有相互关联关系的企业的数量越多,正式或不正式的联系在集群中存在越普遍,人才、资金、技术的溢出效应就会越快,企业集群的竞争力也会越强。

(1) 原材料和辅料产业。梧州人工宝石加工的主要原料是经高温高压形成的立方氧化锆晶体,最初全部由国外进口。随着梧州人工宝石界不断的探索,现在宝石原料国产替代率已经很高。综合分析,本地原材料质优价廉,但品种单一,主要是白锆;而国外进口原料的竞争优势主要体现在其对核心技术的掌控上。此外,进行宝石加工研磨,还需要粘胶、接棒、抛光粉等辅料,产地主要集中在广东。

(2) 宝石机械行业。梧州人工宝石加工的机械主要有切割机、抛光机、成形机、圈尖机、震光机等，目前梧州市已有多家宝石机械生产企业，产量基本满足本地市场需求。但是，本地生产的机械自动化程度低，科技含量与生产效率不高。

(3) 专业市场。梧州市的宝石交易市场主要集中在宝石城，宝石城与生产基地联系紧密，基本起到了衔接上下游贸易、销售环节的作用。但在监管和服务等领域还存在很多不足，相关配套设施也不够完善。此外，宝石城内外竞相压价倾销的现象严重损害了正常的市场秩序，也不利于集群内部自身的利益。

(4) 宝石镶嵌业。梧州人工宝石产业仍然以粗加工为主。由于资本瓶颈难以突破、高级人才稀缺、配套设施及辅助产业不完善等原因，属于资本密集型的宝石镶嵌业尚处于起步阶段。因此，进行产业结构升级和延伸，拉长产业链，增加产品附加值，应该是梧州人工宝石产业发展的方向之一。

(5) 会展业。2001年，梧州人工宝石企业组团参加泰国国际珠宝展，首次冲出国门与外商洽谈生意，建立了更广泛、更直接、更密切的营销网络。2004年起，连续举办了十届梧州国际宝石节，进一步加强了梧州与国内外金银珠宝界客商的合作关系。宝石节的成功举办还对招商引资、扩大区域品牌影响力等起到了积极的促进作用。但是，调查发现：部分海外客商跨越了本地经销商，直接从生产企业甚至加工户手中截收宝石，进一步压缩了集群内的整体利润。

(6) 物流、包装、研发设计等。物流、包装、研发设计等专业化服务性企业在集群内的发展较为滞后。总体上看，梧州人工宝石产业集群内尚未形成完整的产业链。企业经营范围主要集中在宝石加工、机械和原料的生产等方面，产品附加值低，科技含量不高，且存在很大程度的同质性，集群内企业以竞争为主，合作意识不强，单打独斗的现象比较普遍。

2. 企业的结构、战略和竞争

其指集群内企业的数量和规模，企业之间组织产品生产的方式、企业的管理模式、各个企业的产权结构等，这些因素决定了这个企业集群的战略发展方向和竞争策略。

(1) 企业结构。梧州人工宝石企业主要以民营企业为主，规模相对较小。从公司治理结构上看，主要以家族式管理模式为主，财务制度不健全，内部控制缺失，风险分散和抵抗能力较差，尚未建立起产权清晰、责权明确的现代企业制度；从经营模式上看，主要以自产自销为主（见图20.2）。

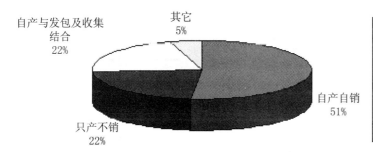

图 20.2 梧州人工宝石企业经营模式（共 223 个数据）

（2）产品结构。从产品结构上看，梧州人工宝石产业中存在着明显的同构现象，大多数企业主要以生产CZ（锆石）圆形及各种异形为主，并兼生产红蓝刚玉、尖晶各色玻璃等。产品形状多以圆形为主，兼有方型、梯型、菱型、梨型、蛋型、梅型、心型、公主型、三角型、马眼型、五角星形、祖母绿型等。所产产品款式已愈600多个，规格接近一万种，其品级以A、B货为主。企业之间战略差异化不明显，容易造成企业间的低价竞争现象。

（3）企业战略与竞争。梧州人工宝石产业集群采用的主要是基于禀赋资源的比较优势战略。集群发展至今所依靠的主要是基本生产要素。而基本生产要素比高级生产要素更容易被替代或模仿，失去竞争优势。在竞争日趋激烈的市场经济条件下，产品研发能力水平决定着企业的生存和发展，决定着产业的兴衰和成败。目前，梧州人工宝石产业绝大部分处于独资、分散经营的状态，单靠企业各自的力量，进行高精产品的开拓研发，无论是在资金方面还是人才方面都存在着困难，也是难以实现的。这无疑是制约梧州人工宝石产业进一步发展的一个重要因素。

三、"因素对Ⅲ"——市场（Markets）

其实质是产业集群的需求因素，它包括最终市场需求、中间需求以及集群中企业的需求。

1. 国内市场

我国经济以及居民收入的持续增长将有力拉动整个宝石产业的国内需求。同时，随着人民生活水平的提高，消费观念的变化，款式繁多、造型美观、价格低廉的人工宝石，迎合了大众消费需求，这也为梧州人工宝石产业的发展提供了良好的机遇与市场。

2. 国际市场

梧州人工宝石产业在国际上的同业竞争主要集中在欧洲、日本、韩国和东南亚等地。其中欧洲的奥地利、瑞士等国际珠宝界巨头控制着高档产品的核心技术以及高端市场的竞争优势；日韩等国则在中低档产品的开发与设计方面具有优势；而劳动力资源同样密集的东南亚地区则在宝石初级产品的加工和研磨方面对梧州世界宝石加工中心的地位保持持续的压力。从消费市场看，欧美等发达国家，中东、印度等宗教地区，占据着世界宝石市场的主要销售份额，并保持着持续的增长态势。从梧州宝石产品的流向来看主要是供货给广东等珠宝首饰企业进行深加工（见图20.3）。

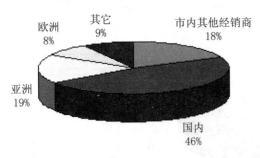

主要来源	调研数据
市内其他经销商	57
国内	147
亚洲	58
欧洲	24
其它	27

图20.3 梧州宝石产品的主要市场

从宝石产品在国际终端市场的应用领域来看，主要集中在珠宝首饰镶嵌业（见图20.4），但是近年来应用领域扩展和延伸的趋势非常明显——箱包、服饰、家居陈列装饰工艺品、灯具、各类时尚装饰品、玩具等，这无疑也将为梧州人工宝石产业开拓新的市场提供新的契机。

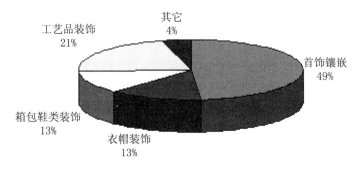

图 20.4 梧州宝石产品的应用领域

用途	调研数据
首饰镶嵌	261
衣帽装饰	71
箱包鞋类装饰	68
工艺品装饰	115
其它	22

第三节 GEM 模型的赋值及量化分析

为了能更加清晰地了解梧州人工宝石产业竞争力的现状，本章在大量实地调研和问卷调查基础上，运用 GEM 模型对影响梧州人工宝石产业竞争力的各个因素进行了量化。GEM 模型的量化过程分 3 步：

第一步：对影响集群竞争力的 6 个因素赋值，每个因素可赋值 1 到 10 分（见表 20.1）。赋值过程是一个主观的评定过程，需要评分者对相应的标杆（Benchmarking）应有充分的了解（寇强，2004）[7]。这些标杆信息可以从各种渠道收集到，如政府相关部门、咨询机构和该区域的行业协会等。本章采用了 6 个因素中各个子因素取加权平均值的办法，而各个子因素的赋值则是在大量问卷调查的基础上根据课题组的主观评价而确定。

表 20.1 GEM 模型赋值情况表

基础		企业		市场	
资源	设施	供应商和相关辅助行业	企业的结构、战略和竞争	本地市场	外部市场
1. 战略性的地理位置 6' 2. 水电资源 7' 3. 人力资源 5' 4. 金融资本 2'	1. 基础设施 3' 2. 行业协会 4' 3. 研究和培训机构 3' 4. 政府作用 6'	1. 原材料和辅料产业 6' 2. 宝石机械行业 6' 3. 专业市场 5' 4. 镶嵌业 1' 5. 会展业 5' 6. 物流/包装/研发设计 1'	1. 企业结构 3' 2. 产品结构 5' 3. 企业战略与竞争 4'	1. 国内市场 7'	2. 国际市场 5'
$D_1=5$	$D_2=4$	$D_3=4$	$D_4=4$	$D_5=7$	$D_6=5$

第二步：进行"因素对"计算和转换，计算"因素对分值"。

（PAIRSCORE）＝$(D_{2i-1}+D_{2i})/2$

PAIRSCORE——表示因素对分值；

D_{2i-1}，D_{2i}——表示各个因素的得分；

D_{2i-1}，D_{2i} 所代表的"因素对"是两个可以相互替代的因素（或者基本上可以相互替代）。因此知道三个因素对的分值见表 20.2。

表20.2　因素对赋值表

基础	企业	市场
4.5	4	6

第三步：计算"集群线性分值"和最终结果。

集群线性分值：

（LINEAR CLUSTER SCORE）= $\prod_{i=1,3}$（PAIRSCORE）LINEAR CLUSTER SCORE=108

做两次转换，第一次转换将集群线性分值（LINEAR CLUSTER SCORE）转换为各个"因素对分值"相乘，这种转换表现了"因素对"之间的相互关联性，也就是说只要有一个或者两个"因素对分值"较低，就有可能使整个集群竞争力最终的分值较低。第二次转换只是一个比例上的转换，目的是使得最后得分的满分为1000。因此，GEM模型集群竞争力的量化表达式为

$$GEM = 2.5 \left(\prod_{I=1,3} (D_{2i-1} + D_{2i}) \right)^{2/3}$$

最终得出梧州人工宝石产业的集群竞争力 GEM=226.78575

根据 GEM 模型，如果一个集群6个因素的得分都在5分左右（达到平均水平），那么它的 GEM 得分为250分左右，说明此企业集群的竞争力达到国内平均水平；而当所有因素的得分接近10分，此企业集群竞争力的 GEM 得分会接近1 000分，说明此企业集群的竞争力相当高，有可能是世界级的。相对比而言，梧州的人工宝石产业集群的 GEM 得分仅为226.785 75 分，低于250分，说明其产业集群的专业化程度仍然较低，尚未在国内建立起强有力的竞争优势。

综上所述，通过 GEM 模型的量化分析，各因素的优劣差异一目了然，梧州人工宝石产业集群目前尚处于低成本型的产业集群范畴，即以本土发展为主的内源型产业集群。存在的问题主要有：为提供客户独特而优异的价值和服务的"差异型竞争优势"明显不足，缺乏高素质研发管理人才、产业配套不完善，产业链条有待进一步延伸，产业集群规模在进一步扩大时遭遇了融资问题。这些瓶颈的突破也正是梧州人工宝石产业今后努力发展的方向。

第二十一章 梧州重振"百年商埠"的历史机遇和战略分析

探究梧州百年商埠形成背后复杂的经济系统和深层次商业规律,对梧州下一步的发展有深刻的现实意义。回溯历史,我们发现"西江黄金水道"是梧州百年商埠繁荣兴盛最基本的物质条件。重振梧州百年商埠,仍须依托西江黄金水道,充分挖掘自身真正的优势及比较优势,努力克服关键性约束因素,切实做好以下几点工作:一是准确的城市定位及港口定位:坚持以港兴市、完善沿江产业布局、依托港口航运、发展现代物流。并明确"融入珠三角、连通北部湾"的战略,为梧州的发展同时打开两扇窗口,努力把梧州港建成广州、深圳和北部湾港口的内陆"喂给港",在投资管理、人才培养、信息系统等方面展开广泛合作。二是重拳打造大产业:结合资源优势,发展循环经济,重点培育那些能对城市总体经济产生巨大拉动和强硬支撑的产业。如:港口航运业、船舶制造业、有色金属及相关制造业、林产林化业、陶瓷石材等建筑业。三是抓住东部产业转移和西江经济带建设的历史机遇,争取在城镇化建设、现代农业、循环经济等方面率先发展;并不断努力完善自身的软环境,如积极进行人才储备,切实鼓励科技创新、全力激活农村经济、努力提高政府效能等。

梧州是广西现代工业策源地,拥有"百年商埠"的美誉。相当长的一段时间里,梧州在"广西经济的地位,无异于上海之于中国"(1934,林家骧)。惟其掌握兴衰的规律和关键性因素才能真正开启重振的大门。而重振大门开启之后,怎样才能一步步走上台阶,必须有一个客观的判断和清醒的定位。故此,本章将围绕以下几个问题展开思考:①促成梧州百年商埠形成的关键性因素主要有哪些?②怎样认识梧州现在及将来在两广乃至华南的区域定位?③梧州正真的优势及比较优势到底在哪里?④制约梧州经济社会发展的关键性因素究竟是什么?⑤当前哪些机遇可以使梧州真正走向繁荣?⑥梧州应如何应对周边城市的同质竞争、从而实现率先崛起?

第一节 梧州百年商埠形成的关键性因素

梧州是一座拥有2 200多年历史的古城,凭借西江黄金水道便利的交通条件,自两宋时期以来,一直作为两广及西南地区重要的货物集散中心。特别是1897年被辟为通商口岸和西方各国领事驻馆地到民国时期,梧州逐步发展成为广西的工业、金融和商业中心,可谓盛极一时。回顾历史,探寻梧州百年商埠形成背后复杂的经济系统和深层次商业规律,不难发现以下几点:

(1)得天独厚的区位优势,名副其实的交通枢纽是百年商埠形成的硬件基础。在漫漫的历史长河中,在西南、华南特定的地理条件下,西江黄金水道一直发挥着重要的交通纽带作用，而梧州"扼两广之咽喉，汇三江于一城"，是当时名副其实的交通枢纽，可为得天独厚，而这正是商贸往来不可缺少的先决条件。

（2）广阔腹地的资源优势，相对发达的工业体系是百年商埠形成的重要支撑。

近现代以来，西南地区大量物质经梧州流向粤港澳。背靠大西南丰富的资源、面向粤港澳广阔的市场，是梧州当时兴盛的重要原因。商业的发达进一步带动了近代梧州工业发展，工业商业的良性互动则进一步提高了梧州的区域竞争力和区域辐射力。

（3）基本配套设施的完善，人才技术上的优势是百年商埠形成的有利保障。

由于历史的积淀，在当时，梧州港口的基本配套设施相当完善，特别是与周边口岸相比具有明显的优势。加之工商业的繁荣，进一步增强了梧州的人才吸纳能力。人才汇聚、技术领先，构成了百年商埠形成的有利保障。

第二节 梧州在区域经济中的战略定位

俯看地图、回思历史，梧州在两广乃至华南地区都曾扮演着重要的角色。虽然，改革开放以来，随着周边地区公路、铁路的建设，黄金水道的纽带作用不断减弱；梧州自身的基础设施、工业发展都陷入了相对落后的境地。但是梧州的区位优势还在、梧州的资源优势还在、梧州千年古城百年商埠的文化和底蕴还在，特别是新的交通格局即将形成的局面下，历史将再一次把梧州推向前台。因此，展望未来，我们应该有理由、有勇气给梧州一个更宏观更大气且经过二三十年奋斗可实现的区域定位。

城市定位是对城市未来发展方向的界定。科学确定城市发展定位，是制定发展战略、优化发展布局、明确发展方向的重要前提。当前我们将梧州定位为"两城市一基地"（区域性枢纽城市、西江黄金水道中心城市和承接产业转移示范基地），很明确很具体地指明了城市发展的方向，但对未来的发展规模和层次及其区域地位没有给出明确的目标。

城市定位的主要因素有：城市的历史基础及地位，城市的经济地理位置、城市发展的背景、城市发展条件和基础、城市产业现状和区域地位、城市人口和经济规模、城市的职能分工和发展方向、城市与其他相关城市的关系等等。总之，城市定位是一个复杂的系统，不仅要看现在还要看历史和未来，不仅要看自己还要看地理位置和相关城市，须认真研究、谨慎对待，以明确城市发展的长期目标。我们以为：从历史上看，梧州曾为两广总督府、广西经济中心、华南地区重要的通商口岸；从地理上看，梧州地总百粤、水汇三江，是连接西南、华南的咽喉要塞，而周边没有足够影响力和辐射力的大城市。因此，梧州应抢抓机遇、奋力崛起，使经济规模、区域地位和影响力与桂林、柳州相当，继而成为与南宁、广州遥想呼应，在桂东南、粤西北地区有绝对竞争力和超强辐射力的大城市。

城市定位须围绕现实的发展目标来展开。梧州当前的问题是：怎样才能真正融入珠三角、连通北部湾，在"桂东南-粤西北"地区率先崛起？北部湾发展已经上升为国家战略，未来广西的战略重心将不可避免的偏向以南北钦防为代表的北部湾地区。梧州在城市定位的过程中必须思考：怎样抓住北部湾大开发的机遇，为自己的发展开创有利的条件？哪些项目可以与北部湾合作？哪些产业可以与北部湾配套？哪些企业或产品可以借助北部湾开拓国外特别是东南亚市场？总之，梧州和北部湾经济的互动效应值得深入研究。梧州不能游离于北部湾发展之外，如果梧州不能从北部湾的大开发中分得一杯羹，不能和北部湾经济发生实质性的联系并从中受益，梧州将错过此轮广西大发展的良机，落后于整个广西的发展，甚至成为北部湾和珠三角之间未被开垦的荒岛。也就是说梧州须在整个广西北部湾的开发中找准自己的位置，寻求差异、互补与合作、竞争的最佳结合点。同时，梧州作为广西最毗邻珠三角的地区，最容易接受珠三角的经济辐射，这是其他地区无法比拟的优势，梧州也必须充分利用。当然，梧州的发展最根本的是立足于自身的实际情况，而梧州最大的实际就是依江而生、因港而兴。由此可见，梧州在城市定位的过程中可以考虑：坚持以港兴市、完善沿江产业布局、依托港口航运、发展现代物流。并明确"融入珠三角、连通北部湾"的战略，为梧州的发展同时打开两扇窗口，努力把梧州港建成广州、深圳和北部湾港口的内陆"喂给港"，在投资管理、人才培养、信息系统等方面展开广泛合作。

第三节 梧州的优势及比较优势

让黄金水道产生黄金效应，将优势资源变成优势产业，促进工业-港口良性互动，共同成为梧州经济持续发展的动力和引擎——这个目标的实现关键在于找准梧州自身切实的优势及比较优势。那么，梧州的优势又在哪里呢？

1776年，亚当·斯密在《国富论》中提出，土地、资本、劳动三种生产要素共同创造价值。如果一个国家拥有其中一项要素的数量过剩，那么就应该去发展那些大量消耗这项要素的产品和产业。古典经济学家大卫·李嘉图在1817年提出了"比较优势"理论，指出各国可以分工生产自己所拥有的低成本优势的产品。"比较优势理论"与"生产要素理论"有关，根据这个理论，一个国家或地区应该使用其最丰富的生产要素来重点发展相应的产业，生产相应的产品。当然，随着时代的发展，生产要素的内容也在不断发展变化，如知识、技术、信息等都被认为是生产要素范畴，甚至有学者提出还可以包括商业生态网络、创新性的组织流程等。那么梧州真正的优势及比较优势到底在哪里？

1. 区位优势及即将形成的立体交通网络

面向粤港澳，背靠大西南的区位资源一直是梧州得天独厚的切实优势，而西江黄金水道更是将这种优势强化为现实的经济利益！这在历史可以证明。近年来虽然水运衰落，这一优势未能得到凸显，但其根本原因并不是区位优势本身的弱化，而是随着时代的发展和经济水平的提升，梧州及沿江区域未能在港口、航道、船舶、人才、管理等软硬件建设上充分挖掘，造成了优势资源闲置的尴尬！近年来随着梧州交通环境的改善，单一水运渠道逐步扩张为水、陆、空联运的立体交通网络，5条高速公路、4条铁路和1条黄金水道、1个空港在梧州交汇，这将进一步强化梧州发展的区位优势。

2. 资源优势及广阔的市场腹地

（1）丰富的水利、电力资源，是梧州发展大工业、大农业的坚强后盾。

（2）梧州森林覆盖率达73%，拥有森林91万公顷，林木蓄积量达2 700万立方米，是中国最大的松脂生产基地，年产松脂超过7万吨。

（3）梧州作为岭南中草药的主产地和汇聚地，又有着深厚的中医药发展历史，全市可利用动植物药用资源1 000多种，中药材种植面积30多万亩，资源相当丰富。

（4）梧州是世界最大的人造宝石加工基地，全世界40%的人造宝石在这里加工，然后销往世界各地。

（5）梧州有储量达21亿立方米，被人称之可与"印度红"相媲美的"岑溪红"花岗岩。

（6）梧州农业资源丰富，玉桂、八角名扬四海，此外还盛产水稻、甘蔗、柑橙、龙眼、荔枝、柚子、西瓜、茶叶、竹子、生猪、三黄鸡等。除此之外，西江黄金水道和洛湛铁路等进一步拓展了梧州腹地的资源优势。

梧州依托上述优势资源，也形成了林化林产、日用化工、食品、石材、医药、人工宝石、特色农业等优势产业。但总体规模还不够大、综合实力还不够强，经济的辐射和带动作用还比较有限。从产业角度讲，具有高效竞争力的高效产业集群尚未形成，面临着产业链整合、产业结构升级等问题；从企业角度看，产品附加值不高、研发创新环节薄弱，人才吸纳能力不强、公司治理结构存在较大问题，这些都阻碍了企业进一步做大做强。

3. 良好的生态环境

梧州是地球上罕有的生态绿洲。森林、草地和水面面积占总面积75%以上，森林面积比例排名广西第一，在全国更是罕有。地球上位于北回归线上的陆地，绝大部份都是沙漠！仅在中国的岭南和云南是绿洲，但面积达75%的唯有梧州。由此可见，无论是从传统经济学的"资源稀缺性"理论来看，还是从当前环保绿色产业不断升温的现实来看，梧州良好的生态环境是其他城市无法比拟、难以复制的优势，必将为梧州的发展提供持续的动力和支持。

4. 相对低廉的经营成本

经营成本主要包括劳力成本、税收成本、能源价格和办公用地租金等。目前，梧州土地出让价格根据有关规定不得低于工业用地最低出让价格，但鉴于项目投资规模，投资密度等特点，采取"一事一议"双方予以确定。而根据2009年《工业项目建设用地控制指标》和《全国工业用地出让最低价标准》，梧州市区土地等别为第十等、岑溪为第十三等、苍梧、蒙山和藤县为第十四等，对应价分别为168元/平方米、96元/平方米、84元/平方米。而相比之下，广州、深圳等珠三角地区土地等别一般为第三等至第六等，对应价为288~600元/平方米；区内南宁、柳州、桂林、北海的土地等别分别为第五等、第六等、第七等和第九等，对应价分别为384元/平方米、336元/平方米、288元/平方米、2 046元/平方米。由此可见，梧州在招商引资，承接产业转移等方面，土地价格优势明显。

从劳动成本来看，梧州的一般劳动力成本仅仅为东部发达地区的60%左右，而高素质劳动力，如工程师、熟练技术工人、企业经营管理者成本只有东部发达地区的50%左右。如：2006年普通工人460~800元/月，一般管理人员800~1 500/月，高级管理人员1 500~3 000元/月。厂房租金3~6元/平方米。从劳动力总量来看，梧州拥有300多万人口，并对桂东南等周边地区有一定的辐射能力。因此，总体来看，梧州的劳动力资源丰富，劳动力成本较低，对劳动密集型企业来说，具有一定的吸引力。但由于目前人才管理机制相对滞后，促进人才脱颖而出的培养使用机制、激励机制不够健全，梧州当前高层次人才、创新能力强的优秀人才非常紧缺。2002年到2008年，全市（含三县一市）城镇企业在岗职工约161 000人，获得职业资格证书40 304人，技术工人占职工总数的25.03%，其中：中级工17 852人，高级工4 091人，技师790人，高级技师63人。高素质人才明显不足，这也是制约梧州经济发展的突出瓶颈所在。

第四节　制约梧州经济社会发展的关键性因素

1. 工业落后

全国已进入工业化进程的中期阶段，梧州市仍处于工业化进程的初期阶段，经济发展方式比较粗放，经济结构性矛盾仍然突出，高能耗企业较多，工业企业的装备能力、技术水平、生产规模和产品档次参差不齐。第一、第三产业发展相对缓慢。梧州市的产业结构第一、二、三产业2007年的比例为18.0∶49.4∶32.6。2007年梧州市GDP为326.76亿元，仅为广西区第七。2007年全国315个市GDP排名梧州排名第219位。可以看出，在一定程度上工业发展的差异能够解释改革开放以来梧州市与发达城市差距逐步扩大的现实。可见，梧州市的"工业落后"问题突出。

2. 产业融合度低

梧州市的产业虽然具有一定的基础和规模，但存在着明显的产业孤岛现象，产业的发展要素、部门之间还未建立高效的联系，有特色的产业集群尚未形成，表现在：首先，梧州市各产业的规模不大，如梧州市产值上亿元的企业仅有数家公司，产业支撑点尚未做大做强。与其他工业城市相比，梧州市产业和产品辐射能力不强，不利于其充分利用国内、国外两个市场，阻碍了城市竞争力的提高。其次，梧州市的各产业之间的关联度不高，产业体系缺乏整体联动性，如高新技术产业与文化产业的融合。这表现在新旧两种增长格局并存的局面依然存在，两者之间缺乏有机融合增加了经济增长的成本，制约着经济的良性运行和快速增长。产业孤岛和产业融合度低使梧州市制造加工基地的打造受到极大挑战。梧州市是广西最早的工业基地，曾是广西的工业中心。早在20世纪二三十年代，梧州市的火电、火柴、肥皂、电池、机械、纺织、冶炼、医药、化工等行业就享有盛誉。但改革开放后，这一优势渐渐丧失，一些传统的工业品市场纷纷被东南部企业所取代，机械行业近几年所演绎的故事便是充分的例证。

3. 大企业、大品牌缺位

梧州市的GDP之所以偏低，与其产业规模偏小，大企业、大品牌缺位有关。与东部发达城市相比，梧州市缺乏大型综合经营的产业集团。2007年，梧州市规模以上的工业企业有349家，有一批大型的企业集团，如索芙特、奥奇丽、中恒集团等大型工业企业，但与一汽、联想、长虹、海尔等能带动整个城市经济发展的大型企业集团相比，规模仍然偏小。2007年梧州市规模以上的工业企业349家共完成工业总产值269.48亿元，仅相当于一汽集团实现销售收入（1 880亿元）的14.3%。此外，梧州市大品牌缺位问题也不容忽视，以日用轻工、电子、林化、化工产业为例，虽然日用轻工、电子、林化、化工是梧州市产业中的龙头产业，日用轻工产业虽然现有生产企业家，但是年销售额过亿元企业只有等，尤其是缺少具有市场竞争力的具有国家品牌、世界名牌的产品，日用轻工制造业过于分散，难以形成规模效益。

实践证明，地区经济的快速发展和该地区所拥有的具有强竞争力的主流产品呈正相关关系，青岛市正是由于拥有全国著名企业海尔、海信、双星、奥柯玛等大企业的支撑，才成就了青岛的发达的工业，依靠实力雄厚的大企业使它成为一个颇具竞争力的城市。由此可见，梧州市缺乏的就是优势产业的名牌产品和国家名牌企业。

4. 思想落后、企业家精神和创新文化不足

在梧州市，由于传统文化的影响，人们的思想观念和市场意识还比较滞后，在企业管理、经营决策、市场营销、人才使用等方面思想还不够解放，办法还比较陈旧，商业意识和创业精神不足，创新氛围淡薄，导致企业家精神缺失。突出表现在以下几个方面：一是小农经济意识浓厚，市场经济观念还远没有深入人心；二是在所有制问题上裹足不前，对放手发展非公有制经济认识不到位；三是对引进外资和学习外国先进的经济管理经验和技术怀有戒心，排外心理严重；四是过分依赖政府，等、靠、要的思想相当突出，这些保守依赖思想，使得整个城市商业意识淡薄，经济社会环境较差，创新氛围不足，创新精神和创业文化缺乏，造成经济发展缺乏活力。同时，梧州市目前城市文化不能有效地支持产业发展。梧州市城市文化中，商业意识和企业家精神不足，创新氛围淡薄。创新环境要求有鼓励冒险、允许失败的理念，有宽松的集体学习的氛围。但是传统的以及在计划经济体制下形成保守文化理念及行为习惯，使得整个城市商业意识淡薄，经济社会环境较差，创新氛围不足，企业家精神和创业文化缺乏，造成产业发展缺乏活力。

5. 金融体系支持产业缺力

目前，梧州市产业发展的金融支持体系明显缺乏力度。以钛业为例，产业发展的主要资金来源是企业自筹资金和银行信贷。企业自筹资金无论是在数量还是在操作上都难以适时、足量地满足产业化的需要，信贷资金又具有操作稳健，追求高流动性、注重企业实物资产状况和偿债能力等特点，不适合用于风险大的产业化项目。另外，梧州市至今尚未建立科技成果转化基金，多渠道的科技投资体系没有真正形成。资金缺乏已成为梧州市产业发展的"瓶颈"。

从本质上讲，制约梧州经济发展的瓶颈，归纳起来主要是人才、创新和软环境。

第五节 梧州重振百年商埠的历史机遇

1. 西江经济带

2009年末，国务院通过了《关于进一步促进广西经济社会发展的若干意见》，指出要积极打造西江经济带产业集聚优势，这既是梧州的机遇又不仅仅是梧州的机遇，梧州须结合本地经济、社会、生态环境实际和未来发展的定位，以及港口发展长远规划，及早制定《西江产业带梧州区发展规划》，规划包括：明确各类主体功能区的数量、位置、范围，以及每个主体功能区的定位、重点产业、发展方向、开发时序、管制原则和政策措施。以求在自治区的"西江产业带主体功能区规划"中占得先机。

2. 黄金水道

纵观世界上沿江沿河流域的经济发展历程不难发现：通过兴建水利工程充分挖掘沿江沿河流域巨大的能源蕴藏量，依托水源、土地以及其他自然资源在沿河沿江两岸发展农业及重化工、冶金等大吞吐量、大用水量的基础产业，并以两岸产业基地为轴，借水路与陆路等交通之便向腹地进行辐射，进而形成具有一定规模、分工合理、互补互给的产业密集带，从而带动整个流域两岸经济发展。总之，以港兴市，城以港兴——几乎是共同的主题。世界上相对发达和具有潜力的城市大多都是港口城市，港口是这些城市造血和输血的心脏，以港口发展拉动经济增长，以经济发展促进港口建设，实现城市发展的良性循环。由此可

见,完善沿江产业布局、依托港口航运、发展现代物流应该是梧州今后经济发展的重心。另外,关于江河沿岸城市的经济发展模式,有很多成功的经验可供借鉴。国外有密西西比河、莱茵河、纳赛河,国内有长江、珠江。这些流域的发展历程,特别是沿岸内河港口城市的发展历程,将为我们提供极具价值的经验参考。特别是无锡、九江、安庆等沿江城市的发展轨迹和发展规划值得梧州实地考察,认真学习、借鉴。

3. 产业转移

产业转移对于拉动经济发展的作用巨大,比较优势是产业转移的内在动因和关键因素。哪些地方更具比较优势,哪些地方的产业承接能力就更强。当然,这里的比较优势不仅包括、劳动力、资源、能源等基本要素的比较优势,还包括产业配套环境等综合要素。

4. 城镇化

2010年"中央一号文件"推动资源要素走向农村,强调要把支持农民建房作为扩大内需的重大举措,采取有效措施推动建材下乡,积极稳妥推进城镇化,提高城镇规划水平和发展质量,当前要把加强中小城市和小城镇发展作为重点。

第六节 梧州突破瓶颈的战略措施

1. 观念先行

经济要腾飞,思想要先行。浙江、广东经济比较发达,很大程度上得益于民营经济的蓬勃发展,而民营经济的蓬勃发展和浙商、粤商传统的经商意识是分不开的。西部地区落后的根源在于观念的落后,创新精神不足,经商意识不强,唯恐上当受骗。总之,朴素而狭隘的小农意识严重阻碍了西部经济的发展,自然也包括广西及其梧州。因此,提高人民素质、广泛开展科普活动、积极开展各类型的知识培训和项目推介,努力挖掘蕴藏在人民心底的巨大动力,进而形成全民创业的风尚,将有助于梧州整体的发展。

2. 人才储备

国家与国家的竞争,城市与城市的竞争,企业与企业的竞争,归根结底是人才的竞争。先进地区、发达城市之所以能够突飞猛进、日新月异,关键在于其良好的人才吸纳能力;欠发达地区、落后城市之所以举步维艰、发展缓慢,其症结也在于人才吸纳能力较差,社会、经济发展的人才瓶颈难以突破。梧州是一个高等教育相对落后的地区,境内只有梧州学院1所本科院校,且规模实力有限,这就决定了梧州高层次人才的培养能力较弱,是一个经济欠发达的西部城市,且远离区内外政治经济中心,也就决定了梧州高层次人才的吸纳能力较差。而人才是创新的根本,创新是企业核心竞争力的来源,是经济发展持续的动力,失去了人才的支撑,谈经济的长远发展只能是空谈。因此,人才是关键,也是制约梧州经济发展的重要瓶颈。

然而,需要特别指出的是,当前的金融危机却是梧州人才储备的大好良机。全球金融危机的大背景下,海内外消费不振,需求萎缩,企业纷纷裁员甚至破产,就业机会大幅减少,失业压力骤然增加,很多海外高端人才空降大陆,很多名牌大学的本科生甚至硕、博士研究生不得不降低就业标准。藉此良机,梧州市应该尽快建立人才需求信息库,结合企事业单位具体情况,动态预测关键领域人才需求数量,并完善人才引进的流程及相关政策,尽可能的帮助企业储备更多更好的人才。

3. 金融创新

缺乏资本和金融支撑也是梧州发展的重要瓶颈。解决的办法主要有吸引外资和金融创新。外资包括国外和境外直接投资，更多的是以项目的形式落成。对本土企业特别是初创时期的民营企业来说不太实际。此处建议，大力发展乡镇银行、小额贷款公司、农民资金互助合作组织等。

4. 产业配套

产业配套能力不强也是梧州经济发展的瓶颈之一，无论是产业结构升级、产业集群还是承接产业转移，都需要围绕优势产业具有相关的配套能力。所以，梧州的问题就是需要确定要重点发展和培育哪些优势产业？这些产业在结构升级和集群化发展的过程中需要哪些产业相配套，以此作为今后产业发展和承接产业转移的依据。

5. 基础设施

基础设施相对落后也是梧州经济发展的瓶颈之一。今后完善的重点方向应该围绕城市的综合定位和产业发展重心。比如，争取加快建设融入珠三角北部湾、连通大西南甚至中原地区的相关铁路和高速，加快梧州港口航运、工业园区等基础设施。

6. 政府效能

政府作为城市的管理者，是城市发展的火车头。政府效能的高低是经济发展重要的软环境。然而，不可否认，无论是政府职员的个人素质，还是政府内部管理的制度建设，以及政府各部门的运作效率，西部地区与东部相比都有较大差距。而这种差距也正是制约梧州经济发展的瓶颈。要突破这种瓶颈，须得一系列的制度建设，如政府决策的程序制度、政府行为的绩效评价制度等。并保证制度的正常运行、反馈、及相应的激励约束机制得以落实。

第七节 梧州率先崛起的政策建议

1. 以港兴市、发展现代物流

西江作为珠江流域的主干流，在国内属于仅次于长江的内河航道。梧州则是西江广西段的主要节点，连接了云、贵、川、湘、粤等泛珠三角广大地区。这为把梧州港打造成西江流域最大的内河"喂给港"提供了得天独厚的优势。

在港口建设方面，要做好科学规划。一是因势利导，合理规划沿江区的功能结构。根据岸线的资源条件的不同，将沿江岸线划分为港口岸线、工业岸线、过江通道岸线、生活与旅游岸线、生态岸线和预留岸线，坚持深水深用、浅水浅用，做到不同占用方式相协调，上下游相协调，近期和远期相结合。二是充分合理利用深水岸线资源。把重点放在构建深水码头或深水泊位航道建设上，以满足船舶日益大型化、深水化的需要。千方百计地将沿江深水岸线的潜能充分地挖掘出来，不断提高港口资源的利用效率。三是在产业布局上，以工业园区为依托，加快实施工业向园区集中。四是要加强临港物流基础设施的建设，完善与港口相配套的铁路及公路集疏运系统、仓储配送中心和大型物流信息平台，使之逐步成为一个集购、运、储、销为一体的市场化、产业化、社会化的综合物流服务体系。五是拓展港口包装、仓储、配送、中转、保税外贸、国际货代、船代等功能，以及工业、商业、旅游等功能。

2. 创新合作机制，拓宽合作平台

梧州已经举办两届西江经济发展论坛，是一个比较好的机制和平台。建议在此基础上成立"西江合作组织"，由两广政府出面统筹，负责规划西江区域发展的未来，协调和解决区域内各港口在发展过程中遇到的问题和利益纷争。此外，较之多边论坛，双边合作可能效果更加直接。长江流域以上海为龙头，据了解上海港已经和长江沿岸很多内河港口建立了长期合作机制。梧州也可以此为鉴，和广州、深圳及北部湾城市建立长效的双边合作机制，互惠互利。

3. 梧州的产业发展战略

一是以港口航运为中心，发展现代综合物流、船舶制造、加工制造、现代农业等。并做好沿江产业发展规划。二是扶持传统优势产业，如林产、化工、食品、医药、人造宝石等，主要是从产业配套、财税政策、技术改造补贴、人才引进补贴等方面给予扶持。三是发展循环经济，培植新兴产业：有色金属及相关制造业、旅游。循环经济是一种生态经济，是在可持续发展的思想指导下，按照清洁生产的方式，对能源及其废弃物实行综合利用的生产活动过程，是指在生产、流通和消费等过程中进行的减量化、再利用、资源化活动的总称，也即资源节约和循环利用活动的总和。梧州进口再生资源加工园区高规格集约化建设的同时，必须坚持循环经济的理念，并努力将下游产业、深加工产业引进园区，发展铜、铁、铝合金等金属的深加工业；发展以塑料为原料的家电产业和电器开关制品业等。才能在园区内形成企业群，拉长产业链，进而促进我市加工制造业的发展，加快我市工业经济发展。以上应三方面应统筹安排，制定相应的发展规划，并以港口航运为中心，以产业园区建设为载体，以产业集聚为目标，以提升产业配套能力为突破口。

4. 承接产业转移，提高产业配套能力、促进产业集聚

产业承接须以培植优势产业、提高区域竞争力为目标。要回答如何承接东部产业转移的问题，首先要了解东部哪些产业需要转移？而需要转移的企业优先考虑哪些经济因素？然后才是因地制宜有针对性的进行产业承接。据有关部门测算，到2010年，广东省主要有纺织服装、制鞋、玩具、家具、精细化工、机械制造、钟表、建材等产业需要转移，除了少量通过技术改造留下以外，大部分将向外迁移或淘汰，向省外寻求合作开发的主要是林产林化、有色金属、能源等产业。而这些产业移迁"新居"首要考虑的当是成本、利润等经济因素。这就需要我们分析比较，依据自己现有工业体系和发展水平，选择有基础有条件的产业首先承接。而具体的承接模式可以考虑吸引直接投资、实现要素嫁接、利用OEM、ODM、培育产业集群、建立工业园区等有效模式。此外，承接产业转移须遵循以下原则：①坚持环境保护。发展经济但不能牺牲梧州的绿水青山，无门槛有选择的承接产业转移，将那些不符合产业政策、高能耗、高污染的项目拒之门外。②坚持合理布局，有统筹有步骤的规划产业转移。按照"布局集中、用地集约、产业聚集、服务集成"的原则，高起点高标准地做好整体规划。③坚持自主创新，增强产业升级的主动性。只有在创新中承接产业转移才能真正获得产业转移的长效利益，达到自身产业升级的目的。

5. 做好商业中心和市场规划

科学规划建设红岭新区商贸中心，通过项目建设经营，营造新的商贸业态，完善都市购物、品牌展示、文化旅游、滨江休闲、商贸服务等五大功能。同时，加快南岸新区开发要统筹谋划，突出生态主题，坚持开发与保护并重。南岸片区开发的重点在"苍海项目"，

要引进国内外先进经验,打造南岸片区"生态新城"。此外,需结合资源优势和产业优势加大力度培育专业市场,如农产品综合批发市场、工业品综合批发市场、钢材批发专业市场、石材、陶瓷、涂料专业批发市场、家用电器专业批发市场、纺织服装鞋帽批发市场、六堡茶专业批发市场等。

6. 发展县域经济,激活农村

县域经济和农村发展了,才能实现地区的真正富裕。因此,首先建议在城乡大力推广普通话,提高梧州的信息交换和获取能力,提高梧州的城市包容度,并在此基础上大力开展各种类型的培训,更新知识更新观念。然后加大农村基础设施建设、创新农村金融服务体系、鼓励农户科学种植、养殖,从事标准化科技化生产和农副产品的深加工。最后,还建议更广泛的施行大学生村官制度,并完善大学生村官的选任、使用、提拔、权限、福利等相关配套制度。让大学生为农民洗脑,带人民致富。

7. 储备人才,鼓励创新

国家与国家的竞争,城市与城市的竞争,企业与企业的竞争,归根结底是人才的竞争。先进地区、发达城市之所以能够突飞猛进、日新月异,关键在于其良好的人才吸纳能力;欠发达地区、落后城市之所以举步维艰、发展缓慢,其症结也在于人才吸纳能力较差,社会、经济发展的人才瓶颈难以突破。因此,在广泛调查的基础上,真实而充分的了解"梧州市社会经济发展主要受制于哪些人才瓶颈?"具有十分重要的现实意义。因为引进了该方面的人才、突破了该方面的瓶颈,社会经济将呈现快速飞跃的发展。而建立人才需求信息库,结合企事业单位具体情况,动态预测关键领域人才需求数量,将为人才引进具体实施打下坚实基础。比较优势无法为企业带来真正的竞争优势,唯有人才,唯有创新,才能使企业永葆青春,才能提升城市竞争力。因此,政府有必要对企业的人才引进和技术创新给予相应的补贴。

8. 提高政府效能

总之,关于重振百年商埠的对策研究,政府相关部门和有关学者已经做了深入研究。本人对相关资料掌握不多,仅提一下几点思路:①工业发展是振兴百年商埠的重要前提沿江产业布局等方面可以参照安庆、岳阳等与梧州地位相似的长江口岸。②在区域竞争中要注意差异化发展战略,从人才指数、城市规模指数、经营成本指数、消费力指数、经济活力指数、创新指数、客运指数及货运指数等方面量化比较自身与周边城市的优势、劣势到底在哪里?以求差异化发展战略。③注意人才、创新和制度环境的完善是城市持续发展的动力。④商业布局、城市发展,要做可行性分析。如消费能力、游客流量等方面的测算。

第二十二章　梧州乡村振兴典型案例：交村白玉兰产业发展战略分析

梧州市龙圩区大坡镇交村玉兰花叶柄产业发展至今已有 20 多年的历史，目前该村玉兰树种植面积 2 000 多亩、年产值超过 1 700 多万元。村民自发组织了"交村玉兰花叶柄产业合作社"，经过"育苗—种植—摘叶—浸泡—清洗—分拣—漂白染色—扎花成品"等工艺，生产的叶柄初级产品、生态花卉饰品等远销全国各地、甚至开拓了海外市场。然而，由于分散经营、规模较小，以及资金、技术等瓶颈制约，始终处于产业链的低端，附加值不高。本章旨在促进白玉兰产业发展壮大，探寻产业升级、产业延伸的有效路径，希望通过深入调研，能够促进农民增收，同时推动社会主义新农村建设，总结梧州乡村振兴典型案例的成功经验。

第一节　交村白玉兰产业发展概况

交村位于梧州市龙圩区大坡镇，东邻广东平台镇，西接育民村，与广东封开县、郁南县相睦，素有金三角之美誉，广昆高速大坡服务管理区就设在该村。交村是广西的东大门，全村总面积 36.8 平方公里，下辖 10 个自然村，17 个村民小组，总人口 4 160 人，1 125 户。该村从 1985 年起至今是全国农村社会经济调查固定观察点，2015 年被选为大坡镇生态乡村示范点。

交村从 20 世纪 70 年代开始种植玉兰树，目前村内玉兰树种植总面积为 5 000 多亩，2014 年玉兰叶脉加工收入达到 1 700 多万元，户平均增收 800 元，带动就业 350 余人。前几年，村民靠出售玉兰花曾获得不菲的收入，但近年来香料价格下降，卖花收入陡减。交村村民于是瞄准叶脉工艺品需求日益递增的市场行情，并根据玉兰花树叶叶片大，脉路细而清晰，叶脉带清香的特点，开始尝试加工玉兰花叶脉。

1. 白玉兰花茶、香料发展阶段

20 世纪 70 年代，交村就开始种植玉兰树，当时，村民主要是靠买玉兰花获得可观的收入。但是，到了 90 年代，黑茶和红茶的兴起，人们饮茶偏好的变化，香料价格的下降，利润空间缩水，上游茶厂倒闭，交村就不再卖玉兰花了。交村村民把目光转移到玉兰树叶子上，寻找新的致富之路。

2. 白玉兰叶脉初加工阶段

白玉兰叶脉初加工的工序比较简单。第一步：农民采摘玉兰树的鲜叶。第二步：浸泡和分检，交村做叶脉浸泡近 30 年，从小孩到七八十岁的老人都会。由于土壤质量、气候环境等原因，交村的白玉兰树叶较其他地区质量更好，叶脉更坚硬（见图 22.1）。浸泡分检后的叶脉大约是 2 分钱一片，目前交村叶脉初加工的年均收入 3 000 多万元。第三步：漂白，一般农户就是做加工叶脉的原料,有十几户的经销户专门做漂白,漂白后叶脉主要销售到义乌、云南、东莞、江苏、天津等地。以前,漂白主要用化学药品,漂白水由双氧水和硫酸混合而成,为了一个合理的配比,交村还请了化工专业毕业的专家进行指导,寻找一个最优的配比。由于漂白工序污染比较严重,目前,漂白都是外包给东莞的厂商做。漂白后的叶脉就进入深加工阶段。

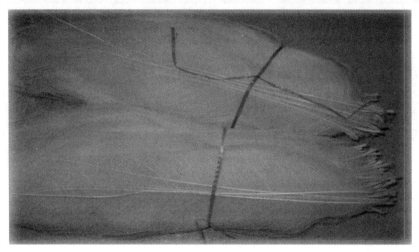

图 22.1　漂白后的玉兰花叶脉

3. 白玉兰产业转型升级阶段

为了控制市场、增加农民收入,交村开始探索叶脉深加工。

(1) 干花。最早做干花的是顺德一家厂商。干花的加工比较简单,容易模仿。工人懂得技术以后,开始扩散。交村有几户人家生产干花,其中,花头是在龙圩做,做好了以后再喷颜色。干花产品是真假夹杂,叶子是假的,藤和花是真的,顾客可以自己选择假花外观,进行订购。梧州市、龙圩区、长洲岛都有交村人的假花作坊,一共5~6家。

交村曾有加工厂使用叶脉制作工艺干花,但因工艺技术落后、生产成本较高,一直未能打开销路。为使叶脉产出更大的经济效益,村支书李强进行了一番市场调查,了解到利用植物叶子、果实加工的饰品深受市场欢迎,便把村里零散的小作坊整合起来,建立具有一定规模的叶脉加工专业合作社,并成立了森林木叶脉首饰加工厂,专门制作生产镀金玉兰叶、菩提叶和松果等工艺品。合作社聘请两位专业技术人员,攻克了叶脉电镀加工的一系列技术难题。

森林木叶脉首饰加工厂的50多名工人全部上班开工,正赶制一批定制产品。这些工人都是当地村民,加入合作社后每月人均收入可增加1000多元。"每年的圣诞节、春节都是销售旺季,节前几乎每天要制作两三千件金叶子和金松果。"李强说。目前,加工厂的产品主要销往广东、云南、江浙等地。

干花生产是以需定产。但由于宣传力度不够,人们对塑料花比较熟悉,对于用叶脉做干花不太了解。李强书记在柳州开店,推销了三年,人们才慢慢接受,旅馆商店用,摆放干花比鲜花成本低,比塑料花更环保。梧州的干花主要是销售到温州,再通过温州销售到世界各地。

(2) 金叶。交村的玖玖金叶是国内第一款生物镀金饰品,玖玖金叶以梧州野生金刚树叶为主要材料，24K 黄金为辅料，采用科学加工处理，先去叶肉作镂空防腐处理，留叶脉，包覆 24K 黄金牛，再镀一层保护膜，一切源于广西大自然的馈赠。玖玖金叶寓意：自然、浪漫、保平安。大自然没有两片叶子是相同的，就像你是我的唯一。玖玖金叶由于它的自然性和唯一性，深受国内外友人的喜爱。情人节当天，恋人之间将其作为"一品真情"相互馈赠；圣诞节，许多长辈、恋人、朋友都将"平安叶"作为"平安夜"的礼品，表达殷切的祝福。

交村除了做真正的金叶子，也跟温州人学做仿金叶。金叶和仿金叶价格相差较大，如果是镀 0.8 克的 24K 黄金，每片金叶的售价大约 200 多块钱，真金的销量也不太高。仿金叶一片卖 3 至 4 元，价格低廉，需求比较旺盛。春节、圣诞节等旺季价格甚至成本上涨。

金叶在国内主要销往深圳、江苏、浙江等地。一般出口到韩国，南非，欧洲。由于欧洲的女孩子一般带十几片金叶子，一大串，因此，出口的金叶子还需要进一步加工，一般在温州加工组装，也有一部分在韩国组装。南非市场是通过华侨开拓市场。可见，交村金叶的出口主要采用间接的销售渠道。

4. 环保化、专业化发展阶段

2015 年交村成为大坡镇生态乡村示范点，围绕绿化村屯、净化水源、硬化道路三方面的工作，进一步推动生态乡村建设。据交村党支部书记李强介绍，2015 年 1 月份，交村已经完成了 3.4 千米的村道硬化工作，村内 7 个小组共 2000 余村民出行更加便利。2015 年 3 月份开始，交村还在村道两旁栽种下 300 棵桂花树和玉兰花树，并对交村河长 3 公里的河道进行垃圾杂草清理。交村领导和村民环保意识增强，叶脉产业发展也趋向环保化。

（1）浸泡环保化。原来叶子的浸泡是用烧碱，高温浸泡，一个小时全部搞好，之后去河里洗，一条河都是黑黑的，污染比较严重。现在，叶子是在农田里浸泡的，叶肉完全是自然腐化，农田浸泡对土壤改土也有好处，并且为农村提供了一种有机肥料。

（2）漂白工艺外包。漂白是用双氧水和硫酸混合溶液漂白，由于该工艺有污染，双氧水虽然污染不大，但时间长了，没有地方排放，硫酸放的比例是很少，但总的来说还是有害。随着交村领导和村民环保意识的加强，交村现在已经不做漂白工艺，而是把这个环节外包给广东等地。东莞有专业做叶脉漂白的，他们污水的排放统一处理，工业园统一回收，污染控制比较好。漂白后进行染色，形成了比较完整的干花产业链。产品加工完成后，一部分运回梧州，一部分直接发往义乌、昆明等地（干花厂家主要集中在浙江乌和云南昆明）。

（3）电镀工艺外包。由于电镀要用到硫酸和重金属，并且镀金跟镀铜不一样，镀铜可以分解成硫酸铜，硫酸铜可以拉走去深埋，还可以做农药。而镀金就不能分解，如果排放到农田会造成农作物重金属超标，肇庆市金立镇由于电镀造成的污染就比较严重。基于环保的考虑，交村的金叶电镀，目前都是外包给广东深圳的电镀厂家。

（4）专业做干花和金叶。梧州的干花产业错失了东部产业转移的发展良机，目前，无法与云南昆明的干花厂家竞争，但是，由于交村占领了原材料市场（叶脉，而原材料市场的利润空间有限），为了发挥资源优势，控制干花市场，获得更大的利润，交村把部分玉兰树种植、漂白、电镀等工艺都外包出去，集中资源、人才、资金等资源优势，采用"党支部＋合作社＋基地＋农户"的共建模式，大力发展干花产业。同时，利用资源和技术优势，做大做强金叶和仿金叶加工。

第二节 交村叶脉产业链现状及其价值链分析

当前，交村叶脉产业链主要有三种表现形式：① 普通农户叶脉产业链；② 本地大户干花产业链；③ "森林木"生态首饰产业链，具体分析如下。

1. 普通农户叶脉产业链现状

普通农户基本只涉及"摘叶-浸泡-清洗-分拣"等环节，形成"叶脉初级品"，经由交村合作社、本地、外地收购商直接销售（见图22.2）。产品流向主要有云南昆明、广东深圳、浙江温州、义乌、湖北武汉、江苏苏州等地。从产业链角度分析属于劳动密集型的加工制造业，从价值链的角度分析处于附加值低、利润空间小的价值链低端。

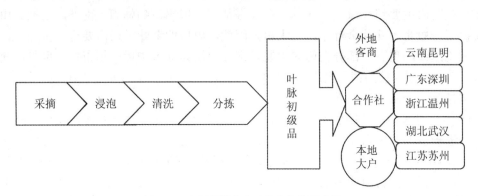

图 22.2　交村普通农户叶脉产业链示意图

2. 本地大户干花产业链现状

本地大户主要是指较早涉足白玉兰叶脉产业、掌握一定销售渠道的致富能手，同时也是交村白玉兰叶脉加工合作社的主要成员。他们在农户产业链的基础上，增加了收购和深加工环节，收购主要是利用渠道优势赚取差价，深加工主要是只对叶脉初级品进行漂白染色，然后加工成干花饰品，如玫瑰等，并以藤条等为辅料，扎花成束，如此显著提升了产品附加值和利润空间，如图22.3所示。

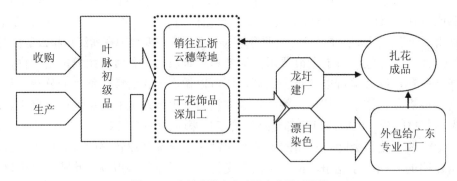

图 22.3　交村本地大户叶脉产业链示意图

3. "森林木"生态首饰产业链现状

森林木叶脉首饰工艺厂是由村支书李强等致富带头人积极探索产业链延伸、附加值提升的创举。联合深圳世纪光阳科技公司生产树叶镀金饰品——玖玖金叶，是国内第一款生态镀金饰品，工艺获国家发明专利03118870.2（一种花卉的无氰仿金电镀方法，周大生珠宝股份有限公司2003年4月),技术含量和附加值明显提升。产品通过江浙、广东等地销往海外的同时,李强书记积极拓展国内市场,以"广交会""中国东盟博览会""梧州国际宝石节"等会展平台为抓手进行产品展示和销售,并成功入围2015年中国东盟博览会官方指定纪念品,作为"国礼"赠送给57个国家2 300个部长级代表,为今后市场开拓树立了良好的声誉。

此外,森林木叶脉首饰工艺厂还从东北等地,采购野生松子,取"送子"的谐音与美好寓意,设计出了生态镀金松子饰品,(如图22.4所示)。

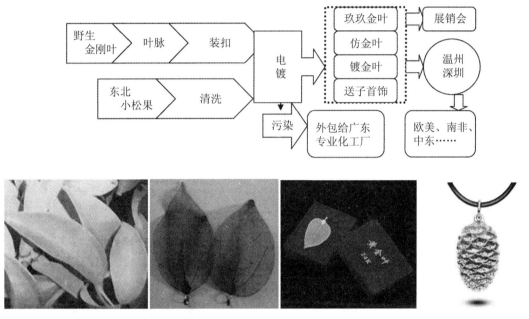

图22.4 交村"森林木"生态首饰产业链示意图

4. 交村叶脉产业价值链分析

表22.1 交村叶脉产业主要产品附加值分析

产品名称	成本估算	市场价值	利润空间	年度产值估算
叶脉	劳动密集,主要是人工成本,难以准确计量。	2~3元/百片	1元/百片	1 700万元
干花	50元左右	120元/束	70元/束	700万元
金叶、送子金饰(千足金)	100元左右	300元/件	200元/件	600万元
铜叶、仿金叶	2元左右	5元/件	3元/件	24 000万元

从产品附加值角度分析(见表22.1,图22.5),叶脉初级品由于技术含量不高,所以附加值较低,但市场需求较大,据李强书记介绍:"仅通过合作社销售的叶脉年产值就超过了1 700万元,全国干花原料大部分都是来自交村的。而且由于土壤、气候等原因,交村叶脉的品相更好、质量更高。"因此,从某种程度上说,交村叶脉具有原产地优势,市场供给垄断优势。因此,一方面应该规范玉兰花叶脉的制作流程,通过工艺的标准化、专业化提高劳动生产率,同时出台产品级次的鉴定标准。另一方面,应该强化合作社的作用,建立产业联盟,理顺利益分享机制,提升产品品质、扩展销售方式和渠道(如电子商务),进而提升议价能力,同时还要防止个别农户为了个人利益"以次充好、低价揽客"扰乱市场,进而

影响交村叶脉整体利益和声誉。

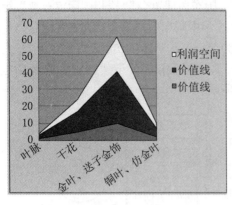 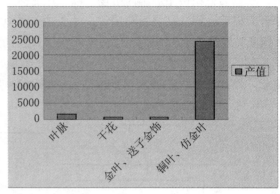

图 22.5

干花产品市场需求量较大，主要分布在家居、酒店、餐饮的空间装饰以及景区的旅游纪念品等。目前，交村的干花产品主要是由叶脉扎花、藤条和塑料绿叶加工而成的，梧州市龙圩区、长洲区约有 5，6 家交村人的假花作坊。但产品种类相对不多，造型设计略显拙朴，并且由于工艺技术落后、生产成本较高等原因，加之塑料假花等代替品的冲击，销路一直不是很畅。因此，交村干花产业应该引进先进的工艺技术和设备，进行多元化产品开发和设计，充分渲染绿色环保的生态理念，通过互联网＋等途径拓展销售渠道，敏锐掌握和回应市场及消费者的多元化、个性化需求趋势。

交村"金叶""送子"等生态首饰工艺复杂、技术含量较高，单位产品附加值和利润空间可观，市场需求潜力巨大。据李强书记介绍："每年的圣诞节、春节都是销售旺季，节前几乎每天要制作两三千件金叶子和金松果。包括金叶、仿金叶、铜叶和松果饰品等，订单较多时，一年可达 6 000 万件。其中以仿金、镀铜叶为主，一每张售价在 4.5~5 元左右，最高可卖十几元（电镀的成本大约 0.9~1.2 元），不过，由于缺乏品牌或其知名度不高，纯金叶的销量较小。此外，产品主要是经由温州、义乌等地销往海外。因此，交村生态首饰产业应该强化品牌意思，进行品牌塑造、品牌营销，另一方面积极探索直销出口渠道，扩大利润空间，同时积极开拓国内市场。

第三节　交村叶脉产业链延伸方向及其价值链分析

由上述分析可见，交村叶脉产业链链条较短、大多集中在加工制造领域，品牌、研发和营销等方面实力薄弱，尚未形成完整的产业链生态系统，因此产业集聚效应有待加强。产业延伸的方向及其价值链分析如下。

一、向产业链上游延伸的路径及价值链分析

1. 结合现代农业、生态农业的概念，建设白玉兰种子、苗圃培育基地

白玉兰，中国著名花木，木兰科落叶乔木，树高一般 2~5 米或高可达到 15 米；花白色、大型、芳香、先叶开放，花期 10 天左右，为北方早春最重要的观花树木。玉兰树喜温暖、向阳、温润而排水良好的地方，要求土壤肥沃、不积水。对二氧化硫、氯气等有毒气

体比较敏感，抗性差。在我国有2 500年左右的栽培历史，为庭院中名贵的观赏树。古时多在亭、台、楼、阁前栽植，现多见于园林、厂矿、机关、学校及城市街道两侧，北方也有作桩景盆栽。白玉兰原产中国中部，现北京及黄河流域以南均有栽培，福建、广东、广西、云南等省区栽培极盛，世界各地庭园常见栽培。

白玉兰是园林绿化中的优良树种，市场上长盛不衰。因此玉兰树种子也具有广阔的市场需求。目前，市场价格大约是180元/500g，交村几千亩玉兰树，可在林业技术人员指导下，经过"采收—加工—筛选—实验—储藏"等环节进行育种。一方面，可以直接销售，创造价值；另一方面，也可以通过科学实验进行品质优化，如观花类树种如何延长花期，采叶类树种怎样丰叶等。同时，还可以玉兰树苗圃栽培奠定基础。

苗圃的建植一般要经过催芽、育苗、分栽、浇水、锄草、打药、施肥等步骤，沙藏催芽大约需要30~60天，播种方法主要主要有条播、穴播、苗床育苗等，条播用量为每米4~5克，穴播用量为每穴2~3粒，苗床用量为每平米80~100克。白玉兰幼苗生长极快，为合理利用土地，缩短作为嫁接砧木的时间，避免因间苗造成的浪费，可在其幼苗期间进行移植，通过移植能促进苗木侧根和须根的生长。其价格出表22.2、表22.3和如图22.6、图22.7所示。当年移植后的白玉兰，次年可作砧木直接嫁接广玉兰或紫玉兰等品种，缩短了培育砧木的时间和预防立枯病的发生。

白玉兰可用播种、扦插、压条及嫁接等法养殖。播种主要用于培养砧木。嫁接以实生苗作砧木，行劈接、腹接或芽接。扦插可于6月初新梢之侧芽饱满时进行。播种或嫁接的幼苗，需重施基肥、控制密度，3~5年可见稀疏花蕾。定植后2~3年，进入盛花期。栽前应重施基肥，适当深栽。夏季是玉兰生长与孕蕾的季节，干旱时应灌溉。整枝修剪可保持玉兰的树姿优美，通风透光、促使花芽分化，使翌年花朵硕大鲜艳。

表22.2 阿里巴巴"沭阳县繁星花卉园艺中心"白玉兰盆栽树苗价格表

白玉兰树龄	1年苗	2年苗	3年苗	4年苗	5年苗
价格/（元/棵）	12	15	21	35	58
白玉兰树龄	6年苗	7年苗	8年苗	9年苗	10年苗
价格/（元/棵）	88	128	148	168	198

注：在南方的庭院里栽培，白兰花最高可以长到20米，郁郁葱葱，在很远的地方就可以嗅到香气。但是像在北京这种北方地区栽培，就只能盆栽了，因此植株通常只有1~3米左右。

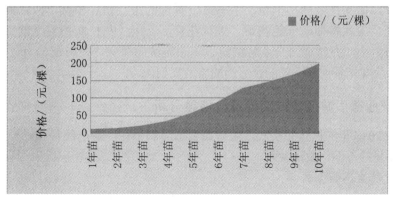

图22.6 白玉兰苗圃树龄与价格关系图

表 22.3　百纳网 2014 年冬季江苏泉东苗圃有限公司白玉兰价格

白玉兰树径	3 厘米	4 厘米	5 厘米	6 厘米	7 厘米
价格/（元/棵）	18	28	45	60	90
白玉兰树龄	8 厘米	10 厘米	12 厘米	20 厘米	
价格/（元/棵）	130	350	700	2200	

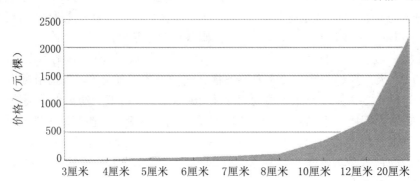

图 22.7　白玉兰苗圃树径与价格关系图

因此，交村在发展白玉兰种子培育基地的同时，还应与梧州市、龙圩区林业部门充分沟通，争取林业系统白玉兰苗圃实验项目落户交村，获得一定资金支持的同时，还可以得到完善的技术保障。白玉兰苗圃培育基地的发展一方面可以延伸产业链、创造附加值，另一方面也可以为交村及周边扩大玉兰树种植规模，规划发展玉兰树观光经济林提供持续性支持。

交村白玉兰苗圃培育基地主要产品应包括各档树苗、盆景以及美化、绿化景观树，品种还可以扩展到广玉兰、红玉兰、紫玉兰等。客户群体主要面向房产开发商新建楼盘的小区绿化、市政街道、公园、机关事业单位的景观绿化树，以及居民家庭的客厅盆景、庭院观赏树等。销售渠道既要充分重视电子商务等新兴网络渠道，也要注重与政府部门、特别是林业系统充分沟通，争取林业绿化项目及市政工程的支持，当然，利用市场渠道，广泛宣传玉兰树种植的好处，获得客户的认可也非常重要。

2. 结合乡村旅游、生态旅游的概念，建设白玉兰观光景观林

交村白玉兰产业的发展壮大需要依托更大规模的玉兰树种植基地，并对其进行主体功能区域的划分，如支撑叶脉、干花、生态镀金首饰的玉兰树种植林，应以鲜叶采摘为主；支撑旅游观光、玉兰精油、玉兰花茶、玉兰花食品、玉兰花护肤护发品的玉兰树种植林，应以鲜花采摘为主。并结合结合乡村旅游、生态旅游的概念，在街道、河道、景区景点等地，建设白玉兰观光景观林，以配合后续的旅游规划。

二、向产业链下游延伸的路径及价值链分析

经过交村 20 多年的探索和实践，生态镀金饰品和干花产业已经具有了一定的产业规模和基础，应该坚持不懈、做精做强。

1. 做强做精生态镀金饰品

当前，交村生态镀金饰品产业已经显现出比较好的发展态势，也创造了较为可观的产

业价值。但是以"森林木叶脉首饰工艺厂"为代表的交村生态镀金饰品产业还存在规模较小、运作不规范等问题，突出表现在以下几点：①厂房、设备略显简陋，工艺流程的产业化、标准化和规模化还有待加强。②缺乏自主品牌，在研发设计和销售渠道上受制于人。相关资料显示，玖玖金叶是深圳世纪光阳科技公司旗下品牌，国家发明专利（03118870.2）工艺是一种花卉的无氰仿金电镀方法，是周大生珠宝股份有限公司2003年4月注册申报的，而销售端主要是通过义乌、深圳、莆田等地进入国内外市场，交村在品牌、技术和市场层面，话语权不强。③国内批发市场同业竞争日趋激烈，在阿里巴巴网络平台上，销售玖玖金叶、美人金松果的电商遍布福建莆田、广东深圳、浙江义乌、金华、衢州、江苏苏州、上海等地，价格参差不齐，天然24K金叶子价格大多在4~5元之间，天然24K镀金松果吊坠价格大多在6~14元之间，无论是价格还是网络营销策略都极具冲击力。④国内零售市场多品牌并起，京东商城网络平台显示（见表22.4，图22.8），外形、工艺与玖玖金叶相同的金叶子首饰有20多个品牌，价格参差不齐，其中不乏梧州典型珠宝企业"旭平首饰"（其宣称采用意大利树林的真叶子）。⑤电镀污染和环境保护的关系需要持续关注。

表22.4 京东商城天然树叶镀24k金/足金"金叶子"首饰品牌、价格表

品牌	价格/元	品牌	价格/元	品牌	价格/元
Djin	61.8	鸣钻国际	169	lovewaiting	198
右米	78	其石很美	399	曼丽翠	119
诗曼	188	旭平首饰	98	在一起	98
银色倾城	99	千影	68	迪奥德	88
雅思诺	78	温莎女王	89	米赛亚	89
诗妙雨	98	阿梵尼	99	幸福恋	119
灵素	129	雅俪	168	四千金	208
翠绿	485（足金）	一搏千金	499（足金）		

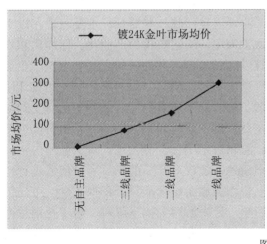
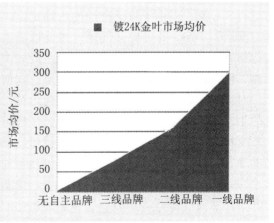

图22.8

由此可见，品牌的强大力量，没有自主品牌或贴牌，每片镀24k金"金叶子"在批发端售价仅为4~5元，加上珠宝品牌的包装和营销之后，售价则成几何倍数增长。当然，品牌、营销策略和渠道的构建，绝非一朝一夕能够完成，并且需要强大的资本、人才和技术

的投入。因此，对于交村生态镀金首饰业而言，一方面要继续加强与玖玖金叶的合作，另一方面也可以借助梧州人工宝石的特色，与旭平首饰、黎蒙等人工宝石企业形成战略联盟，将绿色生态的理念融入人工宝石，将人工宝石的靓丽璀璨植入叶脉镀金饰品，巧妙设计、相得益彰，同时还可以使电镀镶嵌等工艺水平在短时间内迅速提升。通过战略联盟，设计好股权比例、治理结构和利益分享机制，利用各自优势突出特色、提升产品形象、扩展营销渠道、塑造自主品牌。此外，下列营销理念值得借鉴：

——"每一片金叶子都是独一无二的"。

——"将象征活力的绿色新鲜树叶与象征爱情弥足珍贵的金合二为一，经65道——工序纯手工精制而成，璀璨生辉，光彩照人，寓意爱情的蓬勃生命力。"

——"金叶采用的叶子即金刚叶，佛教吉祥物有保平安的寓意。大自然没有一片叶子是相同的，就像你是我的唯一。大自然是最好的珠宝首饰设计师，珠宝首饰的底蕴不在于其材质，而在于设计的独创性。"

——"金叶与今夜谐音，勾起难以忘怀的浪漫记忆。戴上他，保平安，就是我的偎依。金叶给您永恒的祝福。"

——"金叶（今夜），让我想起你……""金叶（今夜），你是我的唯一！"

——"德国电镀工艺"。

——"质量检验鉴定证书"。

——镀金松果："美人金松果取材于大自然的美人松，lux-women将象征高傲、独立的美人松果与象征坚固珍贵的24K金合二为一，经采集松果，清洗，抛光，镀白锡铜，镀千足金等17道工序纯手工精制而成。千足纯金包裹，时尚大方，回归自然，彰显个性。珠宝首饰的底蕴不在于其材质，而在于设计的独创性。大自然是最好的珠宝首饰设计师，自然界没有一个松果是相同的，就像你是我的唯一。"

2. 不断提升干花产业竞争力

干花产业是在叶脉产业基础上发展、延伸、追加附加值的产物，在交村发展已经有一段时间的历史，成为村民致富的有效途径之一。目前，交村村民涉足干花加工的企业或作坊已有5~6家。但由于缺乏准确的市场定位，产业发展也面临一些瓶颈，主要表现在以下几方面：①厂房、设备略显简陋，主要以手工加工为主，工艺流程的产业化、标准化和规模化还有待加强，劳动生产率不高，生产成本难以有效控制。②尚未树立品牌意识，企业运作、经营、管理和内部控制不够规范。③创新意识不足，缺乏专业的产品研发和设计团队，对市场需求的捕捉和反应能力较为迟钝，据了解，能够随着温度、湿度变化而变幻颜色的生态智能干花已经活跃在市场上，交村可在此基础上进行跟进、创新。④销售渠道单一，交村的干花一般主要是经过云南昆明、浙江温州等地销往世界各地。对于温州内销外销的途径，以及是否经过深加工和再包装等并不清楚，建议对产品的物流和价值流进行持续追踪。而云南是旅游大省、花卉大省，生态干花作为旅游纪念品符合环保理念，市场销售旺盛，然而受一些"三〇一"等恶性事件的影响，云南游客大幅下降对交村干花销量产生了强烈冲击。因此，一方面建议交村拓展销售渠道，避免销售渠道过于集中的风险，同时还可以提高产品的议价能力。另一方面，应以市场需求为导向，通过加盟、直销、电商等立体化营销网络，拉近与消费者的距离，让产品直接流向终端市场，压缩中间环节，即是为自身和客户创造价值，同时也是扩大品牌影响力的有效手段。⑤交村干花产品多由叶脉扎花、藤条和塑料绿叶加工而成的，塑料绿叶虽能够简化工艺、降低成本，但是导致"生态环保"理念不够彻底，容易与塑料假花产生混淆，而塑料假花可以规模化生产，生产成本较低；易保存，仓储物流成本也较低；寿命长，使用打理成本也较低。生态干花可以击败塑料假花最大的优势和卖点就是"无毒无害、生态环保"——当然这也是国家提倡、消费者认同的健康理念。因此，交村干花产业未来的发展方向，一定要把"生态环保"理念做到极致，从产品研发、设计，到生产、营销，每一个环节都要突出"绿色环保"，产品定位在中高端市场，从而与塑料假花泾渭分明。

阿里巴巴网络平台上，搜索"叶脉干花"共有525价相关产品，商家主要分布在江苏宿迁（沭阳），云南昆明，浙江义乌、金华，广州，梧州，东莞，汕头、天津等地，且各有特色，如图22.9所示见表22.5。

表22.5　阿里巴巴网络平台"叶脉干花"相关产品商家分布图

叶脉干花销售商家	数量/家	主要产品
江苏宿迁（沭阳）	205	叶脉初级品，客厅装饰落地叶脉干花
云南昆明	60	叶脉干花、天然植物干花（自然风干）、保鲜花（永生花）、创意礼品花束
义乌、金华	47	玉米皮仿真花、保鲜花（永生花）、天然植物干花（自然风干）、叶脉干花、创意礼品花束
广州	56	叶脉花、丝袜网落地花，山树花，塑料仿真花卉，欧式绒布花
梧州	31	漂白、染色各规格玉兰叶脉、叶脉干花、干花（自然风干）
天津	22	绢花、高档仿真花、手绢花、手工丝花、叶脉干花、瓶花
东莞	18	纱灯、艺术玻璃、干花玻璃（押花）
汕头	19	彩色叶脉材料
杭州	59	干花真花竹制书签
其他	8	——

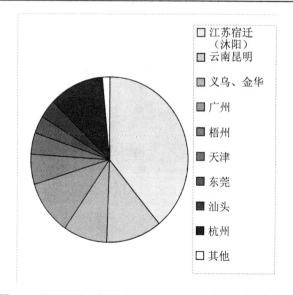

图22.9　阿里巴巴网络平台"叶脉干花"相关产品商家分布图

（1）沭阳干花：江苏宿迁沭阳县号称"中国花木之乡沭""虞姬故里""国家级生态示范区"。依托"苏北花卉种植示范园"形成了绿化苗木及苗木种子、室内装饰干花、仿真花为特色的产业链。

沭阳拥有大片苗木（包括玉兰树）种植基地，产品既有叶脉初级品，也有叶脉干花，其中以室内装饰干花仿真花为主。叶脉初级品主要是指金刚叶脉、菩提叶脉、玉兰叶脉等（叶脉初级品展示，如图 22.10 所示），在阿里巴巴批发端的售价一般在 2~3 分钱每片（100 000 片以下每片 3 分钱，以上每片 2 分钱。）叶脉干花一般是由玉兰叶或菩提叶经过浸泡，染色，晾干等工艺（具体工艺流程如图 22.11 所示），经过手工做成各中花的形状。因此，宣称干花比其他的绢花、塑料花更自然，更接近鲜花，比鲜花摆放的时间更长久，受到更多人的喜爱！主要产品有叶脉牡丹花、玫瑰花、玉兰花、郁金香、曲柳富贵桃等（叶脉干花产品展示，如图 22.12 所示）。每个套装花束的价格一般在 50 元上下，加编制花瓶 88 元，若加仿陶瓷花瓶则在 110 元左右。

图 22.10　叶脉初级品产品展示图

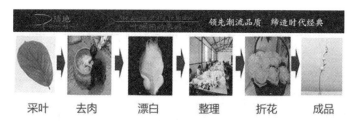

图 22.11　叶脉干花生产工艺流程图

图 22.12　江苏宿迁沭阳叶脉干花产品展示图

（2）云南干花。云南为"世界花园"。"云南干花"在市场上最具品牌价值和市场规模，是全国干花的主要货源供应地。云南干花取材于云南本地的各种自然花、草、树木，取其花、叶、枝、果、皮等经过简单加工而成的，分为叶脉花、草黏花、果壳花、组合花等。

1）叶脉花类：玉兰叶采下后，经加工除去肉质，仅留下花脉制成的干花。它的特点是可以随意捏揉挤压，之后只要在其表面喷少许水，花花随即自然张开回复原型；

2）草黏花类：天然草类植物干燥后，经过染色加工制作而成；

3）果壳花类：天然果壳，经过干燥染色加工而成；

4）组合花类：叶脉花、草黏花、果壳花或与鲜花、塑料花、绢花等组合而成。

云南干花品种繁多，深加工衍生品也是五花八门。主要产品及价格见表 22.6，图 22.13。

表 22.6　云南干花主要相关产品及价格介绍

产品名称	售　价
彩色叶脉	15 元 / 袋
干花墙画	33 元 / 副
干花花篮	20 元 / 篮
干花香包	6 元 / 个
干花香瓶	3.6 元 / 瓶

续　表

产品名称	售　价
创意爱心花束	30元/束
干花捧花	30元/束
天然植物干花（玉兰）	10元/束
叶脉干花（金边大牡丹）	14元/支
叶脉干花（组合花）	100元/束

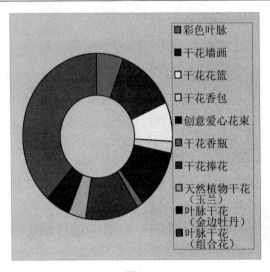

图22.13

需要注意的是，除叶脉干花系列产品与交村干花产品工艺相近外，天然植物干花等大批产品，则是采用天然干花自然风干等工艺加工完成的。

A：自然干燥法。此法是将鲜花材料放在凉爽、黑暗、干燥、洁净和空气流通处，令其自然风干。它适合含纤维素较多的草花，制作立体干花时使用。

图22.14

| 彩色叶脉 | 干花墙画 | 干花花篮 | 干花香包 |

| 创意爱心花束 | 干花香瓶 | 干花捧花 |

| 天然植物干花（玉兰） | 叶脉干花（金边大牡丹） | 叶脉干花（组合花） |

续图 22.14　云南昆明叶脉干花相关产品展示图

B：常温压制法。此法是制作平面干花常用的一种方法。将花枝放入吸湿纸内，放在平板上，上面压以重物（如石块、砖头等），将其放置在空气流通处，自信以其自然干燥即可。大量生产干花时可用标本夹代替重物。使用此法要注意，在压后的 1—3 天，需及时更换吸湿纸。此法也可与加温快速干燥结合进行，即在鲜花压后的第二天，或即将干燥时，用电熨斗将夹花的吸湿纸轻轻烙几下，然后再照常压好，待其彻底干燥。这样不仅干燥速度快，而且还能起到杀虫灭菌作用，有利于干燥花的保存。

（3）义乌干花。义乌、金华等地也是国内干花产品主要集散基地，货源大多为云南干花，经过加工和包装之后，产品更精美。产品种类也更加繁多，除叶脉干花、天然植物干花（自然风干）、创意礼品花束等产品外，还有如玉米皮仿真花、保鲜花（永生花）、香皂永生花等。关于保鲜花（永生花）的介绍如图 22.15 所示。

常见问题 Common problem

花草岛 *Flower island*

Q1 什么叫保鲜花？

答：花草岛保鲜花是采用目前国际最新植物保鲜技术，采用鲜花为原料，利用植物自身细胞代谢的自然机理，将无毒、无害的植物延保液与植物细胞液相互置换而成的一种新的节能环保植物产品。它既保持了天然植物的柔韧和富有弹性的姿态与质感，又拓展出更丰富的色彩，可谓源于自然而又胜出自然。同时它具有经久不谢的特点，不用浇水，无需日常养护，照样花开四季。

Q2 花是真的吗？

答：保证里边的一草一木绝对是真花！包括里边的配饰花材都是真的，而且跟鲜花一样全部是经过保鲜技术处理过的！

Q3 可以保鲜多长时间不凋谢？

答：保鲜花在国外实际已上市多年，技术已经历了几代革新，我们采用最新一代的保鲜技术，目前在接触空气的情况下可达3-5年左右。

Q4 实物是跟照片是一样吗？

答：所有款式均选用天然花材手工制作，自然生长的花大小形态会有一定差异，我们带给您的都是独一无二的，所有宝贝均用近景拍摄，照片视觉效果会比实物稍大，请务必看好描述的规格。

Q5 里边的配饰花材跟照片里的一样吗？

答：每款产品采用的配饰花材都不一样，因配饰花材随季节的变化会有一定差异，有些花材没有的情况下，我们设计师会选择最适合的材料。

花草岛保鲜花 PK 鲜花

花草岛 保鲜花	PK	鲜花
能保存3-5年，保留了鲜花的清新，但又超越了鲜花盛开的时间	保存时间	最多盛开2-3天就会马上枯萎
以单价100元和保存3年来算，每天只花费1角钱，低成本低风险	投资成本	卖不掉只能烂掉，投资成本全都打水漂
不用浇水，无需日常养护，照样花开四季	日常养护	定期浇水、施肥，精心养护、呵护
广泛并灵活地应用于婚庆花卉市场、礼品花卉市场等领域，并且可回收重复利用	应用范围	应用领域单一，并且不能重复利用，成本高
分解空气中甲醛、苯等有害气体，抗菌消毒，净化空气功效	环保功能	易生蚊虫、传播病菌，需专人养护
可离开水源与任何素材搭配装饰，使用灵活广泛，易于打理	搭配设计	必须放置在有水的容器中，搭配有限制性

图 22.15　保鲜花（永生花）产品介绍

（4）广东干花。广东干花销售市场主要分布在广州、东莞、汕头等地，其中广州以丝袜网落地花、山树花、塑料仿真花卉、欧式绒布花为主，叶脉干花较少；汕头则以各种造型，各种规格的彩色叶脉、干花为原料，用于生产节日礼品，如：圣诞树、圣诞花环、圣诞老公、天使、雪人、圣诞熊、圣诞鹿、树裙、圣诞袜、圣诞礼品盒、稻草人等。适用于圣诞节、万圣节、复活节、感恩节、情人节等节日装饰品的辅助材料。东莞干花产品则以"押花"工艺为主，主要生产押花、干燥花、干花、香熏花、网叶、四叶草、橙片、苹果片、肉桂条、桂皮、叶脉、pressedflower等各种自然材质，并进行深加工，生产以干花为主的工艺品，如押花玻璃杯、押花蜡烛、贺卡、押花烛台、押花纱灯、押花艺术玻璃等，如图22.16所示。

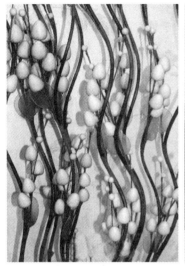
广州丝网干花

汕头彩色叶脉

东莞押花干花

东莞押花玻璃

东莞押花纱灯

图22.16　广东叶脉干花相关产品展示图

（5）梧州干花。梧州叶脉干花企业以广西梧州市朗辰工艺品有限公司、广西佳美叶脉干花工艺厂为代表，主要以天然植物为基材专业生产玉兰叶脉、菩提叶脉、金刚叶脉、桃心叶脉、橡胶叶脉等各种叶脉、叶脉花和多种干花制品。普通叶脉每张2分钱左右，染色叶脉每张1毛8分钱左右，产品用途主要有：①工艺品原料：干花、押花、叶脉画、贺卡、画框装饰等；②书签：可以直接使用，也可绘画、写字及塑封；③装潢：墙贴、玻璃贴、墙纸材料、灯饰等（可用胶水粘贴）；④包装用品：礼品、文具、酒类、蜡烛、食品、化妆品、工艺礼品包装等。此外，梧州岑溪的广艺干花则是利用自然花材经干燥等特殊工艺制作的，工艺上与交村叶脉干花有所不同，如图22.17所示。

综上所述，提升梧州叶脉产业竞争力，可以取长补短、学习借鉴，尝试向"叶脉干花""叶脉书签""叶脉贺卡""干花墙画""干花花篮""干花捧花"、"干花香包""干花香瓶""干花押花""押花纱灯""保鲜花（永生花）"等领域扩展和延伸。其中干花墙画，可以考虑和梧州人工宝石产业相结合，并聘请美术、设计、材料等研发人员，走精品装饰墙画路线，瞄准高端市场。

玉兰叶脉

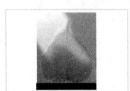
叶脉玉兰叶脉金刚叶脉菩提

金刚叶、玉兰叶脉、菩提叶

菩提叶脉（出口标准）

图22.17　梧州叶脉干花相关产品展示图

第四节　交村叶脉产业链扩展领域及其价值链分析

一、基于"玉兰花"的产业链扩展及其价值链分析

玉兰花，又名玉兰、木兰、望春花、应春花，属于木兰科植物，玉兰花洁白如玉、硕大芳香，花冠杯状，先花后叶，花期10天左右，花洁白美丽且清香浓郁，花瓣展向四方，早春开花时满树晶莹清丽，如冰似雪，片片银光、光彩耀眼，具有很高的观赏价值，是我国早春重要的观花树木。同时还具有很高的食用价值、药用价值和经济价值。

（1）食用价值。玉兰花含有丰富的维生素、氨基酸和多种微量元素，有祛风散寒，通气理肺之效。可加工制作小吃，也可泡茶饮用。清代《花镜》谓："其（花）瓣择洗清洁，拖面麻油煎食极佳，或蜜浸亦可。"【菜谱】：玉兰饼、玉兰花蒸糕、玉兰花熘肉片、玉兰花沙拉、玉兰花素什锦、玉兰花米粥、玉兰花蛋羹等。

（2）药用价值。玉兰花含有挥发油，其中主要为柠檬醛、丁香油酸等，还含有木兰花碱、生物碱、望春花素、癸酸、芦丁、油酸、维生素A等成分，具有一定的药用价值。玉兰花性味辛、温，具有祛风散寒通窍、宣肺通鼻的功效。可用于头痛、血瘀型痛经、鼻塞、急慢性鼻窦炎、过敏性鼻炎等症。现代药理学研究表明，玉兰花对常见皮肤真菌有抑制作用。《纲目拾遗》记载：玉兰花消痰，益肺和气，蜜渍尤良。《良方集要》记载，治痛经不孕：玉兰花将开未足，每岁一朵，每日清晨空心，水煎服。

（3）经济价值。材质优良，纹理直，结构细，供家具、图板、细木工等用；花蕾入药与"辛夷"功效向；花含芳香油，可提取配制香精或制浸膏；花被片食用或用以熏茶；种子榨油供工业用。

具有商业开发价值的玉兰花相关产品介绍。

1. 玉兰花系列食品

【玉兰饼】用玉兰鲜花加入面粉用油煎炸而成，外焦里嫩，风味佳美。

【玉兰花蒸糕】用面粉加入米粉（大米或小米），发酵后分3层至5层放入笼屉，每两层放一些玉兰花瓣和果脯，上锅蒸制，是春季时令糕点，吃起来松软香甜。

【玉兰花熘肉片】猪肉切片裹淀粉，放入少量玉兰花瓣，然后下油锅炸熟，取出加入糖醋汁或番茄汁，吃起来清香可口。

【玉兰花沙拉】用苹果、西瓜、香蕉、草莓加入玉兰花，放沙拉酱搅拌，是美味时令食品。

【玉兰花素什锦】用芹菜秆、冬瓜条、豆腐干加入玉兰花，放入味精、白糖，加些米醋混合搅拌，清香可口。

【玉兰花米粥】用大米、小米、江米、莲籽煮粥，熟后放入玉兰鲜花，食用时加点白糖，味道甜美。

【玉兰花三鲜汤】用鲜虾仁、香菇、冬瓜煮汤，熟时加入少量玉兰鲜花和各种调料，例如鸡精，料酒、胡椒粉，再用淀粉勾汁。

【玉兰花蛋羹】用玉兰花瓣与鸡蛋一起调开后，加白糖、葡萄干、西洋参片及枸杞子上锅蒸羹，营养丰富。

2. 玉兰花花茶

早在春秋时期伟大诗人屈原的《离骚》中就有"朝饮木兰之坠露兮，夕餐菊之落英"的

佳句，以示其高洁的人格。玉兰花采收以傍晚时分最宜，用剪刀将成花一朵朵的剪下，刚自树上摘下的花卉，浸泡在8°至10°的冷水中一到二分钟后，将水沥干，经严格的气流式窨制工艺，即分拆枝（打花边）、摊花、晾制、窨花（拌和）、通花、续窨复火、匀堆装箱等工序，在经照射灭菌制成花茶。在阿里巴巴网络平台上，根据品质品相不同，玉兰花茶的市场售价一般在35~60元/kg。

玉兰花在未烘干时洁白如玉，而随着花瓣水分的流失，渐渐地花瓣会变成深深的红色，烘干后的玉兰花干而较脆，易折易碎，在泡茶时无论是花瓣还是花蕊或花梗都可以一同冲泡，效果相同！

玉兰花茶香气鲜浓持久，滋味醇厚，汤色黄明；有和气、消痰、益肺功效。加蜂蜜尤佳。

玉兰花茶适宜高血压、高血脂、冠心病、动脉硬化、糖尿病、油腻食品食用过多、醉酒者。

【茶色口感】茶色清淡，气味清香芬芳，口感微苦。

【冲泡方法】沸水冲泡，加蜂蜜或冰糖，焖泡五分钟即可饮用。

【食用禁忌】孕妇不宜多饮。

【最佳搭配】辛夷花、薄荷叶、金银花、菊花

【温馨提示】冲泡时建议使用高温水，能焖煮一下更好。

此外，玉兰花白兰花还是窨制花茶的重要原料，白兰花属体质花，花朵虽已开放，但花香仍存在花瓣中，窨制花茶时，可直接用鲜花，也可将花瓣晒干备用，一般是在茉莉花茶窨制时，用白兰花"打底"以突出茉莉花茶的鲜灵度。

广西横县是茉莉花和玉兰花的主要产地用，茉莉花与玉兰花加工成的茉莉花茶是广西横县的主要产业。花茶（Scentedtea）又称熏花茶、香花茶、香片。为中国独特的一个茶叶品类。由精制茶坯与具有香气的鲜花拌和，通过一定的加工方法，促使茶叶吸附鲜花的芬芳香气而成。唐代陆羽的《茶经》、宋代蔡襄的《茶录》都有花茶制作的记载。加工工艺窨制是将鲜花和经过精制的茶叶拌和，在静止状态下茶叶缓慢吸收花香，然后筛去花渣，将茶叶烘干而成。按所用鲜花的划分，有茉莉花茶、白兰花茶、珠兰花茶、玳玳花茶及桂花、玫瑰、柚花等花茶。一般以烘青绿茶为茶坯，因其组织结构疏松，吸香性强，茶味清纯，用以窨花，无火味夺花香之患，能使茶香花香融为一体。先将烘青毛茶去除片、末、梗等，精制成符合商品规格要求的茶坯。茶坯质量执行GB172标准。在阿里巴巴网络平台上，根据品质品相不同，茉莉花茶的市场售价一般在38~110元/kg。

3. 白玉兰精油

我国是白玉兰精油生产出口大国，在福建、广西、广东、云南等地均有大量的白兰种植与精油加工。现今的白兰精油萃取方法主要有水蒸气蒸馏法与溶剂萃取法。我国是芳香植物资源丰富的国家，也是芳香植物产品出口大国。

白玉兰花油是香料工业的一种重要的精油花香香料，可以应用于各种高档的香精配方中，可以达到添清增韵的效果，备受调香师的喜爱。白兰花油是上好的花香香料，可应用与多种香型的高档日用香精配方。

【加工】用水蒸气蒸馏法从鲜花提取。

【外观】浅黄色的液体。

【相对密度】0.8700~0.8950。

【折光率】1.4600~1.4900。
【旋光】-13°~9°。
【酸值】＜7。
【酯值】＞20。
【溶解度】溶解于乙醇后呈澄清溶液，微溶于水。
【主要成分】芳樟醇、乙酸芳樟酯、二氢芳樟醇、苯乙醇、桉叶素、氧化芳樟醇、松油醇、石竹烯等。
【香气】具有清新、鲜幽花香、清香带甜，较芳樟醇多韵而优雅，香气透发而不甚留长。
【稳定性】因玉兰花油有少量吲哚，久置会变深红色，但香气更好。

广州晶晶生物科技有限公司，宣称其白玉兰花精油产品是通过超临界CO_2萃取工艺提取原液，无添加任何防腐剂、基础油，100%纯天然，绝无添加任何化工合成香料，原有特殊香味浓郁持久，风味不减。售价高达4000元/kg。广州日化化工有限公司生产的白玉兰油更是报价6000元/kg。不够，江西吉安淮瑞植物油有限公司生产的白玉兰油则只售1000元/kg。

【皮肤疗效】适合疤痕和瘀血性皮肤，具有白兰叶的清香和花香平衡皮脂分泌，预防治疗青春痘，对油及干燥皮肤大有帮助。
【身体疗效】降血压，调整心律，缓和呼吸急促症状。有助于排除性障碍，强化性能力。有助于排除性障碍，强化性能力。舒缓停经、月经不适之症。
【心灵疗效】镇定及松弛神经，消除紧张不安和心悸。可以镇定神经，减轻紧张或焦虑情绪。

此外，还有白玉兰叶精油，由白玉兰叶萃取而得，白玉兰叶出油率是白玉兰花的10倍，并且叶子多而易得。广西横县、江西吉安、广东广州等地均有生产，售价也相对较低，一般在680元/Kg左右。

4. 玉兰花油系列护肤护发品

白玉兰花提取物能够亮白肤色，改善肌肤的黯黄、肤色不均等问题，已有很多化妆品中添加白兰花作为活性成分。有改善暗沉、淡化色斑、提拉紧致、提亮肤色、抗衰老之功效。

由白玉兰鲜花蒸馏而成，未提炼过精油的饱和纯露。白玉兰纯露浓度很高，气味浓郁，与我们直接闻到的白玉兰花有一定区别。直接闻到的玉兰花香较为幽雅，而纯露的香气先是浓郁，后感觉夹杂着一些草木的青涩，香气再慢慢沉淀。可以瞬间紧致提拉皮肤、鲜明轮廓、弭除纹路，并使皮肤澄澈晶莹，具有良好的净白保湿作用。饮用可化解女性胸中郁结，对治呼吸道和乳腺问题，并使心口舒畅。

综上所述，一旦玉兰树形成规模，玉兰花的价值应该给予充分的开发和重视。建议根据充分的市场调查，高标准规划，做好项目前期的可行性分析和具体的项目企划书，并结合梧州本地的优势产业，争取引入战略合伙人，并借助其在资金、技术和管理层面的优势，迅速做大做强。如在玉兰花茶方面，可以考虑和梧州茶厂合作研发、推广玉兰花茶、茉莉花茶等；在玉兰花药用价值开发方面，可以考虑与中恒集团、梧州制药集团、加劲药业集团等合作；在玉兰花食用价值开发方面，可以考虑与梧州特色饮食龟苓膏、岭南特色茶点小吃等结合起来，开发玉兰花油、玉兰饼、玉兰花蒸糕、玉兰花熘肉片、玉兰花沙拉、玉兰花素什锦、玉兰花米粥、玉兰花蛋羹等；在精油、香料开发方面，可以考虑和奥奇丽集团、索菲特集团等合作，开发玉兰花系列化妆品、洗浴用品、牙膏，甚至市场上热销且比较成熟的礼盒装浪漫创意"香皂保鲜花（永生花）"。

二、基于"循环经济"的产业链扩展及其价值链分析

循环经济（Cyclic economy），是按照自然生态系统物质循环和能量流动规律重构经济系统，使经济系统和谐地纳入到自然生态系统的物质循环的过程中，建立起一种新形态的经济。循环经济是在可持续发展的思想指导下，按照清洁生产的方式，对能源及其废弃物实行综合利用的生产活动过程。

交村白玉兰产业发展的过程中可以嵌入"循环经济"的概念。如在林业、农业技术专家的科学论证下，在玉兰树种植林发展林区立体种养模式，走"生态林—畜牧—肥料—食用菌"良性循环之路。通过"奇珍异鸟"的养殖、销售，既可以扩大产业规模，增加附加值，又能够与玉兰花花香相应和，形成"鸟语花香"的美妙情境。通过"土鸡、土鸭、土鹅"等禽类养殖，既可以直接销售增加收入，有可以形成特色农副产品、特色饮食，为乡村旅游提供支持。此外，还可以考虑在叶脉浸泡的环节，整合专业浸泡池，进行专业化、标准化管理，同时，聘请渔业相关技术专家，科学论证在专业浸泡池进行鱼、虾、贝类水产品养殖的生态可行性与经济可行性，从而形成立体循环的生态经济网络。

三、基于"生态旅游"的产业链扩展及其价值链分析

1. 生态旅游、乡村旅游及交村旅游开发的基本思路

生态旅游（Ekotourism）是由国际自然保护联盟（IUKN）特别顾问谢贝洛斯·拉斯喀瑞（Ceballas-Laskurain）于1983年首次提出。生态旅游是指在一定自然地域中进行的有责任的旅游行为，为了享受和欣赏历史的和现存的自然文化景观，这种行为应该在不干扰自然地域、保护生态环境、降低旅游的负面影响和为当地人口提供有益的社会和经济活动的情况下进行。

生态旅游具有保护自然环境和维护当地人民生活的双重责任。它的要点为：其一是生态旅游的物件是自然景物；其二是生态旅游的物件不应受到损害。生态旅游的内涵强调的是对自然景观的保护，以创造可持续发展的旅游事业。

在全球人类面临生存的环境危机的背景下，随着人们环境意识的觉醒，绿色运动及绿色消费席卷全球，生态旅游作为绿色旅游消费，一经提出便在全球引起巨大反响，生态旅游的概念迅速普及到全球，其内涵也得到了不断的充实，针对生存环境的不断恶化的状况，旅游业从生态旅游要点之一出发，将生态旅游定义为"回归大自然旅游"和"绿色旅游"；针对现在旅游业发展中出现的种种环境问题，旅游业从生态旅游要点之二出发，将生态旅游定义为"保护旅游"和"可持续发展旅游"。

乡村旅游（Rural tourism）是以旅游度假为宗旨，以村庄野外为空间，以人文无干扰、生态无破坏、以游居和野行为特色的村野旅游形式。乡村旅游除了包括基于农业的假日旅游外，还包括特殊兴趣的自然旅游，生态旅游，在假日步行、登山和骑马等活动，探险、运动和健康旅游，打猎和钓鱼，教育性的旅游，文化与传统旅游，以及一些区域的民俗旅游活动。

乡村宁静优美的生态环境、天然的自然景观以及纯朴的乡村生活方式、迎合了久居大

城市的人们对宁静、清新环境和回归大自然的渴求，使人们直接享受大自然的恩赐。人们还可以在农舍小住一夜，品尝农庄主人准备的别有格调的晚餐，游客们还可以从事农耕、收获、饲养、步行、探险、运动、打猎、登山等活动。累了可以在树下草地休息，呼吸新鲜空气，聆听鸟儿的歌唱，直到太阳西斜，享受回归自然的乐趣。

旅游作为连接城市和乡村的纽带，促进了社会资源和文明成果在城乡之间的共享以及财富重新分配的实现，并为地区间经济发展差异和城乡差别的逐步缩小、产业结构优化等做出很大贡献，推动欠发达、开发不足的乡村地区经济、社会、环境和文化的可持续发展，可以说乡村旅游对于加快实现社会主义新农村建设及城乡统筹发展具有重要意义。

交村地理位置优越，自然风光秀美，玉兰叶脉、松树盆景、绿色蔬菜等农林产业特色鲜明，具备天然优良的旅游资源禀赋，建议结合"生态旅游"、"乡村旅游"理念，引入资力雄厚的战略投资者，进行高标准的旅游规划、旅游资源开发和运营。如依托玉兰树观光经济林，设置玉兰花赏花节、儿童乐园、水上乐园、素质拓展训练基地、美味烧烤厂、球类运动场馆、棋牌休闲娱乐室、玉兰花墙画展览馆、叶脉（书签、贺卡、首饰、杯盘、碗碟、花篮、花束、香包、香瓶）DIY体验室、盆景字画展览馆、绿色果蔬采摘基地等。当然，还要做好旅游客源分析和预测，并在此基础上完善餐饮、住宿、停车等旅游基础设施。具体旅游开发规划与旅游项目设计将在第四章进行详细阐述。

综上所述，交村白玉兰产业链现状及拓展、延伸示意图如21.18所示。

2. 交村"生态旅游"产业价值链的基本分析

影响交村玉兰花生态旅游地竞争力的因素相当复杂，但认识问题应该抓住问题的主要方面和主要矛盾，充分考虑玉兰花生态旅游地竞争力影响因素是协同产业价值链的基础。

通过价值链重构，在区域合作意义上推进交村玉兰花生态旅游产业发展，是实现其竞争优势的必然选择。玉兰花生态旅游产业的良性发展有赖于旅游价值链各组成要素之间的良好配合，只有各要素之间的协调一致才有可能提供最大化的生态旅游者价值效应，因此，打造交村玉兰花生态旅游产业核心价值链的关键在于分为行业和企业两个层面分别进行分析。

（1）玉兰花林旅游产业价值链的节点分析。玉兰花生态旅游是建立在玉兰花林生态旅游吸引物（核心吸引物）、旅游产品（基础性因素）、旅游企业和旅游设施（支持性因素）等组成的区域系统之上的一种活动。旅游者的玉兰花生态旅游活动中所产生的各种旅游需求都必须通过交村的各个旅游部门协同满足。其中最为重要的节点包括交村玉兰花生态旅游产品节点、交村玉兰花生态生态旅游地吸引物感知节点、交村玉兰花生态旅游市场营销节点、交村玉兰花生态旅游配套设施建设节点。因此，立足于价值链理论，围绕这些节点对玉兰花生态旅游产业进行价值分析，是找准交村玉兰花生态旅游产业核心竞争力培育点的关键。

1）玉兰花林旅游产品节点。玉兰花旅游产品的开发与整合是构建交村玉兰花生态旅游地品牌的基础层级。在旅游市场价值链与价值链竞争格局中，单一产品品牌在竞争中势单力薄，不利于凸现区域旅游优势，只有借助价值链系统所形成的旅游地对旅游者的感召力和吸引力，从构筑整体、系列品牌入手，整合旅游地的旅游资源与产品，才能彰显品牌内涵所带来的市场开拓力、形象扩张力、资本内蓄力，使旅游地品牌质量得以提升。玉兰花旅游产品是高成本和高附加值的产品，首先，交村玉兰花林地环境保护是要花很大代价的，

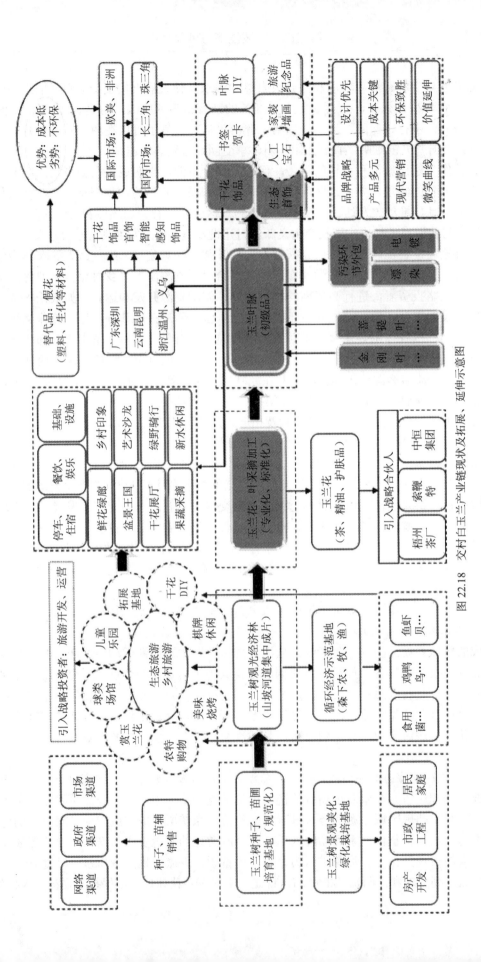

图22.18 交村白玉兰产业链现状及拓展、延伸示意图

而且在发展旅游的过程中，为了维持原有的玉兰花林自然状态，还需有不断的动态投入。游客越多，成本越高。仅仅是废物处理一项，就需设备、设施、人力和科技、软件的投入。所以，开发玉兰花生态旅游产品，必须计算并保证为保护和维持生态环境所需的资金投入，以确保生态环境的质量长期稳定地处在优质、状态，否则，没有经济实力为后盾的环境保护，以及缺乏环境依托的玉兰花生态旅游产品必定是旅游业中的。假冒伪劣商品。。交村玉兰花生态旅游地在构建产品品牌时应注意生态旅游者的心理需求分析和景区文化心理属性，因为游客心理方面需要的满足是形成旅游服务链评价的重要因素。通过对交村玉兰花旅游产品品位、形象、个性、情调、感性等方面的塑造，营造出与目标顾客心理需要相一致的心理属性。这可增强森林生态旅游者对旅游产品深刻的感知体验，也符合服务价值链理论的内在逻辑。

2）玉兰花林生态旅游地感知节点。交村玉兰花生态旅游地形象是指游客在大众传媒和口碑营销宣传行为的作用之下，通过感觉、知觉等一系列心理过程而形成的对旅游地的总体印象和情感倾向。生态旅游者的主要动机绝大部分都是以大自然为舞台，尤其是去那些野生的、受人类干扰较小的原生自然区域参观体验。这充分体现了生态旅游者要求回归大自然，享受大自然，了解大自然的强烈愿望，显示了生态旅游以大自然为取向的显著特征。保持旅游资源优势的持续性，就必须首先从改善生态环境，保护旅游资源入手，如果包括旅游资源在内的旅游生态环境一旦遭到破坏，生态旅游业就成了无本之木。因此，交村玉兰花生态旅游地能否让公众一体化地感知各种自然要素，形成统一风格的保护环境印象，使自己形成有别于其它生态旅游区的公众印象，已成为展示竞争优势的法宝。

3）玉兰花林旅游市场营销节点。通过链接以上两个节点，营销的市场拓展力度才能在区域市场上得到深度推广，对客源的吸引力、宣传力、组织力、消费力才能达到市场容量的要求。生态旅游市场的占有率和市场覆盖率以及游客的提及率才能达到理想的效果。真正意义上的生态旅游应还只属于少数人的时尚，在观念和经济能力上都相去甚远。据世界旅游组织公布的资料，目前全球国际旅游中心的比例约为12%，交村的玉兰花生态旅游产品营销，应该重点是针对国内城市人口市场、尤其是高素质、高学历的市场。但是我们也要看到当前对生态旅游感兴趣的人正由高文化层次旅游者群体向较低文化层次旅游者群体转移，即生态旅游正逐渐进入主流市场，由专业旅游市场向大众旅游市场扩散。因此，交村玉兰花生态旅游市场的营销的拓展力度应在聚集的基础上进行整合，在区域市场的客源开发，旅游地吸引物之间的匹配，玉兰花生态旅游景点与景点之间的互补，不同市场区隔的票价之间的联动制定统一的营销策略。

4）玉兰花林旅游配套设施建设节点。

保持旅游设施与特定的自然生态环境和人文环境的和谐、协调是保护交村玉兰花生态旅游资源持续性和吸引游客的重要一环，也是交村玉兰花生态旅游所强调的原则之一。因此，在交村兴建旅馆、饭店、游乐场等要十分慎重地选择地点和形式，从外观和内部设施上都应尽量突出民族特色，使之与良然景观和社会人文景观融为一体。不应在主要景区建盖千篇一律的现代模式建筑物和与地方文化特质格格不入的游乐场所，那种与西式或内地趋同的旅游设施倒反会失去对游客的吸引力。提供完善的旅游基础及配套设施服务是旅游区域的重要功能。旅游设施的完善程度不仅直接关系到旅游者旅游活动的可实现程度，而且关系到资源深度开发的操作性以及消费环境的改善，目前交村旅游设施建设主要问题在于没有鲜明的特色，缺乏良好的整体规划，与玉兰花生态旅游地无法匹配，配套建设严重滞后，没有相应的餐饮、娱乐、住宿等，凡此种种已成为交村打造玉兰花生态旅游业的瓶颈。

（2）交村玉兰花旅游企业价值链的发展战略分析。要实施交村玉兰花旅游企业的价值链战略，必须找出经营活动中的战略环节。并在此基础上对各项运营环节进行流程再造，才能塑造核心竞争力。进行流程再造的其中一个重要方面是通过横向一体化实现，而实现横向一体化的战略手段包括虚拟经营、战略联盟等。

1）企业价值链分析。在交村玉兰花旅游企业的价值活动中，并不是每一个环节都会使企业价值增值而具有竞争优势。企业作为一个整体，只有某些特定的活动或活动之间的联系是创造企业价的关键环节。它可能来源于采购、设计、生产、人力资源管理、营销、服务等活动过程，也可能来自于价值链活动中某两个或几个活动之间的联系，或者某个活动的细分活动。对于战略环节的确定，需要估算每一项活动创造的价值及成本增量，求得每一环节的附加价值，进而确定企业价值链上的战略环节。

2）业务流程再造。确认企业的战略发展环节后，下一步要做的就是实施业务流程再造。所谓业务流程再造就是结合价值链分析明确战略环节的基础上，集中交村玉兰花生态旅游资源培育具有发展潜力的核心业务和具有竞争优势的战略环节，同时把自己不具有竞争优势或非核心的价值增值环节剥离出去，外包给市场中具有比较优势的企业。在此指导原则下，交村要对建立在传统的分工理论基础上的组织结构、业务流程进行根本性的再思考和彻底性的再设计，以对客户的服务流程来设计交村玉兰花企业的组织结构，在更好、更快地满足顾客的需求的同时，使交村玉兰花相关企业在成本、质量、服务和速度等方面获得显著绩效改善。

交村玉兰花旅游企业进行流程再造，就必须通过分解和重构价值链，实现价值链的横向一体化，由位于价值链上的各个企业分工协作并组成战略联盟来共同完成价值创造过程。这是交村玉兰花旅游企业流程再造的重要任务。

3）价值链协同策略。根据上述分析，笔者认为，综合起来，交村玉兰花旅游产业的价值链战略协同工程目前主要需要从三个方面来开展。包括强势品牌的玉兰花旅游地（核心吸引物）、玉兰花林旅游产业集群（基础性因素）和横向一体化的旅游企业集团（支持性因素）。因为构建强势品牌的玉兰花旅游目的地能为通往多方旅游市场提供更宽阔的通道；形成合理的玉兰花林旅游产业集群能为生态旅游者带来更具价值的旅游线路和服务产品，为旅游者提供更多的福利；横向一体化的旅游企业集团能进一步发挥企业的管理和专业技术优势，提高产业集中度，降低被模仿的可能性。这三方面都符合核心竞争力的检验标准，能够真正体现价值链协同所带来的竞争优势。

四、打造交村强势品牌的玉兰花生态旅游地

大自然是一切科学发展的泉源，提供科学研究的环境。生态旅游地是一种集旅游吸引物、旅游产品、旅游企业、旅游设施等为一体的区域系统。构造生态旅游产业的价值链体系，首先应该从生态旅游地的建设出发。

从旅游者的角度看，旅游目的地品牌是消费者在相关信息影响下对旅游产品、服务或空间范围的感知印象形成的综合概念。品牌的应用领域已经由最初针对产品的一种标志符

号，上升到包括区域等在内的大系统。旅游地品牌是旅游者对旅游区域认知的总和，是区域旅游业个性化的表现，能给旅游者带来独特的精神享受，给旅游地带来社会、经济、环境效益的价值增值。生态旅游地要想在日益激烈的竞争中赢得足够市场份额，必须有赖于实行品牌战略。因此，以旅游消费者在旅游地游览消费的综合感知印象为价值判断依据，围绕生态旅游地的品牌构建，我们需要运用价值链的分析方法对旅游地内部的旅游吸引物、旅游产品等要素系统进行价值挖掘。旅游地在推进旅游品牌建设的过程中，应该注意发挥旅游地政府的主导作用，保护和改善旅游地环境，提高旅游地居民和旅游从业人员的服务素质，改进旅游基础设施，优化特色旅游产品。生态旅游地才能更好地形成持久的竞争吸引，从而保持持续的旅游发展动力：

（1）加快交村玉兰花生态旅游精品的开发。在原有的叶脉产业、金叶子产业的基础上，开发游客参与生产、制作、销售叶脉产品、玉兰花食品、玉兰花精油等全过程的玉兰花生态旅游精品。

（2）加快生态旅游产品的多元化建设。在完善提升传统观光产品的同时，积极开发玉兰花生态旅游、林木修学旅游、交村探险旅游等专项旅游产品。依托交村生态旅游资源丰富的优势，不断提升其生态旅游品质。积极探索开发交村农业旅游产品，突出乡村特色，创新发展模式，把交村生态农林业旅游培育壮大成为交村经济的重要增长点，并以此进一步发挥旅游业在建设社会主义新农村中的重要作用。

（3）加强文化与交村玉兰花生态旅游地的融合，注重旅游产品中文化内涵的表现和提升。以挖掘古广信玉兰文化为重点，大力开发玉兰花生态旅游娱乐，发展文化旅游与旅游文化，增强交村玉兰花生态旅游地的文化魅力和吸引力。

第五节　交村白玉兰产业做大做强的路径选择及政策建议

通过上述对交村白玉兰产业延伸与拓展的价值链分析，可以预见：交村白玉兰产业具有广阔的发展前景。然而，由于资金、技术、人才、制度等方面客观条件的制约，不可能面面俱到、同时发力，而应本着"先易后难、效益优先"的原则，从现实可行性的角度，对不同发展路径进行优劣比较，从而设计出一条适合交村白玉兰产业做大做强的发展路径。

一、白玉兰观光林示范项目

"白玉兰观光林示范项目"可以作为交村白玉兰产业升级的突破口，同时也是林业、旅游相关部门助力地方产业升级的有益探索，如获成功，将成为可以复制的PPP（Public-private Partnership，政府与社会资本合作）模式以及社会主义新农村建设的经典案例。

"白玉兰观光林示范项目"的目标是在林业、旅游等相关政府部门的带动下，以"财政项目＋市场运作"的方式，推动交村建设具有一定规模的白玉兰观光林区，从而美化乡村环境、带动乡村旅游，显著提升交村的居民财富和社会知名度。同时，也为下一步交村旅游综合开发奠定基础。

"白玉兰观光林示范项目"的实施需要解决以下关键问题：一是土地、苗木、养护等资本要素的投资机制；二是理顺项目运作实施的管理机制；三是合理安排项目的产权结构及风险承担、收益分享的机制。

为了避免管理缺位、多头管理、管理效能地下等问题，建议按照市场原则以公司化的模式进行运营，筹建"交村白玉兰观光景区有限责任公司"，相关方权责关系安排如下：

1. 交村村委会组织完成土地流转

在梧州市林业局、龙圩区林业局、梧州旅游局、龙圩区旅游局等相关部门的指导和协助下，本着"有利于林木生长、有利于旅游开发"的原则，完成100亩玉兰花观光林景区选址（如沿河道、沟渠或依山傍水，规划66.66*1000m的带状或环形区域）。为保障农民权益、减少后续纠纷，纳入观光林规划区域的土地，按市场价格上浮20%的标准给予农民稳定收益的租金补贴（如以每亩每年800斤稻谷的市场价格作为租金），租金按年支付，第一期合同建议签约10年。同时，上述农户还享有同等条件下，进驻景区经营的优先选择权，以及服从景区管理下的玉兰花、叶采摘权。

2. "交村白玉兰观光景区有限责任公司"的产权结构安排

（1）建议由梧州市林业局、龙圩区林业局结合相关政策设立专项扶持的财政基金，以"专业林业示范项目"的方式，购入苗木等生物资产注入企业，并以实际价值计算产权比例，作为公司未来风险承担和收益分享的依据。

（2）建议由梧州市旅游局、龙圩区旅游局结合相关政策设立专项扶持的财政基金，以"乡村旅游示范项目"的方式，构建旅游基础设施（如景区内道路、停车场、收费亭、休闲娱乐健身等设施。）等固定资产注入企业，并以实际价值计算产权比例，作为公司未来风险承担和收益分享的依据。

（3）建议由交村村委根据实际情况，投入货币资金注入企业，并据此计算产权比例，作为公司未来风险承担和收益分享的依据。

（4）充分宣讲项目可能的风险、收益及其运作管理机制，鼓励有兴趣的交村村民投入货币资金注入企业，并据此计算产权比例，作为公司未来风险承担和收益分享的依据。

（5）建议根据项目总体投资计划，吸引社会资本、特别是旅游开发、管理、运营经验丰富的公司，投入货币资金注入企业，并据此计算产权比例，作为公司未来风险承担和收益分享的依据。上述资金可购建餐饮经营的固定场所、农特产销售的流动摊位、旅游深度开发的设备设施等。若仍有资金缺口，可考虑以上述资产为抵押进行银行融资。

3. "交村白玉兰观光景区有限责任公司"的管理机制安排

（1）按公司法根据产权结构组建董事会、监事会，董事会以"专业化"为原则组建管理层。

（2）建议由梧州市林业局、龙圩区林业局负责林木培植、养护、病虫害防治等技术服务。

（3）建议由梧州市旅游局、龙圩区旅游局负责"交村白玉兰观光景区"的总体旅游规划、宣传，并协调梧州市相关旅行社做好旅游线路整合、客源引导等工作。

（4）建议由交村村委及公司管理层共同推进景区安保、收费、摊位招租、有偿服务等日常管理工作。

4. "交村白玉兰观光景区有限责任公司"风险承担、收益分享的机制安排

（1）景区收入预期主要包括以下内容：景区门票收入（主要是玉兰花花期等游客高峰期）、景区直营的餐饮、住宿、旅游产品销售等相关收入、景区招租的餐饮、摊位等租金收入、景区提供的有偿服务收入，如棋牌、球馆、水手游船等。

（2）景区收益原则上应该按照产权结构，即出资比例进行分配。但考虑到林业、旅游

等政府部门出资扶持的主要目的不是获取收益,而是希望探索出一条借助财政资金规范项目管理、从而带动农村产业升级、农民收入增长的有效路径。因此,可以考虑在合同中约定:前期林业、旅游等政府部门按出资比例分享公司收益,待收回全部出资成本之后,按原出资比例的 1/3 分享公司收益(用于项目支持和维护的日常费用),让渡出 2/3 的收益权给交村全体村民,让农民分享改革的红利。

(3) 当然,任何项目都存在一定的风险,如林木的病虫害、旅游客流不足等。一方面,应做好事前的调研、规划和分析,论证项目的可行性;另一方面,万一出现无法持续经营、公司破产清算风险,将按照公司法规定,出资人以出资额承担有限责任。同时,保障项目存续期间内农户获得稳定而合理的土地租金收益。

5. 扩展规划

如上述项目获得成功,可进行二期、三期的复制计划,同时纳入交村生态旅游的总体规划。

二、白玉兰种子、苗圃培育示范项目

白玉兰是园林绿化中的优良树种,市场上长盛不衰。因此玉兰树种子也具有广阔的市场需求。目前,市场价格大约是 180 元/斤,交村几千亩玉兰树,可在林业技术人员指导下,经过"采收—加工—筛选—实验—储藏"等环节进行育种。一方面,可以直接销售,创造价值;另一方面,也可以联合高校、科研院所及林业系统技术人员,通过科学实验进行品质优化,如观花类树种如何延长花期,采叶类树种怎样丰叶等。同时,还可以玉兰树苗圃栽培奠定基础。

交村在发展白玉兰种子培育基地的同时,还应与梧州市、龙圩区林业部门充分沟通,争取林业系统"白玉兰苗圃实验项目"落户交村,获得一定资金支持的同时,还可以得到完善的技术保障。白玉兰苗圃培育基地的发展一方面可以延伸产业链、创造附加值,另一方面也可以为交村及周边扩大玉兰树种植规模,规划发展玉兰树观光经济林提供持续性支持。

交村白玉兰苗圃培育基地主要产品可以包括各档树苗、盆景以及美化、绿化景观树,品种还可以扩展到广玉兰、红玉兰、紫玉兰等。客户群体主要面向房产开发商新建楼盘的小区绿化,市政街道、公园、机关事业单位的景观绿化树,以及居民家庭的客厅盆景、庭院观赏树等。销售渠道既要充分重视电子商务等新兴网络渠道,也要注重与政府部门、特别是林业系统充分沟通,争取林业绿化项目及市政工程的支持,当然,利用市场渠道,广泛宣传玉兰树种植的好处,获得客户的认可也非常重要。

白玉兰种子、苗圃培育示范项目的运作方式,可以采用"林业系统+科研院所+交村村委+交村农户"的模式,以财政资金撬动社会资本,同时规范项目运营。具体制度安排,可以参考上述白玉兰观光林示范项目。

三、玉兰花相关产品深加工实验项目

玉兰花除了观赏价值还具有很高的食用价值、药用价值和经济价值。交村几千亩玉兰树,加上规划中不断扩大的白玉兰观光示范林区,玉兰花将具有一定规模,其各种价值应该给予充分的开发和重视。建议根据充分的市场调查,高标准规划,做好项目前期的可行性分析和具体的项目企划书,并结合梧州本地的优势产业,争取引入战略合伙人,并借助其在资金、技术和管理层面的优势,迅速做大做强。具体可在以下几方面进行着力:

1. 玉兰花饮食相关产品开发

在玉兰花食用价值开发方面,可以考虑与梧州特色饮食龟苓膏、岭南特色茶点小吃等结合起来,由交村村委会聘请梧州市各大酒店知名大厨,在梧州市饮食行业协会、旅游行业协会的指导下,研制具有玉兰花元素的特色菜肴,并经过商业化包装,作为交村白玉兰观光景区特色大餐隆重推出。(包括但不限于下列菜肴:开发玉兰花油、玉兰饼、玉兰花蒸糕、玉兰花熘肉片、玉兰花沙拉、玉兰花素什锦、玉兰花米粥、玉兰花蛋羹等)

2. 玉兰花茶相关产品开发

在玉兰花茶方面,根据前述市场调查发现,玉兰花茶的制作工艺并不是很复杂,可考虑由交村村委会聘请制茶专家,引进相关设备进行实验开发,并对农户进行指导,以扩大农民收入来源。下列工艺流程可供参考:玉兰花采收以傍晚时分最宜,用剪刀将成花一朵朵的剪下,刚自树上摘下的花卉,浸泡在 8~10℃ 的凉水中一到二分钟后,将水沥干,经严格的气流式窨制工艺,即分拆枝(打花边)、摊花、晾制、窨花(拌和)、通花、续窨复火、匀堆装箱等工序,在经照射灭菌制成花茶。在阿里巴巴网络平台上,根据品质品相不同,玉兰花茶的市场售价一般在 35~60 元/kg。

同时,为了做大做强、突出特色,并形成旅游纪念品,还应规范生产工艺、研发多元产品、完善产品包装、扩展营销渠道等,这就需要借助区域内相关领域的龙头企业进行联合开发、合作经营。可以考虑由交村村委会赴梧州茶厂进行考察、学习和项目洽谈,争取双方合作,建立玉兰花茶、茉莉花茶研发工作室,并逐步推广、做大。

3. 玉兰花医药、美妆相关产品开发

在玉兰花药用价值开发方面,可以考虑与中恒集团、梧州制药集团、加劲药业集团等合作;在精油、香料开发方面,可以考虑和奥奇丽集团、索菲特集团等合作,开发玉兰花系列化妆品、洗浴用品、牙膏,甚至市场上热销且比较成熟的礼盒装浪漫创意"香皂保鲜花(永生花)"。

总之,可以以低成本、低投入的"实验项目"的形式,实现交村"玉兰花+"产业的迅速发展(玉兰花+酒店;玉兰花+茶厂;玉兰花+制药;玉兰花+美妆。)

四、打造白玉兰叶脉产业升级版综合项目

龙圩区林业局聂股长长期关注交村白玉兰叶脉产业的发展,一语中的的指出:"20多年来,交村白玉兰叶脉产业不断壮大,但一直没发展起来,主要原因在于农户各搞各的、分散经营。"是的,20多年来,交村玉兰花叶脉产业已经具备较大规模和市场影响力,但是始终无法顺畅的进行产业延伸、品牌培育、知名度扩展,并未形成集聚的财富效应——就是因为没有建立起现代企业组织形式、没能整合区域内的有效资源、没能充分发挥"公司"的力量。

因此,建议交村村委首先组织交村白玉兰叶脉产业的骨干力量,云南昆明、江苏沭阳、浙江义乌等地进行实地查考,了解产品结构及市场趋势,特别是关注企业的组织运营模式,并就相关技术、设备和人才的引进达成一定的合作意向。然后,根据学习经验和现代企业制度,组织筹建交村叶脉、干花产业自己的企业和品牌,要高起点高标准有一定规模,争

取集中交村行业内的全部资源,并引入战略合伙人,设立专业的市场调查团队、研发设计团队、工艺标准制定和生产控制团队、线上线下营销团队、先进技术、设备、项目及高端人才引进团队,其实质是依托"交村叶脉"的品质和规模优势,采用"学习-引进-吸收-再超越"的模式,开发多元产品,做强做精。具体过程可考虑下列项目是否具有可行性:①叶脉画、贺卡、书签、水杯(透明玻璃杯双层瓶底,中间夹叶脉,旋扣或固化)系列产品开发,及标准工艺流程DIY设计,满足网络产品销售、旅游产品销售和游客参与。②叶脉艺术装潢系列产品开发,包括墙贴、墙画、玻璃贴、墙纸材料、灯饰等,及标准工艺流程DIY设计,满足网络产品销售、旅游产品销售和游客参与。③叶脉包装系列产品开发,如礼品、文具、酒类、蜡烛、食品、化妆品、工艺礼品包装等。④借鉴云南干花开发系列产品,如"干花花篮""干花捧花""干花香包""干花香瓶"等。⑤借鉴沭阳、义乌、东莞经验开发系列产品,如客厅装饰落地叶脉干花、"保鲜花(永生花)"、创意礼品花束、叶脉押花工艺品等。其中干花墙画,可以考虑和梧州人工宝石产业相结合,并聘请美术、设计、材料等研发人员,走精品装饰墙画路线,瞄准高端市场。从而,更加准确的把握市场动向、打造交村白玉兰干花产业升级版。

五、打造生态镀金首饰产业升级版综合项目

对于交村生态镀金首饰业而言,目前存在的问题主要表现在:①规模较小、运作不规范,产业化、标准化和规模化还有待加强。②缺乏自主品牌,在研发设计和销售渠道上受制于人。③国内市场同业竞争日趋激烈。④电镀污染和环境保护的关系需要持续关注。

因此,打造交村生态镀金首饰产业升级版就需要对症下药,采取针对性的应对措施。一方面要继续加强与玖玖金叶的合作,另一方面也可以借助梧州人工宝石的特色,与旭平首饰、黎蒙等人工宝石企业形成战略联盟,将绿色生态的理念融入人工宝石,将人工宝石的靓丽璀璨植入叶脉镀金饰品,巧妙设计、相得益彰,同时还可以使电镀镶嵌等工艺水平在短时间内迅速提升。通过战略联盟,设计好股权比例、治理结构和利益分享机制,利用各自优势突出特色、提升产品形象、扩展营销渠道、塑造自主品牌。

第二十三章　营改增全面实施对梧州税收与社会经济的影响

2016年5月1日起，营业税改征增值税（以下简称营改增）全面实施，试点范围扩大到建筑业、房地产业、金融业和生活服务业，实现了增值税对货物和服务的全覆盖。本章立足于梧州现实，探究了营改增全面实施对梧州国地税税收收入及梧州总体财政收入的影响，进而深入分析营改增全面实施对梧州市建筑业、房地产业、金融业和生活服务业等四大行业的现实影响，从而提出全面营改增背景下促进经济发展完善财税体系的对策建议。

本章主要包括四大部分：第一部分主要介绍营改增全面实施的背景、影响及梧州产业结构的现状。第二部分主要分析了营改增全面实施对梧州国地税税收收入及总体财政收入的影响，重点比较营改增全面实施前后梧州国税、地税税收收入的结构变化及其影响因素。第三部分，基于实地调研，深入分析了营改增全面实施对梧州产业、行业及企业的影响，结果表明梧州国税税收收入弹性高于梧州地税税收收入弹性，即国税税收收入对经济的变化和反应更为敏感；第二产业税收收入弹性较第三产业更强，即经济下行的背景下，第二产业较第三产业波动更为剧烈；营改增总体减税效应明显，但是建筑行业规范性较差，部分企业税负增加。第四部分在理论分析和实地调研的基础上，从"构建新型地税体系""加强地方税源培植""强化监管倒逼产业链条完善""完善纳税人信息共享机制""深化国地税合作""开展营业税专项清理"等角度，提前出了促进梧州经济发展、完善地方财税体系的对策和建议。

第一节　营改增全面实施的背景、影响及梧州产业结构的现状

一、营改增全面实施的背景

营改增是指以前缴纳营业税的应税项目改成缴纳增值税，增值税只对产品或者服务的增值部分纳税，减少了重复纳税的环节，是党中央、国务院，根据经济社会发展新形势，从深化改革的总体部署出发做出的重要决策，目的是加快财税体制改革、进一步减轻企业赋税，调动各方积极性，促进服务业尤其是科技等高端服务业的发展，促进产业和消费升级、培育新动能、深化供给侧结构性改革。

营业税和增值税，是我国两大主体税种。营改增在全国的推开，大致经历了以下三个阶段。①从2012年1月1日起，在上海交通运输业和部分现代服务业开展营业税改征增值税试点。自2012年8月1日起至年底，国务院将扩大营改增试点至8省市；②2013年8月1日，"营改增"范围推广到全国试行，将广播影视服务业纳入试点范围。2014年1月1日起，将铁路运输和邮政服务业纳入营业税改征增值税试点，至此交通运输业已全部纳

入营改增范围；③ 2016 年 5 月 1 日起，营改增试点全面推开，将建筑业、房地产业、金融业、生活服务业全部纳入营改增试点[8]。至此，营业税退出历史舞台，增值税制度将更加规范。

二、营改增全面实施的影响

营改增是近年来我国财政体制改革的重要举措，营改增的全面实施在结构性减税、产业结构调整、财政收入和社会福利等方面将产生重要影响[9]。

1. 减税效应

根据中国社科院财经战略研究院院长高培勇估算，营改增全面实施的减税空间有 9 000 亿元到 1 万亿元[10]。减税动因主要表现在以下几个层面：

（1）小规模纳税人税负减轻。营改增前，建筑业的营业税税率为 3%，房地产业和金融保险业的营业税税率为 5%，生活服务业的营业税税率一般为 5%，但某些特定行业（如娱乐业）为 5%-20%。营改增后，小规模纳税人适用 3% 的征收率，税率降低直接导致税负减轻。即便是营改增前后均为税率 3% 的行业，由于营业税是价内税、增值税是价外税，计税依据有所不同，营改增后名义税率是 3%，实际税率仅为 1/（1+3%）*3%=2.91%，因此，税负仍然是减轻的。

（2）打开了一般纳税人税负降低的空间。营改增后，建筑业和房地产业的增值税税率为 11%，金融保险业和生活服务业的增值税税率为 6%。名义税率虽然有所上升，但是由于外购材料、设备和服务发生的进项增值税允许抵扣，因此税负降低的空间被打开了。从某种程度上将，营改增之后的税负水平更多的掌握在了企业自己手中，通过规范管理、精细化分工、服务外包等手段，可以使增值税进行税额最大化，从而降低企业的税负。从理论上讲，建筑业企业取得的可以抵扣的进项税额，只要大于含税销售额的 6.91% 就能实现税负减轻；房地产企业取得的可以抵扣的进项税额，只要大于含税销售额的 4.91% 就能实现税负减轻；金融保险业和一般生活服务业取得的可以抵扣的进项税额，只要大于含税销售额的 0.66% 就能实现税负减轻；高尔夫球等娱乐业则由 20% 的营业税变为 6% 的增值税，取得的进项税额还可以抵扣，因此税负至少降低 70%。

（3）增值税抵扣链条的完善促进全行业税负降低。随着建筑业、房地产业、金融业和生活服务业纳入试点，"营改增"彻底打通了二、三产业增值税抵扣链条，上述四大行业产品或服务的接受方可以取得进行税额发票进行抵扣，必将有效降低全行业增值税税负。

2. 产业结构调整效应

营改增对产业结构调整效应的传导机制是：以解决重复征税问题和打通增值税抵扣链条为核心，以实现结构性减税为政策目标，正确引导第二、三产业的分工与协作，进而推动产业结构的优化升级。产业结构优化效应主要体现在三个方面：

（1）制造业转型升级的促进效应。营改增的全面实施扩大了制造业增值税抵扣范围，行业税负的降低促使企业提高产品技术、更新工艺装备、注重能效环保，激励企业借助生产性服务业来加快产品研发、优化工艺流程、完善售后服务，从而全面推动制造业向精细化和高端化发展；同时，营改增也有利于加快制造业实现主辅分离，推动制造业由生产型向生产服务型转变，引导制造企业延伸服务链条，并从根本上解决我国企业长期存在的"大而全""小而全"问题。

（2）服务业优质高效发展的促进效应。营改增的全面实施解决了营业税对服务业"道道征收，全额征税"的重复征税问题，推动生产性服务业向专业化和价值链高端延伸。一方面生产企业主动将生产性服务业务分离和外包，有利于第三方物流、绿色物流和冷链物流的发展；另一方面现阶段大数据开发应用、"互联网+"等新兴服务业态呈现出经营规模逐步扩大、设备投资占比高、设备更新快等特点，营改增后所形成的进项抵扣和下游企业增值税进项抵扣大幅增加，与征收营业税时相比，相关企业税负明显下降，税制改革有力地支持了新兴服务业态的发展。

（3）产业融合效应

营改增的全面实施不仅消除了行业间税负不均和税收歧视现象，还解决了同一产业链条上不同环节差别征税的问题，促进了产业内部和产业间的融合，提高了税收征管效率。

3. 财政效应

（1）财政收入效应。据统计，截至2014年底，全国社会营改增试点纳税人约410万户，其中一般纳税人和小规模纳税人分别为76万户和334万户，三年累计减税3 746亿元，其中2014年全年减税1 918亿元，超过95%的营改增试点企业税负水平呈不同程度下降。现阶段，全面实施的营改增涉及960余万户企业，年营业税税额约1.9万亿元，包括建筑业、房地产业、金融业和生活服务业的营改增试点工作，为了确保所有行业税负只减不增，财政收入必然受到较大冲击。在"营改增"取得的税收收入仍归地方政府的假设前提下，购买营改增试点企业产品或服务可获得较以前更多的进项税抵扣，使地方政府增值税税收减少，同时，作为流转税附税的城建税和教育费附加，其收入也会因增值税税收下降而降低。总之，营改增的全面实施对财政收入的影响较大。

（2）财政补贴效应。目前，各省市针对营改增后，部分现代服务业税负略有增加的状况，大都采取财政补贴的方式来弥补营改增前后税负增加的绝对额。这种方法简单易行，但其合理性和科学性值得商榷。具体来说，一是财政补贴一般按照是否达到申请财政补贴标准来执行补贴，反而忽略了月（季）平均税负较高的中小企业，造成税负不公平；二是不同地区之间财政补贴额度不同，造成不同地区间的同类企业的税负不公平；三是企业可能会为了获得财政补贴而虚构财务报表；四是财税部门将已征收的税款补贴给企业，必然采取严格的审批程序，提高管理成本。此外，由于财政补贴和扶持一般由地方政府负担，这样加重了地方政府财政支出的压力，形成了"减收增支"的财政困局。

（3）财政分担效应。为了营改增的顺利推行，营改增试点采用了"试点期间保持现行财政体制基本稳定，原归属试点地区的营业税收入，改征增值税后收入仍归属试点地区，税款分别入库。因试点产生的财政减收，按现行财政体制由中央和地方分别负担"。这种财政分担方式虽然有利于改革平稳推进，但终究是临时性过渡方案，不符合中央和地方财力与事权相匹配的原则，未能理顺中央和地方的财政分配关系。

4. 福利效应

营改增作为牵一发而动全身的改革，在扩大中等收入者比例、促进居民消费和优化服务贸易等方面发挥着重要作用。

（1）扩大中等收入者比例。营改增对于扩大中等收入者比例主要体现在两个方面：一是营改增通过支持现代服务业企业和小规模纳税企业创造更多就业岗。同时，营改增还能够促进制造业转型升级，推动服务业优质高效发展，这样有利于将以蓝领为主体的职业结构转变为以白领为主体的职业结构，使更多社会成员进入中等收入阶层。二是营改增的减税效应有利于提高企业利润，保障工资支付与正常增长。

（2）居民消费效应。营改增产生的价格效应对居民消费的影响主要表现为：营改增相关行业整体税负降低使得商品价格下降，有利于刺激居民消费水平和结构的提升。

（3）优化服务贸易效应。营改增的全面实施，对国际运输服务、航天运输服务、向境外单位提供的完全在境外消费的服务（如研发服务、设计服务和信息系统服务等），适用增值税零税率，有效降低了服务贸易企业经营管理成本，促进了服务贸易产业的健康快速发展，提高了我国服务贸易国际竞争力和话语权。

三、梧州产业结构的现状

2015年，面对复杂的经济发展环境，梧州市经济总体稳步增长，产业结构明显优化。年实现地区生产总值（GDP）1 078.6亿元，按可比价格计算，比上年增长8.3%，如图23.1所示。

2006—2015年地区生产总值及其增长速度

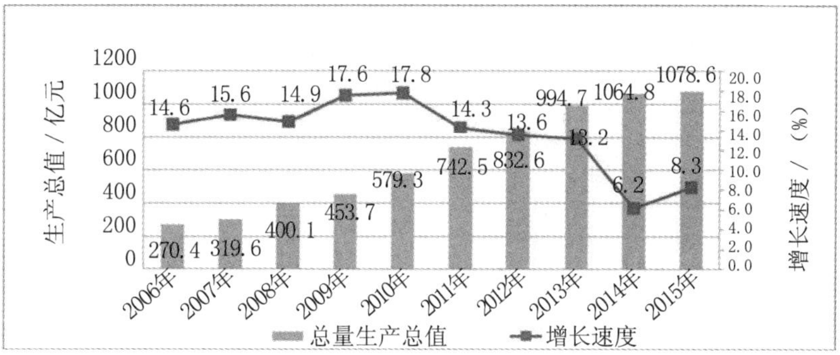

图23.1 2006—2015年梧州市地区生产总值及其增长速度

分产业看，第一产业实现增加值122.4亿元，同比增长3.9%；第二产业实现增加值623.9亿元，同比增长8.1%；第三产业实现增加值332.3亿元，同比增长10.6%。三次产业的比重为11.3:57.9:30.8（见图23.2）。对经济增长的贡献率分别为4.8%、64.8%和30.4%。按常住人口计算，人均地区生产总值36 104元。

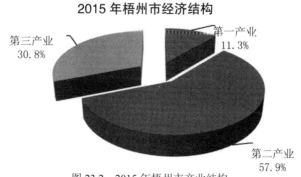

图23.2 2015年梧州市产业结构

从产业结构看，梧州市国地税统计信息显示，2015年梧州市营业收入超过10亿元的六大产业分别是制造业，房地产业，建筑业，批发和零售业，电力、燃气及水的生产和供应业，交通运输、仓储和邮政业（见图23.3），营业收入依次为36亿元、30亿元、27亿元、26亿元、17亿元、11亿元。各项经济数据较2014年有明显改观，但经济发展环境依然复杂、行业竞争压力仍然较大，金融业、采矿业、建筑业、住宿和餐饮业、居民服务和其他服务业，均出现了全行业利润总额均为负值的现象，即行业整体不同程度的亏损，亏损额度依次为2 509万元、1 645万元、691万元、1 679万元、1 466万元，可见经济下行的压力非常大。当然，营改增的全面实施，将有助于上述行业减轻税负、转型升级，渡过艰难时期。

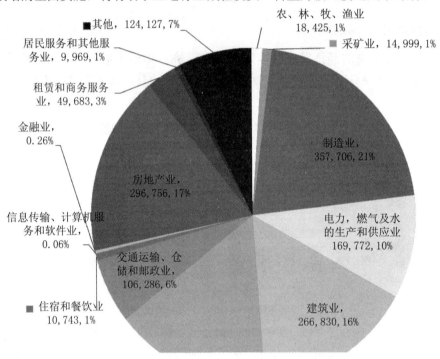

图23.3　2015年梧州市各产业营业收入比例结构

第二节　营改增全面实施对梧州税收收入及总体财政收入的影响

一、营改增全面实施对梧州国税税收收入的影响

1. 营改增全面实施前梧州国税税收收入结构分析

表23.1　2013—2015年度及2016年1~4月梧州国税税收收入情况

单位：万元

项　目	2013年	2014年	2015年	2016年1~4月
国税部门组织收入总计：	417 857	350 226	302 620	87 191
增值税	330 464	259 049	214 045	55 240
消费税	9 204	10 037	17 018	9 104

续　表

项　目	2013 年	2014 年	2015 年	2016 年 1~4 月
企业所得税	58 218	61 459	53 842	16 796
个人所得税	13	220	297	94
城市维护建设税	61	131	33	18
车辆购置税	19897	19330	17385	5939

"营改增"全面实施之前，增值税作为梧州国税第一大税种，在国税收入中一直发挥着重要作用。2013-2015 年，梧州市增值税收入总量依次为 33.05 亿元、25.91 亿元、21.40 亿元，是构成国税收入的中坚力量（见表 23.1）。增值税占国税总收入的比例分别为 79.09%、73.97%、70.73%，均为当年国税第一大税种（见图 23.4）。不过，由于宏观经济环境的变化，梧州经济下行的压力较大，2014—2015 年梧州国税税收收入总额出现了连续下滑，增值税占国税总收入的比例也由 2013 年的 79.09% 将至 2015 年的 70.73%，2016 年 1~4 月更是降到了 63.36%（见图 23.5），可见前期营改增对国税税收收入的增加作用并不明显。

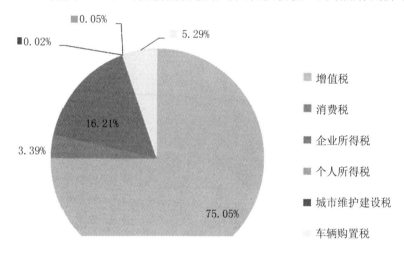

图 23.4　2013-2015 梧州市国税税收收入结构

2. 营改增全面实施后梧州国税税收收入结构分析

表 23.2　2016 年 5—7 月梧州国税税收收入情况

单位：万元

项　目	2016 年 5 月	2016 年 6 月	2016 年 7 月	2016 年 5~7 月
国税部门组织收入总计：	21 774	30 749	34 010	86 533
增值税	15 483	21 982	24 747	62 212
消费税	1 709	1 836	2 121	5 666
企业所得税	3 242	5 474	5 798	14 514
个人所得税	68	80	68	216
城市维护建设税	16	29	18	63
车辆购置税	1256	1348	1258	3862

2016年5月1日，营改增全面实施。随着房地产市场的升温，梧州经济的基本面也持续向好，加之营改增全面实施等因素的拉动，2016年5~7月梧州增值税收入出现了强劲反弹（见表23.2）。"营改增"全面实施以来的3个月，增值税收入总额达到了8.65亿元，是2015年5~7月增值税收入的2.14倍，增值税占国税税总收入的比例也升至71.89%（见图23.6）。可见，营改增全面实施对国税税收收入的拉动作用非常显著。

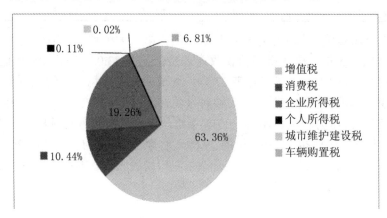

图23.5　2016年1~4月梧州市国税税收收入结构

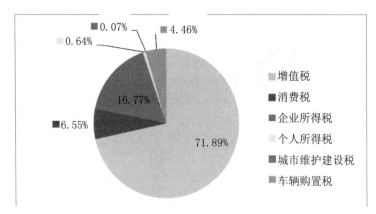

图23.6　2016年5~7月梧州市国税税收收入结构

图23.7　增值税占梧州市国税税收收入的比例

3. 营改增全面实施对梧州国税税收收入的影响

2016年5-7月，营改增全面实施的前三个月，建筑、房地产、金融、生活服务四大行业缴纳的增值税分别为523万元、4 404万元、8 204万元，占当月增值税税收收入总额的比重分别为3.38%、20.03%、33.15%，增长势头迅猛（见表23.3）。

表23.3 2016年5~7月梧州国税四大行业增值税税收收入情况

单位：万元

行业	5月	6月	7月
建筑业	497	2251	2072
房地产业	23	1631	2599
金融业	0	295	3222
生活服务业	3	227	311
合计	523	4404	8204
当月增值税税收收入总额	15 483	21 982	24 747
四大行业增值税收入占比	3.38%	20.03%	33.15%

如图23.8、图23.9所示，2016年5-7月，建筑、房地产、金融、生活服务四大行业增值税税收收入的比重分别为37%、32%、27%、4%。其中，建筑业税收贡献最大，增长速度较快；房地产业经历了6月份的升温之后，7月份有所放缓，但仍在高位运行；金融业5、6月份税收贡献不高，但随着营改增的深入，以及7月份集中申报，也出现了迅猛增长的势头；相对而言，生活服务业的税收贡献则不大，仅占四大行业增值税纳税总额的4%。其中原因可能是生活服务业纳税人多为小微企业，很多企业享受免征或简易征收的税收优惠政策；另一方面，很多企业经营管理不够规范、会计制度不够健全、可能存在利用税务机构监管疏忽或精力不足偷税漏税的可能。当然，近三个月以来，生活服务业增值税税收收入的增长速度还是比较快的，相信随着营改增的深入、纳税人经营行为的不断规范，生活服务业的增值税税收收入必将出现稳定增长。

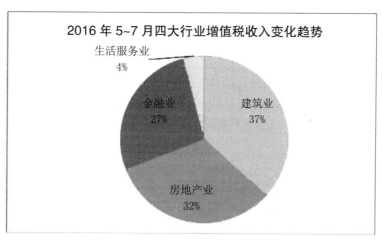

图23.8 2016年5-7月梧州国税四大行业增值税收入结构

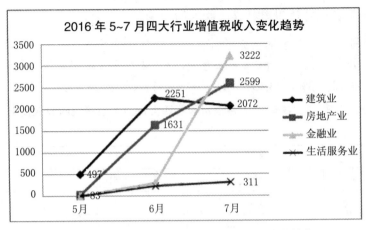

图 23.9 2016 年 5-7 月四大行业增值税收入变化趋势

二、营改增全面实施对梧州地税收入的影响

1. 营改增全面实施前梧州地税收入结构分析

（1）营业税是地税第一大税种。营改增全面实施之前，营业税作为梧州地税第一大税种，在地税收入中一直发挥着重要作用。2013—2015 年，梧州市营业税收入总量依次为 13.36 亿元、13.54 亿元、13.98 亿元，是构成地税收入的中坚力量（见表 23.4）。2013—2015 年，营业税占地税总收入的比重分别为 21.91%，23.14%，24.06%，均为当年地税第一大税种（见图 23.10）。2016 年 1~4 月，由于房地产市场升温、建安企业集中结算、金融业提前申报等因素拉动，营业税占地税总收入的比重急剧上升至 30.31%，稳列地税第一大税种。

表 23.4 2013—2015 年度及 2016 年 1—4 月梧州地税收入情况

单位：万元

项 目	2013 年	2014 年	2015 年	2016 年 1-4 月
地税部门组织收入总计：	609 923	585 008	581 128	234 658
营业税	133 624	135 380	139 829	71 123
企业所得税	50 355	59 188	74 421	54 768
个人所得税	33 455	26 243	39 953	13 801
土地增值税	107 604	103 117	43 955	11 580
耕地占用税	148 169	59 615	110 832	36 174
契税	39 284	56 593	24 418	8 139
其他	97 432	144 872	147 720	39 073

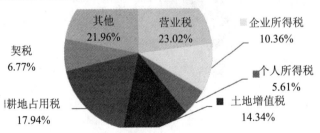

图 23.10 2013—2015 年梧州地税收入结构

（2）营业税主要集中在建筑业、金融业和房地产业。此次营改增工作主要在建筑业、房地产业、金融业、生活服务业推开，而我市的营业税收入又主要集中在建筑业、金融业和房地产业（见图23.11）。2015年，3个行业共入库营业税12.24亿元，同比增长12.82%，占营业税总收入的87.54%（见表23.5）。2016年1~4月，3个行业共入库营业税6.41亿元，同比增长31.95%，占营业税收入90.2%。

表23.5　2015年梧州市营业税税收收入各行业分布情况

单位：万元

项　目	本年累计	同比增长额	同比增长率
营业税税收收入	139 829	4 449	3.29%
其中：金融保险	25 689	-1 510	-5.55%
住宿餐饮娱乐业	3 043	-623	-16.99%
建筑业	50 044	11 580	30.11%
租赁和商务服务业	10 213	-7 522	-42.41%
房地产业	46 673	3 841	8.97%
其他行业	4 167	-1 317	-24.02%

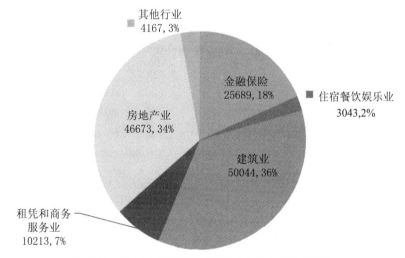

图23.11　2015年梧州市营业税收入及各行业分布情况

2. 营改增全面实施后梧州地税收入结构分析

随着营改增的全面推进，营业税作为地税主体税种的地位也在急剧下滑。2016年5~7月，梧州市营业税收入合计1.4亿元，与去年同期相比下降2.4亿元，仅占同期地税总收入的10.01%（见表23.6、图23.13）。特别是6-7月份，营业税占同期地税总收入的比重仅为1.3%（见图23.14）。随着房地产业、建筑业"老项目"过渡期的结束，营业税将退出历史舞台，营业税作为地税主体税种的带动作用也随之消失。

表23.6　2016年5-7月梧州地税收入情况

单位：万元

项　目	5月	6月	7月	5~7月合计
地税部门组织收入总计：	47 739	7 9544	15 351	142 634

续表

项目	5月	6月	7月	5~7月合计
营业税	13 037	501	737	14 275
企业所得税	6 414	4 246	3 128	13 788
个人所得税	4 152	1 817	2 019	7 988
土地增值税	6 524	32 375	1 207	40 106
耕地占用税	1 778	10 489	23	12 290
契税	2 872	4 341	1 748	8 961
其他	12 962	25 775	6 489	45 226

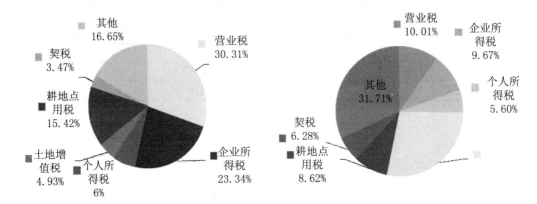

图23.12　2016年1~4月梧州地税收入结构　　图23.13　2016年5~7月梧州地税收入结构

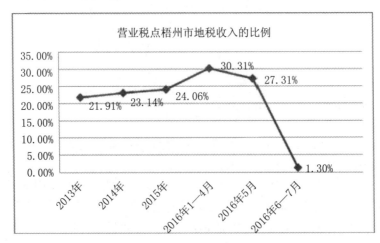

图23.14　营业税占梧州地税收入的比例

3. 营改增全面实施对梧州地税收入的影响

（1）营改增削弱地方税源基础。2013—2015年，受营改增实施影响到的地税部门负责征收管理的纳税人共计1 227户，2016年全面实施营改增将涉及的纳税人达1 3080户（见图23.15）。随着"营改增"改革的实施，这部分纳税人的经营收入将转移由国税部门负责征收管理，造成地税部门可征收税源的萎缩。

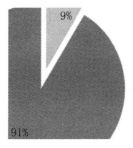

图 23.15　营改增进程中涉及纳税人户数的比较

(2) 营业税主体税收的带动作用消失，附征税费征管难度加大。营业税作为地税收入的主体税种，在地税收入中一直发挥重要作用。营改增后，营业税将退出历史舞台，增值税成为主体税种，由国税部门负责征收，但随增值税征收的附加依然由地税部门征收。营改增后，地税部门行之有效的以票控税的手段将随之失效，纳税人在国税取得增值税发票后将有可能无视地税部门的管理，相关的随增值税征收的城建税、教育费附加等地税收入将难以保证，主体税源的带动作用缺失，漏征漏管的风险增大。

(3) 营改增导致地税收入总量下滑。营改增的实施直接导致地税收入的减少，2013年，"1+7"行业营改增减少地税收入9 140万元，2014年扩大范围后减少地税收入1.59亿元，2015年减少地税收入1.95亿元，累计减少地税收入4.45亿元。如果不考虑营改增因素，预计2016年营业税将入库17.75亿元，比去年同比增收3.76亿元。5月1日全面实行营改增后，预计征收的营业税不再征收，将减少地税收入11.37亿元。

(4) 营改增减少地方可用财力。营改增是落实结构性减税的一个重要措施，根据规范税制、合理负担的原则，通过税率设置和优惠政策过渡等安排，改革试点行业总体税负不增加或略有下降。对现行征收增值税的行业而言，由于向试点纳税人购买应税服务的进项税额可以得到抵扣，税负也将相应下降。将试点范围扩大到建筑业、房地产业、金融业、生活服务业，并将所有企业新增不动产所含增值税纳入抵扣范围的目的就是为了进一步减轻企业负担，确保所有行业税负只减不增。从2013—2015年的统计情况来看，营改增不仅给地税部门带来减收，还造成地方财力减少1.96亿元。预计全面营改增后，2016年减少地方财政收入将受到严重冲击。

三、营改增全面实施对梧州总体财政收入的影响

1. 前期"营改增"试点行业整体实现减负

从一般纳税人税负变化情况来看，2013年8月（营改增前），我市增值税一般纳税人整体税负为3.85%，到了2015年，已经下降到2.44%，下降了1.41个百分点，下降幅度达到57.78%，减负程度显而易见。营改增后，行业税负降为：交通运输业3.62%，现代服务业4.21%，邮政业1.0%，电信业1.68%。

2. 营改增全面实施对梧州市财政收入的直接影响

营改增全面实施后，2016年地税减收的营业税预计为9.37亿元（其中市本级营业税8.2亿元），国税营改增的增加额预计为6.09亿元，正负相抵后，预计因营改增而导致的税收减少额为3.28亿元，由主税收入减少而导致随征收入减少额为0.33亿元，地方财力减少额合计达到3.61亿元（见表23.7）。

表 23.7 "营改增"对梧州财政收入影响情况

单位：万元

分类		2013 年	2014 年	2015 年	2016 年预计
地税营业税减收		8 309	14 500	19 456	93 664
国税"营改增"增加		2 615	10 007	11 845	60 882
地方财力减少额	"营改增"减少额	5 694	4 493	7 611	32 782
	随征税收减少额	569	449	761	3 279
	合计	6 263	4 942	8 372	36 061

注：国税营改增增加，以前三年国税增加的平均水平测算。

第三节 营改增全面实施对梧州产业、行业及企业的影响

一、营改增全面实施对梧州产业的影响

1. 梧州税收分配效应：基于国地税的税收收入弹性估计

产业税负变化则是衡量营改增减税目标的主要标尺。在现代税制结构中，主要税种变动与税收总收入变化之间的关系紧密。在其他税种大致依照历史轨迹运行的情况下，观测税收总收入弹性变化及其分配效应，成为宏观层面评估"营改增"效应的重要选项[11]。测算方式：税收收入弹性＝税收收入增速/GDP 增速。

如表 23.8 所示，近三年来梧州市经济波动很大，国地税税收收入的波动也非常剧烈。2014—2015 年梧州市整体经济下行的压力非常大，加之营改增等税制改革等因素，国地税税收收入均出现了下滑。其中国税税收收入下滑更加剧烈，收入弹性高于地税收入弹性，即国税税收收入对经济的变化和反应更为敏感（见图 23.16）。不过，随着 2016 年经济环境变暖、房地产市场升温、营改增全面实施等因素的影响，国地税税收收入均出现了大幅反弹，其中国税收入增速更快，税收收入弹性回升至 198.94%。前 7 个月收入总额较 2015 年同期高出 3.04 亿元，同比增长 21.17%。

表 23.8 梧州市国地税税收收入弹性比较

项目	2013 年	2014 年	2015 年	2016 年 1~6 月
梧州国税税收收入弹性	242.56%	-261.05%	-163.77%	198.94%
梧州地税税收收入弹性	138.86%	-65.81%	-7.95%	183.58%

2. 分产业税收分配效应：基于国地税各产业税收收入弹性估计

营改增的主要目标之一是结构性减税，监测产业税负变动将能够有效识别出营改增的实际效果。考虑到第一产业税收比重小，本文将重点关注第二产业和第三产业的税收收入弹性。测算方式：税收收入弹性＝税收收入增速/产业增加值增速。

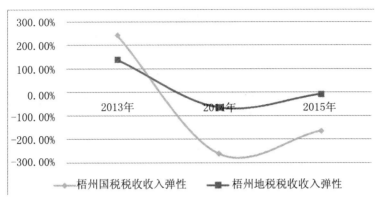

图 23.16　2013—2015 年梧州市国地税税收收入弹性比较

如表 23.9 所示，2013 年，地税第三产业税收收入弹性明显高于第二产业。这意味着单位 GDP 口径下第三产业贡献税收收入的能力更强。2014—2015 年，由于税收收入出现了负增长，国地税税收收入弹性波动较大，其中国税较地税波动更为剧烈、第二产业较第三产业波动更为剧烈。不过第三产业率先实现复苏，营改增促进第三产业发展的作用逐步显现。

表 23.9　梧州市分产业税收收入弹性比较

项目	2013 年	2014 年	2015 年
国税第二产业税收收入弹性	--	-307.16%	-414.63%
国税第三产业税收收入弹性	--	-11.32%	91.58%
地税第二产业税收收入弹性	84.52%	-82.86%	-58.02%
地税第三产业税收收入弹性	193.67%	-80.00%	4.06%

二、营改增全面实施对梧州各行业及企业的影响

1. 营改增全面实施对梧州各行业及企业影响的理论分析

营业税、增值税均为流转税，是国家对应税劳务和应税货物在流转过程中所征收的两大税种。尽管营改增只是两个税种之间的转换，但是其影响却是多方面的，营业税到增值税的流转税变化，直接导致以此为税基的教育费附加、城建税、地方教育费附加的变化，因此统称其为综合流转税。此外，营改增引起企业收益变动，最终也将导致企业所得税负担出现变化。

假定某企业年含税收入为 a，可抵扣含税成本支出为 b，全部成本支出（除税金及附加税费）为 b，当期进项税额综合抵扣率为 x。则以建筑业为例，"营改增"前后，税负测算见表 23.10。

营改增后，建筑业小规模纳税人的税率由原来价内的 3% 调整至价外的 3%，综合流转税下降 0.001a，由此可见，营改增过程中，建筑业小规模纳税人都会从中受益，企业减负的目的实现。

营改增后，一般纳税人流转环节的税负增加与否不仅取决于可抵扣含税成本支出与含税业务收入的比值，还取决于可抵扣成本的增值税适用税率[12]。

表 23.10 营改增前后建筑业税负测算

项目名称	营业税	增值税小规模纳税人	增值税一般纳税人
适用税率	3%	3%	销项 11%，进项 x
营业收入	a	a/（1+3%）=0.9709a	a/（1+11%）=0.9009a
流转税	0.03a	3%*a/（1+3%）=0.0291a	11%*a/（1+11%）−b*x/（1+x）
其中：销项税			11%a/（1+11%）=0.0991a
进项税			b*x/（1+x）
附加税费	0.0036a	0.0035a	12%*【11%*a/（1+11%）−b*x/（1+x）】
应缴纳税费合计	0.0036a	0.0326a	（1+12%）*【11%*a/（1+11%）-b*x/（1+x）】=0.111a−1.12b*x/（1+x）
综合流转税增加额		0.0326a−0.0336a=−0.001a	0.111a-1.12b*x/（1+x）-0.0336a=0.0774a−1.12b*x/（1+x）
综合流转税负增加率		−0.001a/0.0336a=−3%	【0.0774a−1.12b*x/（1+x）】/（0.0336a）=2.3036−33.3333b/a*x/（1+x）
综合流转税负平衡			b/a=0.0691*（1+x）/x

根据表 23.10 测算结果，建筑业达到综合流转税负平衡点时 b/a 的可能范围为 47.6%~237.2%，应纳税额为零时，b/a 的可能范围为 68.2%~340.2%，即当 x=17% 时，可抵扣含税成本支出占含税业务收入 47.6% 时，综合流转税负税改前后一致。结合实际分析，目前建筑业的 x 最有可能是 7%~11%，取中间数 x=9%，当 b/a =83.7% 时，企业"营改增"前后综合流转税负担一致。即：当可抵扣含税成本支出占含税业务收入大于 83.7% 时，企业综合流转税负较之"营改增"之前有所下降；同样的，只要可抵扣含税成本支出小于含税业务收入的 83.7%，改革后企业的综合流转税税负就会上升。

2. 营改增全面实施对梧州各行业及企业影响的现实分析

（1）建筑业——税负增加。营改增后，建筑业由原来 3% 的营业税率改按 11% 的增值税率征收。据相关建筑企业测算分析，由于建筑业人工成本较高的行业特点（约为 25%~30%），即便是前端环节实现全抵扣，其实际税负还是要比营改增前增加 2 个百分点左右。

老项目征税标准：为确保行业总体税负只减不增，这次营改增政策针对由于特殊原因无法取得进项税抵扣凭证的行业或服务项目出台了一系列过渡政策。例如：对建筑业一般纳税人以甲供工程、清包工方式提供的建筑服务和 2016 年 4 月 30 日以前开工的老项目，仍按 3% 的简易征收率计税（不含税价），按 5 月份的缴税额计算，企业所缴纳的增值税比之前的营业税减负了 0.1%，税负略有下降（见表 23.11）。目前在施工的基本上都是老项目。

表 23.11 过渡期建筑业"营改增"前后税收政策对比

	增值税	原营业税
税 率	按 3% 简易征税	3%
征税方式	过度期间或小规模纳税人按简易计税方式全额征税，不得抵扣进项税额	全额征税
过渡政策	以下三类一般纳税人可以选择适用简易计税方法按 3% 征税：（1）一般纳税人有建筑工程老项目；（2）5 月 1 日后以清包工方式提供的建筑服务；（3）5 月 1 日后为甲供工程提供建筑服务	

新项目征税标准：施工合同开工日期在 2016 年 4 月 30 日后签订的合同，税率由原来 3% 的营业税率改按 11% 的增值税率征收。调研中，梧州市第一建筑安装工程公司和湖南一建梧州分公司均反映：由于上游增值税抵扣链条不够完善，实际操作中往往难以取得全部的进项税抵扣发票，企业税负不减反增，对企业后续生存发展产生较大影响。

现在我们根据湖南一建梧州分公司提供的某土建工程新项目数据资料，进行"营改增"前后的税负变动情况分析。

从表 23.12 可以明显看出，在进项税全部可以取得增值税专用发票的理想状况下，该项目"营改增"后所需缴纳的增值税仍然高于"营改增"前所需缴纳营业税 1.75 万元，增加比例高达 15.0%。

表 23.12　某土建工程新项目"营改增"税负对比

	"营改增"前	"营改增"后
工程总结算收入	332.8 万元	332.8 万元
工程销项税额		工程销项税额按增值税率 11% 来计算，工程销项税额 =[332.8÷（1+11%）]×11%=32 万元
进项抵扣之一：材料		在进项税抵扣项目健全，全部可以取到增值税专用发票的理想情况下，混凝土、预拌砂浆、砖、砂石按 3% 征收率扣税，其他材料按 17% 税率扣税，计算出进项税额为 13.70 万元
进项抵扣之二：工程土建机械费		工程土建机械费按 17% 税率为 0.59 万元
进项抵扣之三：建筑劳务公司劳务输出		以建筑劳务公司为企业提供专业的建筑劳务形式，取得劳务收入按 6% 的比例计征增值税销项税，建筑企业人工费用可抵扣进项税额方面为 5.99 万元
纳税额对比	营业税 9.98 万元	增值税 = 销项税 - 进项税 =11.73 万元

（2）房地产业——明显减负。此次营改增对于房地产业属利好因素，企业减税明显。营改增后，房地产企业的税率有新、老两种算法（见表 23.13）。

老项目征税标准：《建筑工程施工许可证》注明的合同开工日期在 2016 年 4 月 30 日前的房地产项目可以选择简易计算方法。

表 23.13　房地产"营改增"税负前后对比

分类		"营改增"前		"营改增"后		前后对比
房地产	一般纳税人简易征收	营业税属于价外税，即直接以收入计算税额	100 万*5%=5 万	增值税属价内税，先价税分离后计算税额	100 万/1.05*5%=4.76 万	增值税每 100 万比营业税少缴 0.24 万元
物业管理	一般纳税人	水电费属于代扣代缴，无需缴纳任何税费		水电费因为电业局和自来水公司的缴费对象是物业公司，须按价让水电费计算收入缴纳税金	电费 17% 税率，电业局开具发票 17% 税率可以相抵；水费 13% 税率，自来水公司开具发票 3% 税率	电费税率都是 17% 可以相抵；水费则额外增加了 10% 的税额的负担
	小规模纳税人	水电费属于代扣代缴，无需缴纳任何税费			水电费按 3% 税率计算税金	小规模纳税人没有抵扣的说法，即营改增前所有发生的水电费额外增加了 3% 的税额的负担

老项目"营改增"前后对比,每 100 万元销售收入所缴纳的增值税比营业税少 0.24 万元,税负下降 5.0%。

新项目征税标准:2016 年 5 月 1 日后取得《建筑工程施工许可证》的新项目,属于一般增值税纳税人的,增值税率为 11%,比原 5% 的营业税率提高了 6 个点。但按照新规定,土地价款可从销售额中扣除,建安工程费的税额也可作为进项税抵扣。因此,总体计算下来,房地产企业新项目"营改增"后税负是下降的。

(3) 金融业——税负稍有下降。营改增后,金融业税收政策变动较大,税率由 5% 改为 6%,计税方式由全额征税改为一般计税方式的差额征税和简易计税方式的全额征税。农信社、县域法人等截止 2015 年末的税收优惠政策继续执行。

商业银行分支机构属于一般纳税人,计税方式采用差额征税,税率为 6%,按价外增值税来计算,实际税负为 5.66%,仅比原营业税多了 0.66% 的税负。

农村信用社、村镇银行、农村资金互助社、由银行业机构全资发起设立的贷款公司、法人机构在县(县级市、区、旗)及县以下地区的农村合作银行和农村商业银行按 3% 税率实行简易征收,税负普遍下降 40% 左右(见表 23.14)。

表 23.14 金融机构"营改增"前后税收政策对比

	增值税	原营业税
税率	统一适用 6% 的税率,金融企业小规模纳税人(年应税销售额低于 500 万元)按 3% 简易征税	5%
征税方式	一般计税方式采用差额征税(销项税额 - 进项税额);简易计税方式采用全额征税,不得抵扣进项税额	全额征税
优惠政策	关于进一步明确全面推开营改增试点金融业有关政策的通知(财税〔2016〕46 号)	关于延长农村金融机构营业税政策执行期限的通知(财税〔2011〕101 号)

2016 年 5 月份数据显示,梧州辖区银行业机构共缴纳(预申报)增值税 1129.92 万元,税负比 4 月(营业税)减少 57.58 万元,同比减少 228.19 万元。按原营业税计算 5 月应缴税负为 1227.15 万元,增值税比原税负下降 97.23 万元,降幅 7.92%,梧州辖区银行业机构税负总体是下降的。

(4) 生活服务业——明显减负。生活服务业领域以小规模纳税人居多。据市国税局预测,2016 年 6-12 月,生活性服务业增值税预计入库 6 000 万元,减税 3 260 万元,减负超过 50%。

娱乐业:营业税中税负最高的行业,一般为 10%~20%。营改增后,适用 6% 的增值税率,税负明显下降。

文化体育服务业:按规定可选择简易征收方式,征收率为 3%,与原营业税率一样。但由于增值税实施价税分离,因此实际税负不足 3%,税负略有下降。

餐饮业:小规模纳税人餐饮企业按 3% 增值税率计税,税负普遍下降 40%;一般纳税人餐饮企业按 6% 增值税率计税,而且采购农产品的费用可以按 13% 开具增价税发票作进项抵扣,税负也是下降的。前提是需到国税部门办理相关手续。

酒店业:税改前,酒店业不论规模大小,均按其营业收入(包括房费、服务费等)的 5% 缴纳营业税。营改增后,小规模纳税人的实际税负比原来下降了 2.1%;一般纳税人名义税率增加了0.66%,但酒店购入的不动产、水、电、燃气、消耗性日用品、固定资产、房屋装修及维护费用、其他外包服务等税额可作为进项抵扣,实际税负与原来相比基本持平或略有下降。

第四节 全面营改增背景下促进经济发展完善财税体系的对策建议

1. 加快构建新型地方税体系

营改增全面推开后,一定时期内会对地方财政收入造成持续影响。因此,加快培植地方税体系新的税种,构建新型的地方税体系显得尤为必要。建议加快开征环境保护税;大力推进资源税、城建税改革;争取将消费税全额确定为地方收入;将车辆购置税改为地方税,由地税部门征管,以增加地方财政税种。

2. 加强地方税源的培植

一是做好"产税"文章。建议紧紧抓住国家实施"一带一路"发展战略的重要契机,研究建立梧州市产业发展基金,结合我市区位、资源特点,选准方向,集中有限的财力,扶持和鼓励发展一个以龙头企业或科研项目来带动的、高附加值的新兴支柱产业;加大可再生资源的开发和深加工力度,重点挖掘国家地理标志保护产品的发展潜力,将"产品"做成"产业"。二是营造良好的城市生态环境,以养生、养老房产为切入点,稳步发展房地产消费市场,做好"稳税"文章。三是建议调动相关部门的积极性,切实帮助企业用足用活用好小微企业、高新技术、资源综合利用和研发等优惠政策,扶持有成长力的中小企业加快发展,做好"增税"文章。建议将此项工作指标列入对部门的绩效考评。

3. 加强对上游抵扣链条的管理

营改增政策减税的关键在于进项抵扣。一方面企业通过从购货过程中获取的可抵扣税额实现减税目的;另一方面,倒逼上游企业形成规范纳税的氛围。因此,一是建议充分用好了地税部门的力量,配合国税部门,加大对上游企业开具增值税票的核查力度,加强"营改增"的税收上游抵扣链条管理,实现"应征尽征,应抵尽抵"。这样,在帮助企业完善上游抵扣链条,减轻税负的同时,通过加强对上游企业缴纳增值税的核查,一定程度上缓解"营改增"对财政收入的影响。二是进一步探索完善一般纳税人所提供零星服务开具增值税票的问题。如加油站为运输企业单次加油行为开具增值税票。三是加强对餐饮企业(一般纳税人)的增值税管理,特别是加强对企业农产品采购抵扣环节的核查工作,确保企业足额缴纳增值税。四是建议造价站在发布工程造价信息时,应根据实际情况的变化(现行市场上根本无法按公布的不含税价格买到相关建材),适当调整建材指导价或增加公布含税价。

4. 加强企业增值税业务指导

营改增对四大行业企业会计信息提出了很高的要求,一些企业由于会计制度的不完善,在计算应纳税额时容易出现差错。建议税务部门:一是继续强化对"营改增"纳税人的培训,普及会计核算、纳税申报、税务筹划等有关税收政策;二是重点在纳税人类型的判断、可抵扣进项税额的判断、增值税发票的获取和管理、选取上下游合作企业、增值税专用发票税收风险等方面加强对企业的业务指导;三是开展"营改增"和"网上办税"的个性化辅导，努力化解纳税人日常办税的"难点""痛点"和"堵点"。

5. 完善纳税人信息共享机制

营改增后，企业为确保实现最大的进项税抵扣，迫切需要与有资格开具增值税专用发票的、诚信的、规范的供应商合作。但由于企业本身获取信息的能力和渠道的局限，难以充分了解上下游合作企业的纳税性质和诚信情况。建议我市国税部门尽快建立起纳税人的信息共享机制，将纳税人可披露的相关信息纳入我市的征信系统，实现部门及企业间的信息共享。一是可供企业选择供应商时参考，也有利于促进和规范企业增值税管理。二是加强对供应商增值税发票的管理，将乱开或拒开增加税发票的不诚信供应商在企业征信系统内公开，为规范增值税发票的使用提供一个良好的社会信用环境。

6. 进一步深化国地税合作

地税局掌握着营业税纳税人的信息，而国税局掌握着增值税纳税人的信息，信息衔接方面的工作有待加强；同时，地税部门目前使用的"建筑业房地产业项目税收管理系统"，全面收集了区、市、县较大的工程建筑项目信息，国地税深化合作有利于推进"营改增"各项工作。一是通过成立联合管理工作组，利用地税目前的"建筑业房地产业项目税收管理系统"，实行联合管理，加强信息采集、分析利用和税收入库的监控管理；二是加强对代开发票管理，完善代开建筑业发票工作流程，实现"进一家门、办两家事，一窗受理、各税统收、一窗出票"；三是加强对建筑行业纳税人财务辅导和检查，对不按规定取得合法发票的纳税人实行联合处罚，对未按规定开具发票的材料供方纳税实行联合风险应对。四是加强附征税种代征力度，"营改增"以后，三大行业将作为增值税纳税人缴纳增值税，作为原先营业税附征的城市维护建设税、教育费附加等也将变成随着增值税进行缴纳。针对这一情况，须加强国地税部门间的沟通与合作，加强附征税费的代征管理力度，确保应征税款一分不漏。

7. 注意避免税收异地大量流出

外地建筑企业须回其机构所在地缴纳大部分增值税和企业所得税。建议：一是建设项目可以优先考虑由本地企业承建，尽可能避免税收异地流出。各级政府及有关部门的投资项目，应尽可能让本地企业承建或者要求外来建筑商在本地成立独立核算分公司，让项目税收尽可能全部留在梧州，避免税收异地大量流出。二是把项目付款、项目竣工验收与缴纳税款捆绑控管，确保建筑企业在本地预缴税款。要求项目业主特别是政府主导的投资项目在支付工程款时，将本地税务机关开具的税收完税凭证：《建筑工程项目已完税证明》作为支付工程款项和项目竣工验收凭据的重要材料，防止税费流失。

8. 开展营业税专项清理工作、实现应收尽收

组织各征收单位在全市范围内积极开展营业税欠税清理和发票清理工作，各主管地税机关对所辖地区所有营业税纳税人的营业税纳税情况进行一次全面清理检查，做到应收尽收，应缴尽缴。并组织力量逐户对纳税人应收未收税款和历年欠税进行全面清理，组织专门力量对重点纳税户、重大项目、重大工程进行重点检查，清理范围涵盖提供应税劳务、发生应税行为的房地产业、建筑业、金融保险业和服务业的营业税纳税人。对检查的税款严格依照法律法规的规定，及时组织清理入库。

第三篇　主要参考文献

[1] 郭元晞,常晓鸣,周萍,阙彬,袁静.全球金融危机：我国产业转移和产业升级的思考[J].经济体制改革,2009（04）：5-10.

[2] 吴颂,吴显涛.金融危机背景下的国际产业转移特点和趋势[J].中国市场,2009（13）：6-7.

[3] 李宏权.广西外贸进出口形势好于全国[N].广西日报,2009-11-03（要闻二版）.

[4] Porter ME.Cluster and the New Economics of Competition. Harvard Business.1998.

[5] Tim Padmore.Hervey Gibson.Modelling systems of innovation：A framework for Industrial Cluster Analysis in Regions.Research policy,1998（26）.

[6] 陈柳钦.产业集群竞争力问题研究[J].北京科技大学学报（社会科学版）,2009,25（02）：15-25.

[7] 寇强.应用 GEM 模型分析宁波服装产业竞争优势[D].上海：东华大学,2005.

[8] 国家税务总局,营业税改征增值税试点实施办法[Z].2016.

[9] 王宁,史明霞."营改增"的经济效应分析及其实施建议[J].财政监督,2016（09）：65-68.

[10] 刘艳.营改增对江西财政税收影响分析[J].中国财政,2014（12）：48-49.

[11] 何代欣."营改增"的政府间收入分配效应——基于税收收入弹性变动的测算与评估[J].经济社会体制比较,2016（03）：84-93.

[12] 丁芬芬."营改增"对宁波保税区企业和地方财政的影响研究[D].宁波：宁波大学,2015.

第四篇　财政风险与危机预警

第二十四章 新常态下广西市级地方财政现状分析

财政收入增速放缓、财政支出需求增强,已经成为地方财政面临的新常态,因此深入分析地方财政现状对防控财政风险具有重要的现实意义。本章以广西市级地方财政现状为研究对象,从地方财政自给水平、地方财政收入、支出结构的合理性等角度展开了深入分析,希望有助于财政风险的防范和化解。

2014年5月,习近平主席在APEC会议上全面阐述了中国经济新常态的内涵,核心是三个变化:经济增长速度由高速转为中高速,经济结构优化升级,经济发展方式由要素驱动、投资驱动转向创新驱动。从时间节点上看,一般认为2012年中国经济增速为新世纪以来首次低于8%,中国经济进入中高速增长的新常态。新常态下,财政收入增速放缓、财政支出需求增强,财政风险在个别地区、个别领域存在积聚甚至爆发的可能。因此,全面分析广西各市地方财政自给情况、财政收支结构的合理性及其变化趋势,未雨绸缪,将风险控制在萌芽状态,对于财政风险的防控具有重要意义。

第一节 新常态下广西市级地方财政自给水平分析

财政自给率是指判断地方财政健康与否的一个重要指标,计算公式为地方财政收入与地方财政支出的比值。其中地方财政收入的统计口径为一般公共预算收入与上划上级收入的合计数,地方财政支出的统计口径为一般公共预算支出数。由表24.1可见,2016年广西各市地方财政自给水平整体较差,整体财政自给率约为62.73%。14个地级市中有11个出现了财政收支缺口,其中河池、百色财政收支缺口均超过200亿元。能够财政自给的仅北海、柳州、南宁三市,其他城市均需要通过上级补助、调入资金、债务融资等方式,才能维持地方财政收支的平衡,其中财政自给率低于40%的有河池、崇左、来宾、贺州、百色、贵港等6市。因此,上述城市财政收支状况堪忧,蕴藏着较大的财政风险。

表24.1 2016年广西各市地方财政自给水平情况比较

单位:亿元

城 市	地方财政收入①	地方财政支出②	财政收支差额③=①-②	财政自给率③=①/②
南宁	613.87	587.07	26.8	104.57%
柳州	370.16	339.56	30.6	109.01%
桂林	223.76	399.7	-175.94	55.98%
梧州	127.59	178.69	-51.1	71.40%
北海	166.31	150.06	16.25	110.83%
防城港	75.61	127.07	-51.46	59.50%

续表

城市	地方财政收入①	地方财政支出②	财政收支差额③=①-②	财政自给率③=①/②
钦州	154.08	200.08	-46	77.01%
贵港	78.96	212.12	-133.16	37.22%
玉林	148.95	318.09	-169.14	46.83%
百色	123.22	340.28	-217.06	36.21%
贺州	50.90	163.88	-112.98	31.06%
河池	62.24	290.68	-228.44	21.41%
来宾	49.60	159.62	-110.02	31.07%
崇左	58.20	204.87	-146.67	28.41%
合计	2303.45	3671.77	-1368.32	62.73%

数据来源：广西各市 2016 年预算执行情况和 2017 年预算草案。

与进入新常态之前的 2011 年比较：2016 年广西 14 个地级市中有 13 个财政自给水平出现了不同程度的下滑，其中，钦州、崇左、来宾等市财政自给水平下降幅度较大，可能与北部湾开发、精准扶贫等财政支出项目倾斜有关。如钦州市财政自给水平从 2011 年的 126.93% 下降到了 2016 年的 77.01%；崇左市财政自给水平从 2011 年的 55.91% 下降到了 2016 年的 28.41%。财政自给水平显著提升只有北海市。综合来看，新常态下广西整体的财政风险在不断加大，需要引起高度重视。

第二节 新常态下广西市级地方财政可支配收入结构分析

根据现行财政体制，地方财政可支配收入主要包括一般公共预算收入、上级补助收入、其他转移性收入和上年结余。其中一般公共预算收入包括税收收入和非税收入，上级补助收入包括返还性收入、一般性转移支付收入、专项转移支付收入，其他转移性收入包括从政府性基金预算、国有资本经营预算等调入一般公共预算的调入资金、调入预算稳定调节基金以及债券转贷收入等。由表 23.2 可见，2016 年广西各市地方财政可支配收入差距较大，其中南宁最高，约为防城港的 5.5 倍。整体看，地方财政可支配收入的结构不尽合理，一般公共预算收入占比偏低，特别是税收收入仅占地方财政可支配收入的 19%，说明地方财政的稳定性、持续性较差，经济基础比较薄弱。上级补助收入占地方财政可支配收入的比重高达 49%，进一步说明地方财政的内生性不足，对外部补助的依赖性偏高。包括债券转贷收入的其他转移性收入占地方财政可支配收入的比例为 18%，蕴藏了一定的财政风险，应结合具体情况通过预算约束加以防控（见图 24.1）。

表 24.2 2016 年广西各市地方财政可支配收入情况

单位：亿元

城市	税收收入①	非税收入②	一般公共预算收入③=①+②	上级补助收入④	其他转移性收入⑤	上年结余⑥	地方财政可支配收入⑦=③+④+⑤+⑥
南宁	232.91	79.85	312.76	246.48	213.91	41.48	814.65

续表

城　市	税收收入①	非税收入②	一般公共预算收入③=①+②	上级补助收入④	其他转移性收入⑤	上年结余⑥	地方财政可支配收入⑦=③+④+⑤+⑥
柳州	114.60	44.56	159.16	161.02	66.03	18.80	405.01
桂林	70.61	74.72	145.32	216.17	43.11	26.64	431.24
梧州	49.24	46.37	95.61	108.82	45.88	15.73	266.04
北海	36.68	13.39	50.07	73.26	31.42	13.41	168.16
防城港	34.69	20.95	55.64	56.97	26.13	8.70	147.44
钦州	30.49	19.01	49.50	120.05	44.20	14.23	227.98
贵港	31.08	16.54	47.62	140.81	46.12	—	234.55
玉林	64.39	40.80	105.20	190.74	45.54	11.33	352.81
百色	47.29	32.19	79.48	231.64	55.31	11.60	378.03
贺州	18.99	13.43	32.42	106.43	31.48	-12.08	158.25
河池	19.60	13.76	33.36	229.86	58.19	12.70	334.11
来宾	20.70	9.62	30.32	117.13	29.78	8.38	185.61
合计	771.27	425.19	1196.46	1999.38	737.1	170.92	4103.88

数据来源：广西各市 2016 年预算执行情况和 2017 年预算草案。

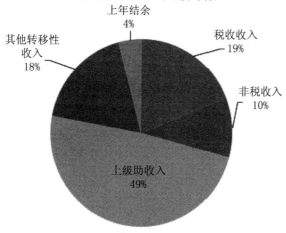

图 24.1　2016 年广西各市地方财政可支配收入结构图
数据来源：根据表 24.2 计算绘制。

由表 24.3 可见，2016 年广西各市地方财政可支配收入结构有待进一步优化。其中河池、来宾一般公共预算收入占地方财政可支配收入的比例不足 20%，说明上述地区缺乏稳定的税源、财源；河池、贺州上级补助收入占地方财政可支配收入比例均超过 67%，说明上述地区 2/3 以上的收入需要上级补助，外部依赖性过强；南宁其他转移性收入占地方财政可支配收入的比例为 26.26%，其中地方政府一般债券转贷收入 133.42 亿元，占地方财政可支配收入的比例高达 16.38%，相关债务风险值得警惕；桂林税收收入占一般公共预算收入的比例不足 50%，说明非税收入的比例过高，其中行政事业性收费收入将近 10 亿元，增幅为 42%，罚没收入将近 4 亿元，增幅为 55%，社会运行的成本相对较高。

表 24.3 2016 年广西各市地方财政可支配收入结构分析

城 市	一般公共预算收入/地方财政可支配收入	上级补助收入/地方财政可支配收入	其他转移性收入/地方财政可支配收入	税收收入/一般公共预算收入
南宁	38.39%	30.26%	26.26%	74.47%
柳州	39.30%	39.76%	16.30%	72.00%
桂林	33.70%	50.13%	10.00%	48.59%
梧州	35.94%	40.90%	17.25%	51.50%
北海	29.78%	43.57%	18.68%	73.26%
防城港	37.74%	38.64%	17.72%	62.35%
钦州	21.71%	52.66%	19.39%	61.60%
贵港	20.30%	60.03%	19.66%	65.27%
玉林	29.82%	54.06%	12.91%	61.21%
百色	21.02%	61.28%	14.63%	59.50%
贺州	20.49%	67.25%	19.89%	58.57%
河池	9.98%	68.80%	17.42%	58.75%
来宾	16.34%	63.11%	16.04%	68.27%
均值	29.15%	48.72%	17.96%	64.46%

数据来源：根据表 24.2 计算绘制。

与进入新常态之前的 2011 年比较：2016 年广西 13 个地级市（崇左市数据不全予以剔除）中有 8 个税收收入占一般公共预算收入的比例出现了不同程度的下滑，其中桂林、百色、梧州三市下滑幅度超过了 10 个百分点。税收收入占比稳中有升的有南宁、北海、防城港、玉林、来宾等 5 市。税收收入是地方财政收入的主要来源，是地方经济的晴雨表，税收收入占一般公共预算收入的比重出现下滑的城市需引起高度重视。

第三节 新常态下广西市级地方财政支出结构分析

狭义的民生支出主要包括教育支出、医疗卫生与计划生育支出、社会保障和就业支出、农林水事务支出。由表 24.4 和图 24.2 所示，整体看 2016 年广西各市地方财政安排民生支出的比例已经达到 56%，其中教育支出、医疗卫生与计划生育支出、社会保障和就业支出、农林水事务支出占地方一般公共预算支出的比例分别为 20%、12%、10%、14%，体现了政府发展教育、改善民生的愿景和行动。

表 24.4 2016 年广西各市地方财政一般公共预算支出情况

单位：亿元

城 市	教育支出	医疗卫生与计划生育支出	社会保障和就业支出	农林水事务支出	其他支出	支出总计
南宁	97.93	57.85	66.25	60.17	304.87	587.07
柳州	68.06	37.89	30.95	44.48	158.18	339.56

续 表

城 市	教育支出	医疗卫生与计划生育支出	社会保障和就业支出	农林水事务支出	其他支出	支出总计
桂林	72.57	49.76	40.04	49.53	187.8	399.70
梧州	47.15	26.44	23.15	22.44	59.51	178.69
北海	28.99	14.82	8.13	18.84	79.28	150.06
防城港	14.70	9.53	13.95	16.45	72.44	127.07
钦州	48.35	23.33	25.10	18.43	84.87	200.08
贵港	56.62	31.05	19.51	25.59	79.35	212.12
玉林	81.41	45.82	33.30	33.99	123.57	318.09
百色	66.28	38.51	39.62	65.79	130.08	340.28
贺州	32.46	19.82	13.98	26.46	71.16	163.88
河池	57.60	35.43	27.89	61.26	108.5	290.68
来宾	33.42	19.65	18.61	24.58	63.36	159.62
崇左	34.51	20.90	26.24	35.12	88.10	204.87
合计	740.05	430.8	386.72	503.13	1611.07	3671.77

数据来源：广西各市2016年预算执行情况和2017年预算草案。

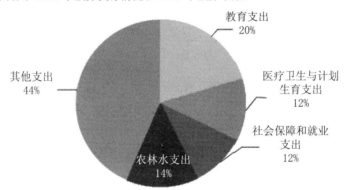

图24.2　2016年广西各市地方财政支出结构图
数据来源：根据表24.4计算绘制。

由表24.5可见，2016年广西各市地方财政支出结构有待进一步优化。其中防城港教育支出占地方财政支出的比例仅为11.57%，医疗卫生与计划生育支出占地方财政支出的比例仅为7.50%，北海社会保障和就业支出占地方财政支出的比例仅为5.42%，钦州农林水事务支出占地方财政支出的比例仅为9.21%，均为全区最低水平，有待进一步加强。整体看，防城港、北海、南宁4项民生支出合计占地方财政支出的比例不足50%，可能是北部湾经济区建设的过程中，更多的关注了基础设施建设等投资领域。

表 24.5　2016 年广西各市地方财政一般公共预算支出结构分析

城　市	教育支出/地方财政支出	医疗卫生与计划生育支出/地方财政支出	社会保障和就业支出/地方财政支出	农林水事务支出/地方财政支出	其他支出/地方财政支出
南宁	16.68%	9.85%	11.28%	10.25%	51.93%
柳州	20.04%	11.16%	9.11%	13.10%	46.58%
桂林	18.16%	12.45%	10.02%	12.39%	46.99%
梧州	26.39%	14.80%	12.96%	12.56%	33.30%
北海	19.32%	9.88%	5.42%	12.55%	52.83%
防城港	11.57%	7.50%	10.98%	12.95%	57.01%
钦州	24.17%	11.66%	12.54%	9.21%	42.42%
贵港	26.69%	14.64%	9.20%	12.06%	37.41%
玉林	25.59%	14.40%	10.47%	10.69%	38.85%
百色	19.48%	11.32%	11.64%	19.33%	38.23%
贺州	19.81%	12.09%	8.53%	16.15%	43.42%
河池	19.82%	12.19%	9.59%	21.07%	37.33%
来宾	20.94%	12.31%	11.66%	15.40%	39.69%
崇左	16.84%	10.20%	12.81%	17.14%	43.00%
合计	20.35%	11.82%	10.40%	13.50%	43.93%

数据来源：根据表 24.4 计算绘制

与进入新常态之前的 2011 年比较：2016 年广西 14 个地级市中有 9 个民生支出占地方财政支出的比重出现了不同程度的上升，其中梧州、柳州、崇左、百色、河池等市上升幅度较大，均超过了 5%；民生支出占比稳重有升的有南宁、桂林、贺州、崇左；民生支出占比保持稳定略有下降的有北海、玉林和贵港。民生支出占比下降幅度较大的是防城港和钦州，降幅均超过了 5%。整体看，广西各市地方财政安排民生支出的比重已经从 2011 年的 53.50% 上升到了 2016 年的到 56.07%，民生支出的刚性需求保持着稳定增长的趋势，对财政收入增速放缓的地方财政形成了一定的压力。

第四节　新常态下防范广西市级地方财政风险的建议

综合上述分析，2016 年广西各市财政风险大体可分为三个梯队。第一梯队为南宁、柳州和北海，财政自给水平较高，财政收入有保障，财政收支较合理，财政风险较小；第二梯队为桂林、梧州、防城港、钦州、玉林，财政自给水平略显不足，财政收入有一定保障，财政风险基本可控；第三梯队为百色、贵港、河池、贺州、来宾、崇左，财政自给水平较低，财政收入的内生动力不足，对上级补助的外部依赖性过强，财政风险较大，需要引起高度重视。

防范地方财政风险的关键在于提升经济活力、涵养税源，做大经济总量，从而减轻对上级补助收入依赖性。此外，各地市应该对症下药，找准风险点，未雨绸缪，积极应对。

如南宁需要控制好地方债的规模和偿债期限的匹配，随着城市的扩展，做好民生支出强劲增长的预案；柳州则应该适当增加社会保障和就业方面的支出，优化财政支出结构。北海虽然财政自给率较好，但是由于上划上级收入过高，导致地方财源不足，经济结构有待优化，民生支出的刚性反弹也须有所防范。桂林、梧州则应着重解决税收收入占比过低的问题。钦州、防城港在加快北部湾经济区建设、努力提升财政自给水平的同时，还应该关注民生领域财政支出的刚性需求。其他地市一方面需要抓住大众创业、万众创新、经济转型、精准扶贫等契机，立足本地产业基础、资源环境和生态优势，积极培育税源，开拓财源；另一方面越是财政紧张，越要做好收支预算，精简开支，努力提高财政资金的使用效率，从而降低财政风险。

第二十五章 新常态下广西地方财政承压能力测试及预警研究

财政收入增速放缓、财政支出需求增强,已经成为地方财政面临的新常态。因此构建地方财政承压指数,量化测算地方财政风险具有重要的现实意义。本章从新常态下地方财政的文献梳理切入,详细分析了广西各市地方财政的现状,然后基于风险源构建了地方财政危机预警指标体系,并通过层次分析法合理赋权,结合指标映射法形成了地方财政承压指数,最后量化测算了2016年广西12市地方财政承压指数预警分值及其评级。结果表明,整体上广西各市地方财政承压能力较弱,部分城市、部分环节财政风险较高,建议结合预警分值较低的风险源,采取针对性的措施,防范和化解财政风险。

经济决定财政,财政反作用于经济。新常态下,地方财政承压能力面临多重挑战和冲击,一方面,经济增速放缓、营改增等税制改革以及土地财政的不可持续,都使得财政收入面临着增速下滑的压力;另一方面,地方债偿还、养老金并轨、医疗教育住房等民生保障,都使得财政支出面临着刚性的增长需求。数据显示,2012—2016年广西全区一般公共预算收入增速依次为23.0%、12.9%、7.9%、6.5%、2.7%,下行趋势明显。2012—2016年广西全区一般公共预算支出增速依次为16.5%、6.9%、8.3%、17.1%、10.0%,近三年年均增速为11.8%,较近三年一般公共预算收入年均增速(5.7%)高出6.1个百分点。财政收入增速放缓、财政支出需求增强,已然成为广西地方财政面临的新常态。

在此背景下,研究地方政府财政承压能力,并针对不同风险源分析单一因素的冲击路径以及多因素叠加的冲击强度,构建地方财政承压指数,测算广西各市在新常态下的财政承压能力,并进行对比分析,有利于尽早揭示财政风险,以便采取不同的应对措施,从而为决策者进行战略制定和政策调整提供参考,有效防范地方政府的财政危机甚至信誉危机。

第一节 文献回顾与评述

"新常态(New Normal)"一词最早由美国太平洋基金管理公司总裁埃里安(Mohamed EI-Erian)提出。2014年5月,习近平主席在APEC会议上全面阐述了中国经济新常态的内涵,核心是三个变化:经济增长速度由高速转为中高速,经济结构优化升级,经济发展方式由要素驱动、投资驱动转向创新驱动。从时间节点上考虑,一般认为2012年中国经济增速为新世纪以来首次低于8%,中国经济进入中高速增长的新常态。

一、新常态下地方财政收入面临的冲击

1. 经济增速放缓对地方财政收入造成直接影响

经济增长水平决定财政收入水平。廖楚晖等(2014)研究表明,财政收入与经济增长

呈正相关，经济增长是财政收入的源泉。然而新常态下 GDP 增速或将逐步下降到 6% 左右（闫坤等，2014）。这无疑会对各地财政收入产生直接冲击。

2. 营改增等税收体制改革对地方财政收入的影响

胡怡建、田志伟（2014）指出"营改增"对企业减税也就意味着对财政减收。许梦博等（2016）通过构建可计算的一般均衡（CGE）模型，从长期和短期分析了营改增对财政收入的影响。周彬等（2016）用 OLS 估计 2014 年营改增效应是减少税收 3 833.33 亿元，全面扩围估计形成减税效应 11 420 亿元。营改增后地方税收失去营业税主体税种，地方财政收入面临强烈冲击。

3. 土地财政的不可持续性对地方财政收入的影响

土地出让金是地方政府财政收入的主要来源之一。土地出让金占地方政府财政收入比重在 2013 年达到顶点，为 59.8%，到 2015 年回落至 39.2%，可见土地财政的降温和不可持续性。吴旭冉等（2013）的研究表明东部地区对土地财政收入的依赖程度大于中西部地区，但后者增长趋势较为明显。新常态下，随着经济增速放缓、房地产市场疲软、不动产登记制度实施、房地产税稳步推进，土地财政面临着房价下跌和制度变迁的双重风险，势必对地方财政收入产生强烈冲击。

二、新常态下地方财政支出面临的冲击

1. 债务偿还对地方财政支出的影响

项歌德（2014）指出，地方债透明度较低，存在大量隐性负债。缪小林等（2016）研究表明地区间经济竞争显著加剧了财政资金配置效率与地方政府债务负担的反向关联，亟需建立地方债的预算约束机制（匡小平等，2016）。

2. 养老金并轨对地方财政支出的影响

张继民、吴忠（2011）等对养老保险改革的财政压力分析表明，改制后最初几年地方财政的压力非常大。2015 年 1 月，国务院印发《关于机关事业单位工作人员养老保险制度改革的决定》。根据相关原则，各级财政需同时缴纳养老保险金、职业年金，同时不降低当前工资水平，这一设定将导致地方政府短期内面临巨大财政压力。

3. 民生保障需求对地方财政支出的影响

长期以来我国以经济建设为中心的战略部署，使得用于民生方面的支出比例长期偏低（安体富，2008）。虽然近年来医疗、教育等民生保障支出占比持续提升（2014 年占比 19.1%），但从国际经验来看（平均 45% 左右），未来仍有很大提升空间（李辉文，2014），这无疑对地方财政负担能力提出了更高的要求。

三、地方财政压力评估、预警的国内外研究现状

在财政风险评价和财政危机预警方面，国外已有少数国家采用不同的指标体系尝试建立了地方财政预警系统，如美国俄亥俄州的"地方财政监控计划及财政危机法"、哥伦比亚的"交通信号灯"系统（Jun. Ma，2002）。理论上，Hana Polackova（1998）提出了"财政风险矩阵"模型对政府债务进行分类。Ma（2001），Hemming & Petrie（2002）构建了线性加权预警指数分析系统。

我国对财政风险的研究始于 20 世纪 90 年代，特别是在 1997 年亚洲金融危机之后，对

财政风险预警的研究日益增多。米建国等（1999）初步研究了财政赤字和债务规模预警系统。刘尚希（2003）在借鉴 Hana Polackova 成果的基础上，设计了适用于我国的财政风险分析矩阵。裴育（2003），王亚芬（2004），丛树海（2005）等学者采用线性加权预警指数方法衡量财政风险程度。张明喜等（2009）基于 BP 神经网络构建了财政风险预警系统。洪源（2011）基于风险因子和 AHP 法构建了包含 4 类子系统 21 个预警指标的财政风险预警指标体系。郭玉清（2011）探究了与中国经验相容的财政风险预警控制方法。成涛林（2015）提出了新常态下地方财政将面临的五大风险。田志刚等（2015）引入 HHM 框架作为地方财政风 分析了我国各省份地方债务风险，结果显示贵州、青海、陕西、内蒙古债务增长速度快、债务负担沉重。

综上所述，国内外学者对新常态下地方财政收入、支出面临的冲击，以及地方财政风险评估和危机预警方面做了大量研究，奠定了本文深入分析的理论基础。但是，从研究对象角度，关注民族地区、关注西部、特别是具体到广西地市层面的研究还比较少。从研究方法角度，研究单一因素对地方财政冲击的文献比较多，探索多风险叠加下特定区域财政承压能力的研究还比较少。因此，基于风险源构建地方财政承压指数；量化测算新常态下广西各市地方财政的承压能力，并发出预警信息，具有重要的理论和现实意义。

第二节　新常态下基于风险源的地方财政承压指数的构建

一、新常态下地方财政面临的风险因素及预警指标

新常态下地方财政面临的风险主要包括经济下行风险、财政收支风险和债务负担风险。

1. 经济下行风险及其预警指标

经济增长状况直接影响地方政府的财政收入，进而影响其未来的偿债能力（温来成、刘洪芳，2016）。新常态下，经济增速放缓给地方财政带来了严峻的考验。因此，预警地方财政危机，必须关注经济下行风险。衡量宏观经济下行风险的指标主要包括 GDP 增长率（A1）、固定资产投资增长率（A2）和失业率（A3）。一般情况下，GDP 增长率较高、失业率较低、固定资投资活跃的地区，财政收入更有保障，地方财政的承压能力更强。

2. 财政收支风险及其预警指标

新常态下地方政府的财政收支风险主要体现在财政收入是否具有稳定性、财政支出是否具有的保障性、财政收支的总量和结构是否具有平衡性、财政收支的弹性是否具有一致性。

（1）财政收入的稳定性（B1）。财政收入的稳定性主要表现在财政收入的结够是否合理。具体衡量指标如下：

1）税收收入／一般公共预算收入（B11）。一般公共预算收入主要包括税收收入和非税收入。一般情况下，税收收入由经济基础决定，具有较强的稳定性和持续性；非税收入大多来自于政府部门的收费、基金、罚款、摊派、赞助等。执法部门多，收费项目多，收费环节多，数量庞大，必然加重负担，提高经济运行成本，恶化发展环境（李敏、常涛，2016）。因此，税收收入占一般公共预算收入的比重高说明税收征管比较规范、税收环境较好，财政收入更有保障，财政承压能力更强。

2）一般公共预算收入/一般公共预算总收入（B12）。一般公共预算总收入主要包括包括一般公共预算收入、上级补助收入、从政府性基金预算、国有资本经营预算等调入一般公共预算的调入资金、调入预算稳定调节基金以及债券转贷收入等。其中，一般公共预算收入具有内生性、上级补助收入具有外部依赖性、调入资金具有临时应对性、债务资金具有风险性，因此，一般公共预算收入占一般公共预算总收入的比重越高，地方财政风险越小，承压能力越强。

（2）财政支出的保障性（B2）。财政支出的保障性主要体现在民生支出是否具有保障以及财政自给率的高低。因此，可以设计如下衡量指标：

1）民生支出/一般公共预算收入（B21）。式中的民生支出指的是狭义民生支出，具体包括教育支出、医疗卫生与计划生育支出、社会保障和就业支出、农林水事务支出四项支出之和。民生支出具有刚性，占一般公共预算收入的比重越高，说明地方财政风险越高，财政承压能力越弱。

2）财政自给率＝财政收入/财政支出（B22）

财政自给率是指判断地方财政风险的一个重要指标，计算公式为地方财政收入与地方财政支出的比值。其中地方财政收入的统计口径为一般公共预算收入与上划上级收入的合计数，地方财政支出的统计口径为一般公共预算支出数。财政自给率越高，说明地方财政风险越小，财政承压能力越强。

（3）财政收支平衡性（B3）。中华人民共和国预算法（2014年修正）第五条规定："预算包括一般公共预算、政府性基金预算、国有资本经营预算、社会保险基金预算。"因此，财政支出的平衡性主要体现在上述四个方面的收支平衡。具体指标如下：

1）一般公共预算的平衡性＝（一般公共预算收入＋上级补助收入）/一般公共预算支出（B31）

一般公共预算收入具有内生性，上级补助收入包括返还性收入、一般性转移支付收入和专项转移支付收入，在现行财税体制下具有较强的稳定性。因此，一般公共预算支出资金应该主要从上述收入中安排，若上述收入不足，需要调入政府性基金预算资金、国有资本经营预算资金、预算稳定调节基金，或债务资金等，则说明一般公共预算的平衡性不足。因此，该指标越高，财政风险越小，财政承压能力越强。

2）政府性基金预算的平衡性＝（政府性基金预算收入＋上级政府性基金补助收入）/政府性基金预算支出（B32）

政府性基金预算是国家通过向社会征收以及出让土地、发行彩票等方式取得收入，并专项用于支持特定基础设施建设和社会事业发展的财政收支预算，是政府预算体系的重要组成部分。政府性基金预算的管理原则是："以收定支、专款专用、结余结转使用"。因此，政府性基金一方面应该确保收支平衡，另一方面应该精打细算、量入为出、滚动结余，以补充一般公共预算，增强地方财政的风险抵御能力。因此，该指标越高，财政风险越小，财政承压能力越强。

3）国有资本经营预算的平衡性＝国有资本经营预算收入/国有资本经营预算支出（B33）

国有资本经营预算是国家以所有者身份对国有资本实行存量调整和增量分配而发生的各项收支预算，是政府预算的重要组成部分。国有资本经营预算是国有资本保值增值、避免流失的重要保障，也是政府收入的重要来源，能够增强地方财政的风险抵御能力。因此，该指标越高，财政风险越小，财政承压能力越强。

4）社会保险基金预算的平衡性 = 社会保险基金收入 / 社会保险基金支出（B34）

社会保险基金预算主要包括各类养老保险基金、医疗保险基金支出、失业保险基金、工伤保险基金、生育保险基金的收支计划，是政府预算的重要组成部分。社会保险基金预算在政府预算中保持相对独立性，在社会保险基金收大于支时，政府不得直接动用社会保险基金弥补财政赤字；而当社会保险基金收不抵支时，由政府财政予以弥补。因此，社会保险基金应该确保收支平衡，避免收不抵支，给地方财政带来潜在风险。所以，该指标越高，财政风险越小。

（4）财政收支的弹性 = 财政支出增长率 / 财政收入增长率（B4）

财政收支的弹性是指财政支出增长率对财政收入增长率的敏感程度。弹性系数越接近于1，说明财政收入和财政支出的增幅越同步，财政风险较小；弹性系数越显著大于1，说明财政支出的增长速度明显高于财政收入的增长速度，蕴藏着潜在的财政风险。式中财政支出指一般公共预算支出、财政收入为一般公共预算收入与上划上级收入的合计数。

3. 债务负担风险及其预警指标

新常态下，债务负担风险是地方政府面临的直接风险和显性风险，具体表现为债务总额是否过度、债务偿还是否具有保障、刚性的偿付需求能否得到满足。衡量地方政府债务风险的指标主要包括：

（1）债务负担率 = 政府债务余额 /GDP（C1）

债务负担率是国际惯用的衡量政府债务风险的指标，反映债务总额是否过度、是否与自身的经济总量相匹配。通常认为，债务负担率低于35%是安全的，而高于45%则值得高度警惕。

（2）财政负债率 = 政府债务余额 / 综合财力（C2）

财政负债率反映政府债务占地方综合财力的份额，其中综合财力为一般公共预算支出、政府性基金预算支出和国有资本经营预算支出之和（李敏、常涛，2016）。该指标越高，表明地方政府的债务风险越高。

（3）刚性偿付保障系数 = 当年一般公共预算收入 / 当年还本付息额（C3）

刚性偿付保障系数反映一般公共预算收入对当年还本付息额的保障程度，该指标越高，债务偿还越有保障，地方政府债务风险越小。

二、基于层次分析法构建地方财政风险评估指标体系

新常态下地方财政面临的风险因素及预警指标确定之后，关键的问题在于如何准确的反映各种因素对地方财政风险的影响程度，即指标权重的分配。层次分析法（Analytic hierarchy process，AHP）是一种对定性问题进行定量分析的多准则决策方法，为复杂问题的权重计算提供了成熟的解决方案。它的特点将复杂问题中的各种因素划分为相互联系的有序层次，然后再根据一定的主观判断将同一层次的不同元素进行两两比较，进而通过判断矩阵最终确立各元素的影响权重。

本章采用专家咨询法和层次分析法（AHP）进行指标权重的量化分配。首先，将银行危机预警问题按风险类型、影响因素、预警指标分为三个层次。其次就每一层次构造两两比较的判断矩阵，若指标i比指标j更重要，则$a_{ij}>1$。a_{ij}的赋值可参照Satty的九级标度法。

为了避免单个专家主观判断的片面性，应综合多位专家的意见，专家库应包括实务界财政系统的领导官员、理论界研究造诣深厚的财税专家、学者，并将多位专家的判断分别求平均值。然后，根据调整的判断矩阵计算其最大特征 $\lambda_{\max}$ 和特征向量 W，并将特征向量进行归一化处理，即可得到具体指标对应的权重 $W=(W_1, W_2, \cdots, W_n)^{\mathrm{T}}$，其中 $W_i = \dfrac{\overline{W_i}}{\sum_{i=1}^{n} \overline{W_i}}$，$W_i$=1。最后进行一致性检验。经计算，指标体系及其权重分配结果见表25.1。

表 25.1　新常态下地方财政危机预警指标体系及其权重

风险类型	权重	影响因素	权重	预警指标	权重	组合权重
A 经济下行风险	25%	A1 经济增长水平	54%	A11 GDP 增长率	100%	13.50%
		A2 投资水平	29.7%	A21 固定资产投资增长率	100%	7.43%
		A3 就业水平	16.3%	A31 失业率	100%	4.08%
B 财政收支风险	50%	B1 财政收入的稳定性	25%	B11 税收收入／一般公共预算收入	50%	6.25%
				B12 一般公共预算收入／一般公共预算总收入	50%	6.25%
		B2 财政支出的保障性	25%	B21 民生支出／一般公共预算收入	50%	6.25%
				B22 财政自给率	50%	6.25%
		B3 财政收支的平衡性	25%	B31 一般公共预算的平衡性	39.2%	4.90%
				B32 政府性基金预算的平衡性	14.4%	1.80%
				B33 国有资本经营预算的平衡性	14.4%	1.80%
				B34 社会保险基金预算的平衡性	32%	4.00%
		B4 财政收支的弹性	25%	B41 财政支出增长率／财政收入增长率	100%	12.50%
C 债务负担风险	25%	C1 债务适度性	33.3%	C11 债务负担率	100%	8.33%
		C2 负债水平	33.3%	C21 财政负债率	100%	8.33%
		C3 刚性偿付能力	33.4%	C31 刚性偿付保障系数	100%	8.33%
合计						100%

三、地方财政承压指数的构建及其警情确定

基于新常态下地方财政危机预警指标体系及其权重，可以构建地方财政承压指数 Z，计算公式为

$$Z = \sum_{j=1}^{n} q_j Y_{ij}$$

式中 Z 为地方财政承压指数，Y_{ij} 是风险因素 i 第 j 项指标的单项预警分值，q_j 是第 j 项指标的权重。地方财政承压指数越高，表明财政危机发生的机率越小，抵御财政风险的能力越强。

1. 单项指标警情的确定

为了使预警分值更加直观,单项指标警情分值的计算此处选用指标映射法,即将指标实际值映射为分数值。具体做法为:对于每一个指标,根据其在不同风险状态的警界限上限和下限中的相对位置,按照相同的比例映射到分数上限和下限的对应位置(沈悦和元莉,2008)。文章将安全、基本安全、轻度风险和严重风险这四种状态分别规定不同的分值范围:[80,100] [60,80) [40,60) [0,40)。分值越小,风险越大。当实际值超出安全值的最优边界时,指标单项分值为100;当实际值超出严重风险值的最差边界时,指标单项分值为0。例如,南宁市2016年GDP增长率为7%,所处的风险状态为基本安全,将7%置于该状态上限8%和下限6%之间,处于50%的位置,然后,按照相同的比例映射到分值[60,80)的对应位置,则该单项指标的分值为70分。根据国际通用标准、研究文献及相关专家意见,具体指标的预警值及各风险状态对应的临界值如表25.2所示。

表25.2 新常态下地方财政危机预警指标体系及其预警值和临界值

单位:%

预警指标	预警值	各风险状态对应的临界值			
		安全	基本安全	轻度风险	严重风险
A11 GDP增长率	8	8~10	6~8或10~12	4~6或12~14	0-2%或>14
A21 固定资产投资增长率	13	16	13~19	10~13或19~22	7-10或22-25
A31 失业率	5	0~5	5~10	10~15	>15
B11 税收收入/一般公共预算收入	60	80~90	70~80	60~70	40~60
B12 一般公共预算收入/一般公共预算总收入	35	45~60	35~45	25~35	15~25
B21 民生支出/一般公共预算收入	45	25~35	35~45	45~55	55~70
B22 财政自给率	60	80~100	70~80	60~70	40~60
B31 一般公共预算的平衡性	90	95~100	90~95	80~90	70~80
B32 政府性基金预算的平衡性	90	95~100	90~95	80~90	70~80
B33 国有资本经营预算的平衡性	100	200~300	100~200	80~100	50~80
B34 社会保险基金预算的平衡性	100	110~120	100~110	95~100	90~95
B41 财政支出增长率/财政收入增长率	140	80~120	120~140	140~150	150~300
C11 债务负担率	40	0~35	35~40	40~45	45~60
C21 财政负债率	100	0~90	90~100	100~110	110~150
C31 刚性偿付保障系数	500	1 000~2 000	500~1000	300~500	200~300

2. 综合警情的确定

将各单项指标得分进行加权汇总,即可得到地方财政承压指数Z的值,从而进行综合警情的确定。借鉴风险评级机构的通常做法,可依据地方财政承压指数Z的分值大小进行综合风险评价,见表25.3。

表25.3 新常态下地方财政承压指数预警评级表

风险等级	地方财政承压指数	综合警情说明
A+	90-100	地方财政风险很小，爆发危机可能性不大。
A	80-90	地方财政风险较低，中短期发生危机的可能性较小。
B+	70-80	地方财政部分环节存在较高风险，应警惕、改进。
B	60-70	地方财政部分环节存在严重缺陷，须排查、整顿。
C+	50-60	地方财政整体风险较高，中短期可能爆发危机。
C	40-50	地方财政整体风险很高，近期很可能爆发危机。
D	0-40	地方财政整体风险极高，随时都可能爆发危机。

第三节 新常态下广西各市地方财政承压指数的实证分析

一、样本选取与数据整理

本章以广西14市地方财政为研究对象，由于数据不全剔除崇左、柳州，以下是2016年广西12市地方财政危机预警指标的相关数据（见表25.4）。

表25.4 2016年广西12市地方财政危机预警指标的相关数据

单位：%

预警指标	南宁	桂林	梧州	北海	防城港	钦州	贵港	玉林	百色	贺州	河池	来宾
A11 GDP增长率	7.0	7.0	7.7	8.5	9.1	9.0	7.9	8.0	8.8	8.5	4.9	3.9
A21 固定资产投资增长率	13.6	16.0	11.8	9.9	14.1	17.4	22.0	10.1	3.9	4.0	2.1	-17.4
A31 失业率	2.69	3.56	3.0	3.15	1.70	3.14	2.00	3.30	2.89	3.16	2.86	3.4
B11 税收收入/一般公共预算收入	74.4	48.6	51.5	73.3	62.4	61.6	65.3	61.2	59.5	59.6	58.8	68.3
B12 一般公共预算收入/一般公共预算总收入	38.4	33.7	35.9	29.8	37.7	21.7	20.3	29.8	21.0	20.5	10.0	16.3
B21 民生支出/一般公共预算收入	37.8	40.6	54.1	34.6	30.1	48.4	50.5	50.5	42.4	40.4	41.6	44.9
B22 财政自给率	104.6	56.0	71.4	110.8	59.5	77.0	37.2	46.8	36.2	31.1	21.5	31.1
B31 一般公共预算的平衡性	95.3	90.4	114.4	82.2	88.6	84.7	88.8	93.0	91.4	84.7	90.6	92.4
B32 政府性基金预算的平衡性	119	93	116	113	102	105	73	117	120	103	148	148
B33 国有资本经营预算的平衡性	416	169	144	100	100	100	+∞	100	110	100	121	100
B34 社会保险基金预算的平衡性	125	98	114	107	106	112	109	115	104	109	92	108
B41 财政支出增长率/财政收入增长率	158.1	172.8	212.9	93.6	218.6	-288	162.3	177.6	127.6	78.8	108	-1622

续 表

预警指标	南宁	桂林	梧州	北海	防城港	钦州	贵港	玉林	百色	贺州	河池	来宾
C11 债务负担率	27.2	10.3	9.2	9.5	9.5	13.3	7.1	6.1	15.0	21.5	11.1	28.18
C21 财政负债率	58.6	51.4	40.6	25.8	44.9	61.0	28.5	23.2	45.5	58.8	23.7	98.3
C31 刚性偿付保障系数	258.6	1453	201	159	506	86	342	343	228	334	76	171

资料来源：广西统计年鉴及广西各市2016年预算执行情况和2017年预算草案的报告。

二、警情计算与分析

根据2016年广西12市地方财政危机预警指标的相关数据，结合指标映射法可以计算各单项指标的预警分值（见表25.5），其中发出警情的指标用下划线加以显示。结果表明，刚性偿付保障系数警情严重，广西12市中有10个发出了预警信号，说明2016年广西各市地方财政债务偿还压力较大，一般公共预算收入中对当期债务还本付息的保障程度不高，若此状况长期持续，则将存在较大较大风险。其次，税收收入/一般公共预算收入、一般公共预算收入/一般公共预算总收入，两个指标的警情也较为严重，广西12市中有9个发出了预警信号，说明广西各市地方财政收入结构不稳定，对非税收入和政府补助收入的依赖性较强。再次，广西12市中有8个发出了预警信号的指标分别为固定资产投资增长率、财政自给率、财政支出增长率/财政收入增长率，说明新常态下广西各市固定资产投资有所放缓、财政自给率不高、财政支出刚性的增长需求与财政收入放缓的增长速度形成了当前地方财政突出的矛盾。

表25.5 2016年广西12市地方财政危机各指标的预警分值

预警指标	南宁	桂林	梧州	北海	防城港	钦州	贵港	玉林	百色	贺州	河池	来宾
A11 GDP增长率	70	70	77	85	91	90	79	80	88	85	49	39
A21 固定资产投资增长率	84	100	52	39	87.3	90.7	40	40.7	0	0	0	0
A31 失业率	89.2	85.76	88	87.4	93.2	87.4	92	86.8	88.4	87.4	88.56	86.4
B11 税收收入/一般公共预算收入	69.4	22.8	23	66.6	44.8	63.2	50.6	42.4	39	39.2	37.6	56.3
B12 一般公共预算收入/一般公共预算总收入	67.78	57.4	61.8	49.6	65.4	26.8	21.2	49.6	24	22	0	5.2
B21 民生支出/一般公共预算收入	65.64	60.2	58.2	80.8	90.2	53.2	51	52.7	72.6	70.8	66.8	60.2
B22 财政自给率	100	32	62.8	100	39	74	0	13.6	0	0	0	0
B31 一般公共预算的平衡性	81.04	61.6	100	44.4	57.2	49.2	57.6	72	64.8	49.4	82.4	69.6
B32 政府性基金预算的平衡性	100	72	100	100	100	100	12	100	100	100	100	100
B33 国有资本经营预算的平衡性	100	73.8	68.8	60	60	60	100	60	62	60	64.2	60
B34 社会保险基金预算的平衡性	100	52	62.8	74	72	94	78	90	68	78	16	76
B41 财政支出增长率/财政收入增长率	56.8	50.9	37.4	93.6	36.4	0	55.1	49	77	69.4	92	0
C11 债务负担率	100	100	100	100	100	100	100	100	100	100	100	100
C21 财政负债率	93.02	100	100	100	100	100	100	100	100	100	100	63.4
C31 刚性偿付保障系数	26.6	89.1	20.2	11.8	60.2	0	44.2	44.3	12.8	43.4	0	14.2

根据 2016 年广西 12 市地方财政危机各预警指标的实际数值，计算各单项指标的具体得分，并结合 AHP 确定的权重进行警情计算和分析，综合确定广西 12 市地方财政 2016 年度的预警分值及评级（见表 25.6）。

表 25.6　2016 年广西 12 市地方财政承压指数预警分值及评级

城市	地方财政承压指数	评级	城市	地方财政承压指数	评级
南宁	75.22	B+	贵港	60.25	B
桂林	69.32	B	玉林	63.74	B
梧州	64.18	B	百色	60.12	B
北海	73.85	B+	贺州	60.66	B
防城港	72.32	B+	河池	52.55	C+
钦州	61.74	B	来宾	40.52	C

计算结果显示，2016 年广西 12 市中地方财政承压指数在 70 分以上的有 3 个，分别是南宁、北海和防城港，综合等级评定为"B+"级，可见北部湾区域地方财政风险相对较小，财政承压能力较强。地方财政承压指数在 60-70 分的有 7 个，分别是桂林、梧州、玉林、钦州、贺州、贵港和百色，综合等级评定为"B"级，地方财政具有一定的承压能力，但部分环节存在较高风险，需高度警惕。地方财政承压指数在 50-60 分的有河池，综合等级评定为"C+"级，地方财政承压能力较弱，财政风险较高。地方财政承压指数在 50 分以下的有来宾，综合等级评定为"C"级，地方财政承压能力非常脆弱，财政风险很高。

第二十六章 新常态下高校财政支出绩效评价研究

当前，高校财政支出绩效的优劣日益受到监管部门、高校和社会各界的重视。本章在已有研究文献的基础上，提出基于分类管理的理念构建高校财政支出绩效评价指标体系，并运用层次分析法结合功效系数法，对指标权重确定、绩效分值测算等做了理论推演，希望对高校财政支出绩效评价的实践具有一定的参考价值。

第一节 高校财政支出绩效评价的研究现状

随着国家对教育和创新的日益重视，高校财政资金支出的规模也是逐年上升。在此背景下，为了提高高校财政资金的使用效益，积极探索科学有效的高校财政支出绩效评价机制就显得尤为重要。这也必将有助于科学、规范、高效的财政资金分配体制和管理机制的建立。

国内外学者对高校财政支出绩效评价进行了积极探索。章建石、孙志军（2006）陈乳燕（2007）等认为对高校财政支出绩效的评价应全面反映各高校对财政资金的使用效率和效益。从高校筹集资金能力、财政资金的产出效益、财政资金的利用效率和高校的发展潜力等四个维度建立明细指标并通过层析分析法赋权，进行高校财政支出绩效的综合评价。孙延彬、叶曜辉（2010）基于此建立了未确知测度的评价模型。闫学元、齐静（2014）以天津市15所高校为例，将某一年各项指标变量的平均值作为标准值，再将标准值的得分设定100分，然后以层次分析法计算各指标的权重值，最后用高校的实际指标值除以标准指标值得出相对比率，相对比率乘以相对应的权重值即为该指标变量得分，将各指标变量得分数相加即的高校的综合得分。另一方面，李扬、王漪、朱鹏（2014）袁明辉（2015）认为对高校财政支出绩效的评价应该从"投入""运作""产出""效益"等四个角度设立明细的评价指标体系，并采用综合分析判断法，对评价指标进行无量纲化处理，然后由政府、高校、专家综合制定各项指标的权重，最后通过计算评价指标的加权综合分来评价高校财政支出绩效的优劣。杨小波、李永华、宋金杰（2015）基于对河北省11所重点大学的实证调查，并从合规性和成效性两方面，通过资金到账率、挪用挤占率、支出预算完成率、教学成果、科研成果、社会服务成果以及发展潜力等角度，构建了河北省高校财政资金绩效评价指标体系。

上述做法使高校财政支出绩效评价在综合量化的基础上，具有了很强的现实操作性。但是综合评价的结果过于笼统，难以反应具体项目财政资金支出的使用效益，导致后续反馈、管理和应对的措施针对性不强。因此，本文尝试基于高校财政支出项目的不同，建立分类管理的高校财政支出绩效评价指标体系。

第二节 基于分类管理的高校财政支出绩效评价指标体系的构建

高校财政支出按照各项目实施内容的不同,主要可分为办学条件建设类、学科、专业建设类、科研类、人才培养类和国际交流与合作五大类。借鉴《云南高教财政支出绩效评价工作方案和指标体系》,对各类项目的评价主要从以下几个角度考虑:一是项目任务完成情况,二是项目管理情况,三是资金管理情况,四是综合效益,五是对象满意度。

1. 高校办学条件建设类财政支出项目绩效评价指标体系的构建

(1) 任务完成指标。建议采用计划任务完成率,根据项目申报、立项资料,由专家评估项目预期的主要目标是否完成,量化测算项目计划任务完成率。

(2) 项目管理指标。主要考察项目管理制度的健全性、有效性,以及资产管理制度的健全性、有效性。

(3) 资金管理指标。主要考察项目资金投入、使用及财务管理情况,如财政资金到位率、自筹资金到位率、项目支出与预算的相符性、资金使用合规率、财务管理制度的健全性、有效性等。

(4) 效益指标。主要考察项目的社会效益,如改善办学条件、提高教学科研实验能力、示范和辐射作用、丰富教学手段等。

(5) 师生、家长满意度。主要考察项目实施的结果是否能让项目使用对象满意,可通过调查问卷测评师生、家长的满意度。

2. 高校学科、专业建设类财政支出项目绩效评价指标体系的构建

高校学科、专业建设类财政支出项目绩效评价,在任务完成、项目管理、资金管理方面与办学条件建设类项目基本相同,此处不再赘述。重点关注学科、专业建设类项目效益指标的评价。学科建设效益方面,主要考察学术影响力的提高、对学位建设的作用、对提高教学、科研整体实力的作用、对人才培养的作用;专业建设效益方面,主要考察专业建设效果、专业辐射面、专业特色与优势及专业建设对人才培养的作用。

3. 高校科研类财政支出项目绩效评价指标体系的构建

高校科研类财政支出项目绩效评价,在任务完成、项目管理、资金管理方面与办学条件建设类项目大致相同,期中项目管理方面还应关注科研成果管理制度的健全性、制度执行的有效性及档案管理的规范性。此外,在科研类项目绩效评价中,还要考虑自然科学类项目和人文社科类项目的差异,设置不同的绩效考核指标。如评价自然科学项目的社会效益,可以设置论文、专著、专利、标准情况,新技术、新产品和新装置研发情况,成果转化率,研发成果的推广及示范作用,对人才培养的作用等指标。对人文社科类项目社会效益的评价,则可以设置成果发挥的作用、成果适用度、互引比例、新颖性等指标。

4. 高校人才培养类财政支出项目绩效评价指标体系的构建

高校人才培养类财政支出项目绩效评价,在任务完成、项目管理、资金管理、师生、家长满意度等方面与办学条件建设类项目基本相同。应重点关注人才培养类项目效益指标的评价,如能力提升方面主要考察教学水平提升、教师学历、职称提升等指标;队伍建设方面主要考察高层次教师队伍的引进、教学名师队伍的增强等指标;学校实力提高方面主要考察学科带头人数量的增加、学位授权点的增加等指标。

5. 高校国际交流与合作类财政支出项目绩效评价指标体系的构建

高校国际交流与合作类财政支出项目绩效评价，在任务完成、项目管理、资金管理方面与办学条件建设类项目基本相同。重点关注其社会效益的评价，如促进学术交流与合作科研、扩大国际影响与声誉、促进中国语言文化的传播、带来留学生的数量、国际合作项目的增长等。

第三节 基于 AHP 的高校财政支出绩效评价指标体系的权重确定

高校财政支出绩效评价指标体系建立之后，还要考虑各指标对项目总体绩效的影响，以及各类项目对高校财政支出总体绩效的影响。这就需要结合项目特点及其重要程度对绩效评价指标进行赋权。接下来以办学条件建设类项目为例，通过层次分析法（AHP）演示赋权过程。

1. 明确层次结构模型

明确层次结构模型见表 26.1。

表 26.1 高校"办学条件建设类"财政支出项目绩效评价指标层次结构模型

目标层	准则层	指标层
A 高校"办学条件建设类"财政支出项目绩效	B1 任务完成	C11 计划任务完成率
	B2 项目管理	C21 项目管理制度的健全性、有效性
		C22 资产管理制度的健全性、有效性
	B3 资金管理	C31 财政资金到位率
		C32 自筹资金到位率
		C33 项目支出与预算的相符性
		C34 资金使用合规率
		C35 财务管理制度的健全性、有效性
	B4 效益指标	C41 改善办学条件
		C42 提高教学科研实验能力
		C43 示范和辐射作用
		C44 丰富教学手段
	B5 使用对象满意度	C51 教师满意度
		C52 学生满意度
		C53 家长满意度

2. 构造第一层次的判断矩阵

高校"办学条件建设类"财政支出项目绩效评价指标层次结构确定之后，可以通过调查问卷，综合项目申报单位、立项单位及相关专家意见构造各层次的判断矩阵。要求被调查者根据 Satty 的九级比例标度法，将同一层次的不同元素进行两两比较，进而构造判断矩阵。根据这一原则，构造第一层次的判断矩阵 **A**。

$$A = \begin{bmatrix} B1/B1 & B1/B2 & B1/B3 & B1/B4 & B1/B5 \\ B2/B1 & B2/B2 & B2/B3 & B2/B4 & B2/B5 \\ B3/B1 & B3/B2 & B3/B3 & B3/B4 & B3/B5 \\ B4/B1 & B4/B2 & B4/B3 & B4/B4 & B4/B5 \\ B5/B1 & B5/B2 & B5/B3 & B5/B4 & B5/B5 \end{bmatrix} = \begin{bmatrix} 1 & 3 & 2.5 & 2.5 & 3 \\ 0.333 & 1 & 0.667 & 0.667 & 1 \\ 0.4 & 1.5 & 1 & 1 & 1.5 \\ 0.4 & 1.5 & 1 & 1 & 1.5 \\ 0.333 & 1 & 0.667 & 0.667 & 1 \end{bmatrix}$$

3．计算权向量值和判断矩阵的最大特征值

（1）计算判别矩阵每行所有元素的几何平均值 $\overline{W}_i = \sqrt[n]{\prod_{j=1}^{n} a_{ij}}$ （$i=1$，2，…，n），得到 $W = (W_1, W_2, \cdots, W_n)^T$，$\overline{W}_i$ 表示特征向量的一个元素。

（2）将其归一化处理，$W_i = \dfrac{\overline{W}_i}{\sum_{i=1}^{n} \overline{W}_i}$，（$i=1$，2，…，$n$），得到 $W = (W_1, W_2, \cdots, W_n)^T$ 作为特征向量的近似值，这也是各因素的相对权重。

（3）计算判别矩阵的最大特征值，$\lambda_{\max} = \dfrac{1}{n} \sum_{i=1}^{n} \dfrac{(PW)_i}{W_i}$，（**P** 表示任意一个判断矩阵）。由此可计算得出判别矩阵的特征向量 **W** =（0.402 5，0.122 7，0.176 0，0.176 0，0.122 7），特征值 $\lambda_{\max} = 5.007917$。

4．检验各矩阵的相容性，以证明权重的可接受性

为了检查判断矩阵及由此导出的权重向量是否合理，需要对判断矩阵进行一致性检验。一致性比率指标 $CR = \dfrac{CI}{RI}$，式中，CI 为一致性指标，$CI = (\lambda_{\max} - n)/(n-1)$，$RI$ 为平均随机一致性指标，对于 1-9 阶的判断矩阵 RI 值可以通过查表得出。当 $CR < 0.10$ 时，即认为判别矩阵具有满意的一致性，说明权重分配合理；否则就需要对判断矩阵加以调整。通过计算，$CR = 0.001\ 767 < 0.10$，所以赋权结果是：任务完成指标权重 40.25%，项目管理指标权重 12.27%，资金管理指标权重 17.60%，效益指标权重 17.60%，适用对象满意度指标权重 12.27%。依此类推，可以确定各级明细指标的权重。

第四节　基于功效系数法的高校财政支出绩效评价的综合度量

功效系数法是根据多目标规划原理，对每一项评价指标确定一个满意值和不允许值，以满意值为上限，以不允许值为下限，计算各指标实现满意值的程度，并以此确定各指标的分数，再经过加权平均进行综合，从而评价被研究对象的综合状况。

1．单项指标绩效评价的度量

单项指标绩效评价分值 =（实际值 - 不允许值）/（满意值 - 不允许值）×40+60

其中，当实际值优于满意值时，该单项指标绩效评价分值为满分。

以高校"办学条件建设类"财政支出项目为例，其绩效评价指标体系主要包括两大类指标，一类是可以测算的量化指标，如 C11 计划任务完成率、C31 财政资金到位率、C32 自筹资金到位率、C34 资金使用合规率。可以结合实际情况，应用功效系数法进行评价。例

如 C11 计划任务完成率指标的满意值是 100%，不允许值是 60%，若实际值为 85%，则根据公式计算可得，该单项指标绩效评价分值为 85 分。另一类则是难以量化的定性指标，如 C21，C22，C33，C35，C41，C42，C43，C44，C51，C52，C53 等指标。这类指标一般需要采用德尔菲法，设计量表，由专家进行综合评分。

2.高校财政支出绩效评价的综合度量

高校财政支出绩效评价的综合度量，需要考虑各类财政支出项目的比重和重要程度。实际测评的过程中，各类财政支出项目的权重可以参考项目资金规模的比例加以确定；具体项目的绩效则依照该项目的绩效评价指标体系及其权重加以确定。

某类财政支出项目绩效评价分值 =

某高校财政支出绩效评价综合分值 =

据此，既可以全面评价高校财政支出综合绩效的好坏，又能够反映某类项目实施的具体绩效。进而可以根据该项目各指标的得分情况，追本溯源，针对绩效分值较低的指标，采取相应的改进策略，并为后续的财政资金分配体制和管理机制优化奠定基础。

第二十七章　新常态下旅游扶贫财政支出绩效评价研究

旅游扶贫绩效评估是实现旅游扶贫目标的重要保障，旅游扶贫项目财政资金使用效率的高低，直接关系到旅游扶贫项目的综合绩效。因此构建广西旅游扶贫财政资金效率指数，量化评估旅游扶贫项目的综合效益具有重要的现实意义。本章以广西旅游扶贫财政资金投入绩效为研究对象，在文献梳理和现状分析的基础上，从旅游扶贫项目任务完成情况、项目管理情况、资金管理情况、综合效益及旅游扶贫对象满意度等五个维度，构建了适合广西实际的旅游扶贫财政资金绩效评估指标体系，并通过层次分析法结合功效系数法设计了量化模型，进而提出了优化广西旅游扶贫财政资金使用效率的政策建议，为政府和相关监管部门进行旅游扶贫财政资金效率测度与优化，提供了一套科学可行的解决方案。

第一节　选题的背景和意义

一、课题研究的目的

旅游是扶贫的重要途径已经成为实务界和学术界的广泛共识。旅游扶贫就是在旅游资源禀赋丰富的贫困地区通过发展旅游产业来带动当地经济和社会发展，以改善贫困人口的生活进而实现脱贫致富的一种扶贫模式。旅游扶贫绩效作为扶贫的首要任务和最终目标无疑应是旅游扶贫研究的重点。

本课题以广西旅游扶贫财政资金投入绩效为研究对象，在文献梳理和现状分析的基础上，构建了适合广西实际的旅游扶贫财政资金绩效评估指标体系，并通过层次分析法结合功效系数法加以量化，从而揭示广西旅游扶贫财政资金的综合绩效，以及各地区、各项目、各指标的子绩效，并以此为依据提出提升广西旅游扶贫财政资金使用效率的政策建议。

二、课题研究的意义

旅游扶贫绩效评估是实现旅游扶贫目标的重要保障，相关学者已经从宏观、微观、正面、负面等多重视角进行了较为深入的研究。本课题的意义在于将旅游扶贫绩效与财政资金使用绩效有机的结合起来。当前旅游扶贫绩效评估更多的关注旅游扶贫的产出绩效，而对旅游扶贫财政资金的投入绩效关注不足。基于此，课题组拟以广西旅游扶贫财政资金投入绩效为研究对象，从旅游扶贫项目任务完成情况、项目管理情况、资金管理情况、综合效益及旅游扶贫对象满意度等角度，构建旅游扶贫绩效评估指标体系，并通过层次分析法结合功效系数法设计量化模型，进而提出提高广西旅游扶贫财政资金使用效率的政策建议。这将有助于为政府和相关监管部门进行旅游扶贫财政资金效率测度与评价，了解旅游扶贫项目的实效，针对薄弱地区、薄弱项目和薄弱环节提出改进策略，进而推动旅游扶贫财政资金使用效率和旅游扶贫产出绩效的双提高。

第二节 文献回顾与评述

我国旅游扶贫绩效主要从宏观扶贫绩效和微观扶贫绩效两个视角进行研究，这与国外 Pro-poor tourism 绩效评估研究基本相同（肖建红等，2014）。

一、宏观层面旅游扶贫绩效评估的研究

旅游扶贫绩效评估一直更多关注宏观层面，即围绕旅游地开展绩效评估。在绩效评估体系中也更多强调经济绩效、生态绩效、社会文化绩效（何红等，2014）。其中经济绩效最早被关注并仍是现在旅游扶贫研究的主要领域之一（陈友莲，2011；李会琴等，2012；马创，2005）。

1. 经济绩效评估

蔡雄等（1997）在评估旅游扶贫乘数效应时肯定了旅游扶贫在产业拉动、推动就业、改善生活、吸引投资等方面的积极作用。现在旅游扶贫在经济绩效方面的卓越表现基本已经获得学术界共识，主要包括加速经济增长、提供更多就业机会、带动相关产业发展、产业结构调整、示范效应加快脱贫致富步伐（隆学文等，2004；向延平，2008）。在很大程度上，旅游对相关产业带动作用和旅游收入再分配在一定程度上是决定旅游扶贫绩效的主要因素（陈友莲，2011）。乔波等（2008）围绕社区参与型生态农业旅游，从农民增收、相关产业带动、社区居民参与、示范带动与辐射等方面评估了旅游扶贫的经济效用。同时，旅游投资的扶贫效益也比较明显，主要体现在收入提高、就业增加、产业拉动、促进招商、示范效应等方面。通过对海南省旅游业发展的收入效应计量的比较研究，袁智慧（2014）发现海南省旅游发展与农民收入之间存在显著的正相关，尤其在国际旅游岛建设后，旅游发展明显提高了农民收入。

此外，旅游扶贫负面经济效应也引起了学界的关注。王永莉（2007）调查发现，虽然四川民族地区宏观旅游经济扶贫绩效明显，但是最需要扶持的农村贫困人口却没有从中获得较大收益。唐建兵（2007）指出旅游扶贫负效应主要体现在开发过度、管理无序、粗放型发展等。张晓明、张辉、魏维新（2010）对旅游扶贫所带来的景区城市化等负面效应做了分析。

2. 生态绩效评估

社区居民参与旅游后，生态扶贫效应明显，基础设施不断完善，农村环境极大美化（乔波等，2008）。但是旅游扶贫最突出的问题就是环境和生态的破坏，旅游发展对贫困地区生态环境也带来了明显压力，尤其是坝上等生态脆弱区，环境问题日益严重（隆学文等，2004）。同时旅游设施与农业等抢占资源等问题，也对农业安全和居民生态利益产生了潜在的负面影响（徐玮，2012）。因此，科学合理评价旅游扶贫对生态环境的作用应是旅游扶贫绩效评估的重要内容。向延平（2010）从环境改善支付意愿和环境损失受偿意愿两方面计算了凤凰古城旅游扶贫生态绩效的经济价值。同时他比较了湘鄂渝黔的怀化市湘西、张家界市、恩施州、铜仁和黔江6个市州的旅游扶贫生态绩效，认为6个研究地区的旅游生态

扶贫绩效都较为显著，相对来说，张家界市旅游生态扶贫绩效最为突出，而铜仁地区最不明显（向延平，2012）。

3. 社会和文化绩效评估

蔡雄等（1997）认为评价旅游扶贫绩效除了经济绩效外，还要关注其间接经济绩效和社会文化绩效，如基础设施完善、社会进步、观念更新、文化继承与保护开发、加强爱国教育等等。旅游扶贫发展中，当地居民通过与旅游者交往，原有的小农意识、封闭保守等落后价值观念将会受到冲击和改变，有利于推动目的地的社会进步（马创，2005；隆学文等，2004；张晓明等，2010）。同时，旅游扶贫也在很大程度改善了社区的社会文化环境。另外，旅游扶贫可加速青年人返乡就业，有助于解决贫困地区的留守儿童教育抚养和留守老人赡养问题（徐玮，2012）。

二、微观层面旅游扶贫绩效评估的研究

社区参与旅游是景区贫困居民获益的主要途径。在旅游扶贫绩效评估研究中，贫困人口的感知、态度、参与、收益、权力、能力等日益被重视，总体看，该领域以围绕居民经济收益的案例研究居多。

1. 贫困人口参与及获益绩效

贫困人口利益是旅游扶贫首要问题，社区参与应放到旅游扶贫的首要位置。乔波等（2008）通过对南充低山丘陵试验区调查，发现社区参与生态农业旅游扶贫后，农民不仅纯收入以每年600元速度递增，而且农户收入构成也日趋多元化。张伟（2005）、冯旭芳、徐敏聪、王红（2011）均从经济和非经济（生态和社会文化绩效）两个方面对贫困人口的旅游扶贫积极和消极绩效进行了较为全面、客观的评价，认为总体上旅游扶贫给贫困居民带来了较高的积极效应，居民总体满意度较高，但有些居民参与旅游扶贫程度较低，这进而影响了旅游获益。李先锋（2010）在对六盘山区泾源县农户旅游扶贫经济收益的调查中，也认为当地居民通过参与旅游扶贫，经济收入增幅明显，生活质量大幅提高，但总体扶贫辐射面较小，参与规模有限，而且居民参与意识较弱，参与模式仅限于农家乐方式。杨建春、肖晓红（2011）和蒋焕洲（2014）在对贵州旅游扶贫绩效评估时也得到了类似的结果，认为整体上旅游扶贫社区参与程度低，因此今后应建立贫困人口旅游收益分享机制，鼓励他们参与到旅游扶贫之中。值得一提的是，在增加居民共享旅游收益同时应强调参与能力的重要性，否则一次性补偿款被挥霍则影响他们以后生计。龙梅和张扬（2014）认为旅游区各利益主体力量的失衡是造成居民在利益分配和决策权上受排挤的重要原因。

2. 贫困人口旅游扶贫权力绩效

贫穷根源并非能力缺陷，而源于获取能力的机会和权力的丧失。话语权是贫困居民被旅游扶贫边缘化的重要制约因素，因此实现旅游扶贫目标关键是贫困人口能系统参与旅游决策、经营、利益分配、传承与保护等旅游扶贫的核心环节。现在越来越多的学者认识到，除了经济利益外，居民的权力获益程度对居民旅游扶贫绩效有重要影响，因此权力绩效也越来越成为微观层面的旅游扶贫绩效评估的重要标准。蒋焕洲（2011）通过对贵州民族地区的调查，认为旅游扶贫过程中，社区和贫困居民缺少足够的话语权和决策权，因此参与程度受到限制，应设计贫困人口参与旅游的赋权机制、咨询机制和监测评估机制，以保证他们参与旅游扶贫的权力和利益分享。

3. 贫困人口旅游扶贫感知绩效

居民感知效应是旅游扶贫实际绩效程度的重要体现，也是微观旅游扶贫绩效研究领域的重点之一，在很大程度上决定着居民对旅游发展的态度和参与旅游扶贫的意向（李佳等，2009）。一般来说，居民参与机会和能力对旅游扶贫感知绩效有显著影响，也就是贫困居民从旅游扶贫中获得了期望的效应，则感知绩效较高。具体看，影响旅游扶贫感知效用的因素主要包括社区参与、吸引外资、改善环境、减少贫困人口等方面。实际上，感知效应主要包括居民对宏观层面的旅游发展绩效和微观层面的个人生活变化两方面的感知。一般来说，居民对经济、社会和文化积极效应感知程度较高，而对消极效应感知不明显。具体看，旅游地贫困农户感知强烈的旅游扶贫正面绩效主要包括促进经济发展、改善基础设施、提高当地知名度以及居民生活质量四方面，而对负面影响感知较弱，主要集中在物价飞涨、环境污染和贫富差距扩大等方面。李会琴、李晓琴、侯林春（2012）通过对陕西谷咀村居民对旅游扶贫绩效感知的研究，认为黄土高原地区旅游扶贫取得了明显的经济、社会和环境绩效，负效应尚不明显。同时，张伟、张建春、魏鸿雁（2005）通过对安徽铜锣寨调查，也发现居民对旅游扶贫在个人生活变化方面的感知较为积极，而对消极方面感知不明显。因此，叶俊（2014）通过对龟峰山的实证研究认为，居民总体上支持旅游发展，具有较高的参与热情。

三、旅游扶贫绩效评估研究方法

总体看，定量研究占据了我国旅游扶贫绩效评估研究的主导地位。其中旅游扶贫经济绩效相对容易量化，所以研究成果较多，而社会绩效和生态环境绩效则相对抽象（王晴，2013）。但近年来借助于模糊数学法、条件价值法等方法，这些抽象的指标也逐渐得以量化。

1. 层次分析法

该方法先通过文献综述确定评估指标体系，再采用专家调查法和正互反矩阵确定各指标权重，然后通过调查问卷计算各指标的绩效平均分，最后计算整体的绩效水平。这种方法主要用来综合评测社区居民参与旅游对景区的经济、环境和社会文化影响，如张家界"土家风情园"（朱莎，2011）、陕西商洛金丝峡景区（池红杏，2012）、青岛田横岛景区（张杜杰，2009）。基于此，一些比较研究也随之出现，如对海南4个国家级贫困县（张侨，2016）、大别山区豫南4个旅游扶贫村（吴国琴，2016）采用层次分析法的比较研究。

2. 因子分析法

该方法将各因子方差贡献率作为指标权重计算综合扶贫绩效。该方法在应用过程中，由于研究目的和案例不同，往往所提取的因子的数量和类型有所差异，但总的研究思路跟评估指标研究类似，主要有两种类型。第一，围绕社区居民的微观评价视角。这种方法采用因子分析法将若干旅游扶贫评估变量提取为社区参与效用感知和旅游扶贫效用期望等主因子（李力、闭海霞，2016）。第二，围绕某个具体旅游区域或者旅游经济类型的综合的评价视角。这种方法将反映社会微观感知效益和环境影响的若干旅游扶贫绩效评价指标提取为少量公因子，比如发展因子、机会因子、个人因子、人文与行业因子、经济因子、社会因子、生态因子和污染因子等等，再拟合旅游经济扶贫效益模型。

3. 多元线性回归法

该方法首先确定回归方程的解释变量和被解释变量，然后确定回归模型来反映被解释变量和解释变量之间的线性或非线性关系,然后确定回归方程的参数并回归方程进行检验和修订,使其能更加真实地反映客观现实。一般因变量主要选择人均旅游收入、国内游客人数、旅游业贡献率、贫困发生率、人均收入、经济发展水平、旅游资源禀赋和交通便利程度等作为解释变量(张侨,2016;郭鲁芳、李如友,2016)。SPSS软件在多元线性回归中起到很好的辅助作用。此外一些研究基于面板数据,采用面板门槛等回归模型,对旅游扶贫和减贫效应进行了深入探讨(李耀峰,2015)。

4. 产业经济学方法

从产业经济学角度研究旅游扶贫主要用到3个方法:投入产出法、条件价值法和价值链法。投入产出法主要研究经济体系中各个部分之间投入与产出的相互依存关系的数量,通过整合经济、社会和环境的众多量化指标,比如投资贡献和投资效率等,用以构造旅游投资扶贫效应的定量评估体系(赵小芸,2004;马创,2005);条件价值法方法是利用问卷调查方式直接考察受访者接受赔偿意愿和支付意愿,以确定其消费经济行为,以此为基础对旅游扶贫生态绩效、社会效益进行量化评价(向延平,2010;向延平,2011);产业价值链方法是运用价值链的基本思想,结合旅游产业发展规律,围绕旅游体验或者旅游收入,从产品设计、开发、运营、营销等研究旅游扶贫价值,用以确定旅游扶贫内部的价值结构,来反映旅游扶贫利益相关者之间的整体轮廓(郭舒,2015;王淑娟、李国庆,2015)。此外倾向得分匹配法、旅游卫星账务法、社会核算矩阵法、企业分析法、产业集群理论等也都在旅游扶贫绩效评估中得到了应用。

第三节 广西旅游扶贫财政资金投入情况的现状分析

一、广西旅游扶贫财政资金投入的现状

根据广西财政资金信息公开平台显示,广西旅游扶贫财政资金投入主要通过两种途径:一是广西旅游发展专项资金,二是广西壮族自治区脱贫攻坚专项资金,其中以广西旅游发展专项资金为主要途径。2015年底至今,广西旅游发展专项资金共分3次集中投放了旅游扶贫资金,批文号依次为桂财行〔2015〕121号、桂财行〔2016〕15号、桂财行〔2017〕121号,分别投入财政资金6850万元(见表27.1)、100万元(见表27.2)和680万元(见表27.3),累计投入财政资金7630万元。此外,广西壮族自治区2016年脱贫攻坚资金分配表显示,崇左市大新县获得150万元扶贫资金,用于堪圩乡拢浪村、谨汤村旅游扶贫点续建。

表27.1 2016年广西旅游发展专项资金扶贫项目投入情况(一)

单位:万元

所属区域	项目名称	金额	资金使用单位
南宁市	上林县旅游扶贫项目	500	上林县旅游发展委员会
柳州市	三江县乡村旅游扶贫示范项目	400	三江县旅游局
梧州市	蒙山县乡村旅游扶贫开发	600	蒙山县旅游局
玉林市	容县乡村旅游扶贫工程	800	容县旅游发展委
贺州市	富川县国际慢城旅游扶贫项目	300	富川县旅游局
百色市	乐业县乡村旅游扶贫公共服务设施建设	300	乐业县旅游局

续 表

所属区域	项目名称	金额	资金使用单位
河池市	河池市旅游公共服务设施和乡村旅游扶贫建设	300	河池市旅游发展委员会
	巴马乡村旅游扶贫开发及巴马论坛	750	巴马县旅游发展委员会
	都安县旅游扶贫开发项目（县庆项目）	200	都安县旅游局
来宾市	金秀县旅游扶贫项目	300	金秀县旅游局
	忻城百果大世界旅游扶贫项目	200	忻城县旅游局
崇左市	大新县乡村旅游扶贫公共服务设施建设	600	大新县旅游局
	龙州红色旅游扶贫项目	900	龙州县旅游局
	凭祥市乡村旅游扶贫项目	700	凭祥市旅游发展局
合计		6850	

资料来源：广西财政资金信息公开平台：桂财行〔2015〕121号关于提前下达2016年自治区旅游发展专项资金的通知。

表27.2 2016年广西旅游发展专项资金扶贫项目投入情况（二）

单位：万元

所属区域	项目名称	金额	资金使用单位
南宁市	邕宁区旅游扶贫规划公益行动补助项目（那樟村、长大村）	4	青秀区旅游局
	兴宁区旅游扶贫规划公益行动补助项目（那笔村）	2	兴宁区旅游局
	邕宁区旅游扶贫规划公益行动补助项目（华康村）	2	邕宁区旅游局
	横县旅游扶贫规划公益行动补助项目（上颜村、东古社区、英地村、长淇村、六旺村）	10	横县旅游局
	隆安县旅游扶贫规划公益行动补助项目（中真村、龙会村、雅梨村）	6	隆安县旅游局
	上林县旅游扶贫规划公益行动补助项目（云里村、拥军村）	4	上林县旅游局
	宾阳县旅游扶贫规划公益行动补助项目（碗窑村、欧阳村）	4	宾阳县旅游局
	武鸣县旅游扶贫规划公益行动补助项目（六冬村）	2	武鸣县旅游局
柳州市	三江县旅游扶贫规划公益行动补助项目（高友村、高秀村）	4	三江县旅游局
	融水县旅游扶贫规划公益行动补助项目（小桑村）	2	融水县旅游局
桂林市	龙胜县旅游扶贫规划公益行动补助项目（芙蓉村、宝赠村）	4	龙胜县旅游局
北海市	合浦县旅游扶贫规划公益行动补助项目（樟木村、象古村、细廉陂村、滘头村、赤西村、璋嘉村）	12	合浦县旅游局
防城港市	东兴市旅游扶贫规划公益行动补助项目（长湖村）	2	东兴市旅游局
钦州市	钦南区旅游扶贫规划公益行动补助项目（荷木村）	2	钦南区旅游局
贵港市	桂平市旅游扶贫规划公益行动补助项目（彩旺村、镇木村、弩滩村）	6	桂平市旅游发展委员会
玉林市	容县旅游扶贫规划公益行动补助项目（大水村）	2	容县旅游发展委员会
贺州市	富川县旅游扶贫规划公益行动补助项目（大岭村、深坡村、新坝村、涝溪村、花坪村、罗丰村）	12	富川县旅游局

续 表

所属区域	项目名称	金额	资金使用单位
百色市	田阳县旅游扶贫规划公益行动补助项目（桥马村、新生村）	4	田阳县旅游局
	西林县旅游扶贫规划公益行动补助项目（新丰村）	2	西林县旅游局
河池市	巴马县旅游扶贫规划公益行动补助项目（仁乡村）	2	巴马县旅游发展委员会
	凤山县旅游扶贫规划公益行动补助项目（久隆村、松仁村、合运村）	6	凤山县旅游发展委员会
	都安县旅游扶贫规划公益行动补助项目（池花村）	2	都安县旅游局
来宾市	金秀县旅游扶贫规划公益行动补助项目（平道村、花炉村）	4	金秀县旅游局
合计		100	

资料来源：广西财政资金信息公开平台：桂财行〔2016〕15号关于下达2016年自治区旅游发展专项资金的通知。

表 27.3　2017 年广西旅游发展专项资金扶贫项目投入情况

单位：万元

所属区域	项目名称	金额	资金使用单位
河池市	巴马县旅游扶贫资金	350	巴马县
崇左市	龙州县旅游扶贫资金	330	龙州县
合计		680	

资料来源：广西财政资金信息公开平台：桂财行〔2017〕33号关于下达2017年自治区旅游发展专项资金的通知。

二、广西旅游扶贫财政资金投入结构分析

由表27.4可见，2016—2017年广西旅游扶贫财政资金投入总额为7 780万元，呈现出如下特点：一是年度分布不均衡，2016年累计投入7 100万元，2017年仅投入680万元。这可能和前期投入项目尚未完成，储备项目不充分有关，因此还需加强旅游扶贫项目的储备、调研和论证，避免财政资金充裕时一窝蜂上，而财政资金紧张时，急需项目无法安排。二是地域分布不均衡，崇左、河池两市占比达到了55%（见图27.1），桂林、北海、防城港、钦州、贵港5市合计则仅占0.33%。一方面，崇左、河池地区经济欠发达，贫困县比较多，加大投入也是合理的；另一方面，桂林等5市是否存在申报比积极、论证不充分等问题，也值得深入思考。

表 27.4　2016—2017 年广西旅游扶贫财政资金投入的结构分析

单位：万元

所属区域	2016年广西旅游发展专项资金扶贫项目第一期	2016年广西旅游发展专项资金扶贫项目第二期	2017年广西旅游发展专项资金扶贫项目	2016年广西脱贫攻坚资金旅游扶贫项目	合计
南宁市	500	34	-	-	534
柳州市	400	6	-	-	406
桂林市	0	4	-	-	4
梧州市	600	-	-	-	600
北海市	-	12	-	-	12

续表

所属区域	2016年广西旅游发展专项资金扶贫项目第一期	2016年广西旅游发展专项资金扶贫项目第二期	2017年广西旅游发展专项资金扶贫项目	2016年广西脱贫攻坚资金旅游扶贫项目	合计
防城港市	-	2	-	-	2
钦州市	-	2	-	-	2
贵港市	-	6	-	-	6
玉林市	800	2	-	-	802
贺州市	300	12	-	-	312
百色市	300	6	-	-	306
河池市	1250	10	350	-	1610
来宾市	500	4	-	-	504
崇左市	2200	0	330	150	2680
合计	6850	100	680	150	7780

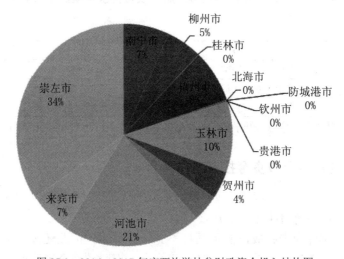

图 27.1 2016—2017 年广西旅游扶贫财政资金投入结构图

三、广西旅游扶贫财政资金使用情况的分析

2016 年以来，广西旅游扶贫财政资金投入超过 200 万的项目有 16 个，但是除个别项目通过政府采购网的招标支出外，财政资金具体的使用进度、支出明细、带动社会资本额度、项目效益等情况，普遍缺乏公开披露的信息。这也是为社会监督制造了障碍、甚至可能滋生腐败。因此，呼吁包括旅游扶贫项目在内的每一个财政资金支持的项目，都应该定期公开披露财政资金使用情况及其取得的效益，以便社会公众充分了解，行使知情权和监督权。同时，财政资金在阳光下运行，也将有利于财政资金使用效率的提高。

第四节 广西旅游扶贫财政资金效率评估指标体系的构建

一、广西旅游扶贫财政资金效率评估的影响因素

广西旅游扶贫财政资金效率评估主要受以下因素影响：一是旅游扶贫项目任务完成情况，二是旅游扶贫项目管理情况，三是旅游扶贫资金管理情况，四是旅游扶贫综合效益，五是旅游扶贫对象的满意度。

1. 旅游扶贫项目任务完成情况

旅游扶贫项目任务完成情况主要根据项目申报、立项、实施等资料，由专家评估计划执行情况、核心项目完成情况以及项目实施后有形资产的沉淀情况，量化测算项目计划任务完成率、核心项目完成率、有形资产沉淀率等指标。

2. 旅游扶贫项目管理情况

旅游扶贫项目管理情况，主要考察项目管理制度的健全性、有效性，以及财务管理制度的健全性、有效性。

3. 旅游扶贫资金管理情况

旅游扶贫资金管理情况，主要考察项目资金投入、使用、监管及财务管理情况，如财政资金到位率、自筹资金到位率、项目支出与预算的相符性、资金使用合规率、信息公开和公告公示制度建设及执行情况、财务管理制度的健全性、有效性等。

4. 旅游扶贫综合效益

旅游扶贫综合效益，主要考察项目产生的经济绩效、生态绩效、社会和文化绩效。其中经济效益主要考察旅游扶贫对象就业增长率、旅游扶贫对象人均收入增长率、旅游业收入占旅游扶贫对象居民收入的比重、旅游扶贫项目对相关产业的带动效应等。生态绩效主要考察旅游扶贫项目所在地垃圾处理率、大气污染指数、噪音污染指数、水污染指数、森林覆盖率、景区核心景点负氧离子含量、年内空气质量优良天数比率、地表水水质得分、清洁能源使用率、厕所改造率等。社会和文化绩效主要考察公交车通达率、供电率、九年义务教育率、每万人床位数、每万人医生数、居民贫富差距、留守儿童及空巢老人变化率、青年人返乡就业率等。

5. 旅游扶贫对象的满意度

旅游扶贫对象的满意度主要考察，项目实施的结果是否能让旅游扶贫对象感到满意。时代是出卷人，我们是答卷人，人民是阅卷人，人民满意的旅游扶贫项目才是真正成功的旅游扶贫项目，满意度测评可通过调查问卷来进行（见表27.5）。

表 27.5 旅游扶贫对象的满意度调查

维 度	调查项目	很同意	同 意	搞不清	反 对	很反对
经济维度	促进了地区经济的发展					
	增加了居民个人收入					
	提高了居民生活水平					
	野菜、山货、土产品比以前好卖，价格高					

续 表

维 度	调查项目	很同意	同 意	搞不清	反 对	很反对
社会维度	增加了就业机会					
	提高了居民的生活能力					
	干扰了居民的日常生活					
	改善了基础设施					
	提高了知名度					
	促进了与外界的信息交流					
	增加了卖淫嫖娼、赌博等不良现象					
	改变了传统生活方式和民风民俗					
	保护了地方传统文化					
环境维度	环境污染加重					
	噪音增多					
	生活环境改善					

二、基于层次分析法构建广西旅游扶贫财政资金效率评估指标体系

广西旅游扶贫财政资金效率的影响因素及评估指标确定之后，关键的问题在于如何准确的反映各种因素对旅游扶贫财政资金整体效率的影响程度，即指标权重的分配。层次分析法（Analytic hierarchy process，AHP）是一种对定性问题进行定量分析的多准则决策方法，为复杂问题的权重计算提供了成熟的解决方案。它的特点将复杂问题中的各种因素划分为相互联系的有序层次，然后再根据一定的主观判断将同一层次的不同元素进行两两比较，进而通过判断矩阵最终确立各元素的影响权重。

本章采用专家咨询法和层次分析法（AHP）进行指标权重的量化分配。首先，将旅游扶贫财政资金效率问题按评估维度、影响因素、评估指标分为三个层次。其次就每一层次构造两两比较的判断矩阵，若指标 i 比指标 j 更重要，则 $a_{ij}>1$。a_{ij} 的赋值可参照 Satty 的九级标度法。为了避免单个专家主观判断的片面性，应综合多位专家的意见，专家库应包括实务界旅游扶贫及财政系统的领导、理论界研究造诣深厚的旅游及财税专家、学者，并将多位专家的判断分别求平均值。然后，根据调整的判断矩阵计算其最大特征值 λ_{max} 和特征向量 W，并将特征向量进行归一化处理，即可得到具体指标对应的权重：$W=(W_1,W_2,\cdots,W_n)^T$，其中 $W_i = \dfrac{\overline{W_i}}{\sum_{i=1}^{n}\overline{W_i}}$，$W_i=1$。最后进行一致性检验。经计算，指标体系及其权重分配结果见表27.6。

表27.6 广西旅游扶贫财政资金效率评估指标体系及其权重

维 度	权 重	影响因素	权 重	评估指标	权 重	组合权重
A 项目任务完成情况	25%	A1 项目申报与执行情况	54%	A11 计划任务完成率（专家评估）	100%	13.5%
		A2 核心项目完成情况	29.7%	A21 核心项目完成率	100%	7.43%

续 表

维 度	权 重	影响因素	权 重	评估指标	权 重	组合权重
A 项目任务完成情况	25%	A3 项目实施后有形资产形成情况	16.3%	A31 有形资产沉淀率	100%	4.08%
B 项目管理情况	16%	B1 项目管理制度	50%	B11 项目管理制度的健全性、有效性（专家评估）	100%	4.00%
		B2 财务管理制度	50%	B21 财务管理制度的健全性、有效性（专家评估）	100%	4.00%
C 资金管理情况	25%	C1 资金投入	33.3%	C11 财政资金带动率	100%	8.33%
		C2 资金使用	33.3%	C21 资金使用合规率	100%	8.33%
		C3 资金监管	33.4%	C31 信息公开和公告公示制度建设及执行情况（专家评估）	100%	8.33%
D 综合效益	24%	D1 经济效益	50%	D11 就业增长率	25%	3.00%
				D12 人均收入增长率	25%	3.00%
				D13 旅游业收入占居民收入的比重	25%	3.00%
				D14 旅游扶贫项目对相关产业的带动效应（专家评估）	25%	3.00%
		D2 生态效益	25%	D21 森林覆盖率	20%	1.20%
				D22 景区核心景点负氧离子含量	20%	1.20%
				D23 年内空气质量优良天数比率	25%	1.50%
				D24 地表水水质得分	20%	1.20%
				D25 清洁能源使用率	15%	0.90%
		D3 社会文化效益	25%	D31 供电率	25%	1.50%
				D32 公交车通达率	25%	1.50%
				D33 九年义务教育率	25%	1.50%
				D34 留守儿童空巢老人变化率	25%	1.50%
E 旅游扶贫对象满意度	10%	E1 经济维度	50%	E11 经济满意度（基于调查问卷）	100%	5.00%
		E2 社会维度	25%	E22 社会满意度（基于调查问卷）	100%	2.50%
		E3 环境维度	25%	E33 环境满意度（基于调查问卷）	100%	2.50%
合计						100%

三、广西旅游扶贫财政资金效率指数的构建及其测度确定

基于旅游扶贫财政资金效率评估指标体系及其权重，可以构建旅游扶贫财政资金效率指数 Z，计算公式为

$$Z = \sum_{j=1}^{n} q_j Y_{ij}$$

其中 Z 为旅游扶贫财政资金效率指数，Y_{ij} 是影响因素 i 第 j 项指标的单项评估分值，q_j 是第 j 项指标的权重。该指数越高，表明旅游扶贫财政资金的使用效率越高，相反指数越低，说明旅游扶贫财政资金的使用效率越低，需要深入挖掘原因、甚至启动问责惩罚机制。

1. 单项指标评估分值的确定

上述指标主要有两类：一类是需要组织专家评估或通过调查问卷测算的主观性指标，如计划任务完成率、项目管理制度的健全性和有效性、财务管理制度的健全性和有效性、信息公开和公告公示制度建设及执行情况、经济满意度、社会满意度、环境满意度等；另一类是基于项目实施的具体数据可查证可检测的客观性指标，如核心项目完成率、有形资产沉淀率、财政资金带动率、资金使用合规率、就业增长率、人均收入增长率、旅游业收入占居民收入的比重、森林覆盖率、景区核心景点负氧离子含量、年内空气质量优良天数比率、地表水水质得分、清洁能源使用率、供电率、公交车通达率、九年义务教育率、留守儿童空巢老人变化率等。对于主观性的指标评价可以结合德尔菲法采用采用百分制确定评估分值，对于客观性指标可以采用功效系数法结合历史数据、客观现实及同类项目先进水平，综合确定各指标的满意值和不允许值，具体公式如下：

单项指标评估分值 Y_{ij} =（实际值 - 不允许值）/（满意值 - 不允许值）×40+60

当实际值超出满意值的最优边界时，指标单项分值为 100；当实际值超出不允许值的最差边界时，指标单项分值为 0。

2. 综合效率指数的确定

将各单项指标得分进行加权汇总，即可得到旅游扶贫财政资金效率指数 Z 的值，从而综合判断具体项目财政资金使用效率的高低，见表 27.7。

表 27.7 广西旅游扶贫财政项目资金效率指数评级表

评估等级	旅游扶贫财政资金效率指数	综合评估说明
A	90-100	财政资金使用效率极高，应总结经验、积极推广。
B	80-90	财政资金使用效率较高，但个别环节还存在不足。
C	70-80	财政资金使用效率一般，个别环节还存在问题较严重。
D	60-70	财政资金使用效率较低，多个环节存在严重问题。
E	0-60	财政资金使用效率极低，须深挖原因、启动问责机制。

第五节 提高广西旅游扶贫财政资金效率的政策建议

1. 加强反贫能力的培养

针对现今返贫率较高、贫困地区和贫困人口还不能有效实现自我发展的能力、扶贫绩效不突出的情况，仅靠国家的政策扶持、资金补助是不能够实现真正意义上的脱贫致富的，所以要加强培育贫困人口的反贫能力，摆脱这种治标不治本的现象，提高贫困地区的人才引进和科学文化教育等，将人口压力转化为发展经济的劳动资源。可以借助专业机构的评估，对旅游扶贫项目的规划进行审查，突出科学性，倾向反贫能力的提高，加强资金的分配与监督，提高资金利用效率，将资金落实到反贫能力培养上，在后期项目的总结上可以借助以往的数据作为反贫能力的依据，将资金浪费、环境污染等不良现象的发生概率降到最低。

2. 建立健全评估体系

目前，对于旅游扶贫财政资金综合绩效评估评价体系从监督到落实都缺乏规范性，使得审计的范围较小，相对于国外的审计方式还过于简单和单一。审计方式必然应该随着社会的改变、总体经济的发展而改变，所以应该具有灵活性和多样性。但是由于现今各部门或者领导的制约，导致绩效统计结果的评价大多都过于模糊，这样就难以作为以后的工作标准，导致评价过于随意的恶性循环，所以应该实行改革，减少扶贫政策实行的阻力，提高绩效，建立健全评估体系。

3. 依法公开评估结果

对于旅游扶贫项目财政资金综合绩效的评估结果，要依法公开，按时披露，以促进社会大众以及各相关部门的监督。目前旅游扶贫资金绩效的公开程度仍然非常低，关于审计、评估情况公开的数据明显较少，关于实际情况的数据也相对较少，评估主体模糊。审计机关只有在当地政府的批准下才能公开审计报告，这样就导致很多实际问题不能得到很准确反映，审计评估部门的一些措施可能由于政府或者相关部门的一些原因不予采纳，进而使审计评估报告出现一定的偏差，对旅游扶贫绩效的提高产生很大的障碍，所以审计评估报告的公开性和有效性是应该解决的首要问题。

4. 提高资金使用效率

财政扶贫资金的使用包括资金使用的经济性和效率性，以及各个扶贫项目的合理配置。专项资金在不同项目、不同用途之间的分配，资金投入的拉动效应包括项目经费占部门总经费的比重、项目经费利用率以及拉动系数等。还要从整体上考察资金的投入与产出之间的对比情况、专项财政扶贫资金的分配和运用是否达到了预期目标等。

虽然在国家扶贫政策的支持下我国贫困地区经济发展有了很大进步，贫困人口的收入也有了显著提高，但是由于目前的财政扶贫资金综合绩效统计评价体系还有很多的不足之处，影响着这扶贫的发展。财政扶贫资金综合绩效统计评价体系的有效构建能够为贫困地区的发展提供动力，激励内在生产力，改善生产生活条件，改变贫困地区用破坏环境和生态来发展经济的现状，提高贫困人口的反贫能力，为脱贫致富创造条件，实现经济、社会、环境的可持续发展。

综上所述，鉴于目前广西旅游扶贫项目财政资金使用情况缺乏公开披露的资料、课题研究的时间局限，文章仅是在理论上构建了广西旅游扶贫财政项目资金使用效率的评级体系，未能深入展开实地调研从而进行实证分析。这是本文最大的不足，也是今后进一步研究的方向。

第二十八章 新常态下房地产税改革对地方财政的影响

房地产税改革是我国优化税制结构、完善财产税体系、培育地方税主体税种的重要举措，同时对稳定房地产市场、调节收入分配、防止两极分化具有重要意义。本章从房地产税推行的国际经验借鉴切入，探讨了我国房地产税改革的关键税制要素设计，并以珠江-西江经济带11个地方城市为样本，测算了"增量""增量+高档存量""全覆盖"三种房地产税改革方案下预计房地产税的绝对值及其对地方财政的贡献度。结果表明，"增量"方案下房地产税对地方财政的贡献微乎其微；"增量+高档存量"及"全覆盖"方案下，房地产税对一二线大城市有望形成稳定的地方财政收入来源，但对人口规模较小、房地产市场欠发达的小城市，则不具备成为地方税主体税种的潜力。

2013年11月12日，党的十八届三中全会通过《中共中央关于全面深化改革若干重大问题的决定》，《决定》明确提出："加快房地产税立法并适时推进改革"。2015年3月1日，《不动产登记暂行条例》正式施行。在此背景下，房地产税改革的步伐日益加快，财政部财政科学研究所原所长贾康日前表示"房地产税在2017年两会之前一定能够完成立法"。房地产税的实施对提高直接税比例，完善地方税体系、优化税制结构等均具有重要意义。同时，在不动产保有环节上构建合理的税制，也有助于抑制房地产泡沫，促进其长期可持续健康发展。因此，本章旨在借鉴房地产税的国际经验，探究我国房地产税改革的制度设计和路径选择，并以珠江-西江经济带地方城市数据为样本，量化测算房地产税改革对地方财政的影响。

第一节 房地产税的国际经验借鉴

（1）从税权归属来看，房地产税的基本上属于地方主体税种。黄璟莉（2013）研究发现，在美国，房地产税是地方政府最大、最稳定的收入来源，约占地方税收收入的50%~80%。在英国，"住宅税"也是地方最大的税种，以英格兰为例，约占本级收入的45%左右。此外，加拿大、新西兰、比利时、法国、日本等OECD国家房地产税对地方财政的贡献度均达到30%以上。不过，巴西、印度、南非、俄罗斯等金砖国家，不动产税在国家税收体系中的作用并不突出。

（2）从计税依据来看，主要有"数量"（如面积）和价值（如评估价值）两种标准可供选择。20世纪90年代初，前社会主义国家由于缺乏完善的基础数据等原因，大多采用从量计征的方式。但从发达国家的经验来看，按市场价值从价计征是发展趋势。如美国纽约在统一按评估价值计税的基础上，将应税房产分为普通住宅、高级住宅、特经营物业和商业地产四类,并针对不同种类的房地产设置了不同的计税依据折算比率,如普通住宅的计税依据仅为评估价值的6%,而高级住宅的计税依据则为评估价值的45%。并在此基础上对计税依据的增幅设置了不同的限制(李文、董旸,2015)。而我国台湾地区,房屋税的计税依据则是经不动产评价委员会按照房屋构造单价标准、房屋折旧率及耐用年数标准、房屋地段调整率标准等实施评估后公告的房屋评估价值。

(3)从税率设置来看,许多国家和地区会依据房屋的不同用途,采用定额税率、比例税率、累进税率相结合的税率结构。如韩国,在综合房地产持有税中,住宅实行0.5%~2%的超额累进税率,土地实行0.5%~0.7%的超额累进税率;在地方房地产税中,别墅税率为4%,其他住宅则实行0.1%~0.4%的超额累进税率。美国哥伦比亚特区,住宅、空置房地产、毁损房地产分别对应0.85%、5%、10%的比例税率,对商业或工业用房,以评估价值300万美元为线实行1.65%和1.85%的二级超额累进税率。而我国台湾地区,住家用房屋为1.2%~2%,营业用房屋为3%~5%,私人医院、诊所、自由职业事务所及人民团体等非营业用房屋为1.5%~2.5%。

(4)从税收优惠来看,房地产税在调节收入分配、资源配置方面发挥着重要作用。因此,各个国家具有类似的优惠指向,如针对老年人、残疾人、低收入者等弱势群体的纳税人优惠,针对政府、军队、非营利组织等特定用途的纳税范围优惠。以美国为例,就有残疾房主免税、年长房主免税等"断路器"(避免过度负荷)型优惠。台湾则规定,住家房屋现值在新台币10万元以下者,均可享受免税待遇。

(5)从税收监管来看,房地产税实施的必要条件包括有效的房产价值评估体系、完善的财产登记和信息管理系统等。在美国主要是依托成熟的社会评估机构进行高效准确的财产评估,而英德等国则专门设置了房地产评估机构和专业评估师。

第二节 我国房地产税改革的关键要素制度设计

一、课税范围

我国现行房产税的征税范围仅限于城镇的经营性房屋,对个人所有非营业用的房产给予免税优惠。未来的房地产税面临纳税主体和征税范围的双向扩围,即纳税人从法人扩围到自然人,征税范围从经营性房屋扩围到非经营性房屋。综合我国房产税改革试点的经验,为了减轻阻力和实施难度,建议采用"先增量,再高档存量,最后全覆盖"三步走的渐进式扩围方式。

(1)第一步,"增量"方案:即自房产税改革方案实施之日起,将进入交易环节的个人住房纳入税基,课征房产税。上海试点方案即此模式,对外地户籍新购房屋及本地户籍新购且属于家庭第二套以上的房屋课征房产税。

(2)第二步,"增量+高档存量"方案:即在增量的基础上,将高档存量房也纳入税基,课征房产税。重庆试点方案即此模式,对个人拥有的独栋别墅、个人新购的高档住房等课征房产税。

(3)第三步,"全覆盖"方案:即将全国城镇地区的已建成住房和新建住房均纳入税基,课征房产税。从调控房地产市场、完善地方税体系的视角,全覆盖方案效果最好。但是对征税的数据储备和技术要求较高，同时，面临的社会阻力也较大。因此，合理制定免征额标准显得尤为重要。

二、计税依据

1. "增量"房产的计税依据

借鉴国际经验，建议以房地产的市场价值作为计税依据。为了鼓励居民纳税，给予一定的折扣比率，如上海试点方案采用了70%的计税比例。即，增量房产的计税依据＝应税房产市场价值（交易金额）×70%。需要说明的是，增量房产一定期间后（如3年），应该进行重新评估，按照存量房产，以评估价值计税。

2. "存量"房产的计税依据

"存量"房产的计税依据，应该在房地产市场价值的基础上，以房地产的评估价值作为计税依据，并给予一定的折扣比率（如70%）。即，存量房产的计税依据＝应税房产评估价值×70%。建议由土地部门、物价部门和第三方评估机构等联合设立专门的不动产评估机构，每隔一段期间（如3年）重新评估一次。

三、税率

未来房地产税税率的确定面临一个核心问题，即是否将目前在房产开发、交易环节的各种税费后移至房屋保有环节？如果是，问题将比较复杂，要综合统筹哪些税费可以后移，哪些税费不能后移，从保持税负稳定等视角综合设计税率水平和结构。如果不触及深层次的税费改革，可以考虑采用超额累进税率，如根据房产单价与所在区域平均单价的关系，设置0.4%，0.6%，1.2%，2.0%和3.0%五档税率。低于平均单价2倍的部分按0.4%计税，介于平均单价2倍-3倍的部分按0.6%计税，介于平均单价3倍-4倍的部分按1.2%计税，介于平均单价4倍-5倍的部分按2.0%计税，高于平均单价5倍以上的部分按3.0%计税。

四、税收优惠

房地产税税收优惠政策设计的难点在于免征额的确定。结合国际经验和改革试点，主要有人均面积、套数、免征价值三种方案（蒋震、高培勇，2014）。其中，免征额设定为人均面积，体现了对个人基本住房需求的照顾，相对公平。上海试点方案就明确规定，对居民家庭给予人均60平方米的免税住房面积（指住房建筑面积）扣除。人均面积的实施难点在于"家庭"的界定，原则上应该包括无住房且共同居住的父母、子女等存在血缘或姻缘关系的户籍在本辖区内的亲属。其次，免征额设定为套数，如第一套房免税，第二套房低税，第三套及以上高税。此种方法的缺陷在于没有考虑住房的档次及面积，不利于调节贫富差距，可能引起不满情绪，激化社会矛盾。第三种方案是将免征额设定为房产价值，美国各州广为采用[5]。如在房产评估价值中减除一定数量或一定比例的免征额，按扣除后的余额作为计税依据。此种方案在区域发展差异较大、房产价格波动频繁的情况下，具有一定的局限性。因此，我国当前更适合采用人均面积免税方案。

第三节　房地产税改革对珠江－西江经济带地方财政影响的比较分析

一、"增量"方案下珠江—西江经济带各市房地产税比较分析

结合上海试点经验，"增量"方案设计如下：①课税范围为方案实施后居民家庭新购第二套及以上住房和非本地居民家庭的新购住房征收房地产税；②对本地居民家庭给予人均60平方米的免税住房面积扣除。③适用税率暂定为0.6%。④计税依据为应税住房的市场交易价格乘以70%计征比例。

由于数据的可得性，准确测算珠江-西江经济带各市"增量"方案下的房地产税具有一定难度。书文特做如下技术处理：①考虑到数据的一致性和可比性，本书全部数据截至2013年底② 假定2013年增量商品房交易额中外地居民购房者占20%，本地居民购房者占80%；其中，本地居民购房者中购置首套住房与购置第二套及以上住房的比例为各占40%。考虑到人均60平方米的免征额及我国城镇居民人均30平方米左右住房面积的现实，购置第二套及以上住房的应该有改善性和投资性两种需求，假设两者比例相同，各占20%。对于改善性住房需求，如三口之家有一套80平方米的住房，再购置第二套100平方米的住房，第二套仍在免税范围之内。而投资性住房购置者一般具有优越的居住条件，假定现有居住面积已经超过人均60平方米的免征额，新购住房全额纳税。因此，投资性购房及外地居民购房才是房地产税真正的税基，两者合计40%。具体分析框架如图28.1所示。

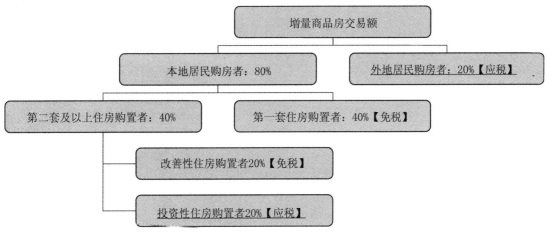

图28.1　增量商品房交易额中应税比例分析框架

表28.1　2013年珠江－西江经济带各市"增量"方案下的房地产税测算比较分析

由表28.1可见，"增量"方案下珠江-西江经济带各市预计房地产税除广州、佛山外，均未超过亿元，占地方财政收入的比例仅在0.12%~0.38%之间，可以说对地方财力的贡献微乎其微，距离成为地方税主体税种的目标任重道远。当然，增量方案对于降低征管难度、减轻税收阻力、深化财产税纳税意识等具有重要意义。

城 市	增量商品房交易额/亿元①	应税比例②	计征比例③	税率④	增量预计房地产税/亿元⑤=①×②×③×④	地方财政收入/亿元⑥	占地方财政收入的比例⑦=⑤/⑥
广州	2606.00	40%	70%	0.6%	4.3781	1141.8	0.38%
佛山	852.47	40%	70%	0.6%	1.4321	438.21	0.33%
肇庆	231.59	40%	70%	0.6%	0.3891	120.77	0.32%
云浮	66.84	40%	70%	0.6%	0.1123	45.76	0.25%
南宁	531.87	40%	70%	0.6%	0.8935	256.25	0.35%
柳州	194.58	40%	70%	0.6%	0.3269	125.12	0.26%
梧州	73.44	40%	70%	0.6%	0.1234	85.74	0.14%
贵港	70.70	40%	70%	0.6%	0.1188	31.22	0.38%
百色	46.00	40%	70%	0.6%	0.0773	65.70	0.12%
来宾	43.35	40%	70%	0.6%	0.0728	36.37	0.20%
崇左	36.92	40%	70%	0.6%	0.0620	47.49	0.13%

二、"增量+高档存量"方案下珠江-西江经济带各市房地产税比较分析

在"增量"方案不变的情况下，结合重庆试点经验，"高档存量"方案设计如下：①课税范围为个人拥有的独栋别墅及建筑面积交易单价达到上两年所在城市商品住房成交建筑面积均价2倍（含2倍）以上的住房。②对本地居民家庭给予人均60平方米的免税住房面积扣除。③适用税率暂定为1.2%。④计税依据为应税住房的评估价值。

由于数据的可得性，本章做如下技术处理：①借鉴张学诞（2013）的研究，存量商品房税基=城镇人均住房建筑面积×城镇居民人口×商品房平均销售价格，数据来源于广东、广西两省区及相关城市统计年鉴。②假定2013年各市存量商品房中高档住房面积占20%，中低档住房面积占80%；中低档住房平均单价为s，高档住房平均单价为2S；则高档存量住房税基为20%×2s，中低档存量住房税基为80%×s，两者的比例为1∶2。经归一化处理，高档存量住房税基占33%，中低档存量住房税基占67%。③假定存量高档住房拥有者居住条件优越，还拥有普通住房，其面积已经超过人均60平方米的免征额，高档住房全额纳税。（即便其中部分高档住房拥有者没有额外房产，需要在高档住房面积中给予免征额扣除，但考虑高档住房平均单价应在中低档住房平均单价的2倍以上，超出部分可做适当抵消。）因此，高档存量税基占全部存量税基的应税比例定为33%。具体分析框架如图28.2示。

由表28.2可见，将"高档存量住房"纳入征税范围之后，珠江-西江经济带各市预计房地产税明显上升，广州预计房地产税将达百亿之巨，佛山、南宁也均在10亿以上，柳州、肇庆亦有不俗表现。从财政贡献度来看，预计房地产税占地方财政收入的比重提高到3.37%~14.51%之间。特别是云浮、贵港、佛山和广州，这一指标均已经达到或接近10%，初步显现出作为地方主体税种的培育潜力，说明未来房地产税制度设计的重点在于"高档存量住房"。但需要注意的是，广州、佛山得益于发达的房地产市场（高房价）和庞大的人

口基数，而云浮、贵港从绝对量来看，预计房地产税并不高，贡献度领先的原因在于经济总量偏小、财政收入的基数较低。而梧州、百色、来宾、崇左等中小城市，预计房地产税的绝对量和财政贡献度均不高，培育房地产税成为其地方主体税种的难度非常之大。

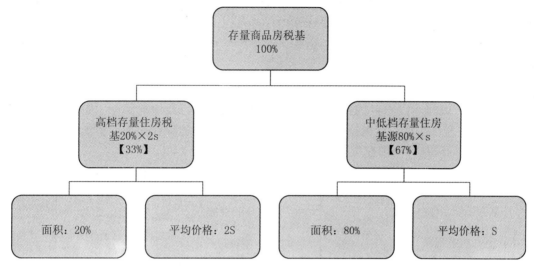

图 28.2　存量商品房中"高档存量"住房税基的计税比例分析框架

表 28.2　2013 年珠江-西江经济带各市"增量+高档存量"方案下的房地产税测算比较分析

城　市	城镇人均住房建筑面积/平方米①	城镇居民人口/万人②	商品房平均销售价格/元/平米③	存量税基（亿元）④=①×②×③/10000	应税比例⑤	高档存量税基/亿元⑥=④×⑤	税率⑦	高档存量预计房地产税/亿元⑧=⑥×⑦	增量+高档存量房地产税/亿元⑨=⑧+表1⑤	占地方财政收入的比例⑩=⑨/表1⑥
广州	22.73	753.08	15329	26239.43	33%	8659.01	1.2%	103.91	108.29	9.48%
佛山	32.53	381.61	9062	11249.36	33%	3712.29	1.2%	44.55	45.98	10.49%
肇庆	34.57	120.00	4976	2064.24	33%	681.20	1.2%	8.17	8.56	7.09%
云浮	34.57	104.43	4565	1648.03	33%	543.85	1.2%	6.53	6.64	14.51%
南宁	33.76	192.62	6627	4309.44	33%	1422.12	1.2%	17.07	17.96	7.01%
柳州	28.20	125.30	6791	2399.57	33%	791.86	1.2%	9.50	9.83	7.86%
梧州	29.08	64.31	4034	754.41	33%	248.96	1.2%	2.99	3.11	3.63%
贵港	32.64	67.57	4078	899.40	33%	296.80	1.2%	3.56	3.68	11.79%
百色	30.33	50.29	3537	539.50	33%	178.03	1.2%	2.14	2.21	3.37%
来宾	32.14	38.46	2945	364.03	33%	120.13	1.2%	1.44	1.51	4.16%
崇左	29.93	39.79	3061	364.54	33%	120.30	1.2%	1.44	1.51	3.17%

三、"全覆盖"方案下珠江–西江经济带各市房地产税比较分析

在"增量+高档存量"不变的情况下,积极探索全覆盖型房地产税,其中"中低档存量"方案设计如下:①课税范围为个人家庭拥有的除高档住房以外的普通中低档住房;②对居民家庭给予人均60平方米的免税住房面积扣除。③适用税率暂定为0.6%。④计税依据为应税住房的市场评估价值(考虑到"全覆盖"是终极房地产税的成熟形态,不再给予暂按70%计征优惠)。

如前所述,中低档存量住房税基占全部存量税基的67%。由于我国当前城镇居民人均住房面积约在30平米左右,因此人均60平方米的免征额,会使大部分(如80%)居民家庭处于免税状态,当然,这也符合房地产税调节贫富分化的设计初衷。鉴于此,设定中低档存量住房有效税基=全部存量税基×67%×(1-80%)=13.4%。

表28.3 2013年珠江–西江经济带各市"全覆盖"方案下的房地产税测算比较分析

城市	存量税基/亿元 ①=表2④	中低档应税比例 ②	中低档存量有效税基/亿元 ③=①×②	税率 ④	中低档存量预计房地产税⑤=③×④	高档存量预计房地产税⑥=表2⑧	增量预计房地产税/亿元 ⑦=表1⑤	全覆盖预计房地产税 ⑧=⑤+⑥+⑦	占地方财政收入的比例 ⑨=⑧/表1⑥
广州	26239.43	13.4%	3516.08	0.6%	21.10	103.91	4.3781	129.38	11.33%
佛山	11249.36	13.4%	1507.41	0.6%	9.04	44.55	1.4321	55.02	12.56%
肇庆	2064.24	13.4%	276.61	0.6%	1.66	8.17	0.3891	10.22	8.46%
云浮	1648.03	13.4%	220.84	0.6%	1.33	6.53	0.1123	7.96	17.40%
南宁	4309.44	13.4%	577.46	0.6%	3.46	17.07	0.8935	21.42	8.36%
柳州	2399.57	13.4%	321.54	0.6%	1.93	9.50	0.3269	11.76	9.40%
梧州	754.41	13.4%	101.09	0.6%	0.61	2.99	0.1234	3.72	4.34%
贵港	899.40	13.4%	120.52	0.6%	0.72	3.56	0.1188	4.40	14.10%
百色	539.50	13.4%	72.29	0.6%	0.43	2.14	0.0773	2.65	4.03%
来宾	364.03	13.4%	48.78	0.6%	0.29	1.44	0.0728	1.81	4.97%
崇左	364.54	13.4%	48.85	0.6%	0.29	1.44	0.0620	1.80	3.79%

由表28.3可见,在"全覆盖"方案下,珠江-西江经济带各市预计房地产税占地方财政收入的比例在3.79%~17.40%之间。一方面,预计房地产税的绝对量和对地方财政的贡献度均有所上升,但并不显著,房地产税距离成为地方主体税种还有较大差距。另一方面,全覆盖方案下,对于广州、佛山、南宁等一二线城市以及柳州、肇庆等三线城市,房地产税将成为其地方财政的有力支撑;但对于梧州、百色、来宾、崇左等四五线城市[①],房地产税对地方财政的补充将非常有限,急需挖掘其他税源潜力。

---

① 各线城市的划分标准参见《第一财经周刊》2013年中国城市分级名单,其中广州为一线城市,佛山、南宁为二线城市,柳州、肇庆为三线城市,梧州、百色、贵港、云浮等为五线城市,来宾、崇左则未能上榜。

综上所述，未来房地产税改革的政策建议如下：①应重点围绕"独栋别墅、多套住房、高档住房"展开税源设计，逐步培育和完善有效的房产评估体系，以市场价值、评估价值作为计税依据，根据房屋单价逐级设定超额累进税率，以此提高房地产税组织地方财政收入的能力，同时发挥调节贫富分化的作用。②为了避免重复课税、优化税制结构，建议将土地出让金、房产开发、销售环节的营业税（营改增之后的增值税）、土地增值税等的间接税，移至房屋保有环节，并入综合房地产税，从而使房地产税不仅对大城市、对中小城市也能产生稳定的财力支撑。

第四篇 主要参考文献

[1] 凌荣安. 地方财政分权、转移支付与财政自给——基于广西地级市面板数据的实证检验[J]. 财会月刊, 2013（8）: 39-42.

[2] 陈昕, 蔡秋宇. 地方财政支出与城乡收入差距——基于广西14个设区市的面板数据研究[J]. 经济研究参考, 2016（17）: 92-95, 107.

[3] 李敏, 常涛. 地方财政运行风险的监测与预警机制研究[J]. 山西财税, 2016（6）: 23-30.

[4] 贾晓俊, 顾莹博. 我国各省份地方债风险及预警实证研究[J]. 中央财经大学学报, 2017（3）: 16-24.

[5] 广西统计年鉴及广西各市2016年预算执行情况和2017年预算草案的报告.

[6] 廖楚晖, 段吟颖. 财政收入结构与经济增长——基于中国数据PVAR模型的实证检验[J]. 湖南社会科学, 2014（4）: 135-138.

[7] 闫坤. 中国未来经济增长的新常态测算[N]. 中国社会科学报, 2014-08-13（A07）.

[8] 胡怡建, 田志伟. 我国"营改增"的财政经济效应[J]. 税务研究, 2014（01）: 38-43.

[9] 许梦博, 翁钰栋, 李新光. "营改增"的财政收入效应及未来改革建议——基于CGE模型的分析[J], 税务研究, 2016（2）: 86-88.

[10] 周彬, 杜两省. 营改增对财政收入的影响及财税体制改革应对[J]. 当代财经, 2016（6）: 25-33.

[11] 吴旭冉, 陈多长. 我国土地出让收入省际差异及其影响因素[J]. 经营与管理, 2013（5）: 61-64.

[12] 项歌德. 地方债问题发展的新常态[J]. 社会观察, 2014（11）: 44-46.

[13] 缪小林, 史倩茹. 经济竞争下的地方财政风险: 透过债务规模看财政效率[J]. 财政研究, 2016（10）: 20-35.

[14] 匡小平, 蔡芳宏. 论地方债的预算约束机制[J]. 管理世界, 2014（1）: 173-175.

[15] 张继民, 吴忠. 上海市事业单位养老保险改革的财政压力分析[J]. 社会保障研究, 2011（4）: 26-36.

[16] 安体富. 民生财政: 我国财政支出结构调整的历史性转折[J]. 地方财政研究, 2008（5）: 4-8.

[17] 李辉文. 利率市场化背景下我国政府财政风险分析[J]. 中共福建省委党校学报, 2014（8）: 72-78.

[18] 米建国, 倪红日. 我国财政赤字与债务规模预警系统的初步研究[J]. 涉外税务, 1999（8）: 4-8.

[19] 刘尚希. 财政风险: 一个分析框架[J]. 经济研究, 2003（5）: 23-31, 91.

[20] 裴育.关于财政风险预警系统构建的基本思考[J].财政研究,2003（7）：13-16.

[21] 王亚芬,梁云芳.我国财政风险预警系统的建立与应用研究[J].财政研究,2004（11）：25-27.

[22] 张明喜,丛树海.我国财政风险非线性预警系统——基于BP神经网络的研究[J].经济管理,2009,31（5）：147-153.

[23] 洪源.中国财政风险非参数预警系统构建与实证分析——基于风险因子和AHP法的研究[J].河北经贸大学学报,2011,32（5）：44-51.

[24] 成涛林.新常态背景下地方财政风险及防范[J].地方财政研究,2015（11）：52-57；

[25] 郭玉清.逾期债务、风险状况与中国财政安全——兼论中国财政风险预警与控制理论框架的构建[J].经济研究,2011（8）：38-50.

[26] 田志刚,毛翠英.地方财政风险内控制度的量化管理研究——基于等级全息建模HHM框架[J].国家行政学院学报,2015（6）：103-106.

[27] 李敏,常涛.地方财政运行风险的监测与预警机制研究[J].山西财税,2016（6）：23-30.

[28] 沈悦,亓莉.中国商业银行系统性风险预警指标体系设计及监测分析[J].西南大学学报（社会科学版）,2008（4）：139-143.

[29] Ma, J., Monitoring Fiscal Risks of Subnational Governments：Selected Country Experiences[C]. Governments at Risk, edited by Hana, Polackova, Brixi and Allen, Schick, Oxford University Press, 2002：393-424.

[30] Hana, Polackova, Brixi. Contingent Government Liabilities：A Hidden Risk for Fiscal Stabilities[R]. World Bank Policy Research Working Paper No. 1989 . Washington D.C. October 1998.

[31] Ma, J., 2001, Monitoring Local Fiscal Risks：Selected International Experiences，World Bank Working Paper.

[32] Hemming, R. and Petrie, M., 2002, A Framework for Assessing Fiscal Vulnerability，IMF Working Paper No. WP/00/52.

[33] 章建石,孙志军.AHP法在高校财政支出绩效评价中的应用[J].扬州大学学报（高教研究版）.2006（1）：21-25.

[34] 陈乳燕.高校财政支出的绩效评价研究[J].财会月刊（综合）.2007（5）：10-11.

[35] 孙延彬,叶曜辉.关于高等院校财政支出绩效评价的数学模型研究[J].科技信息,2010（25）：312-313,317.

[36] 闫学元,齐静.天津市高校资金支出绩效评价实证分析[J].教育财会研究,2014（2）：15-19.

[37] 李扬,王漪,朱鹏.高等学校财政支出绩效评价体系的构建[J].合肥师范学院学报,2014（1）：65-69.

[38] 袁明辉.高校财政支出绩效评价体系构建[J].财会通讯,2015（16）：75-77.

[39] 杨小波,李永华,宋金杰.营运资金管理效率与公司经营绩效分析[J].会计之友,2015（5）：97-100.

[40] 云南省财政厅,云南省教育厅.云南高教财政支出绩效评价工作方案和指标体系[Z].2011（3）.

[41] 张笑薇. 西部地区旅游扶贫机制选择与绩效评价［J］.改革与战略,2016（11）.

[42] 曾瑜哲,杨晓霞.渝东南民族地区旅游扶贫的战略路径选择[J].重庆文科学院学报

（社会科学版），2014（3）.

[43] 马亚妮. 延安市旅游扶贫效应评价 [J]. 现代经济信息，2014（18）.

[44] 肖建红，肖江南. 基于微观经济效应的面向贫困人口旅游扶贫（PPT）模式研究——以宁夏六盘山旅游扶贫实验区为例 [J]. 社会科学家，2014（1）.

[45] 张伟，张建春，魏鸿雁. 基于贫困人口发展的旅游扶贫效应评估——以安徽省铜锣寨景区为例 [J]. 旅游学刊，2005（5）.

[46] 基于产业链视角的旅游扶贫效应研究方法 [J]. 旅游学刊，2015（11）.

[47] 王永莉. 旅游扶贫中贫困人口的受益机制研究 [J]. 经济体制改革，2007（4）.

[48] 郭鲁芳，李如友. 旅游减贫效应的门槛特征分析及实证检验——基于中国省际面板数据的研究 [J]. 商业经济与管理，2016（6）.

[49] 李佳，钟林生，成升魁. 民族贫困地区居民对旅游扶贫效应的感知和参与行为研究——以青海省三江源地区为例 [J]. 旅游学刊，2009（8）.

[50] 冯旭芳，徐敏聪，王红. 基于贫困人口发展的旅游扶贫效应分析——以锡崖沟为例 [J]. 生产力研究，2011（5）.

[51] 何红，王淑新. 集中连片特困区域旅游扶贫绩效评价体系的构建 [J]. 湖北文理学院，2014（8）.

[52] 陈友莲. 旅游飞地对旅游扶贫绩效的影响及其防范 [J]. 三农探索，2011（12）.

[53] 李会琴，李晓琴，侯林春. 黄土高原生态环境脆弱区旅游扶贫效应感知研究——以陕西省洛川县谷咀村为例 [J]. 旅游研究，2012（3）.

[54] 莫子法，罗盛锋，李少游，黄燕玲. 广西东巴凤地区旅游扶贫多点多极支撑发展对策 [J]. 桂林理工大学学报，2016（3）.

[55] 蔡雄，连漪，程道品，白丁，蓝雄现. 旅游扶贫的乘数效应与对策研究 [J]. 社会科学家，1997（3）.

[56] 隆学文，马礼. 坝上旅游扶贫效应分析与对策研究——以丰宁县大滩为例 [J]. 首都师范大学学报（自然科学版），2004（1）.

[57] 向延平. 贫困地区旅游扶贫经济绩效评价研究——以湖南省永顺县为例 [J]. 湖南文理学院学报，2008（6）.

[58] 袁智慧. 海南省旅游业发展与农民收入问题研究 [D]. 北京：中国农业科学院博士论文，2014.

[59] 杨洪，贺喜，袁开国. 湖南地质公园旅游开发研究 [J]. 经济地理，2014（8）.

[60] 乔波，严贤春，王伟，黄尤优，费文华. 社区参与型生态农业旅游及其扶贫效用研究 [J]. 资源与产业，2008（3）.

[61] 黄璟莉. 国外房地产税的征收经验及对我国的启示 [J]. 财政研究,2013（2）：66-71.

[62] 北京市地方税务局课题组. 房地产税改革的国际借鉴及建议 [J]. 税务研究,2005（1）：85-88.

[63] 李文，董旸. 海外房地产税比较 [J]. 税务与经济,2015（2）：96-103.

[64] Ministry of Strategy and Finance of Korea. A Guide to Korean Taxation，2012.

[65] 蒋震，高培勇. 渐进式推进个人房地产税改革 [J]. 宏观经济研究,2014（6）：8-12，28.

[66] 张学诞. 房地产税改革对地方财政的影响 [J]. 中国财政,2013（17）：20-21.